"十二五"普通高等教育汽车服务工程专业规划教材

汽车服务工程

（第二版）

刘仲国　何效平　主编

人民交通出版社股份有限公司
China Communications Press Co.,Ltd.

内 容 提 要

本书内容包括:汽车的营销与售后服务,二手车评估和交易,汽车美容与改装,汽车配件和汽车维修设备的供应,汽车事故的保险与理赔,汽车维修行业的管理和信息网络系统,物资流通等汽车后市场的各个服务领域。

本书可作为汽车服务工程、车辆工程和交通运输相关专业的教材,也可以供有关的技术人员和管理人员参考。

图书在版编目(CIP)数据

汽车服务工程/刘仲国,何效平主编. —2版. — 北京:人民交通出版社股份有限公司,2016.3

"十二五"普通高等教育汽车服务工程专业规划教材

ISBN 978-7-114-12543-0

Ⅰ. ①汽… Ⅱ. ①刘… ②何… Ⅲ. ①汽车工业—销售管理—商业服务—高等学校—教材 Ⅳ. ①F407.471.5

中国版本图书馆 CIP 数据核字(2015)第 243205 号

"十二五"普通高等教育汽车服务工程专业规划教材

书　　名:	汽车服务工程(第二版)
著 作 者:	刘仲国　何效平
责任编辑:	夏　韡　郭　跃
出版发行:	人民交通出版社股份有限公司
地　　址:	(100011)北京市朝阳区安定门外外馆斜街 3 号
网　　址:	http://www.ccpress.com.cn
销售电话:	(010)59757973
总 经 销:	人民交通出版社股份有限公司发行部
经　　销:	各地新华书店
印　　刷:	北京市密东印刷有限公司
开　　本:	787×1092　1/16
印　　张:	20.75
字　　数:	470 千
版　　次:	2004 年 7 月　第 1 版 2016 年 3 月　第 2 版
印　　次:	2019 年 6 月　第 2 次印刷　总第 8 次印刷
书　　号:	ISBN 978-7-114-12543-0
定　　价:	45.00 元

(有印刷、装订质量问题的图书由本公司负责调换)

前 言
Qianyan

"汽车服务工程"是一种新的概念,它融合了汽车运用、企事业管理、信息、贸易、物流、配件及保险等学科所涉及的广泛的交叉和边缘知识,并加以综合和理论化,对与之相关的行业进行分门别类,分别阐述其运作形式和特点。

"汽车服务工程"是一门综合性的汽车运用与管理方面的系统学科,是交通运输、汽车服务工程及汽车运用工程等专业的主干专业课程之一。它从服务工程的角度出发,对专业的范畴作出科学的划分和评价。该课程力求理论与实际紧密结合,具有知识覆盖面广、应用性强的显著特点,极受企业和管理部门的重视,也是体现交通运输、汽车服务工程和汽车运用工程专业的特色课程之一。

本书的内容包括:汽车的营销与售后服务,二手车评估和交易,汽车美容与改装,汽车配件和维修设备的供应,汽车事故的保险与理赔,汽车维修行业的管理和信息网络系统,物资流通及电子商务等。目的是使学生了解汽车后市场所覆盖的各个服务领域,掌握其内涵、特点与相关知识。

本书引用典型的数据和实例,对来自不同渠道的最新资料和信息加以比较,客观地反映其实际状况和差异。并结合我国目前的经济背景和运行机制,进行深入的汇总和分析,努力探讨汽车后市场的经济管理模式和发展趋势,具有广泛深刻的实际意义。

本修订版在华南农业大学交通运输专业2001年出版的《汽车服务工程》试用教材和2004年正式出版的教材的基础上,加以补充和修改而编成。新版教材强调教学内容与市场实际运作的紧密结合,丰富了基本理论和基本概念,完善了知识体系,提高了教学和培训过程中的可操作性。因此,本书将更具有实际的运用价值,可作为交通运输、汽车服务工程和汽车运用工程专业的教材,也可以供相关的技术人员和管理人员参考。

由于本书资料繁多,信息千变万化,加之编者水平有限,错漏之处在所难免,恳请读者不吝指正。

编　者
2015年9月

目 录 Mulu

第一篇 汽车市场营销 ··· 1
 第一章 汽车市场营销概述 ·· 1
  第一节 市场与市场营销 ·· 1
  第二节 汽车营销观念的演变 ·· 4
  第三节 我国汽车市场运行特征 ··· 7
  第四节 我国汽车市场营销研究的必要性 ··· 9
  第五节 汽车企业的市场营销管理 ·· 12
 第二章 汽车市场营销环境分析 ··· 14
  第一节 汽车市场营销环境概述 ·· 14
  第二节 汽车市场营销宏观环境分析 ··· 15
  第三节 汽车市场营销微观环境分析 ··· 22
  第四节 入世对汽车市场营销环境的影响 ·· 26
 第三章 汽车市场营销调研与市场预测 ··· 30
  第一节 汽车市场营销调研 ·· 30
  第二节 汽车市场营销预测 ·· 34
  第三节 汽车市场营销的信息系统 ·· 40
 第四章 汽车市场营销策略 ··· 41
  第一节 汽车产品策略 ··· 42
  第二节 汽车定价策略 ··· 50
  第三节 汽车销售渠道策略 ·· 59
  第四节 汽车促销策略 ··· 65
  第五节 汽车销售服务策略 ·· 73
 第五章 汽车电子商务与网络营销 ··· 76
  第一节 电子商务 ·· 76
  第二节 网络营销 ·· 80

第二篇 汽车配件经营 ··· 85
 第一章 汽车配件营销企业 ··· 85
  第一节 汽车配件营销行业的历史及现状 ·· 85

第二节　汽车配件营销企业 ………………………………………………………… 86
　　第三节　汽车配件营销人员 ………………………………………………………… 87
第二章　汽车配件的管理 ……………………………………………………………… 90
　　第一节　汽车配件的分类与编号 …………………………………………………… 90
　　第二节　汽车配件进货验收 ………………………………………………………… 93
　　第三节　汽车配件的仓储及保管 …………………………………………………… 96
　　第四节　汽车配件销售的质量管理 ………………………………………………… 103

第三篇　汽车美容、汽车用品和汽车改装 …………………………………………… 111
　第一章　汽车美容 …………………………………………………………………… 111
　　第一节　汽车美容概述 ……………………………………………………………… 111
　　第二节　车身美容 …………………………………………………………………… 114
　　第三节　内饰美容 …………………………………………………………………… 120
　第二章　漆面处理 …………………………………………………………………… 122
　　第一节　汽车漆面处理的需要 ……………………………………………………… 122
　　第二节　汽车漆面处理的工艺 ……………………………………………………… 123
　第三章　汽车防护 …………………………………………………………………… 130
　　第一节　汽车防护概述 ……………………………………………………………… 130
　　第二节　汽车防盗 …………………………………………………………………… 132
　第四章　汽车精品 …………………………………………………………………… 133
　第五章　汽车改装 …………………………………………………………………… 134
　　第一节　概论 ………………………………………………………………………… 134
　　第二节　汽车改装产业 ……………………………………………………………… 136
　　第三节　典型改装案例 ……………………………………………………………… 136

第四篇　汽车保险及理赔 ……………………………………………………………… 151
　第一章　机动车辆保险 ……………………………………………………………… 151
　第二章　机动车辆理赔 ……………………………………………………………… 153
　　第一节　机动车辆理赔概述 ………………………………………………………… 153
　　第二节　车险理赔流程 ……………………………………………………………… 155
　　第三节　核赔工作的具体内容 ……………………………………………………… 158
　　第四节　现场查勘技术 ……………………………………………………………… 166
　　第五节　机动车辆核赔的相关管理 ………………………………………………… 173
　　第六节　典型案件处理及分析 ……………………………………………………… 175

第五篇　物流基础 ……………………………………………………………………… 179
　第一章　物流的基本概念 …………………………………………………………… 179
　　第一节　物流的基本类型 …………………………………………………………… 179
　　第二节　物流的基本环节 …………………………………………………………… 181
　第二章　物流的各个环节 …………………………………………………………… 182

第一节　运输 ··· 182
　　第二节　仓储 ··· 185
　　第三节　搬运装卸 ·· 187
　　第四节　包装 ··· 190
　　第五节　配送 ··· 193
　　第六节　流通加工 ·· 196
　　第七节　物流信息 ·· 197

第六篇　现代汽车维修企业管理实务 ································· 200
第一章　现代汽车维修企业概述 ······································ 200
第二章　现代汽车维修企业的经营管理 ······························ 203
第三章　接待业务管理 ··· 205

第七篇　二手车鉴定与交易 ·· 218
第一章　二手车鉴定评估概述 ·· 218
　　第一节　二手车鉴定评估的概念 ···································· 218
　　第二节　二手车鉴定评估的特点 ···································· 219
　　第三节　二手车鉴定评估的主体和客体 ··························· 219
　　第四节　二手车鉴定评估的目的和任务 ··························· 220
　　第五节　二手车鉴定评估的业务类型 ······························ 222
　　第六节　二手车鉴定评估的价值概念 ······························ 222
　　第七节　二手车鉴定评估的程序 ···································· 223
　　第八节　二手车鉴定评估的依据和原则 ··························· 223
第二章　二手车评估的基本方法 ······································ 224
　　第一节　现行市价法 ·· 224
　　第二节　收益现值法 ·· 227
　　第三节　清算价格法 ·· 230
　　第四节　重置成本法 ·· 232
　　第五节　综合评估法 ·· 236
第三章　二手车技术状况鉴定 ·· 244
　　第一节　静态检查 ·· 244
　　第二节　动态检查 ·· 250
　　第三节　仪器检查 ·· 257
　　第四节　汽车碰撞损坏检查 ·· 259
第四章　二手车价值评估 ·· 261
　　第一节　二手车评估方法的选择 ···································· 261
　　第二节　二手车成新率的估算 ······································· 264
　　第三节　二手车鉴定评估的价值计算 ······························ 271
　　第四节　二手车鉴定评估报告书的撰写 ··························· 276
第五章　二手车收购评估与销售定价 ································ 281

第一节　二手车营销与市场分析……………………………………………281
　　第二节　二手车收购评估……………………………………………………285
　　第三节　二手车销售定价……………………………………………………289
第六章　二手车交易……………………………………………………………293
　　第一节　二手车销售实务……………………………………………………293
　　第二节　二手车交易的证件…………………………………………………295
　　第三节　二手车交易的运作…………………………………………………299
　　第四节　二手车过户的基本流程……………………………………………313

参考文献……………………………………………………………………………323

第一篇 汽车市场营销

第一章 汽车市场营销概述

第一节 市场与市场营销

在现代社会经济条件下,几乎所有的经济现象与经济活动都与市场有关,几乎所有经济方面的学科也都不同程度地涉及市场。市场营销作为"一门建立在经济科学、行为科学和现代管理理论基础上的应用科学"更是离不开市场。它正是一种专门用于帮助企业如何在市场上从事经营、克敌制胜的秘密武器。

一、市场的含义

市场是商品经济的产物,哪里有商品生产和商品交换,哪里就会有市场。但市场的概念又不是一成不变的,是随着商品经济的发展而不断发展的,在不同的商品经济发展阶段有着不同的含义。同样,在不同的使用场合,市场的概念又不尽一致。以下的归纳和总结大体上代表了人们对市场概念的理解和运用。

(1)市场是商品交换的场所。最初,在商品经济不发达的时候,市场的概念总是同时间概念和空间概念相联系的,人们总是在某个时间聚集到某个地方完成商品的交换,因而市场被看作是商品交换的场所。

(2)市场是各种商品交换关系的总和。在现代社会里,商品交换关系渗透到社会生活的各个方面,交换的商品品种和范围日益扩大,交易方式也日益复杂,特别是金融信用业和交通、通信事业的发展,交换的实现已突破了时间和空间的限制,可以说在任何时间和任何地方都可以实现商品的交换。因此,现代的市场已经不再是具体的交易场所,而代表着各种商品交换关系的总和。这一市场概念不仅包括"供给"和"需求"两个相互依存的方面,而且,还包括供给和需求在数量上的含义,即供求是否相等。

(3)市场是人口数量、购买能力和购买欲望的总和。有人用公式表示为:市场 = 人口数量 + 购买能力 + 购买欲望。这一概念显然认为市场是指需求,只有那些具备购买能力,而且具有购买欲望的消费者才构成某种商品的市场。这样的消费者越多则表明市场越大,但这一概念存在两个缺陷:一是人口属于自然人消费者,因而这一概念似乎只适合消费品市场;二是没有强调潜在购买力和购买欲望。而正确把握好购买力的变化,激发购买欲望,开拓潜在市场本身营销艺术,即市场营销的题中之意,因而市场营销对"市场"还应有更贴切的理解。

（4）市场是现实的和潜在的具有购买能力的总需求。市场营销通常是在这个意义上理解和运用市场概念的。因为市场营销主要是研究卖方营销活动的。对于卖方来说，自己就代表了供给，所以"市场"就只有需求了，因而市场只是某种商品的现实购买者和潜在购买者需求的总和。市场专指买方，而不包括卖方。所以在市场营销中，市场往往等同于需求，不加区别。平时大家所讲的市场疲软就是针对需求不足而言的。

尽管市场营销更多的是在需求意义上认定市场概念的，但这并不是说企业的市场营销活动的全部工作仅仅在于正确地评估出需求的大小，企业还必须认真研究本企业可以提供满足和能够占领的市场需求有多大，以及应该如何去占领竞争对手的市场份额和策略策划等问题，这就是营销活动。所以对企业而言，市场与营销不可分割，市场营销就是研究如何去适应买方的需要，如何去组织整体营销活动，如何拓展思路，以达到自己的经营目标。

（5）市场是买方、卖方和中间交易机构（中间商）组成的有机整体。在这里，市场是指商品多边、多向流通的网络体系，是流通渠道的总称。它的起点是生产者，终点是消费者和用户，中间商则包括所有取得商品所有权或协助所有权转移的各类商业性机构（或个人）。

在现代社会里，市场成为整个社会经济的主宰者，是社会经济的指挥棒和调节器，其作用大大地被加强了，因而人们对市场概念的理解和运用也丰富多彩了，这是几种最典型、最常见的市场概念。

关于市场的类型，更是随着人们所选择的划分标准不同而千差万别，在此使用两种划分标准对市场分类如下：

（1）按商品的形态不同，市场可以被分为以下3种类型：

①有形商品市场。它包括一切看得见、摸得着的各类生活资料和生产资料组成的市场；

②无形商品市场。是指能够满足社会生产和人民生活需要的各类无形商品组成的市场，如知识产权市场、服务市场、运输市场等；

③生产要素市场。是指社会生产所必需的各类生产要素组成的市场，如资金市场、信息市场、技术市场、劳动力市场等。

（2）按商品在流通过程中所经历的环节不同，市场可分为以下两种：

①批发市场。是指商品成批买卖，买方享受一定利益优惠的环节组成的市场。批发市场上的买方一般是各类中间商；

②零售市场。是指商品进入最终使用与消费环节组成的市场。零售市场的买方一般是商品的最终用户或消费者。

二、市场营销的含义

市场营销是市场营销学的研究对象。国外市场营销关于市场营销的概念，狭义的解释是引导商品与劳务从生产者到消费者或使用者所实施的一切企业活动。广义的解释是创造与传递生活标准给社会。前者将市场营销仅视作一种传递功能，反映了学科发展幼年期对市场营销认识上的局限性，后者虽给人以广阔的视域，但欠明确具体。尽管市场营销这个词早在20世纪初即已出现，但至今仍无统一解释。有些人认为，市场营销是销售和促销；也有人认为，市场营销就是把货物推销出去。实际上，企业的市场营销活动应包括企业的全部业务活动，即包括市场与消费者研究、选定目标市场、产品开发、定价、分销、促销和售后服务等,销售与促销仅仅是企业整个市场营销活动的一部分,而且不是市场营销活动的最重要部分。

营销与一般的销售不同,区别在于:销售重视的是卖方的需要,营销重视的是买方的需要。销售以卖方为主,卖方的需要是如何将他的产品卖出去,从而牟取利润;营销则是考虑如何更好地满足消费者需要,根据顾客的需要来设计产品,讲求产品质量,增加花色品种;根据顾客的需要来定价,使顾客愿意接受;根据顾客的需要进行促销,及时传播消费者欢迎的市场信息。

所以,我们关于市场营销的较为完整的定义是:市场营销的目的是通过市场交换满足现实或潜在需要的综合性经营销售活动过程。依据这一定义,市场营销的目的是满足消费者的现实或潜在的需要,市场营销的中心是达成交易,而达成交易的手段则是开展综合性的营销活动。市场营销这个概念是从企业营销的实践概括出来的。因此,市场营销的含义不是固定不变的,它是随着工商企业市场营销活动实践的发展而发展的。

三、市场营销的功能与效用

(一)市场营销的功能

市场营销的基本功能可分为三类,即交换功能、供给功能和便利功能。

1. 交换功能

包括购买与销售。购买是在市场集中或控制商品劳务,并实现所有权的转移。购买的职能不仅包括了购买哪些类型的产品和向谁购买的决策,也包括了进货数量和进货时间的决策。销售是协助或动员顾客购买商品与劳务,并实现所有权的转移。销售的职能不仅包括为产品找到市场,而且包括通过推销宣传战略唤起消费者的需求,并安排好售后服务工作。定价是市场购销中必不可少的因素,它包含在购买与销售之中,而不作为一个独立的市场营销功能。

2. 供给功能

包括运输与存储。运输是货物实体借助于运力在空间上的转移,使产品从制造场所转移到销售场所。储存是指商品离开生产领域但还没有进入消费领域,而在流通领域内的停滞。储存的设施可将产品保留到需要时供应,使企业可以制定长期的生产计划,从而更有效的工作,并使全年生产保持均衡的进度。储存将产品从生产期保存到销售期,可以调节商品的销售,以适应需求。运输和储存都属于供给功能,是实现交换功能的必要条件。

3. 便利功能

包括资金融通、风险负担、市场情报与商品标准化和分级等。借助资金融通,可以控制或改变商品与劳务的流转方向,实行信用交易,能给市场销售过程中各个环节的买卖双方带来方便。

风险负担是商品或劳务交易中必然包含的一部分因素,在供求关系的变动中,在运输和储存的过程中,企业均可能因商品损坏、腐烂、短少、浪费等,以及货物在一定时期内卖不出去,要求承担财务损失的风险。市场情报的收集、分析与传送,是一种通信职能,但对消费者、生产者和营销机构都是重要的。商品的标准化和分级,指产品必须符合基本尺度或标准的要求,保证产品质量,便于比较和交易。

(二)市场营销的效用

市场营销可创造形式、地点、时间与持有效用。

1. 形式效用

例如,企业通过市场调研,分析市场需求,再通过加工、制造过程,使棉花成为棉纱、棉布,布匹成为服装,即生产出能满足人们某种需要的使用价值的具体形式,即属形式效用的创造。

2. 地点效用

农产品采购企业在农村向生产者收购蔬菜、水果等农产品,加以挑选整理,并初步加工、包装后,运往城市和口岸,供应城市或出口,满足城市与国外消费者的需要。此种运输等功能的发挥,使消费者在适当的地点能买到这些农产品,即属地点效用的创造。

3. 时间效用

如将夏天制成的棉鞋保存到冬天,将冬天生产的凉鞋保存到夏天,维护两者的效用。此种储存功能的发挥,使消费者在适当的时间能买到这些物品,即属时间效用的创造。

4. 持有效用

通过买卖行为,将商品从卖方转移到买方,从而使购买者获得持有效用。如纺织品批发企业向纺织厂采购纺织品,批销给零售商再转卖给消费者,从而把纺织品的所有权由纺织厂转移到消费者手中,此种交换功能的发挥即属持有效用的创造。

第二节 汽车营销观念的演变

汽车营销观念是汽车企业领导人对于汽车市场的根本态度和看法,是一切汽车经营活动的出发点。

汽车营销观念的核心问题是,以什么为中心来开展汽车企业的生产经营活动。所以,汽车营销观念的正确与否,对汽车企业的兴衰具有决定性作用。

美国著名管理学家杜拉克说过,产品销售的最终效果是企业管理水平的综合反映,它必须由顾客来进行评判,顾客的观点是衡量产品销售是否成功的唯一标准。

世界汽车营销观念是随着汽车市场的形成而产生,并遵循上述著名论点而逐步演变的。它的发展大致经历了以下五个阶段:

一、"生产观念"阶段

"生产观念"从工业革命至1920年间主导了西方企业的经营策略思想。在这段时间内,西方经济处于一种卖方市场的状态,市场产品供不应求,可选择品种甚少,只要价位合理,消费者就会购买。市场营销的重心在于大量生产,解决供不应求的问题,消费者的需求与欲望并不受重视。目前许多第三世界国家仍处在这一阶段。

"生产观念"虽然是卖方市场的产物,但它却时常成为某些公司的策略选择。例如,一个公司以"生产观念"作为指导,可以大力推行批量性的标准化生产,以提高生产效率,降低生产成本,最后达到以低价为竞争手段的市场扩张的策略目的。不过以"生产观念"为指导的企业只有在市场上的产品质量基本相等的情况下才有一定的竞争力,一旦供不应求的市场状况得到缓和,消费者对产品质量产生了不同层次的要求,企业就必须运用新的观念来指导自己的竞争。

二、"产品观念"阶段

在"生产观念"阶段的末期,供不应求的市场现象在西方社会得到了缓和,"产品观念"应运而生。"产品观念"认为,在市场产品有选择的情况下,消费者会欢迎质量最优、性能最好和特点最多的产品。因此,企业应该致力于制造质量优良的产品,并经常不断地加以改造提高。但事实上,这种观念与"生产观念"一样,无视消费者的需求和欲望。所谓优质产品往往是一群工程师在实验室里设计出来的,这些产品上市之前从来没有征求过消费者的意见。美国通用汽车公司的总裁就曾说:"在消费者没有见着汽车之前,他们怎么会知道需要什么样的汽车呢?"这种思想观念无疑曾使日后通用汽车公司在与日本汽车制造商的较量中陷入困境。

前面我们已谈到消费者的价值观念,这就是说,只有当消费者觉得一个产品或服务的价值与其预期的价值相吻合或超过其预期价值时才会决定购买。"产品观念"在市场营销上至少有两个缺陷:第一,工程师们在设计产品时并不知道消费者对其产品的价值衡量标准,结果生产出来的产品很可能低于或不符合消费者的预期价值,从而造成滞销;第二,一味追求高质量往往会导致产品质量和功能的过剩,高质量多功能往往附带着高成本,而消费者的购买力并不是无限的,如果产品质量过高,客户就会拒绝承担为这些额外的高质量所增加的成本,从而转向购买其他企业的产品。

三、"销售观念"阶段

自 20 世纪 30 年代以来,由于科学技术的进步,加之科学管理和在"生产观念"驱动下产生的大规模生产,产品产量迅速增加,产品质量不断提高,买方市场开始在西方国家逐渐形成。在激烈的市场竞争中,许多企业的管理思想开始从"生产观念"或"产品观念"转移到了"销售观念"。"销售观念"认为,要想在竞争中取胜,就必须卖掉自己生产的每一个产品;要想卖掉自己的产品,就必须引起消费者购买自己产品的兴趣和欲望;要想引起这种兴趣和欲望,公司就必须进行大量的推销活动。他们认为,企业产品的销售量总是和企业所做的促销努力成正比的。

"销售观念"虽然强调了产品的销售环节,但仍然没有逾越"以产定销"的框框。消费者的需求和欲望仍然没有成为产品设计和生产过程的基础。事实上,销售只是市场营销策略中的一小部分。一个企业要想达到预定的销售目标,还需要营销策略的其他部分充分配合。我国目前仍有许多企业,特别是国有企业,将销售与市场营销混为一谈,只有供销部门,而没有市场营销部门。也就是说,这些企业的经营观念基本上还停留在西方社会 20 世纪 40 年代的水平。

四、"市场营销观念"阶段

"市场营销观念"产生于 20 世纪 50 年代中期。第二次世界大战以后,欧美各国的军工业很快地转向民用工业,工业品和消费品生产的总量剧增,造成了生产相对过剩,随之导致了市场的激烈竞争。在这一竞争过程中,许多企业开始认识到传统的销售观念已不再适应市场的发展,他们开始注意消费者的需求和欲望,并研究其购买行为。这一观念上的转变是市场营销学理论上一次重大的变革,企业开始从以生产者为重心转向以消费者为重心,从此结束了以产定销的局面。

美国市场营销学家奥多·李维特(Odors Levitt)曾就"市场营销观念"和"销售观念"的区别作过以下简要的说明：

"销售观念"以卖方需要为中心，"市场营销观念"以买方为重心；"销售观念"从卖方需要出发，考虑的只是如何把产品变为现金，"市场营销观念"考虑如何通过产品研制、传送以及最终产品的消费等有关的所有活动，来满足顾客的需要。

在这里，消费者的需求是市场营销活动的起点和中心。以"市场营销观念"作为自己的策略导向的公司遵循以下几个基本宗旨：

(1) 顾客是中心。没有顾客，公司毫无存在的意义。公司的一切努力在于满足、维持及吸引顾客。

(2) 竞争是基础。公司必须不断地分析竞争对手，把握竞争信息，充分建立和发挥本公司的竞争优势，以最良好的产品或服务来满足顾客的需求。

(3) 协调是手段。市场营销的功能主要在于确认消费者的需要及欲望，将与消费者有关的市场信息有效地与公司其他部门相沟通，并通过与其他部门的有机协作，努力达到满足及服务于消费者的目的。

(4) 利润是结果。利润不是公司操作的目的，公司操作的目的是极大地满足顾客，而利润是在极大地满足顾客后所产生的结果。

五、"社会营销观念"阶段

在"市场营销观念"被西方工商界广泛接受以后，最近十余年来，人们开始对"市场营销观念"持怀疑态度。人们对"市场营销观念"的主要批评在于：尽管一个公司的最大利益的获取是建立在极大地满足顾客的基础上，该公司很可能在满足自己的顾客和追求自己最大利益的同时损害他人以及社会的利益。例如，100多年来世界各地的烟草工业越办越兴隆，为吸烟爱好者提供了需求满足，但科学研究发现，烟草对与吸烟者在一起生活和工作的人的危害比对吸烟者本人的危害要大得多；口香糖制造商虽然极大地满足了部分消费者爽口清心的需求，但同时也造成了街道卫生的问题，难怪新加坡政府曾通过立法，禁止在新加坡销售和购买口香糖。

"社会营销观念"的决策主要有四个组成部分：用户的需求、用户利益、企业利益和社会利益。事实上，"社会营销观念"与"市场营销观念"并不矛盾，问题在于一个企业是否把自己的短期行为与长期利益结合起来。一个以"市场营销观念"为自己指导思想的企业，在满足自己目标市场需求的同时，应该考虑到自己的长期利益目标和竞争战略，把用户利益和社会利益同时纳入自己的决策系统。只有这样，这个企业才会永久立于不败之地。

必须指出的是，现代市场营销活动不仅涉及商业活动，也涉及非商业活动；不仅涉及个人，也涉及团体；不仅涉及实物产品，也涉及无形产品及思想观念。美国四年一次的总统大选，就是运用营销思想观念的一种最大政治活动，在竞选过程中，各党派都巧妙地运用市场营销的策略组合来争取竞选的胜利。这其中包括各党派推选的总统候选人及代表该党派思想意识的政治纲领(产品)，募集竞选基金(定价)，合理安排总统候选人到各地讲演(渠道)，以及利用各种新闻媒介宣传党的总统候选人及其政治纲领(促销)。1992年美国不大知名的民主党总统候选人克林顿就是有效地运用了市场营销的战略和战术，击败了当时在海湾战争以后声誉极高的共和党在任总统布什。

现代社会中，营销思想被广泛运用，一些传统上与商业无关的单位，如教堂、医院、学校等,由于外部环境的变化,要获得生存必须要争取更多的信徒、病人和学生等。而市场营销恰恰为其在这方面提供了观念上和方法论上的有力支撑。

第三节 我国汽车市场运行特征

一、我国汽车市场的波动性

汽车作为社会经济生活的一种重要工业品,其市场行情随国民经济运行的波动而波动。这种波动呈现出明显的周期性特点,即每一波动周期在理论上均包括"衰退、萧条、复苏、高涨"4个阶段。

(1)衰退阶段。汽车市场处于衰退阶段的主要特征是:

①宏观经济运行速度明显呈下降趋势,固定资产投资和信贷规模呈压缩趋势,经济结构处于调整之中;

②汽车销售量和销售增长率呈现下降趋势,即销售量下降,销售增长率为负数;

③大多数产品品种供过于求,买方市场特征明显。

(2)萧条阶段。我国汽车界更习惯于称其为"低谷"阶段。这个阶段的主要特征是:

①宏观经济处于低速运行,固定资产投资和信贷规模相对较小、增长缓慢;

②汽车销售量保持"低谷"水平,销售下降趋势得以停止,销售增长率较小(甚至为零);

③大多数产品品种呈现买方市场特征,汽车库存数量较多。

(3)复苏阶段。汽车市场处于复苏阶段的主要特征是:

①国民经济运行速度明显加快,固定资产投资和信贷规模明显增加;

②汽车销售量和销售增长率保持同向增长,销售增长率的变化率为正数。当销售量增幅出现较大上升后,汽车市场便进入高涨阶段;

③大多数汽车产品的生产回升,库存下降。

(4)高涨阶段。汽车市场处于高涨阶段的主要特征是:

①国民经济处于高速运行状态,经济呈现繁荣局面,固定资产投资和信贷规模达本次经济周期的最高水平;

②汽车销售量保持增长态势,但销售增长率的数值经过一段时间的增长后,开始出现下降趋势,即销售增长率的变化率开始出现负数。之后,汽车市场进入衰退阶段;

③汽车生产形势喜人,呈现产销两旺的局面,汽车库存较少。

企业在分析研究汽车市场波动周期各阶段的转换时,尚需注意以下两个问题:一是各阶段的转换不以年度为标志,转换点可能发生在某一月份。因而,企业宜选择季度或月度等短期指标,不宜选择长期指标。例如,汽车销售量连续出现数月或两个季度的下降,一般便可认为汽车市场已处于衰退阶段。二是应注意有时萧条阶段不太明显。这是由于在现代市场经济制度下,国家对经济的宏观调控措施不断增强,宏观经济周期波动的萧条阶段变得很不明显,它往往同复苏阶段"合二为一"。因而,企业在分析汽车市场波动的阶段变化时,应重视"萧条阶段不明显"的特点。

二、我国汽车市场波动的主要形态

汽车市场行情经常处于波动之中,而且波动形态各异。归纳起来,汽车市场的波动形态主要有以下4种：

（1）周期性波动。它是以数年为周期，与国民经济周期性波动发展进程大致相符的一种循环波动。如前述汽车市场有规律的周期性波动。

（2）季节性波动。它是以一年为周期，一再发生于某季或某月的循环波动。也就是说：由于季节关系而使汽车市场发生数量上的伸缩现象，这种现象总是在每年的特定时期有规则地出现。例如，由于受我国社会生产活动的季节性规律以及春节等节假日的影响，我国汽车市场一般在每年的第一季度销势相对平稳；第二、三季度较第一季度销势强劲，而第四季度销势又相对减弱。

（3）长期趋势。它是指在一个较长时期内，整个汽车市场呈现出的一种倾向性发展态势。我国汽车市场在一个较长时期内，总体上仍将保持上升态势，市场容量不断扩大，汽车市场在每一次周期性波动结束时，市场规模比该周期起点时的规模大。

（4）偶然波动。它是指由于外部环境及其他随机因素而引起汽车市场不定期、不规则的变动。例如，1990年第一季度，由于受当时工业生产负增长的影响，汽车市场就相对过分下跌；又如，1994年第一季度，由于当时国家刚取消"社控"政策，轿车市场需求就表现出较为旺盛的态势。

通常，将上述后三种波动称之为"非周期性波动"，以同第一种"周期性波动"在性质上区别开来。需要说明的是，在现实生活中，上述各种波动形态是相互交织、综合出现的。每种形态只是在剔除其他形态的影响后才表现出来。营销者应对汽车市场的实际波动形态进行科学划分，以正确把握各种形态的发展变化，并从本质上掌握汽车市场的变化。

三、我国汽车市场波动形态特点

改革开放后，伴随我国汽车市场的诞生和发育，汽车市场的周期性波动明显具有以下特点：

1. 供求关系剧烈波动

实验分析表明，当国民经济保持正常运行时，汽车市场大体供求平衡；当国民经济运行进入"热区"，生产高速增长时，汽车市场就表现出供不应求态势，甚至出现"作坊式生产"、不正常进口或走私等异常现象；当宏观经济进入低速运行时，汽车需求又明显不足，有的汽车产品甚至呈现出无人问津的严重局面。这表明，汽车需求随着国民经济形势的变化而剧烈变化，波峰时期和波谷时期的市场行情反差巨大。据研究，形成上述特点的原因主要是：

①我国的汽车产品作为生产经营资料使用的现象较为突出，其需求的强弱受国民经济运行拉动的影响较大，国民经济的大起大落导致汽车需求的大起大落；

②我国汽车工业在汽车数量和品种结构上的供给能力不能充分满足国民经济高速运行对汽车的需要，汽车市场在波峰时出现汽车供给短缺，从而加剧了供求矛盾。

但需指出的是，随着我国市场经济体制的确立以及国民经济走上持续、健康发展的轨道，汽车市场的供求关系将发生新的变化，上述剧烈波动将向小幅波动转变。这是由于：首先，宏观经济运行引入了市场微调机制，过去宏观经济运行大起大落的现象将得以改变；其次，汽车购买者过去以各类全民所有制社会集团为主，现在正在向以私人购买、第三产业、乡镇企业和城市集体企业购车为主转变，这种需求主体的变化将有利于减轻汽车市场对宏观经济运行过多的依赖关系；第三，随着汽车工业本身的发展，供给能力得以增强，汽车买方市场正在迅速形成。营销者不应只注重对汽车市场过去运行规律的研究，而必须认清其将要发生的变化,把握市场发展的趋势。

2. 波动周期趋短、波动频率趋快

改革开放前,我国汽车需求波动的周期一般在 10 年以上。改革开放后,我国汽车市场共经历了四次波动,平均每一波动周期的时间为 4 年。汽车市场波动呈现出周期缩短、频率加快的特征。今后,随着市场微调机制作用的加强,汽车市场的波动将继续表现出波动幅度下降和波动频率加快两种趋势。而且,汽车市场在周期性波动的各个阶段内也可能出现短暂波动现象。因而,营销者应加强对波动周期进程的研究。尤其在遇到销售下降时,应分析这种下降到底是周期性波动中的衰退阶段所致,还是偶然波动所致,抑或是其他原因所致。

3. 市场规律的作用没有充分发挥出来

市场规律包括价格规律、供求规律和竞争规律。改革开放以来,由于种种原因,我国不少汽车产品的价格存在着背离价值以及不按供求规律变化的现象。同时,汽车市场行政权力操纵的超经济垄断势力极为强大,市场按"条条"或"块块"被分割,使得竞争规律的作用受到限制。随着我国市场经济的建设和《汽车工业产业政策》的实施,市场规律的作用将受到充分尊重,过去存在的许多不合理现象必将得以纠正。所以,营销者在营销实践活动中应自觉遵守市场规律服务于企业的市场营销。

第四节　我国汽车市场营销研究的必要性

企业进入市场后,将会不断地遇到新情况、新问题,市场营销活动就会不断出现新特点。因此,企业必须十分重视市场营销研究,认识新特点,掌握市场营销规律,以不断地开拓和发展市场。

一、我国汽车市场的形成与发展

一种商品的市场是否存在,应以市场机制(价格机制、供求机制和竞争机制)是否对该商品的生产、流通和消费起主导作用为标志。如果一种产品的生产和消费均以计划途径安排,流通领域不存在多元利益主体,那么也就无所谓该商品市场了。我国的汽车市场是通过经济体制改革来建立的,这与西方国家在商品经济发展过程中自然形成了汽车市场相比,汽车市场的形成过程存在着重大差别。根据市场机制在我国汽车生产、流通各环节中引入的程度和作用不同,我国汽车市场的形成过程大体经历了如下 3 个阶段:

(1)孕育阶段。从 1978 年宏观经济体制开始转轨到 1984 年城市经济体制改革着手实施,这 7 年是我国汽车市场的孕育阶段。从汽车产品流通看,这一阶段开始从严格的计划控制,到局部出现松动,但仍具有较浓厚的计划色彩。

1978 年,中共中央《关于加快工业发展若干问题的决定》指出:加强物资管理,要统一计划,统一调控,但除少数进口汽车由国家计划分配外,计划外分配的国产汽车由各省、市、自治区自行安排。1981 年,国务院批转《关于工业品生产资料市场管理暂行规定》,规定各生产企业在完成国家计划前提下有权自销部分产品,企业自身利益开始得到承认,汽车产品流通也开始向市场化转变。但严格地说,这一阶段汽车产品分配仍置于国家计划控制之下,只是在管理方式和严格程度上有所改变。汽车产品的指令性计划由 1980 年的 92.7% 下降到 1984 年的 58.3%,表明计划管理有了较大松动。由于在这一阶段,指令性计划对汽车的生产与流通仍占主导地位,企业自销与市场机制只是处于补充地位,计划体制没有根本改变。

汽车市场尚未真正形成。

（2）诞生阶段。从1985年以后，汽车产品流通市场机制的作用日益扩大，并逐步替代了传统的计划流通体制，双轨制向以市场为主的单轨制靠拢，市场机制开始成为汽车产品流通的主要运行机制。这一阶段的特点是正面触及旧体制的根基即计划分配体制，大步骤缩小指令性计划，大面积深层次地引入市场机制，为形成汽车市场创造了条件。至1988年，国家指令性计划只占当年国产汽车产销量的20%，1993年进一步下降到不足10%。并已在上海、天津建立了全国性的汽车交易市场和零部件市场，在全国还建立了不少汽车自选市场、展销市场。

这一阶段，由于市场机制对汽车生产、流通和使用的作用越来越大，并上升至主导地位。因而可以说，我国的汽车市场已经全面形成。

（3）快速成长阶段。这一阶段以1994年我国开始全面进入市场经济建设为标志，并持续至2010年或稍后一些时间，届时汽车工业即将建成支柱产业。汽车工业将在数量和品种结构方面的供给能力，基本上能满足国内市场需要，形成供求大体平衡的市场形态，从而使汽车市场转入下一阶段——成熟阶段。

成长阶段的主要特点将是：在一段时期内国家将可能继续对少数骨干企业的重点产品，仍保留很少数的指令性计划外，市场机制将被充分尊重，对汽车的生产与流通起绝对主导作用。汽车市场的规模将迅速扩大，市场趋于完善，原来那些影响和制约汽车市场发育过程的因素将逐渐得以消除，为汽车市场走向成熟创造有利条件。

如上所述，我国汽车市场的形成与发展充实了我国汽车市场营销活动的内容。对此，企业要有足够认识，并给予充分的重视。

二、我国汽车营销研究的必要性

市场营销就是企业为了更好更大限度地满足市场需要而达到企业经营目标的一系列活动。其基本任务有两个：一是寻找市场（需求）。二是实施一系列更好地满足需要的活动（营销活动）。在此方面，显然西方市场营销活动比较成熟，有许多可以借鉴的理论和经验，但我国的市场经济处在发育之初，我国的国情、民情、商情等一系列与市场营销活动有关的因素都同西方有较大的差别。因此，西方市场营销的经验有多少可以借鉴，又怎样借鉴呢？就汽车市场营销而言，我国面临的课题更重大和更为紧迫一些，没有理由不研究之。这种必要性表现在：

第一，我国正处于市场经济建立的过程中，旧体制将被彻底打破，新体制将逐步确立，我国汽车营销将面临最重要的营销环境的变化。

社会主义市场经济体制的建立，将逐步为企业创造一个公平竞争的营销环境，同时使企业成为市场主体，并享有作为相对独立的商品生产者和经营者应有的各种权利。市场作用的发挥，经营自主权的落实，有利于促进资源的流动和合理配置，增强企业活力。对汽车工业来说，一些长期阻碍其健康发展的因素，随着市场经济体制的逐步到位将在很大程度上得到解决。最终在市场经济规律的作用下，我国汽车工业必然按照自身的特点和世界汽车工业的一般规律，向高度集约化、集团化的方向加速发展。如果企业能够敏锐地窥见并积极、主动地顺应这一历史趋势，抓住营销机会，为自己就可能更多地争取发展的机会。

第二，我国汽车工业将在产业政策的扶植下，赢来一个发展的黄金时期，并成为支柱产业。市场营销活动的特点将大不同于以往。

在我国汽车市场形成过程中，大体上经历了四次汽车需求大跌落，分别发生在1981年、1985年、1989年和1993年。从我国的汽车工业企业面对这几次跌落的反应来看，前两次各企业似乎都没有什么思想准备，面对跌落期前异常活跃的汽车市场，心中亢奋不已，纷纷竭尽全力扩大汽车生产；而面对随之而来的需求大跌落，心中又感叹不已，被迫限产压库。企业经营工作的重点在生产上，对汽车市场及其营销活动缺乏认识，但已开始感受到了市场的召唤。面对后两次的需求跌落，各企业在思想上已不像前两次那样感到唐突，对汽车市场的规律的认识已越来越多，各企业也开始自发地有了一些市场营销活动，有些企业取得的成绩相对更大一些。尤其是面对1993年汽车市场的波动，很多企业都事先有了比较充分的准备，营销活动正在由自发向自为的方向转变。但营销活动还缺乏成熟性，尤其是受到需求活跃的影响，现代营销观念及其指导下的一系列活动还不能始终如一地得以贯彻和自觉运用。严格说来，我们目前还没有掌握市场营销的艺术。事实上，没有强大的汽车工业及丰富的汽车资源作后盾，在一种永远处于饥渴的卖方市场或受进口车控制的市场条件下，我们永远不会有真正属于自己的严格意义上的营销活动。

而今，在我国社会主义市场经济建设的新时期，我国不会再采取过去那种发展汽车工业的模式，也不会采用像美国那样利用上百年的时间，通过残酷的竞争，大鱼吃小鱼的模式，而会借鉴新兴工业化国家的先进经验，通过政府制定超越式发展的产业政策，尽快振兴汽车工业。目前，这个方针已定并正在付诸实施。可以预见，我国汽车工业必将迎来一个大发展阶段。届时，汽车工业将为市场提供品种和数量更为丰富的汽车商品。同时，那些长期影响和制约我国汽车工业发展及汽车市场发育的因素将逐渐得以消除，汽车市场将改变以前的扭曲状况，市场容量也将增加。但最大的变化仍然是汽车市场将迅速地向完全的买方市场转变，这一根本转变将为营销活动赋予新的特色和内容。

第三，我国汽车工业将必然走向世界，被迫同国际大公司展开一场竞争，这场竞争实质上是一场市场营销大战。

据国际权威人士预测，未来的20年，世界汽车产量将增加50%，即从目前的近5000万辆增加到7500万辆，净增2550万辆。这些新增需求将大部分集中在包括我国在内的亚洲新兴的发展中国家。另一方面，我国经济将同世界经济接轨，标志着我国将要全面参与国际经济大循环。从长远来看，这将有利于我国汽车工业面对两个市场，在国际竞争的大环境中加速提高自身素质。但现实的挑战是，我们将不得不同诸如通用、丰田等世界级跨国公司展开一场力量悬殊的竞争。

世界汽车工业发展的现状表明，在全球汽车市场不景气的形势下，国际汽车行业之间的竞争加剧。为了提高各自的竞争实力，国外一些汽车公司纷纷改组、合并，世界汽车工业进一步走向集中和垄断。国际汽车工业列强们基于现实的困扰和长远战略考虑，早已垂涎我国这个巨大的潜在市场，我国大陆被认为是世界上的最后一块处女地。就是一些曾不愿与我国打交道的国外汽车公司也纷纷开始来投资设厂或建设销售网和维修服务站，试图瓜分我国正在成长中的汽车市场，我国汽车工业面临来自国际竞争对手的挑战日趋严峻。可以预见，一场没有硝烟的世界汽车工业大战，将很快围绕争夺我国汽车市场展开。我国汽车工业将被迫要在国际、国内两个汽车市场上同国际汽车工业短兵相接，展开营销大战。

以上分析表明，我国搞好汽车市场营销比以往任何时候的压力都大，当然机会也更多。我们也必须借助科学的营销策略，认识新的营销特点，探索新的营销规律，创造新的营销方法，开展营销活动，促进汽车市场及营销活动的发展。

第五节　汽车企业的市场营销管理

市场营销管理的目的在于使企业的营销活动与复杂多变的市场营销环境相适应。市场营销管理过程是指企业识别、分析、选择和发掘市场营销机会,以实现企业经营战略规划的管理过程。市场营销能力是企业综合实力的重要组成部分,对企业的经营业绩至关重要。

一、市场营销管理过程

企业市场营销管理过程大体上是按以下4个步骤进行的:

1. 分析市场机会

这是企业市场营销管理的第一个步骤。所谓市场机会就是指市场上的尚未满足的需要。哪里有未满足的需要,哪里就有营销机会。市场机会又分为"环境机会"和"企业机会"。市场上未满足的需要构成环境机会,但只有企业可以占领的环境机会才构成企业机会。所以对一个企业而言,并不是任何环境机会都是企业的营销机会,因为企业机会受企业既定的产品结构和生产条件制约。营销人员不仅要善于发现市场机会,而且更要善于分析和评估市场机会。只有如此,才可以找到企业机会。此外,营销人员还要善于发现环境威胁,即企业市场营销的不利因素。营销人员若找不到企业机会,看不到种种挑战造成营销机会损失和营销失误,二者都是不称职的表现。所以营销人员的素质、经验和责任感和把握市场的能力如何,对企业的市场营销影响甚大。

2. 选择目标市场

企业在找到营销机会后,还要分析和测算市场容量,要对市场进行细分研究,找出企业能提供最佳服务的细分市场,并实行市场定位。

3. 确定市场营销组合

市场营销组合是现代市场营销理论中的一个重要新概念,受到学术界和企业界的普遍重视与运用。所谓市场营销组合,即是指针对市场需要,企业对各种营销可控因素优化组合并综合运用,以使营销活动同营销环境相适应。企业可以控制的各种营销因素包括很多,现代营销理论通常将它们划分为四大类,即产品(Product)、价格(Price)、销售地点(Place)、促销(Promotion)。因为这4个词都以"P"开头,故又简称"4P"。因而市场营销组合,也就是这4个"P"的适当组合(搭配)。它体现了现代市场营销的整体营销观念。

需要说明的是,市场营销组合是多层次的,如产品则包括质量、特色、品牌、规格、型号、服务、保证、退货等;价格则包括基本价格、折扣、津贴、付款方式、信贷条件等;地点则包括分销渠道、实体分配、储存、运输等;促销则包括广告、推销、营业推广、公共关系、技术服务等。市场营销组合不仅要对4个"P"进行适当搭配,而且要安排好每个"P"的内部搭配(也叫"亚组合"),使所有这些因素达到灵活运用。市场营销组合还有第三层含义,即4个"P"及各个"P"的小因素都是动态变化的,每个因素的变动都可能引起整个营销组合的变动,从而形成一个新的市场营销组合。

值得注意的是,近年来,理论界对营销组合概念又有新发展。有人提出营销组合,除了传统的"4P"外,还应补充"权力(Power)"和"公共关系(Public Relation)",因而"4P"变为"6P"。这种发展的意义在于:企业对营销环境(如政府和公众)并不只是单纯地适应,而是可以影响政府行为和公众态度的,从而可以进一步优化企业的营销环境。

4. 管理市场营销活动

市场营销的中心任务就是要满足用户的需要,企业的一切活动都应围绕这一中心展开,确立营销组合,组织营销活动。同时还要通过市场营销调研、营销计划、营销实施和营销控制、对营销活动进行管理。营销管理得好就会为企业发展提供更大的发展空间;否则,如营销管理不善,不仅达不到营销目标,而且会影响企业发展。

二、企业市场营销能力的评价

市场机制就是竞争机制,市场是企业经营的起点与终点,市场营销活动并不等于简单的销售,更重要的是要做好营销组合的整体安排,以不断地提高企业的整体营销能力。这个能力的大小可以从以下5个方面予以评价:

1. 市场预测

有人说,商品的价值是否实现,以及在多大程度上实现,主要取决于当时的市场情况。这表明企业面对充满竞争和变化的市场,总希望通过对市场的调查和预测,掌握市场走势,避开风险,找到盈利机会,做好在什么时间、在什么地域投放什么样的产品、将取得什么样的效益等决策。可以说市场预测是企业搞好市场营销应具备的最重要的能力。

2. 产品开发

产品是否对路,是否富有竞争力是搞好市场营销的关键因素。这就要求企业必须注重产品开发,不断地、适时地推出令用户满意的产品。同时,产品在塑造企业形象、建立企业声誉和提高企业知名度等方面占有举足轻重的地位。因为用户首先是通过使用产品——企业的劳动成果,去认识和了解企业的。所以产品开发能力也是企业市场营销能力最重要的评价指标之一。

3. 销售渠道

如果一个企业的产品纵然对路,形象纵然良好,但用户购买却十分不便,同样会影响企业最大限度地取得营销成绩,造成营销损失。这表明,方便的销售渠道不仅有利于企业扩大市场覆盖面,也有利于企业更广泛、更及时地了解到各区域市场(细分市场)信息,有利于作好产品投放,即作好何时将何种产品投放到何种市场以及投放多少等决策。因而,成熟的企业总是在不断地开辟和优化其销售渠道。渠道的多少、宽窄以及渠道的素质、能力和销售工作效率也是评价企业营销能力指标的重要组成部分。

4. 促销措施

尽管我国的汽车市场目前还是一个畅滞并存的市场,而市场营销却是一门买方市场条件下营销活动的学问,但这并不是说只有在汽车产品滞销时,企业才重视市场营销。其中,促销措施就是提高市场占有率、扩大知名度、树立企业形象和帮助企业渡过难关的主要手段。促销工作必须经常抓,重视促销措施研究,一旦市场转滞,企业就能及时推出有效的促销措施,以尽量减少企业的营销损失。因而,促销能力也反映了企业的市场营销能力。那种平时不注重促销措施研究,临时仓促应付的做法在实践中是极其有害的。

5. 定价策略

产品的价格是产品竞争能力的主要内容,它既影响到用户的购买能力,又影响到产品的形象。一般来说,用户对价格的敏感程度高于其他营销因素。因而,执行不同的价格策略对企业营销成败,企业利益多寡影响甚大。所以,企业价格策略是企业市场营销最重要的策略之一,企业对价格操作的能力也是企业营销能力的应有之义。

上面分析了汽车企业的市场营销管理过程及营销能力的评价指标。市场营销是一个动态过程,营销目标有赖于分步去实现。为此,企业还必须按年度制定出营销计划,规定出年度营销目标及行动步骤。

第二章　汽车市场营销环境分析

汽车的市场营销活动是在不断发展、变化的环境条件下进行的,它既对汽车市场产生影响,又对汽车营销造成制约。这来自市场影响和营销制约的两种力量,就是汽车市场营销环境,它包括宏观环境和微观环境。分析汽车市场营销环境的目的,一是要发现汽车市场环境中影响汽车营销的主要因素及其变化趋势;二是要研究这些因素对汽车市场的影响和对汽车营销的制约;三是要发现在这样的环境中的机会与威胁;四是要善于把握有利机会,避免可能出现的威胁,发挥汽车市场营销者的优势,克服其劣势,制定有效的汽车市场营销战略和策略,实现汽车市场营销目标。

第一节　汽车市场营销环境概述

一、汽车市场营销环境的概念及意义

美国著名市场学家菲利普·科特勒将市场营销环境定义为:"企业的营销环境是由企业营销管理职能外部的因素和力量组成的。这些因素和力量影响营销管理者成功地保持和发展同其目标市场顾客交换的能力。"也就是说,市场营销环境是指与企业有潜在关系的所有外部力量与机构的体系。因此,对汽车营销来说,汽车市场营销环境的研究是汽车营销活动最基本的课题。

汽车市场环境是汽车营销活动的约束条件。汽车营销管理者的任务不但在于适当安排营销组合,使之与外部不断变化着的营销环境相适应,而且要创造性地适应和积极地改变环境,创造或改变顾客的需要。这样才能实现潜在交换,扩大销售,更好地满足目标顾客日益增长的需要。

汽车市场营销环境分析的意义在于:

1. *汽车市场营销环境分析是汽车企业市场营销活动的立足点*

汽车企业的市场营销活动是在复杂的市场环境中进行的。社会生产力水平、技术进步变化趋势、社会经济管理体制、国家一定时期的政治经济任务,都直接或间接地影响着汽车企业的生产经营活动,左右着汽车企业的发展。

2. *汽车市场营销环境分析使汽车企业发现经营机会,避免环境威胁*

汽车企业通过对汽车市场营销环境的分析,在经营过程中就能发现经营机会,取得竞争优势;同时,避免环境威胁就是避免汽车营销环境中对企业营销不利的影响。如果没有适当的应变措施,则可能导致某个品牌、某种产品甚至整个企业的衰退或被淘汰。

3. *汽车市场营销环境分析使汽车企业经营决策具有科学依据*

汽车市场营销经营受到诸多环境因素的制约,是一个复杂的系统,企业的外部环境、内部条件与经营目标的动态平衡,是科学决策的必要条件。企业要通过分析,找出自己的优势和缺陷,发现由此带来的有利条件和不利因素,使企业在汽车营销过程中取得较好的经济

效益。

二、汽车市场营销环境的特点

汽车市场营销环境主要包括宏观环境和微观环境两方面:宏观环境通常指汽车企业面临的人口环境、经济环境、自然环境、政治法律环境、技术文化环境;微观环境通常指汽车企业本身、竞争者、供应商、经销商、顾客等。在当代世界汽车工业发展过程中,宏观环境与微观环境的变化对其影响越来越重要。

概括地说,汽车市场营销环境具有以下特点:

1. 差异性

汽车市场营销环境的差异性不仅表现在不同汽车企业受不同环境的影响,而且同样一种环境因素的变化对不同汽车企业的影响也不相同。因此,汽车企业为适应营销环境的变化所采取的营销策略也各不相同。

2. 多变性

构成汽车企业营销环境的因素是多方面的,每一个又都随着社会经济的发展而不断变化。这要求汽车企业根据环境因素和条件的变化,不断调整营销策略。

3. 相关性

汽车市场营销环境不是由某一个单一的因素决定的,还要受到一系列相关因素的影响。例如,汽车价格不但受市场供求关系的影响,还要受到科技进步水平和国家相关税费的影响。

4. 动态性

汽车市场营销环境是在不断发生变化的。从总体上说,当今汽车市场营销环境的变化速度呈加快趋势。可以说,每一个汽车企业作为一个小系统都与市场营销环境这个大系统处在动态的平衡之中。一旦环境发生变化,平衡便被打破,汽车企业必须积极地反应和适应这种变化。有的汽车生产企业虽然规模庞大、条件优良、人才济济,但由于在一定历史时期内不能以创造性的反应来迎接挑战,就会被市场所淘汰。

第二节 汽车市场营销宏观环境分析

汽车市场营销的宏观环境通常指一个国家的人口环境、经济环境、政治法律环境、科技文化环境等,它是汽车企业不可控制的因素。企业可以通过调整营销策略和控制内部管理来适应宏观环境的变化。

一、汽车市场营销宏观环境的内容

(一) 人口环境

人口统计变化对所有汽车企业的市场营销都有重要影响。汽车的购买量是同人口直接相关的。在人口统计因素中,应重点关注人口总量及其增长、人口的地理分布、人口的年龄分布和人口的收入分布等因素。因为人口因素是变化的,在考察上述因素时,静态描述是重要的,但更重要的是考察其变化趋势。尤其重要的是,在对多个因素的交叉分析中注意发现对营销战略有意义的信息。

随着亚洲新兴工业国的迅速崛起和对外开放,亚洲汽车市场近年来成了全球汽车工业争夺的主要对象。对美国汽车制造商来说,我国和印度是亚洲最吸引人的汽车市场,就是因为这两个国家是世界上人口最多的国家,人口增长率高,蕴藏着无限的商机。

(二) 经济环境

经济环境可以从世界性的、国家性的、产业性的和个人性的指标来考察。

世界性的指标反映的是整个世界的经济大气候,包括世界经济的增长情况,世界资本与货物的流动情况等。

国家性的指标包括国内生产总值(GDP)、国民收入(NI)、储蓄、就业、通货膨胀率等指标。与许多发展中国家汽车工业的发展历程一样,我国汽车工业发展的周期波动与我国国民经济发展以及对汽车工业投资的力度是同步的(图1-2-1,图1-2-2)。

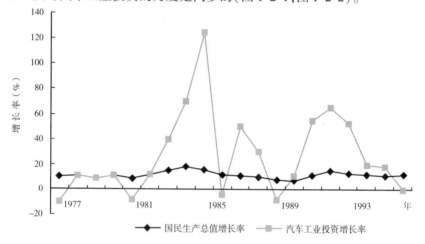

图1-2-1 国民生产总值与汽车工业投资增长率比较

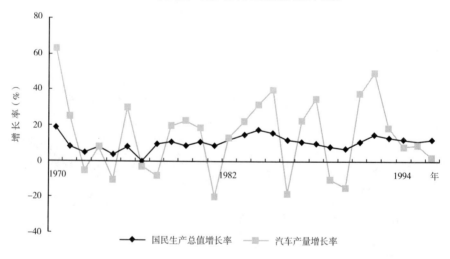

图1-2-2 国民生产总值与汽车产量增长率比较

产业性的指标主要是反映产业结构及其变动的指标。在我国,产业结构变动主要是伴随建立社会主义市场经济体制而发生的,这些年已有较大变化,第三产业比例迅速提高,第一、第二、第三产业的结构比例已由改革开放初期的28%、52%、20%转变为20%、49%、31%。在今后,这种变化仍然会持续下去。

个人性的指标主要包括工资及其他收入、储蓄、消费及其结构等。个人性的指标是汽车营销环境分析中十分重要的因素。第二次世界大战结束后,德国大众推出"甲壳虫"汽车,其结构简单、价格低廉、外形可爱,战后的人们正好能承受该车的价格,于是对"甲壳虫"的需求猛增。此后的 20 年间,这种颇受市场青睐的"甲壳虫"车畅销不衰、购销两旺,累计生产量已达到 1000 万辆,出口到 100 多个国家,成为全世界产销量最大、最流行的成功车型。

除上述指标外,通货膨胀、就业水平、汇率变动等因素也是汽车市场营销环境分析常要关注的经济因素。

(三) 政治法律环境

汽车营销的政治法律环境包括政治形势大势、经济政策和法律法规等方面。政治形势大势就是当前国际、国内政治形势大的态势与走势。经济政策主要包括与汽车营销有关的国家财政政策、货币政策、价格政策、劳动工资政策与对外贸易和国际收支政策,如汇率、进出口关税率、资本和技术引进政策等。法律法规主要指国家主管部门及地方政府颁布的与汽车营销有关的各项法规、法令、条例等。

我国对公务用车制度的改革一经启动,就对公务用车市场产生不小的影响。1988 年,首先受其影响的是作为传统公务用车的桑塔纳轿车,需求比例下降。而二手车市场的开启、一些大城市放宽或取消对私人购车的限制以及 1998 年银行开始介入汽车消费贷款,都为汽车营销创造了一个好的政策环境。

世界上许多国家为了发展自己国家的汽车工业,保护国内汽车市场,纷纷营造有利于本国汽车企业的政治环境。而在我国,个别轿车产地或有关方面出于局部利益的需要,采取一些地方保护措施,这种不公正的政策环境将会逐步得到改善。

另外,关税和人民币对美元汇率对进口汽车的价格有很大影响。以进口轿车为例,1994 年人民币对美元的汇率为 8.7∶1,轿车进口关税率为 110% ~150%。到 1997 年,人民币对美元的汇率为 8.28∶1,轿车进口关税降为 80% ~100%,因而售价下降 9% ~14%。

(四) 科技环境

作为汽车营销环境的一部分,科技环境不仅直接影响汽车企业内部的生产和经营,还同时与其他环境因素相互依赖、相互作用,特别与经济环境、社会文化环境的关系更紧密。技术革命不仅使原有的汽车产品变得陈旧落伍,而且改变了汽车生产、销售人员的原有价值观。所以,如果汽车生产企业不及时跟上科技发展,就可能被淘汰。

当今世界汽车市场的竞争实际上是一场现代科技的较量,是技术创新的竞争。世界各大汽车制造企业都把主攻方向放在广泛应用和发展现代微电子信息技术为代表的高新技术、新能源、新动力、新材料、新装备和新工艺,以及围绕安全、环保、节能、清洁、舒适和多功能等领域,开发研制、生产各类汽车新车型,占领新一代车型的技术制高点,增强产品的高科技含量。

新科技带来了汽车市场营销策略的革新,即产品策略、定价策略、分销策略和促销策略的革新。

(五) 社会文化环境

汽车市场营销的社会文化环境主要包括了人们的价值观念、宗教信仰、消费习俗、审美观念等与汽车消费有关的文化环境。

如今我国汽车消费者选购车型的意向,从以往的价格便宜,开始转向质量、品牌和售后服务。这些消费价值观念的变化,向汽车市场营销提出了更高的要求。

不同的宗教信仰在色彩观念上有相当大的差别。以黄色为例,对于信仰佛教的国家,黄色具有神圣之意;在我国和古罗马,黄色还曾作为帝王的色彩而受到尊重;在信奉基督教的国家里,黄色却被认为是叛徒的衣服颜色,具有卑劣可耻之意;在信仰伊斯兰教的国家中,黄色被视为是丧色,具有不幸与死亡的象征。在这些国家和地区进行汽车市场营销,就必须慎重考虑汽车颜色的问题。

日本的汽车销售商们就很会根据本国年轻人的汽车消费习俗制定一些促销措施,鼓励汽车消费。日本的年轻人中学毕业就业时喜欢自立门户,在外租公寓住。他们肯定买不起汽车,于是汽车销售店向这部分消费群体提供赊销或分期付款;倘若刚开始暂时没有这些年轻人喜欢的牌子的车,销售店还会先给一辆半旧车供其暂时使用,等所要的车子到了再去换,以此来鼓励这些汽车潜在消费者购买。

另外,在我国,两厢轿车开始并没有像三厢轿车那样受到普遍欢迎,这同我国传统的审美观念有一定关系。国人认为,所谓"轿"车,就得有头有尾,像一乘轿子一样,没有尾部的两厢车,怎么能算"轿"车呢?两厢车走遍全世界,却在我国遇到了这种审美观念的"打击"。

(六)生态与可持续发展环境

现在,人口、自然资源与生态的可持续发展问题已成为人类面临的最严峻的挑战。汽车对环境的影响主要来自两方面:对燃油的需求导致石油资源的枯竭和燃烧油料对环境造成的污染。

根据预测,2010年和2020年我国汽车对原油的需求量分别为2.9亿t和3.7亿t。从我国石化工业的情况来看,1992年全国原油加工能力达1.65亿t,规划2010年达3.0亿t,原油加工能力的要求是可以满足的。主要矛盾是原油不足。近年来,石油部门对我国石油储藏量的评估为810亿t左右,但原油探明储量累计仅150亿t,其中可采储量仅45亿t,目前剩余可采储量仅20亿t,储采比为14∶1。可见,我国原油生产形势不容乐观。我国目前已成为了原油进口国。

燃油汽车是流动污染源,为了保护环境,许多大汽车公司正致力于开发研制生态汽车,主要包括电动汽车、太阳能汽车、氢气汽车和可变燃料汽车等。1992年,美国三大汽车公司联合开发电动汽车,并得到政府3.5亿美元的资助。1993年1月,丰田和日产两大公司正式开始共同开发电动汽车。欧洲几乎所有的汽车公司都生产出了电动汽车的样品。法国雷诺公司已经将新兴的电动汽车投放市场,而标致公司早在1990年就有电动汽车出售。在1995年举办的第56届法兰克福汽车展览会上,以甲烷(俗称沼气)和其他替代燃料作能源的汽车大受赞扬。2010年以后,各种新能源汽车进入中国市场,并且得到中国政府的大力扶持。

二、汽车市场营销宏观环境分析

(一)世界汽车市场营销宏观环境分析

1. 政治文化环境约束减弱

世界汽车市场竞争越来越激烈,发达国家汽车市场越来越成熟,世界经济联合趋势越来越明显,政治与文化环境对世界汽车工业发展的制约已经越来越弱。世界汽车生产和消费不再集中在三大基地(北美、西欧、日本),而是呈现多极化发展的趋势。同时,各国不同的社会制度和文化背景不再成为世界汽车企业投资的障碍。

2. 政策制度环境已臻成熟

1) 税费政策环境倾向明显

近几十年来,特别是 20 世纪 80 年代以来,世界各主要工业发达国家的汽车税费政策已经有了很大的变化。其主要趋势是:汽车税费征收目的"绿色化"、征收对象差别化、征收手段多样化,以适应全球保护大气环境、节约能源、维护交通安全的需要,并在总体上体现出"鼓励购买、抑制消费"的汽车税费思想。

2) 技术政策环境趋于严格

各国政府为了保证汽车的安全性、经济性和洁净性等,纷纷推出了汽车安全技术法规、油耗控制法规和汽车排放控制法规等一系列越来越严格的技术法规。这些都促使汽车生产企业在技术进步方面增加投入,并产生了巨大的社会和经济效益。

3) 汽车回收制度方兴未艾

近年来,汽车回收创造了可观的经济效益,加之环保事业的兴起,所以正日益受到各国的重视。美国就把占每辆汽车质量 75% 的零部件回收并重新加以利用。德国作为一个老牌汽车大国,其废旧汽车回收利用率也达到了 75% 以上,值得一提的是,德国政府在汽车回收方面做了许多积极的协调工作,帮助在全国建立了能够回收 250 万辆废旧汽车的经营网络。

3. 相关行业联动效应显著

国外汽车产业如火如荼发展之际,与其相关的行业也被带动起来。在国际上十分流行的汽车俱乐部,因其形式多样、内容丰富,吸引了许多爱车族,他们闲暇之余可以参加沙龙、俱乐部或赛车驰骋。还有的汽车俱乐部则集销售、维修、租赁、旅游于一身,极具浓厚的商业服务气息。除此之外,汽车模特、汽车美容等相关行业也纷纷被看好。尤其是汽车美容业具有投资灵活、操作简便、利润丰厚、风险较低等特点,受到广大商家的青睐。

4. 对本国汽车业的保护成为政府行为

汽车工业在许多国家是国民经济的支柱产业,带动整个国家的经济发展。政府为了保护和发展汽车工业,往往通过关税和非关税壁垒来限制外国汽车产品的进口,并采取各种奖励出口的措施,如出口信贷、提供低息贷款、减免国内税收等,来加强本国汽车产品在国际市场的竞争力。

(二) 我国轿车市场营销宏观环境分析

1. 国内宏观经济运行良好

2000 年,我国经济发展出现了重要转机,经济增长速度由降转升,国内生产总值(GDP)首次突破壹万亿美元大关,达到了 10783 亿美元,人均 GDP 也达到了 849 美元。而且全年经济增长速度达 8.1% 左右,一举扭转了增速连续下滑的态势,经济增长的质量和效益明显改善,财政收入大幅度增长,国有企业的状况明显改观,对外开放进一步扩大。这些都为 2000 年汽车需求的快速增长起到了直接和间接的作用。"十五"计划正处新世纪的开端,经济增长速度将比 2000 年进一步加快(图 1-2-3)。在我国汽车市场的运行情况与经济发展密切相关的今天,经济发展的这种趋势无疑给汽车市场提供了良好的发展空间,使汽车需求具备了快速增长的宏观基础。

2. 社会营销观念已经树立

1993 年前,我国各汽车集团的经营重点都是围绕生产建设开展;1993 年~1996 年,才真正出现销售问题,但主要销售方式是大批生产后进行推销;1997 年开始,各企业逐渐重视运用市场营销手段,对各种竞争要素进行组合,我国的轿车工业就此从单纯的生产经营走向市场经营。1998年,随着北京地区率先推出新的环保标准、将要实施燃油税以及国家鼓励使用新能源,各轿车生产企业迅速树立起社会营销的观念,致力于改革排放系统、开发新燃料汽车、降低油耗以及改变人们的消费观念等工作。轿车工业将更多地承担起社会的责任。

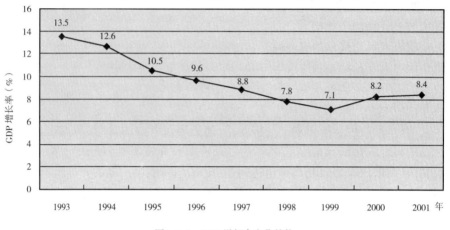

图1-2-3 GDP增长率变化趋势

3. 公路建设进程加快

长期以来,我国公路建设与国外先进水平相比,存在着公路数量少、密度低、等级低,造成公路建设滞后于汽车工业发展,汽车通过能力差,各种车辆混流等状况。现在,公路建设的步伐已经加快,"八五"期间,公路总投资约为1600亿元,是汽车工业投资的4倍。根据"九五"计划及长远规划,到2010年,全国公路通车总里程将达到150万km,其中高速公路1.2万km,一、二级汽车专用公路2.3万km。到2020年,将建成总规模为3.5万km,连接北京、各省市首府、中心城市、主要交通枢纽、重要口岸的"五纵七横"12条公路主干线。随着公路建设特别是高速公路建设的加快,我国四通八达的高等级公路网将改变人们的出行方式,将有力地促进汽车市场的发展。

4. 西部地区蕴藏着较大的发展潜力

西部大开发战略使这一地区汽车市场的潜力逐渐显露出来。以西藏为例,到1999年底,西藏已拥有汽车73189辆,而且近年来私家车消费逐渐加快,价格相对便宜的奥拓、长安等经济型轿车已驶入寻常百姓家。据有关资料显示,西藏私人买车的比例正以10%的速度递增。对于轿车市场,四川省也不甘落后,私人购车至少占到85%。汽车已经从过去身份的象征变为提高工作效率的代步工具。私车需求的档次有很多种,呈金字塔形。1978年,贵州省机动车保有量为33459辆,到1999年,这个数字已经达到了438670辆,年均增长率为17%;仅1999年一年,机动车的数量就增加了60717辆,驾驶员人数也从1978年的58335人增至1999年的719262人,增长了12倍。2000年,昆明的汽车市场成交量达9600辆,同比增长63%;旧车交易形势看好,现阶段,昆明地区旧机动车日交易量达50~60辆。

5. 轿车信贷业务出台

1995年,在企业的努力下,对轿车用户的银行贷款业务曾一度启动,但是昙花一现。1998年,各大银行又将这项业务作为一种新的竞争手段竞相开办。国家虽然已开放汽车消费信贷,但目前由于银行没有建立起对个人和企业信用的有效评估体系,使贷款购车手续极为烦琐。由于汽车没有产权证书,所以不能搞抵押贷款。同时,我国人民对超前的负债消费并不习惯。若这些问题解决后,汽车消费信贷的数量必会大大增加。特别是国家大幅度降低存贷款利率,将促进汽车消费信贷业务的开展和推动汽车市场的发展。

6. 政策因素不容忽视

1) 有利方面

(1)《汽车工业产业政策》助一臂之力。

国务院于1994年颁布实施的《汽车工业产业政策》规范了我国汽车工业发展模式,加快了国内汽车生产企业产品更新换代的速度,调动了外商向我国汽车业投资和转让技术的积极性。我国汽车工业有了长足的进步,产业水平和生产能力基本满足国内需求,汽车市场长期供不应求的局面得以根本扭转。

(2)《汽车消费政策》有望出台。

《汽车消费政策》有望在近期出台。该政策将强调两个层面:A.按照汽车产业政策的总体思路,强调鼓励个人购车;B.强调鼓励个人购买轻便、节能的经济型用车,并将禁止各地方制定限制汽车使用、消费行为的政策。

即将出台的汽车消费政策主要包括税费管理、城建协调、信贷政策和鼓励消费4个方面的内容:

① 在税费管理上将减少税费项目,简化征收手续;

② 在城建协调方面,主要是协调好城市管理与交通管理的矛盾,要求预建停车场,对污染超标和安全性不达标的汽车将实行强制报废;

③ 汽车消费信贷政策将会进一步完善,鼓励金融机构以抵押、担保及强制保险担保等形式,积极推行汽车消费贷款;

④ 消费政策还将充分体现鼓励小排量经济型轿车消费的方针,按排量大小实行差别税率,允许大城市从实际需要出发对汽车保有量提出最高数量限制,但不得对小排量汽车实行差别限制。

消费政策还可能会涉及二手车市场。此项汽车消费政策涵盖了汽车消费的各个方面,对汽车消费特别是小排量经济型汽车的消费有促进作用。

(3) 汽车报废制度规范行业管理。

我国现行的汽车报废制度将有重大调整,新的制度有望近期内推出。权威人士称,这次对汽车报废制度的调整,将在行驶年限和行驶公里两方面进一步放宽。新政策不包含出租车,而私家车、公务车、商用车的使用年限将延长5年。由于汽车制造技术的进步,相信在此延长期限内汽车的质量也可过关。现行的报废制度给社会资源造成了巨大浪费,很多汽车虽然开够了10年,但其性能仍很好。将这种尚有使用价值的产品强制报废,对我国这样一个资源短缺的国家是不利的。目前我国新车中有50%已经被私人买走。改变现行的报废制度将有力地刺激私人购车。

(4) 汽车进口关税削减及配额取消。

在汽车进口方面,我国加入世贸组织后将削减关税,整车关税从目前80%的水平削减到2006年的25%,最大份额的削减发生在加入世贸组织后的第一年。汽车零部件关税将削减到2006年的10%。

汽车配额从加入世贸组织起逐年增加,直到2005年时取消。在过渡期,配额的基本水平将是60亿美元(优于我国汽车工业政策的水平),而且这一水平将每年增长15%,直到取消。

2) 不利方面

(1) 税收政策仍然是制约因素。

税收政策是目前发展轿车的重要制约因素。用户购车时消费税和购置费两项已占轿车售价的 13%～18%，有些地区竟高达 30%～40%。买得起车却用不起车已成为一个普遍的问题。目前，虽然我国汽车征税项目少，仅有消费税和使用税，但各种收费项目很多，达 20 多种，其中有一些是与轿车使用无直接关系的。另外，与国外不同的是，我国轿车税费除消费税已按等级实行差别税率外，其他各种税费大都是按车征收税费。我国原来施行一律按汽车吨位大小收取养路费的办法，无论是大排量轿车还是小排量微型轿车，不管行驶里程多少，一律按 0.5t 汽车收费。这只能等待燃油税的实施来彻底改变。

(2) 各地加大控制环境污染对汽车市场产生一定的限制作用。

近几年，随着工业化过程的加快，环境污染越来越严重，特别是一些大中城市，污染已经达到了相当严重的程度，治理污染已迫在眉睫，因此，必然有越来越多的城市将加强对污染的控制。而很多人认为汽车尾气污染是重要的污染源之一，所以很可能有越来越多的地区会加强对汽车尾气排放的控制，这将对汽车市场结构性产生很强的影响，尤其是一些低档车的影响会较大。

7. 严打走私，保护国内轿车工业

长期以来，进口车存在严重的走私现象，成为我国轿车市场一块无法估算的黑洞，通常公认的说法是每年 10 万辆，占了整个市场需求的 20%～30%。尽管对进口车的政策从 1994 年起已基本取消，以扩大一部分国内轿车需求，但是由于进口车走私猖獗，同时轿车市场尚未全面出现供大于求，这一效应反应不明显。1998 年下半年起严厉打击走私车和非法拼装进口车，对保护国内轿车工业、确保国产轿车在市场上的主导地位起到重要的作用。

第三节 汽车市场营销微观环境分析

汽车企业不仅要注视汽车市场营销宏观环境的变化，而且要了解汽车市场营销活动的所有微观环境因素，这些因素影响汽车市场营销目标的实现。因此，一个汽车企业能否成功地开展市场营销活动，不仅取决于能否适应宏观环境的变化，而且还取决于能否适应微观环境的变化。

一、汽车市场营销微观环境的内容

汽车市场营销的微观环境通常包括企业的内部环境、生产供应商、营销中介、顾客(消费者)、竞争者和有关公众。

(一) 企业内部环境

汽车市场营销微观环境的第一个重要因素是汽车制造企业内部的环境力量。汽车制造企业的市场营销不是孤立的，它面对着其他许多职能部门，如高层管理(董事会、总裁等)、财务、研究与发展、采购、制造等部门。这些部门、各管理层次之间的分工是否科学、协作是否和谐、精神是否振奋、目标是否一致、配合是否默契，都会影响营销管理的决策和营销方案的实施。

(二) 生产供应商

汽车市场营销微观环境中的第二个因素是汽车生产所需资源的供应商，他们与汽车制造商达成协作关系。

供应商向汽车企业提供生产所需的资源,包括汽车零部件、设备、能源、劳务、资金等。这种因素对汽车市场营销的影响是很大的,所提供资源的价格、质量和供应量,直接影响着汽车产品的价格、质量、销量和利润。因此,汽车企业会从多方面获得供应,而不会依赖于单一的供应商。在汽车零部件采购全球化的今天,汽车生产厂往往在别国采购零部件,对供应商的选择具有更加重要的意义。

(三)营销中介

汽车市场营销微观环境中的第三个因素是将汽车销售给最终消费者的机构,即营销中介。包括:总经销商、批发(分销)商和经销商等。大多数汽车营销活动都需要他们的努力,因此,在营销过程中必须处理好这些汽车营销机构之间的合作关系。

(四)顾客(消费者)

汽车市场营销微观环境中的第四个因素是消费者,这是汽车产品的最终销售对象。任何一个汽车企业都不能忽视对它的目标市场的研究。目标市场上消费者不同的需求,要求汽车制造商和经销商提供消费者所需的产品和服务,从而制约着汽车企业的营销决策和服务能力。

(五)竞争者

汽车市场营销微观环境中的第五个因素是竞争者。从汽车消费需求的角度划分,企业的竞争者包括愿望竞争者、平行竞争者、产品形式竞争者和品牌竞争者。愿望竞争者指提供不同产品以满足不同需求的竞争者。对汽车制造商来说,生产摩托车等不同产品的厂家就是愿望竞争者。如何促使消费者更多地首先购买汽车,而不是首先购买摩托车等其他产品,这就是一种竞争关系。平行竞争者指提供能够满足同一种需求的不同产品的竞争者。例如,自行车、摩托车、小轿车可以作为家庭交通工具,这三种产品的生产经营者之间必定存在着一种竞争关系,它们也就相互成为各自的平行竞争者。产品形式竞争者指同生产汽车,但提供不同级别、款式、性能汽车产品的竞争者。如轿车有微型轿车、普通轿车、中级轿车、中高级轿车和高级轿车之分,这些就是产品形式竞争者。品牌竞争者指生产汽车类同,但品牌不同的竞争者。一般说来,在目前我国的中级轿车市场中,生产帕萨特轿车的上海大众与生产雅阁轿车的广州本田应该说就是互为品牌竞争者。

在汽车行业的竞争中,卖方密度、产品差异、市场进入难度是三个特别需要重视的方面。卖方密度是指同一区域市场中同一级别(或品牌)汽车经销商的数目。该数目的多少,在市场需求量相对稳定时,直接影响到某一级别(或品牌)汽车的市场份额的大小和竞争激烈的程度。产品差异是指不同级别(或品牌)汽车性能等的差异程度。这种不同汽车之间的差别,实际上也存在着一种竞争关系。市场进入难度是指某个新汽车企业在试图加入汽车行业时所遇到的困难程度。在新兴的亚洲汽车市场上,新加坡和越南都对外国汽车公司的进入设置了不少障碍,获得当地政府准许进入这些市场就特别困难。

(六)有关公众

汽车市场营销微观环境中的第六个因素,是指所有实际或潜在关注、影响着汽车市场营销能力的公众。这样的公众可以是金融领域(银行、投资公司、保险公司等)、营销服务公司(调研公司、咨询公司、广告公司等)、政府、公益组织(中国汽车工业协会、中国汽车工程学会、中国国际贸易促进委员会汽车行业分会)、媒介机构(报社、杂志社、电视台和广播电台等)、当地公众、内部公众(董事会、经理、经营管理人员及员工等)。许多大的汽车公司都有自己的"公共关系"部门，专门负责处理企业与这些公众的关系。

二、汽车市场营销微观环境分析

(一) 世界汽车市场营销微观环境分析

1. 市场层面——发达国家汽车市场寡头垄断

世界汽车工业经过百余年的发展，逐步演变成了寡头垄断的竞争结构模式。在美国，汽车市场是通用、福特和克莱斯勒三巨头雄霸天下，占据72%以上的市场份额；在日本，仅丰田和日产两家的市场份额就占据了50%左右；在西欧，大众、菲亚特、雷诺和标致四家占据了57%的市场份额。寡头垄断的形成，是汽车工业成熟的标志，是汽车企业间激烈竞争、一系列兼并的结果，也是其追求规模经济效益所致。

2. 企业层面

1) 汽车企业间出现联合经营趋势

据美国《汽车工业》1997年的统计，世界汽车企业之间的重大联合合作事项已有200多项。其联合经营的形式多种多样：创立合资或合作企业、企业部分或全部合并、联合开发项目、兼并联合、行业间联合、对业务伙伴进行战略投资、与金融界合作互相参股。

20世纪90年代初，美国通用汽车公司与日本丰田汽车公司的合并曾经被世界汽车工业称为美日间头号联合。时隔不久，法国雷诺汽车公司与瑞典沃尔沃汽车公司也宣布合并，成为当时世界第六大轿车生产企业和世界第二大商用汽车生产企业。

这些联合经营都发生在竞争者之间，这将是未来汽车企业联合的主要形式。

2) 汽车生产企业与高技术行业合作加快

汽车工业越来越成为高新技术的应用场所甚至是新技术的发源地，为了面对未来的挑战，汽车生产企业早已开始与高技术行业进行联合了。通用汽车公司与日本机器人生产企业合作，还有美、日、欧洲等国家政府促成企业与政府实验室、高等院校等单位的联合，以及近来微软公司等企业参与汽车电脑等技术开发等。

3. 产品层面

1) 产品零部件采购全球化

当今世界汽车生产已超出一国范围。全球采购零部件可以使整车厂少投入、多产出、高效益。美国汽车三巨头纷纷出售属下的零部件厂，整车厂则从全世界有选择地购买质量好且价格便宜的组装件来生产自己的汽车，以增强竞争力。目前，在日本装配的汽车中，约有5%或更多的零部件是进口的。安全气囊和起动机购自美国，喷油泵来自德国，电子装置来自我国台湾省。装在日本新轿车上的近20%的轮胎是海外制造的。

2) 从价格竞争转向非价格竞争

20世纪初，福特汽车公司用流水生产线生产出的T型车靠价格竞争，风靡世界。近几十年的汽车生产情况表明，现代汽车产品已不是像福特汽车时代那样按大批量生产的原则来进行生产的，而是根据购买者的需求灵活地进行生产，汽车品种及其功能多样化的趋势明显。汽车销售情况也表明，售后服务的优劣也在很大程度上影响着顾客的购买心理，售后服务已经被提高到与产品质量同样重要的位置。世界汽车市场的竞争也因而从价格竞争转向了非价格竞争，汽车企业必须真正关心顾客多层次的需求。

3) 轿车生产和销售占主导地位

统计资料表明，轿车一直占世界汽车市场72%～73%的份额。德国的汽车工业就是以生产轿车为绝对优势,其国内汽车产量中,轿车占91%。近年来,虽然许多国家轻型商用车的生产、销售有较大幅度的提高,使世界轿车产量在汽车总产量中所占比重有所降低,但轿车的生产和销售仍占主导地位。

4. 消费者层面——买方市场特征明显

世界汽车市场供大于求、汽车产量过剩的现象普遍存在,在欧洲尤其严重。这个问题不但没有希望解决,相反,现有的生产能力还在继续提高。目前世界各主要汽车公司都在围绕着亚洲、中南美洲和东欧等世界新兴汽车市场,扩大生产经营规模。但汽车工业行家认为,在这些新兴的汽车市场上,汽车产量过剩的问题将会同样严重。

(二) 我国轿车市场营销微观环境分析

1. 产品情况——新产品竞相登场

1985～1987年,各企业向市场推出的新车型总共只有四五种,而在1998年一年中推出的新产品就有桑塔纳2000GSI、新捷达三、988富康三厢车、红旗98新星、TJ 7130夏利三厢车、切诺基加长车、本田雅阁、通用别克共8个车型。这种竞争态势还将继续。新产品的出现使市场格局发生重大变化,中级轿车市场竞争加剧,新产品的竞争主要体现在技术水平和成本水平上。同时这也说明轿车产品的更新周期越来越短,市场需求进一步分化。

2. 企业情况

1) 充分利用两个市场

各大汽车生产大国都以抢占国际市场作为其汽车产业发展的动力,我国汽车市场这片未经深入开发的处女地成为汽车巨头必争之地。到1998年底,我国汽车产业共建立了400余家合资企业,投资外商来自20多个国家和地区。我国的8大轿车生产基地有7个是与跨国公司合资建成的,见表1-2-1。

我国主要合资轿车企业股权状况　　　　　　　　　　表1-2-1

企业名称	股权状况	
	中方(%)	外方(%)
北京吉普汽车有限公司	68.65	31.35
一汽大众汽车有限公司	60.00	40.00
神龙汽车有限公司	70.00	30.00
上海通用汽车有限公司	50.0	50.00
长安铃木汽车有限公司	51.00	49.00
上海大众汽车有限公司	50.00	50.00
广州本田汽车有限公司	50.00	50.00

通过合资,轿车生产商就可以充分利用国外强势品牌和成熟技术,在国内市场上大展宏图,融合国内外两种市场资源的特性积极开展汽车营销活动。

2) 尊重市场,谋求持续发展

各轿车生产企业已逐步放弃无视市场需求一味追求产值的做法,转而更加注意稳步有效的持续发展。在1998年市场需求不足的情况下,各轿车生产企业均调整了年初制定的产销计划,控制产品库存,盘活资产存量,并在营销措施上采取一切手段,防范金融风险。这一年,捷达排产7.5万辆,实际完成6万辆;富康排产6万辆,完成8.3万辆。

3) 积极开展全方位竞争

1995年~1998年初,国内轿车竞争主要反映在价格上,轿车价格平均下降了30%~40%。但在这之后,市场价格基本得到稳定,全年平均浮动值只在2%~3%之间。同时,各轿车企业都加大产品技术含量,努力提高产品质量、配件供货率、售后服务承诺履约率等,这些都反映出企业的竞争已从原始的价格竞争走向了多元化全方位的经营竞争。

4) 有效引入国际营销模式

以区域划分、品牌专营为模式的直销网络是国际上通行的轿车营销方式。1998年末,上海通用汽车公司和广州本田汽车公司加入到国内轿车市场竞争的行列。从此,新的营销理念、直销网络和订单销售方式被引入我国,给现有轿车销售格局带来一定冲击,改变了轿车生产经营者和消费者的各种固有观念。从长远来看,这将促使其他轿车生产企业加速与国际营销模式接轨的步伐。

另外,轿车生产企业还应该积极开展电子商务,电子商务起到了信息平台的作用,又能解决许多实质性的问题。通过电子商务,汽车销售渠道被大大缩短;成本和库存得以降低;与用户的交流反馈更加直接有效;用户对公司的忠实度大为提高。电子商务的应用使跨国公司对消费者的"锁定"越来越牢固,进一步拉大了与弱小企业的距离,从而使市场呈现"主流化"。

3. 目标市场情况

1) 轿车用户结构发生改变

1998年,我国政府开始大规模机构改革,加上国有企业的改革进入攻坚战阶段,使得以往以公费消费为主的轿车市场用户结构发生明显变化。公款购车比例下降,公车中商务用车比例上升;大型企业购买力下降,非公有制及中小企业购买力上升。与此同时,私人购车保持了从1997年开始的增长势头,初步形成了公务车、私人用车及出租车三分天下的鼎足之势。近年,私人用车逐渐占据主流态势。

2) 车型结构进行重组

长期以来,中级车占据了市场的绝对主导地位,1990年达到93%的市场份额。自1985年我国引进轿车生产项目,到1995年市场出现供大于求,市场产品车型结构开始调整。到1998年,A_{00}和A_0,A,B,C级轿车的市场份额分别为28.3%,18.4%,52.7%,0.6%。除了上海大众仍然发展强劲外,捷达、奥拓、富康也增长迅速。近年来,城市SUV车、多功能车、新能源车等需求量急剧增长。随着产品的进一步丰富,选择的多样化,用户群体还将不断细分。

第四节 入世对汽车市场营销环境的影响

一、我国汽车工业与国际汽车工业的差距分析

1. 技术水平落后而且差距还在继续扩大

与国际水平相比,我国汽车产品水平约落后15年。先进国家产品投放市场的寿命周期一般为5~6年。我国引进技术生产的轿车,大部分在国外已属淘汰产品。与国外产品相比,国产汽车在油耗、排放、安全、可靠性指标及电子技术的应用和更新的程度等方面都存在很大差距。

2. 受体制及行政隶属关系的制约,大集团发展战略进展缓慢;没有形成国际竞争力

面向 21 世纪,国际汽车工业企业加速实施以降低成本、优势互补、优化资源配置、提高竞争力为目标的兼并联合和战略性重组。而我国汽车工业散、乱、差的落后局面受体制及行政隶属关系的制约,一直没有从根本上改变,无法形成大企业集团,有限的物资资源和市场资源无法发挥效用。汽车工业生产集中度、生产规模、经济效益与国外差距越来越大,没有形成国际竞争力。

3. 现有的市场环境和市场条件与国外相比有巨大的差距

市场是汽车工业发展的动力,特别是国际汽车工业发展已证明,只有轿车开始为个人所购买,才能推动汽车工业加快发展。市场分割、行政限制、乱收费、道路拥挤、城市停车场严重不足、限制经济型轿车使用、用户负担过重等大量不合理的规定和做法,严重制约了国内汽车市场的培育和发展。

4. 政府在支持汽车产品开发等方面力度不够

汽车工业发达国家政府在产品开发、鼓励应用高新技术和支持本国汽车产品出口方面都有很多支持政策。当前,我国也有支持政策,但与汽车工业的支柱地位相比,力度仍然不够。

二、加入世贸组织后我国轿车工业发展面临的局面

根据中美达成的我国加入世贸组织的双边协议,在 2006 年以前,我国整车关税将从目前的 80%~100% 降至 25%,其中最大的降幅在我国入世的头几年内作出,零部件关税将降至平均 10% 的水平,同时,汽车进口配额将在 2005 年前逐步取消,我国将开放汽车服务业。这短短的五六年,就是对国内轿车工业的最后保护期限。在这短暂的期限内,如何在整车价格、零部件水平、产品技术、生产规模等方面形成与国际先进水平相抗衡的能力,并在国际轿车工业分工体系中确立我国轿车工业的价值地位,是当前所面临的最紧迫与现实的问题。

1. 汽车企业数量减少

中美世贸组织谈判成果之一,就是汽车进口关税从目前的 80% 降至 25% 的时间表推至 2006 年。由于我国的汽车工业特别是轿车工业是 20 世纪 80 年代中期才建立起来的,虽然我国不会过快或过大幅度地减少对国内市场的保护,但国内 120 多家汽车厂,除少数大型轿车生产厂商通过合资和扩大规模占领市场外,多数将面临关、停、并、转的命运。

2. 外国轿车整车装配厂可能设立在我国

在轿车生产过程中,装配是使用劳动力最多的部分。我国的劳动力比较廉价,费用大约是国外的 1/10。目前有把装配厂设在销售地的趋势。例如日本厂商在英国设立装配厂就是这样的。在我国设立装配厂也是比较合算的。

3. 跨国采购零部件将是轿车厂商的主要选择

到 2005 年,整车与零部件关税差别只有 15%,整车生产企业将会受到进口轿车的巨大压力。零部件生产企业的压力更大。如不限制轿车厂商选择采购零部件渠道的话,跨国采购零部件将是轿车生产厂的主要选择,价格适当、技术含量高和质量好的产品将为首选目标。印度、巴西、墨西哥和我国台湾省目前都在国外大汽车厂商的采购名单上。我国零部件厂商为产量几万辆、几十万辆车专设配件厂的局面必然会被打破。虽然近年来我国零部件厂商已经在组织专业化、零部件规格化、批量生产方面做了大量工作,但我国的零部件生产体系和轿车厂商采购体系调整远没有完成。

4. 轿车开发机构的格局将改变

在我国建立合资汽车厂的时候,我国都签有技术转让的条款,但是外国厂商向我国转让技术还是十分保留的。实际转让的大都是七八年前的、上一代的甚至是隔几代的技术。目前外国厂商在我国建立的研究中心所做的更多的是监测配套零部件质量的工作,并没有真正把技术开发工作放在我国。我国还没有建立起有效的轿车研制开发体系。我国不太可能在短期内具备轿车前沿技术的开发能力,进行多个产品、多个平台技术的全面开发。有些轿车技术研究开发中心的建立是原有科技开发体制下的产物,甚至没有考虑开发成果在哪里应用。加入世贸组织后,根据中美达成的协议,我国轿车技术开发将面临更大压力,我国轿车技术开发机构的格局必将改变。

5. 中外合作步伐加快

作为国外大企业,海外部分成为其发展战略的一个重要部分。15 年来,美国、德国、日本先后来到我国,想占领未来汽车的市场。跨国公司在全球范围配置市场资源,当然想把我国轿车工业绑上自己的战车,走他们希望走的路。

德国大众集团准备在未来 5 年内将大众汽车集团 A_0 级到 C 级所有主力车型拿到我国来,使我国的合资企业从产品到技术与集团保持同步发展。德国大众将在此期间,把四五个新车型放在我国生产,其中包括帕萨特 B5、宝来(Bora)以及准备在海外生产的小型车等。同时,通过与我国同行的合作,把德国大众的"平台战略"带到我国,更好地避免投资和浪费,增强产品在市场的竞争力。

总之,与跨国汽车集团的合资合作,作为我国轿车工业应对挑战的重要战略部署,将在今后一段时间内得到大力推进。

三、加入世贸组织对我国轿车销售行业的影响

(一)加入世贸组织后将促使轿车消费高速增长期提早到来

轿车是一种高级耐用的消费品,轿车市场也是一种消费品市场。

世界轿车市场总体上已成为一个买方市场,潜在的生产能力极大,西方汽车巨人早已对我国轿车市场虎视眈眈。随着加入世贸组织,我国轿车市场将成为国际轿车市场的一部分,因而也将完全呈现为一个买方市场;轿车的供给者将是全球生产厂商,而价格也将与国际市场接轨,轿车市场的主要问题也将是需求问题。

1. 我国轿车市场消费需求的长期增长趋势

图 1-2-4 是原上海汽车工业销售总公司对加入世贸组织后我国轿车市场的轿车保有量和年需求量的长期趋势预测。可以看出,这一轿车保有量呈现为典型的 S 形增长曲线。可将整个增长分为增长初期(1998 年~2012 年),S 形增长前期(2012 年~2017 年),高速增长期(2017 年~2021 年),S 形增长后期(2021 年~2028 年),增长末期(2028 年~2040 年)。其中 S 形增长前期,高速增长期和增长后期共同构成 S 形增长期(2012 年~2028 年)。而目前,轿车市场正处于增长初期和增长前期。

图 1-2-5 是增长初期的轿车保有量和需求量情况。主要的特征是轿车的需求和保有量与潜在的需求相差较大,轿车需求的增长速度较为稳定(即呈现指数增长),为 30% 左右。

从长期来看,我国轿车市场需求增长呈现为典型的 S 形增长模式;但现阶段,我国轿车市场消费需求处于增长初期,S 形高速增长期尚未到来。

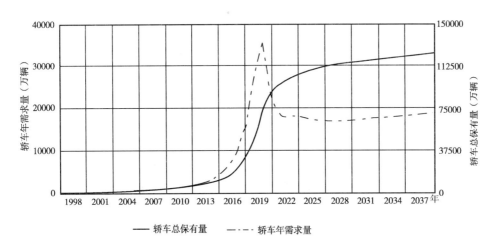

图 1-2-4 我国轿车保有量和需求量长期趋势预测

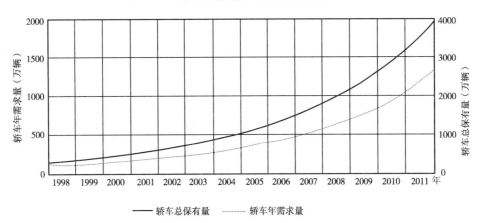

图 1-2-5 增长初期轿车保有量和需求量预测

2. 加入世贸组织促使轿车市场消费需求高速增长期的提前到来

加入世贸组织后,我国将逐步取消汽车和汽车零部件进口配额,并降低汽车和其零部件的进口关税。根据我国加入世贸组织的汽车部分谈判结果,轿车整车的关税税率将从80%~100%经过过渡期的逐年减小最终降至25%;而汽车零部件的关税税率将从25%左右降至10%。轿车整车关税税率逐年下调情况见表1-2-2。另外,世贸组织的到来也会影响国家、地方政府的轿车消费政策,例如轿车消费的价外费用降低。可见,加入世贸组织,可以促使轿车市场消费需求高速增长期的提前到来。

我国加入世贸组织后轿车整车关税下调一览表　　　表 1-2-2

年份 排量	基础税率	2000年	2001年	2002年	2003年	2004年	2005年	2006年 1月1日	2006年 7月1日
不足3L	80.00%	63.50%	51.90%	43.85%	38.2%	34.2%	30.00%	28.00%	25%
3L以上	100.00%	77.50%	61.70%	50.70%	43.00%	37.6%	30.00%	28.00%	25%

(二) 短期内轿车价格下降幅度不大

目前,上海大众生产的桑塔纳轿车出厂价格是12.5万元(含外汇调剂费用),加价外税费为17.2万元。而美国同类轿车的FOB价(离岸价格)在1万美元左右。按1美元净兑

8.7元的人民币汇率折算,如果把进口关税税率定在80%,进口车的价格约18.3万元,比桑塔纳轿车的出厂价高45%左右。若对进口车征收与国产车相同比例的价外税费,则进口车完税后的价格大约是25万元,同桑塔纳轿车间的比价关系是1.45:1。又如,1993年天津生产的夏利轿车由于仍处于CKD组装阶段,1994年汇率贬值后,进口散件成本每台增加7714元,使出厂价达到8.85万元左右,加价外税费后将近10万元。进口同类轿车的FOB价格在7900美元左右,折合人民币6.6万元,如果进口关税税率定在80%,进口车的价格约为13.9万元,比夏利轿车的出厂价高57%。根据对我国目前生产的两种批量较大的轿车与国外同类车进口比价的测算,轿车进口关税定在80%~120%,足以对国内轿车工业形成有效的保护。

国内的轿车工业面对世贸组织的压力,竞争是激烈的。从长远来看,国产轿车必须降价,可是毕竟也需一点准备时间。加入世贸组织后,我国轿车价格的下降也不会在短期内进行。这是因为:

(1) 市场在总量上是逐年递增的。

(2) 市场的总量中增长得最快的是私人轿车,而私人购买时对价格的敏感度十分高,在整个购买决策中占有40%的比例。

(3) 随着人们消费水平的提高和轿车价格的下调,轿车这个"旧时王树堂前燕",将逐渐"飞入寻常百姓家",而普通老百姓对价格的敏感度将更高。也就是说,轿车市场中,购买者对价格的敏感度会随时间的推移而增大。

(4) 如果关税是逐年下降的话,在开始的两三年内,国产轿车在价格上仍具有优势,而进口车的价格优势是在两三年后才体现出来的。

因此,价格的下降的过程还是有一段时间的,随着消费者价格敏感度和市场总量的逐年上升,降价将带来更大的市场占有率和销售量。

第三章　汽车市场营销调研与市场预测

市场营销面对的是市场,而市场是在不断变化着的,正所谓"变化比计划快"。同时,在市场中企业还将面临各种各样的竞争,企业的每一步决策都将对企业的发展产生很大的影响。因而,为了企业的发展,企业在作出决策之前,必须通过对市场的调查和预测,掌握市场的走势,从中寻找营销机会,避开和减少风险,并在此基础上作出企业的营销决策。

第一节　汽车市场营销调研

一、市场营销调研的含义和作用

市场营销调研是伴随着市场的产生而出现的一种正确认识市场的管理活动。它是运用科学的方法,有计划、有目的、有系统地收集、整理和研究分析有关市场营销方面的信息,并提出调研报告,总结有关结论,提出机遇与挑战,以便帮助管理人员了解营销环境,发现问题与机会,并为市场预测与营销决策提供依据。

市场营销调研是汽车企业营销活动的出发点,具有十分重要的作用:

1. 有利于制定科学的营销规划

通过营销调研,分析市场,了解市场,才能根据市场需求及其变化、市场规模和竞争格局、消费者意见及购买行为、营销环境的基本特征科学地制定和调整企业营销规划。

2. 有利于优化营销组合

企业根据营销调研的结果,分析研究产品的生命周期,开发新产品,制定产品生命周期各阶段的营销组合策略。如根据消费者对现有产品的接受程度,对产品及服务的偏好,改进现有产品,开发新用途,研究产品创意、开发和设计;测量消费者对产品价格变动的反应,分析竞争者的价格策略,确定合适的事实价上限,综合应用各种营销手段,加强促销活动、广告宣传和售后服务,增进产品知名度和顾客满意程度;尽量减少不必要的中间环节,节约储运费用,降低销售成本,提高竞争力。

3. 有利于开拓新市场

通过市场调研,企业可发现消费者尚未满足的需求,测量市场上现有产品及营销策略满足消费需求的程度,从而不断开拓新的市场。营销环境的变化,往往会影响和改变消费者的购买动机和购买行为,给企业带来新的机会和挑战,企业可以确定和调整发展方向。

二、汽车市场营销调研的种类

常见的汽车市场营销调研有以下几类:

(1) 根据汽车市场商品消费目的的不同划分,包括:

①消费者市场营销调研;

②生产者市场营销调研。

这两个市场是相互联系的,它们之间最基本的关系,就是生产者市场的购销活动要以消费者市场为基础。因而,即使产品不与最终消费者发生直接关系,也要对消费者市场进行市场调查。譬如在经济萧条时,汽车以经济型为主,则零配件商也要相应地生产较低价的零配件。

(2) 根据汽车市场调研内容划分,包括:

①汽车市场营销环境调研;

②营销组合策略调研,如调查价格走势、产品开发与技术发展趋势,产品与售后服务质量状况等;

③竞争对手调研;

④用户购车心理与购买行为调研等。

(3) 根据汽车市场调研的地域空间层次的不同划分,包括:

①国际性市场调查;

②全国性市场调查;

③地区性市场调查。

各个不同地区对汽车型号、价格的要求将有很大的区别。

(4) 根据汽车产品是否已经进入市场划分,包括:

①产品进入市场前调研;

②产品进入市场后调研。

汽车产品进入市场前的营销调研主要应弄清目标市场是什么。如何进行产品定位、主要竞争者是谁,他们的营销策略怎样、市场结构与购买特点如何、有哪些有利与不利因素以及生产发展趋势等问题。而汽车产品进入市场后的营销调研则应着重对本企业产品的市场规模、市场结构、市场占有率、与竞争对手相比在营销组合策略上存在的差距以及营销环境的新变化等作出调研。

三、营销调研步骤

市场营销调研一般可分为调研准备、初步调研、制定并实施调研计划和调研总结4个阶段。

1. 调研准备

营销调研第一步要做的工作就是调研准备。首先,必须要明确调研目标,确定指导思想,限定调查的问题范围。企业市场营销涉及的范围很广,每次调研活动不可能面面俱到,而只能就企业经营活动的部分内容展开调研。例如,调研的目的是为了企业制定市场营销的战略规划,还是为了改进企业市场营销活动的效果等。如果调研的目标和指导思想不明,调研肯定是盲目的,调研效果就会欠佳。调研目标一般应由企业营销综合职能部门提出,主管领导批准。调研目的和指导思想一经确立,调研人员在以后的调研活动中应始终围绕本次调研的总体目标和指导思想进行工作。

其次,在明确了营销调研的目标之后,就应成立专门对该次营销调研负责的调研工作小组,这可以使调研工作有计划、有组织地进行。另外,如果调研活动规模较大,则所需工作人员就会较多。涉及跨部门,甚至跨企业、跨行业的合作,为保证调研活动取得有关方面的支持,还必须成立调研领导小组。调研工作小组的职能就是具体完成调研工作,其组成人员可以包括企业的市场营销、规划(或计划)、技术研究、经营管理、财务或投资等多方面的人才,这些人员的来源既可能只限于企业内部,也可能来自企业以外的单位或组织(诸如相应的研究机构等)。而领导小组成员一般包括工作小组组长(课题负责人)以及主要参加部门的相应负责人。

2. 初步调研

为了使调研活动更能满足已明确的调研目标,在正式调研之前,调研工作小组应先进行初步的调研,以找出市场的主要问题。这一步骤中可以对市场进行初步的分析,访问一些有经验的专业人员,找出达到调研目的的问题关键所在,并由此来确定市场营销调研的范围。

3. 制定并实施调研计划

这是整个市场营销调研过程中最复杂的阶段。在这一阶段,主要有以下几项工作:

(1)选择和安排调研项目,即指要取得哪些项目的资料。这一点是要取决于所决定的调查项目的。

(2)选择和安排调研方法,即指取得资料的方法。这一点包括了在哪些地区调研;调研的对象是什么;采用何种调研方法(访问法、观察法、实验法还是留置问卷法等)。

(3)选择和安排调研人员,即要确定参加入员的条件和人数,并在此基础上对调研人员进行必要的培训。

(4)选择和安排调研费用,即作调研的预算,力求花钱少效果好。

(5)选择和安排工作进度日程和工作进度的监督检查。

(6)选择和安排调研人员的工作考核。这一项要在工作中进行,以利于工作的及时推进。

4. 调研总结

这一阶段由整理调研资料和提出调研报告两部分组成。

整理调研资料包括对调研所得资料的编校、分类、统计和分析等。工作小组应对调查得到的资料及被调查者的回函分门别类地统计分析和编辑整理,应审查资料之间的偏差以及是否存在矛盾。因为被调查者的知识、专业存在差别,对同一问题的回答往往不一致,甚至截然相反,此时就应分析矛盾的原因,判断他们回答的根据是否充分,等等。此外,课题组还应从调查资料中优选信息,总结出几种典型观点或意见。

整理资料是一项烦琐而艰辛的工作,因而调查者必须有耐心、细致的工作作风。同时,要注意工作的有条不紊和提高效率。如有条件,应采用计算机等先进手段辅助信息处理。

接下来要在整理调研资料的基础上提出调研报告,这是市场营销调研的必然过程和最终结果。调研报告编写的程序应包括:主题的确立、材料的取舍、提纲的拟定和报告的形式。在编写调研报告时,要注意紧扣调研主题,力求客观、扼要并突出重点,使企业决策者一目了然;要求文字简练,避免或少用专门的技术性名词,必要时可用图表形象说明。

调研活动结束后,工作小组应对本次调研活动进行工作总结,交流有关经验,总结有关教训,以便为今后的调研工作做好服务。

四、市场营销调研的方法

市场营销调研的方法可以分为间接资料调研方法和直接资料调研方法。

间接资料调研方法是从各种文献档案中收集资料,因而间接资料又称二手资料。它的优点是调研的费用低,速度快,调研的范围广,而且不受时间、空间的限制,也不受调研人员和不调研人员主观的干扰,其反映的信息内容较为真实、客观。但它也有很明显的缺点,如调研的目的性没有直接资料调研强,获得的资料也有可能时效性不强,而且获得的资料也需要进行进一步的加工处理,其数量分析工作的难度也较高,等等。另外由于间接资料是各个企业都有可能获得的,因而在市场营销调研中,更多的是采用了直接资料调研的方法。

直接资料调研即通过调查收集的资料来进行调研分析,因而直接资料也称第一手资料。一般,直接资料调研又分为访问法、观察法和实验法。其中最常用的是访问法,又称询问法,它包括直接询问和间接询问。直接询问即直接向被调查者提出问题;间接询问则是迂回地向被调查者询问。有时,通过间接询问,更能了解到被调查者不愿说明的真实原因。

访问法是收集原始资料最主要的方法,具体形式可分为面谈、电话访问、邮寄问卷、留置调查等多种形式。各种形式各有优缺点,调查者可根据具体情况,选择使用。一般说来,面谈直接灵活,资料可信度和回收率高,但费用高,时间长,一般来说适用于内容多而复杂的调研,而且对调研者的要求较高;电话访问可以节省时间,但被调研的母体较不完整,调研结果的差别程度也不清楚,因而一般电话访问中的问题应采用"是否法"为宜,而且要求调研人员的语言要流畅;邮寄问卷成本低、调研范围广,但缺点在于问卷的回收率低,所以企业往往采用抽奖等形式来刺激回收率;留置调查即问卷定期回收的调研方法,优点在于被调查者可以有充裕的时间来考虑问题,且问卷的回收率较高,但它调研的区域有限,费用较高,且不利于对调查人员的有效监督。

除访问法外,企业对有的营销调研也可采取市场实验的调研方式,它是从自然科学的实验求证理论移植到市场调研中来的。它的优点在于可以获得第一手的资料,数据比较客观,可信度较高;而缺点在于实践中可能存在有不可控制的实验因素,因而会在一定程度上影响实验的效果。另外,实验法只是用于对当前市场现象的影响分析,它对历史情况和未来变化的影响较小,因而它的应用受到局限。一般来说,改变商品品质、变换商品包装、调整商品价格、推出新产品等均可用实验法来测试其效果。如通过对新产品的试销收集市场信息,观察市场反应与企业营销组合要素之间的因果关系等。这类调研对改进和制定更科学的营销策略,效果十分明显。

另外较常用的市场营销调研方法还有观察法。这种方法的优点在于可以观察到人们不愿意透露的情报,而缺点在于时间长、成本高。它经常被应用于产品的营业现场,如汽车销售现场等。

调查者除了应注意选择效果好的调研形式外,还应根据调研目标的不同,结合具体调查特点选择使用一种或几种方法。

各种调查方法的主要特点是:

(1) 个案调查法。以个别案例进行深入解剖,适合要求深入了解的调查。

(2) 重点调查法。选择重点调查对象进行深入的调查,有时可与个案调查同时进行。

(3) 抽样调查。这是一种对局部进行调查,得出整体结论的方法,适合于调查问题具有很多样本的情况。

(4) 专家调查法。即向专家进行的调查。调查结论一般具有较高的权威性。

(5) 全面调查法。即对全部对象进行调查。适合于样本数目少的调查。

(6) 典型调查。即是根据调研任务和对被调查者进行科学分析,有意识选择其中的典型对象作为调研对象。

第二节　汽车市场营销预测

我国的汽车市场比较特别,其运行规律极为复杂,汽车市场经常出现剧烈波动,并且经常会向汽车生产、经销企业反馈一些虚假信息,给汽车营销工作带来了很多困难。因而,在加强研究我国汽车市场运行规律的基础上做好预测工作,对于提高市场营销水平具有重要的现实意义。

一、市场营销预测的基本概念

所谓市场预测就是在市场调研基础上,利用预测理论、方法和手段,对未来一定时期内决策者关心的市场需求、供给趋势和营销的影响因素的变化趋势和可能水平作出判断,为营销决策提供依据的科学化服务过程。它具有服务性、描述性和系统性的特点。市场营销预测的作用可归结为以下几点:

(1) 市场营销预测有利于适应和满足消费需要。

(2) 市场营销预测有利于提高企业的经营管理和决策水平。

(3) 市场营销预测有利于提高企业的经济效益。

(4) 市场营销预测有利于企业对市场机制的利用程度。

科学的营销决策,不仅要以营销调研为基础,而且要以市场预测为依据。市场预测大致包括市场需求预测、市场商品供给预测、产品价格预测、科学技术发展趋向预测、企业生产经营能力预测、竞争形势预测、企业财务及环境意外事件预测,等等。对企业而言,最主要的是市场需求预测。

从我国目前对汽车市场预测的现状看,尚存在这样一些问题:

(1) 预测缺乏系统性和经常性,同时,预测花费的时间长、费用高。

(2) 统计工作薄弱,数据十分缺乏,直接阻碍了预测工作的开展。

(3) 汽车市场本身尚处于发育阶段,随时都可能表现出不成熟的特点,这为我国营销预测工作带来了很多困难。市场预测的准确性难以提高,加之研究工作薄弱,以及受部分人对预测的准确性片面苛求的影响,预测人员工作压力大。

总之,我国汽车市场的预测水平有待提高。

市场营销预测的步骤一般可分为明确预测目标、搜集资料、对资料进行分析判断,建立预测模型,并在此基础上作出预测等三个步骤。

迄今为止,预测理论产生了很多预测方法,目前有近400余种,但常用的方法并不多,大约有十几种。归纳起来,预测方法大体可分为两大类:一类是定性预测方法,即质的预测方法;另一类是定量预测方法,即量的预测方法。前者容易把握事物的发展方向,对数字要求不高,能节省时间,费用小,便于推广,但又往往带有主观片面性,数量不明确;后者则相反。人们在实际预测活动中,往往运用两种方法相结合的方法,即定量预测的结论必须接受定性分析的指导。唯有如此,才能更好地把握汽车市场的变动趋势。

二、定性预测方法

1. 定性预测方法简介

定性预测方法又称判断分析预测法,它是由预测者根据拥有的历史资料和现实资料,依据个人经验、知识和综合分析能力,对市场质的变化规律定性作出判断,再以判断为依据作出量的测算。它主要是依靠营销调研,采用少量数据和直观材料来作出预测的,这类方法有时也用来推算预测对象在未来的数量表现,但主要用来对预测对象未来的性质、发展趋势和发展转折点进行预测,适合于数据缺乏的预测场合,如技术发展预测,处于萌芽阶段的产业预测,长期预测,等等。定性预测的方法易学易用,便于普及推广,但它有赖于预测人员本身的经验、知识和技能素质。不同的预测人员对同一问题预测结论的价值,往往有着巨大的差别。

定性预测方法的理论依据是相似类推原则。这一原则包括两个内容:

(1)按发展时间顺序类推。即利用某一事物与其相似的其他事物在发展时间上的差别,把先发展的事物的表现过程类推到后发展事物上去,从而对后发展事物的前景作出预测。例如,通过对某些国家家用轿车普及过程的研究来预测我国家用轿车走向家庭的时间、车型以及购买和政策特点等,就属于时间类推。以时间类推的关键是把握事物的发展过程是否相似。如相似性太小,那么预测就会失败。

(2)由局部类推总体。即通过抽样、调查研究某些局部或小范围的状况,去预测整体和大范围的状况。譬如,通过对一省一市汽车更新工作的调查,来预测全国汽车更新工作的情况。由局部类推总体时,应注意局部的特征是否反映了整体的特征,是否具有代表性,如果不是,预测就可能失败。

2. 常见的定性预测方法

1)德尔菲法

该种方法是在20世纪40年代末期由美国兰德公司(RAND)首创并使用的,50年代以后在西方发达国家广泛盛行的一种预测方法。至今,这种方法已经成为国内外广为应用的预测方法,它可以用于技术预测和经济预测,短期预测和长期预测。尤其是对于缺乏统计数据而又需要对很多相关因素的影响作出判断的领域,以及事物的发展在很大程度上受政策影响的领域,更适用德尔菲法进行预测。

这种方法是按规定的程序,采用背对背的反复函询方式,它的预测过程与营销的过程基本一致。首先,由预测主持人将需要预测的问题一一拟出;然后,分寄给各个专家,请他们对预测问题一一填写自己的预测看法;最后,将答案寄回给主持人。主持人进行分类汇总后,将一些专家意见相差较大的问题再抽出来,并附上几种典型的专家意见请专家进行第二轮预测。如此循环往复,经过几轮预测后,专家的意见便趋向一致,或者更为集中,主持人便以此作为预测结果。由于这种方法使参与预测的专家能够背靠背地充分发表自己的看法,不受权威人士态度的影响,因而保证了预测活动的民主性和科学性。

2) 集合意见法

集合意见法,就是集合企业内部经营人员、业务人员等的意见,凭他们的经验和判断共同讨论市场趋势而进行市场预算的方法。由于这些人员对市场的需求和变化较为熟悉,因而他们的判断往往能反映市场的真实趋势。

该种方法首先由预测者根据企业经营管理的要求,向研究问题的有关人员提出预测项目和预测期限的要求,并尽可能提供有关资料。然后,有关人员就根据预测的要求及所掌握的资料,凭个人经验和分析判断能力,提出各自的预测方案。接下来,预测的组织者计算有关人员预测方案的方案预测值,并将参与预测的有关人员进行分类,计算各类综合期望值,最后确定最终的预测值。

定性预测方法还有社会(用户)调查法(即面向社会公众或用户展开调查)、小组讨论法(会议座谈形式)、单独预测集中法(由预测专家独立提出预测看法,再由预测人员予以综合)、领先指标法(利用与预测对象关系甚密的某个指标变化对预测对象进行预测,例如通过对投资规模的监控来预测汽车需求量及需求结构)、主观概率法(预测人员对预测对象未来变化的各种情况作出主观概率估计)等。

总之,随着社会经济及科学技术的发展,预测方法也在不断地发展和完善,汽车市场营销预测人员应不断加强理论学习,并通过预测,总结出一些实用方法。

三、定量预测方法

定量预测方法是依据必要的统计资料,借助数学方法特别是数理统计方法,通过建立数学模型,对预测对象未来在数量上的表现进行预测等方法的总称。汽车市场定量预测方法有:

(一) 时间序列预测法

时间序列是指各种经济指标统计数据,按时间先后顺序排列而成的数列。时间序列预测法,就是将购买力增长、经济发展等变数相同的一组观察值,按时间的顺序加以排列,构成同级的时间序列,并运用一定的数学方法使之向外延伸,由此预计时差带来的发展变化趋势,最终确定市场预测值。它具有以下特点:

(1) 假定事物的过去会同样延续到未来。

(2) 时间序列的数据变动同时存在着规律性和不规律性。

(3) 不考虑市场发展的因果关系。

时间序列预测模型有多种,这里只介绍较常用的简易平均法和指数平滑法两种。

1. 简易平均法

简易平均法是通过一定观察期时间序列的数据求得平均数,以平均数为基础确定预测的方法。这是市场营销预测中最简单的定量预测方法。

简易平均法有很多种,最常用的有算术平均法、几何平均法和加权平均法等。

算术平均法即根据对 n 个观察值计算平均值来作为预测值,它最大的优点是计算十分方便。算术平均法的数学模型为:

$$X = \bar{X} = \sum_{i=1}^{n} X_i \qquad (1\text{-}3\text{-}1)$$

加权平均法是在预测中根据每个预测值的重要性给予不同的权数,而算术平均法对所有观察值不论新旧在预测中一律同等对待,这是不符合市场发展的实际情况的。加权平均法的数学模型为:

$$X = X_w = \frac{\sum_{i=1}^{n} W_i X_i}{\sum_{i=1}^{n} W_i} \tag{1-3-2}$$

几何平均法又称比例预测法,其前提条件是预测对象的发展过程一贯是上升或是下降,同时促其上升或下降的速度大体接近。几何平均法的数学模型为:

$$X = G = \sqrt[n]{X_1 X_2 \cdots X_n} \tag{1-3-3}$$

2. 指数平滑法

指数平滑法的原理就是认为最新的观察值包含了最多的未来信息,因而应赋予最大的权重,越远离现在的观察值,则应赋予越小的权重。通过这种加权的方式,平滑掉观察值序列中的随机信息,找出发展的主要趋势。指数平滑法的主要过程是:

1)选择数学模型

指数平滑法的数学模型为:

$$S_t^{(1)} = \alpha Y_{t-1} + (1-\alpha) S_{t-1}^{(1)} \tag{1-3-4}$$

式中:$S_t^{(1)}$——第 t 期的平滑值;
　　　Y_t——第 t 期的观察值;
　　　α——加权系数。

指数平滑法可分为一次、二次和高次平滑。一次平滑即是对原始观察值的平滑,如式(1-3-4)。二次平滑即对一次平滑值再平滑。高次平滑的概念依此类推。

指数平滑预测模型依据观察值呈现的不同趋势,可划分为以下3种:

(1)水平趋势预测模型。

$$Y_{T+L} = S_T^{(1)} \quad (L=1,2,\cdots) \tag{1-3-5}$$

式中:T——最后一期观察值的时间;
　　　L——预测期长度。

(2)线性趋势预测模型。

$$Y_{T+L} = a_T + b_T \cdot L \quad (L=1,2,\cdots)$$

式中:$a_T = 2S_T^{(1)} - S_T^{(2)}$;
　　　$b_T = \frac{\alpha}{1-\alpha}[S_T^{(1)} - S_T^{(2)}]$。

(3)二次曲线预测模型(模型略)。

2)建立指数平滑模型

指数平滑模型的建立包括加权系数 α 的选择、初始值的确定和模型系数的计算。

(1)α 的选择。α 表明了预测人员对近期观察值信息的倚重程度。经验表明,α 一般应由预测人员在公式(1-3-6)计算的 α 值附近,选择不同的 α 值,其原则是检验误差最小。

$$\alpha = 2/(N+1) \tag{1-3-6}$$

式中:N——观察值数目。

在选择 α 的过程中,参考下列原则有利于尽快找到合适的 α 值:若观察值的发展趋势比较稳定,应选择小一点的 α 值,以包含长一些的时间序列信息;若观察值的发展趋势已发生了系统的改变(如有拐点)或有理由认为近期数据更好地反映了发展趋势,则应选择大一些的 α 值。

(2)初始值的确定。指数平滑法模型是一个迭代计算过程,所以首先必须确定初始值 S_0。它们的确定既可利用一定的数学方法进行计算,又可根据经验直接给定。

利用数学方法计算一般比较复杂,且有赖于足够的观察值数目,意义通常不大,更多情况下,可以采用直接将前几个观察值的平均值作为初始值的方法。

(3)系数的确定。在 α 和初始值确定之后,模型中的系数就可以根据公式(1-3-4)确定了。

指数平滑法的特点,一是需存贮的数据少,二是能够用于中短期预测。

(二)因果分析预测法

因果分析预测法,是从事物变化的因果关系出发,寻找市场发展变化的原因,分析原因与结果之间的联系结构,建立数学模型,据以预测市场未来的发展变化趋势和可能水平。

因果分析预测法中最常用的有回归预测模型和经济计量预测模型,这里我们只以回归预测模型为例说明。

回归预测模型是基于惯性和相关理论的统计学模型,是最常用的预测模型之一。通常情况下,只选用一元线性回归预测模型。

一元回归分析法,是在考虑预测对象发展变化本质基础上,分析变量随一个自变量变化而变化的关联形态,借助回归分析,建立它们之间因果关系的回归方程式,描述它们之间的平均变化数量关系,并以此进行预测的方法。

1. 回归预测模型的建立与检验

一元线性回归预测模型的标准形式(回归直线方程)为:

$$Y = A + BX \tag{1-3-7}$$

模型的检验通常包括:相关系数检验,模型的 T 检验与 F 检验,回归系数检验。对一元线性回归模型而言,这些检验是等价的。这里我们选择相关系数检验。

相关系数有两种定义形式。

(1)拟合优度形式:

$$R = \frac{\sum_{i=1}^{n}(Y_i - \bar{Y})^2}{\sum_{i=1}^{n}(X_i - \bar{X})^2} \tag{1-3-8}$$

(2)相关系数形式:

$$R = \frac{1/n \sum_{i=1}^{n} X_i Y_i - XY}{\sqrt{1/n \sum_{i=1}^{n} X_i^2 - X^2} \sqrt{1/n \sum_{i=1}^{n} Y_i^2 - Y^2}} \tag{1-3-9}$$

R 值越大,表明回归方程的线性程度越显著。

2. 一元线性回归预测的步骤

(1)确定预测目标和影响因素。根据决策目的的需要,明确进行预测的具体目标,分析寻找影响预测目标的相关因素,并判断选出主要的影响因素,也就是决定自变量和因变量。

(2)收集整理自变量和因变量观察样本资料。根据预测要求,通过市场调查,收集纵断面观察样本资料或横断面观察样本资料。

(3)建立一元回归方程预测模型。

（4）进行相关分析、方差分析和显著性检验。

（5）根据模型进行预测。经过了相关分析与显著性检验后,利用达到某一显著水平的一元回归分析方程预测模型进行实际预测,包括计算预测值和置信区间。

(三) 类比预测模型

该方法是以某个国家或地区为类比对象,研究预测目标与某个指标之间的数量关系,然后根据本国或本地区该指标的发展变化,测算预测目标值,从而达到预测目的。例如某汽车公司与研究机构曾经以部分国家为类比对象,通过研究人均国民收入和人口数量两个指标与轿车保有量之间的关系,预测我国未来第 t 年的轿车保有量。其类比预测模型为:

$$\left. \begin{array}{l} Y_t = P_t Q_0 R_t \\ R_t = C_{1t}/I_0 (1+i)^n \\ C_{1t} = C_{10}(1+q)^t \end{array} \right\} \quad (1\text{-}3\text{-}10)$$

式中:Y_t——第 t 年轿车保有量(辆);

P_t——第 t 年人口预测数(千人);

Q_0——类比国人均轿车保有量(辆/千人);

R_t——轿车保有量修正系数;

I_0——类比国人均国民收入(美元);

C_{1t}——第 t 年人均国民收入(美元);

i——类比国年均通货膨胀率;

q——人均国民收入增长率;

n——类比年份与基准年份时差。

如已知类比国基准年份的人均国民收入与人均轿车保有量 Q_0,我国目前的人均国民收入(美元),以及未来的增长速度 q,即可以计算出未来第 t 年我国的国民收入,将此 C_{1t} 折算到基准年份后除以类比国人均国民收入 I_0。即可得到 R_t,然后乘以我国第 t 年的人口预测数以及类比国的人均保有量,即可求出我国未来第 t 年的轿车保有量。

(四) 弹性系数法

此方法的数学模型为:

$$\left. \begin{array}{l} Y_t = Y_0 (I+I')^t \\ I = qE_s = QI'/q' \end{array} \right\} \quad (1\text{-}3\text{-}11)$$

式中:Y_t——第 t 年预测对象预测值;

Y_0——预测对象目前的观察值;

I,I'——分别为预测对象在过去和未来的平均增长率;

t——预测年份与目前的时差;

E_s——弹性系数,如过去年份汽车保有量的增长率与工农业增长速度(增长率)之比;

q',q——分别表示对比指标过去和未来的数值,如工农业增长速度。

如过去几年某地区的汽车保有量年均增长率为15%,工农业增长速度为10%,两者之间的系数为1.5,若未来 t 年内工农业增长速度为8%,则汽车保有量的增长率即为12%,代入公式(1-3-11)即可预测第 t 年的汽车保有量。

四、及时调整市场预测结果

在市场营销预测结果做出之后,并不意味着这将是一成不变的"终结果实",先进企业的市场营销者会根据市场的变化和社会的进步,不断地作新的市场营销调研,不断地及时调整已有的市场营销预测方案,以此来指导企业的发展。如果做不到这一点,则企业是无法得到长期发展的。

美国福特汽车公司在早期正是通过对美国汽车市场的调研和预测,引入生产流水线而大大降低了汽车的生产成本,并因此而降低了汽车的价格,扩大了市场的占有率,成了世界最大的汽车生产商。当时巨大的市场需求量使福特声称:"让消费者的需求见鬼去吧,我们只生产黑色的车!"随着福特汽车不断普及,美国汽车市场的需求发生了很大的变化:汽车保有量的提高使消费者不再满足于有车,还要有自己喜欢的车。对于这一点,福特没有重视,缺乏对市场的进一步掌握。而就在同一时期,美国的通用汽车公司通过生产不同花色、不同颜色的车而崛起,渐渐取代福特而成为世界第一大汽车生产商。这就是及时调整市场营销调研和预测结果的重要价值。

第三节 汽车市场营销的信息系统

正是由于市场的瞬息万变,企业要生存、要发展,就要与时俱进、适应市场的变化,故而企业需要不断地进行市场营销调研和预测。在工业社会里,战略资源主要是资本,而在现代社会里,信息成了主要战略资源,因此,及时掌握信息成了企业具有较强的应变能力、能及时作出调研、预测和正确决策的重要优势。企业必须重视对市场信息的搜集、处理与分析,努力建立一个强有力的市场营销信息系统,这将对增强企业的市场竞争地位具有重要意义。可以说,市场营销的信息系统是现代企业市场营销不可缺少的重要工具。

一、市场营销信息系统的组成

市场营销信息系统是一个由人员、设备和程序(软件)所组成的相互作用、连接的集合体,它及时地搜集、分类、分析和评价市场信息,并提供准确的市场信息,以便营销决策者用于制定和修订市场营销计划,并保证计划的有效实施和控制。

市场营销信息系统是由内部信息系统、市场营销环境监视系统、市场营销调研系统和市场营销决策支持系统四个子系统组成,其构成如图1-3-1所示。

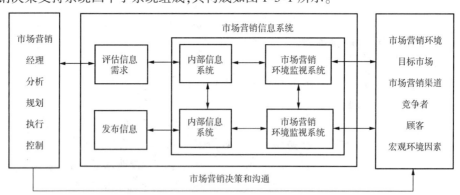

图1-3-1 市场营销信息系统

各子系统的功能与作用是:

(1)内部信息系统。对于我国的汽车企业来说,内部信息系统一般是较为完备的,亦即对企业内部的信息,如销售成本、利润、库存、资金盈利率等财务信息,以及人员状况,企业物资使用情况等管理信息的收集、整理、归类等工作一般较为完善。内部信息是营销人员运用的基本信息,它提供企业内部实际材料。

(2)市场营销环境监视系统。该系统的任务是收集外部信息,主要包括政府相关经济政策、法规,本行业的科技情报,本企业的社会影响,竞争对手情况,以及本行业的一些动态、用户的情况等,进而进行基本研究,得出一些如本行业发展周期的规律性事物和整个市场环境变动的预测等。该系统最重要的是建立情报(信息)搜集网。国外一些大公司的情报网,随时向企业经营管理部门报告重要情报,如丰田汽车公司的情报网几乎遍及全球,据说丰田汽车在美国无论何地出现了问题,公司总部当天就能得到情报并作出反应,而且能及时得到各种有用的营销信息。

(3)市场营销调研系统。该系统的主要功能是系统地、客观地识别、搜集、分析和传递有关市场营销活动的市场信息,运用各种统计技术去发现资料中的重要关系,提出与企业面临的特定营销问题有关的市场营销调研报告,以帮助制定更好的营销决策。例如,汽车企业需要了解近来销售额大幅变动的原因等。对我国汽车企业来讲,市场营销信息系统还很不完善,这主要表现在营销环境监测系统和营销研究系统不完善。尽管有的企业建立了营销研究子系统,不过少了"研究",只是做到了收集和整理一手资料或二手资料;环境监测系统是企业的薄弱环节,难以成为一个系统性的工作。

(4)市场营销决策支持系统。该系统具有最高级信息服务功能,主要是为营销决策提供分析方案。市场营销者通过该系统,对复杂现象的统计分析,建立数学模型,帮助市场营销管理者分析市场营销问题,作出正确的市场营销决策。

二、运用计算机技术建立市场信息系统

电子计算机的飞速发展为企业市场信息系统的建立提供了物质保证。计算机具有高容量的存储功能,十分适用于大量信息数据的存储,并可根据决策者的需求随时进行查询;计算机具有较强的逻辑判断功能,可以把专家们的经验、科学规律编制成有关的逻辑判断指令,为决策者提供帮助指导;计算机具有极高的运算功能,在极短时间内,准确无误地进行高精度计算,它尤其适应进行大量重复的统计分析,为数学模型的广泛应用提供了条件;计算机的性能日趋完善,价格显著下降,可靠性大大提高,运算速度高达几千万次/秒~几亿次/秒。各种软件开发工具和数据库管理系统被普遍使用,就使得企业购置计算机、开发市场信息系统成为可能。

企业市场营销信息系统一般要求具有数据的输入、储存、分类、检索查询、传递及分析功能。按照功能要求和结构化设计的思想,可以把企业市场营销信息系统划分为若干个子系统,如信息管理子系统、订货管理子系统、客户管理子系统、库存管理子系统、竞争对手管理子系统、财务结算管理子系统、销售分析子系统及系统维护子系统。这八个部分是企业市场信息系统的基本构成,不同的企业其市场营销信息系统的具体构成会有所不同,可根据本企业的具体情况增减。

第四章 汽车市场营销策略

传统的市场营销中的各种营销因素可概括为四个要素,即产品(Product)、价格(Price)、分销(Place)和促销(Promotion)。这四个方面的因素是企业营销活动的主要手段,一般称为

营销因素或市场因素。而汽车作为一种特殊的产品,它的市场营销活动除了包括上述四个因素外,同优质的销售服务也是分不开的。这五个因素对于汽车企业来说,其自身是可以控制的,也就是说汽车企业根据市场的需要,可以决定自己的产品结构,制定产品价格,选择分析渠道和促销方法,提供销售服务,对这些营销手段的应用,企业有自主权。但是如何作出选择,要以企业的外部宏观环境(包括人口因素、经济因素、政治因素、法律因素、技术因素、竞争因素、社会文化因素等)为依据,只有这样,才能针对用户需求发挥增进销售的作用。

第一节　汽车产品策略

汽车企业的汽车市场营销活动是以满足汽车市场需求为目的,而汽车市场需求的满足只能通过提供某种品牌的汽车产品或相应的汽车服务来实现。因此,汽车产品是汽车企业市场营销组合中的一个重要因素。汽车产品策略直接影响和决定着其他汽车市场营销的策略,对汽车市场营销的成败关系重大,所以汽车产品策略是汽车市场营销组合策略的基础。在现代汽车市场经济条件下,每个汽车企业都应致力于汽车新产品的开发、汽车产品组合结构的优化、汽车产品和汽车服务质量的提高,以更好地满足汽车市场需求,取得更好的经济效益。

一、汽车产品整体概念

人们对汽车产品的理解,传统上常常仅指汽车的实物产品,其实这只是狭义的理解。汽车市场营销学对于汽车产品的概念要广阔得多,它是指向汽车市场提供的能满足汽车消费者某种欲望和需要的任何事物,包括汽车实物、汽车服务、汽车保险、汽车品牌等各种形式。简而言之,人们需要的汽车产品 = 需要的汽车实物 + 需要的汽车服务。

广义的汽车产品概念引申出汽车产品整体概念。这种概念把汽车产品理解为由 5 个层次所组成的一个整体,如图 1-4-1 所示。

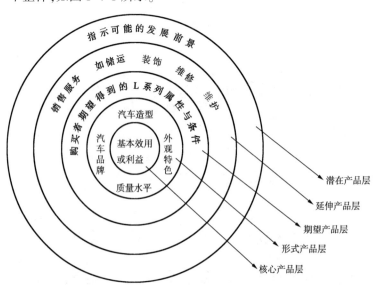

图 1-4-1　汽车产品整体概念的 5 个层次

第一层是汽车核心产品层。它又称为汽车实质产品层,是指向汽车消费者提供的基本效用或利益。汽车消费者购买某种品牌汽车产品并不是为了占有或获得汽车产品本身,而是为了满足某种需要。

第二层是汽车形式产品层。它又称为汽车基础产品层,是指汽车核心产品借以实现的基本形式。所谓形式,是向市场提供的实体或劳务的外观。汽车市场营销学将汽车形式产品归结为由4个标志所构成,即质量水平、外观特色、汽车造型、汽车品牌。

第三层是汽车期望产品层。它是指汽车消费者在购买该汽车产品时期望能得到的东西。期望产品实际是指一系列属性和条件。例如,汽车消费者期望得到舒适的车厢、导航设施、安全保障设备等。

第四层是汽车延伸产品层。它又称为汽车附加产品层,是指汽车消费者购买汽车形式产品和汽车期望产品时所能得到的汽车附加服务和利益,即储运、装饰、维修、维护等。

第五层是汽车潜在产品层。它是指包括现有汽车产品的所有延伸和演进部分在内,最终可能发展成为未来汽车产品的潜在状态的汽车产品。汽车潜在产品指示汽车产品的可能发展前景。

二、形式产品的决策

(一) 产品的质量决策

产品质量是产品的生命,是竞争力的源泉。优良的质量对企业赢得信誉、树立形象、满足需要、占领市场和增加收益,都具有决定性意义。因此,国内外一切精明的、成功的企业家,都毫不例外地重视自己产品的质量,并不断设法提高产品质量。

1. 质量的概念

质量在世界一些国家和我国台湾、港澳等地区均称为品质,质量的概念是随着社会进步和人们认识水平提高而不断完善的。现在人们通常把质量仅仅理解为适用性,这种理解只是强调了产品本身的质量,现代市场营销对质量的理解不仅包括产品本身质量,还包括产品质量形成全过程各个环节的质量,这就是全面质量的概念,即"反映产品或服务满足明确或隐含需要能力的特征和特性的总和"。该定义明确表明:质量就是满足顾客需要的能力。

全面质量概念在企业经营活动中主要体现在以下几个方面:

(1)产品质量。是指产品在顾客实际使用过程中成功地满足需要的能力。企业为了在生产过程中能够对产品质量予以保证,在进行产品设计时就必须根据实际使用试验所掌握的性能要求,对产品在制造过程中应该达到的技术要求作出明确规定,并以文件形式固定下来,发各工序执行。这些技术文件也称技术标准。企业生产的产品必须符合技术标准,否则不准出厂。

(2)工序质量。是指工序能成功地制造出符合设计质量标准和工艺要求的能力。工序质量直接影响到产品质量。为此,企业制订了工艺操作规程,要求每个工人应严格按照操作规程生产。

(3)工作质量。是指企业经营各环节的工作对确保经营方针和目标如期实现的能力。它不是抽象的概念而是具体地体现在生产、技术、经营过程中的效率和效果上,它贯穿于企业的各个环节和整个经营过程。

(4)人的质量。是指企业中各类人员在生产经营过程中能成功地满足工作质量要求的能力。人的质量主要体现在人的科学文化知识水平、实际工作能力和经验、思维敏捷程度、开拓创新精神、组织管理能力和身体健康状况上。企业必须重视对人的管理,加强思想教育和业务能力的培养。

2. 汽车产品的质量水平决策

产品质量水平决策主要是指企业根据目标市场的需求水平、竞争者产品的质量水平以及企业的产品定位战略等情况综合加以确定,将企业产品的质量水平确定在一个适当的水平而不宜过低或过高。过低将形不成竞争能力,过高又将导致生产成本太高,企业的投资收益下降。

一般来讲,企业对产品质量水平的决策应当是不断地提高产品质量,逐步丰富产品功能,创名牌、保名牌。这样可以使企业持久地保持较高的市场占有率和投资收益率。国内外汽车市场上的名牌产品大多数都是采取这种策略,把产品质量视为公司的命脉,万分珍惜自己的命脉形象,宁可牺牲眼前利益,也要确保质量始终优良。如德国奔驰汽车之所以"经久耐用""名贵优质"而长期享誉于世,其原因就在于奔驰的质量过硬。据称,奔驰汽车公司对即使是连用户一般不太注意的汽车座椅也极为认真。它的座椅纺织面料用的羊毛是专门从新西兰进口的,其粗细必须在 23~25μm 之间,细的用来织高档车的座椅面料,柔软舒适;粗的用来织低档车的座位面料,结实耐用。纺织时,根据各种面料的要求不同,还要掺入从我国进口的真丝和印度进口的羊绒。制皮面座椅则先选好皮子,奔驰公司经考察只有德国南部地区的公牛皮质量最好,奔驰厂要求供应点在饲养过程中防止牛皮出现外伤和寄生虫,保持良好的卫生状况,以保证牛皮不受伤害,一张 $6m^2$ 的牛皮,奔驰厂只用一半,因为肚皮太薄,颈皮太皱,腿皮又太窄。制作、染色都有专门的技术人员负责,直到座椅做成,最后还要由一名工人用红外线照时器把皮椅上的皱纹熨平。其可谓不惜工本。奔驰厂如此严格的质量精神,令人联想到其对主要机件的质量保证,这就是奔驰汽车公司成功的秘诀。据介绍,德国的出租车大部分是奔驰车,出租汽车驾驶员介绍,一辆中级奔驰车可以开到 20 万 km,换一个发动机后再开 20 万 km,平均算下来并不贵,而且修理少,误工少。

我国相当部分企业的汽车产品质量不稳定,究其原因主要有:一是企业管理落后,企业领导和职工质量意识薄弱,加之长期的卖方市场使企业缺乏经营压力;二是技术设备落后,由于折旧率和留利偏低,企业无力进行技术改造,有些企业则是由于新上项目过多,基建战线过大,造成企业资金紧张;三是许多原材料品种和质量没有保障,施行强行替代;有些则是国产化过程中,由于管理不严造成的。所有这些问题,只有在社会主义市场经济的建设过程中,逐步加以解决。

此外,企业产品质量改进后,还应该注意与目标市场沟通,可采用促销组合策略将企业的质量信息传播出去。

(二)产品特色与设计决策

产品特色是指产品基本功能之外的附加功能,它是与竞争者产品相区别的有效方法,也是市场竞争的有力武器,企业可根据目标用户的需要来设计产品的特色,有些特色还可供购买者选择。如丰田汽车公司总是通过增加一些功能,以此提高价格,并获得了经营上的成功。

企业的营销者一定要了解用户对各种特色的感受价值(为购买某种特色,用户愿意接受的价格),然后再研究各种特色的成本,这样企业就可以对各种特色的利润大小做到心中有数,并在营销管理活动中,优先增加那些利润多的特色,从而实现企业经济效益与社会效益的统一。

汽车产品的设计工作除了涉及汽车专业技术问题外,从市场营销的角度看,设计工作应注意以下问题:

(1)要安排好产品的使用功能(适用性)、美学功能(外观)和贵重功能(名牌、豪华等),把三者结合起来考虑,对不同档次的汽车产品应根据目标市场的需要有所侧重。设计者要运用价值工程的原理处理好必要功能与过剩功能的关系,使产品设计充分兼顾技术、经济和艺术等多方面的协调。

(2)设计应力求驾驶室内有一个较为舒适的小环境和操纵上的方便性,室内应软化,色彩应协调,各种仪表显示应醒目。还应力求操纵上的简单化、方便化、仪表开关等元器件的组合化、小型化和多功能化等。对家用轿车而言,更应注意这些问题。

(3)重视汽车造型。汽车造型是汽车外观的主要内容,它在很大程度上影响着产品形象,人们也通常是从造型上去认识汽车产品的。

总的来讲,汽车造型经历了"四个时代",即"方型""流线型""梯型"和"理智型",而后面的造型都保留了以前造型的优点。

(三)品牌和商标的决策

品牌也是形式产品整体概念的重要组成部分。著名品牌可以提高产品身价,获得稳定市场。许多著名汽车品牌如罗尔斯·罗伊斯,奥斯汀·罗孚等,虽然原生产厂被兼并,但这些品牌还依旧保留。所谓品牌,就是产品的牌子,是销售者给自己的产品所取的名字。它通常由文学、标记、符号、图案和颜色等要素组合而成,通常由品牌名称、品牌标志、商标等含义组成。

品牌名称是指品牌中可用语言表达的内容。例如"东风""解放""蓝鸟""皇冠""福特""雪佛兰""甲壳虫"等都是品牌名称。品牌标志是指品牌中可被识别而不能用语言表达的特定标志,包括专门设计的符号、图案、色彩、文字等。商标是一个专门的法律术语,是指经过政府商标管理部门依法注册,企业取得专用权的品牌。商标是受法律保护的,是企业的一项重要的工业产权,是企业的无形资产,其产权或使用权可以转让与买卖。那些驰名商标通常具有很高的价值,是企业的重要财富,国外有的调查机构民意测验表明,世界十大著名商标中汽车商标有两个,分别是"奔驰"(位列第三)和"丰田"(位列第七)。商标与品牌在形式上没有什么区别,只不过商标受法律保护,而品牌则没有取得保护权。所以我国在习惯上,通常将未注册的品牌称为商标,而将注册过的品牌称为注册商标,前者含义即西方的品牌,后者含义即西方的商标。

品牌和商标对企业市场营销具有重要的意义:

①便于企业的营销管理,如作广告和签订合同可以简化手续;

②防止他人假冒,维护公平竞争;

③有利于企业建立稳定的用户群,培养用户的品牌忠实性;

④对销往不同目标市场的产品给以不同的品牌,有利于强化目标市场营销;

⑤有利于强化产品形象和企业形象,增强竞争力。

因此,创立和发展名牌,使之行销全国乃至全世界,是企业家梦寐以求的一个重要目标。

品牌和商标有制造商品牌(也称全国性品牌),中间商品牌(也称自有品牌)和服务标记三种。目前我国汽车市场上只有制造厂品牌,汽车产品从出厂到用户手中,其品牌均不发生变化。但汽车经销企业有的则有其服务标记,它的作用主要是用于将本企业同其他经销企业加以区别,有助于树立其经营形象,如货源正宗、实力雄厚等。服务标记同企业的"厂标"、学校的"校标"一样,也是知识产权,不容假冒与侵犯。

品牌的设计有许多学问,企业除了考虑是采用单一品牌,还是多个品牌之外,还必须遵守有关法律规定,如我国禁止使用领袖人物姓名、国旗、国徽等文字、图案作商标,否则不予注册登记。品牌设计还必须讲究一定的寓意、符合文化习惯和艺术性;且不能过于深奥,也不能落入俗套,还要简洁明快,让人喜闻乐见;体现企业形象等。

三、汽车产品组合策略

(一)汽车产品组合概念

汽车产品组合是指一个汽车企业生产和销售的所有汽车产品线和汽车产品项目的组合方式,也即是全部汽车产品的结构。

汽车产品组合一般由若干汽车产品线组成。所谓汽车产品线,是指密切相关的一组汽车产品,通俗地说就是车型系列。汽车产品项目是指一个车型系列中各种不同档次、质量和价格的特定品种。产品组合如图1-4-2所示。例如,一汽集团的产品线包括重型、中型、轻型载货汽车,高级、中高级、普及型及微型轿车等多个产品系列,每一系列又有数个,甚至数十、上百个品种(产品项目)。

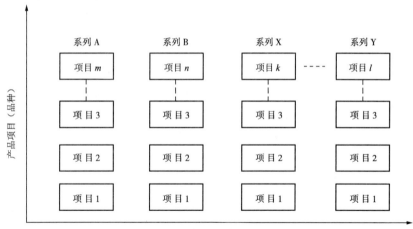

图1-4-2 汽车产品组合示意图

汽车企业可采取4种方法发展业务组合:

①加大产品组合的宽度,即增加车型系列,扩展企业的经营领域,实行多样化经营,分散企业投资风险;

②增加产品组合的长度,即使产品多样化,使产品线丰满充裕,成为更全面的产品线企业;

③加强产品组合的深度,即增加每一车型系列的品种数目,占领同类产品的更多细分市场,满足更广泛的市场需求,增强行业竞争力;

④加强产品组合的相容度,即加强各条产品线在生产条件、最终用途、细分市场、分销渠道、维修服务或者其他方面相互关联的程度。

目前我国汽车市场,除了中型载货汽车的品种发展较为完善外,其余各种车型都还有很大的品种发展余地,而在轿车和重型汽车方面车型系列的发展空间还很大,因而各汽车企业更要作好产品线与产品项目的决策,以谋求企业更大的发展空间。

(二)汽车产品组合策略

汽车产品组合策略是指汽车企业如何根据消费市场实际,合理进行的产品组合决策。常采取的策略有以下几个方面:

1. 扩大汽车产品宽度

一个汽车企业在生产设备、技术力量所允许的范围内,既有专业性又有综合性地发展多品种。扩大汽车产品组合的宽度可以充分利用企业的人力和各项资源,使汽车企业在更大的市场领域中发挥作用,并且能分散汽车企业的投资风险。上海大众在扩大汽车产品线宽度上的思路是:普桑→桑塔纳2000→帕萨特→经济型轿车。

2. 加深汽车产品组合深度

从总体来看,每个汽车公司的汽车产品线只是该行业整个范围的一部分。如,宝马公司的汽车在整个汽车市场上的定价属于中高档范围。加深汽车产品组合的深度,可以占领该行业同类汽车产品更多的细分市场,迎合更广泛的消费者的不同需要和爱好。上海帕萨特将在帕萨特轿车基本型的基础上,研制开发豪华型车和变形车,就是上海大众加深汽车产品组合深度的例子。

3. 加强汽车产品组合相容度

一个汽车企业的汽车产品尽可能地能相关配套,如汽车和汽车内饰、汽车涂料等。加强汽车产品组合的相容度,可提高汽车企业在某一地区某一行业的声誉。

但扩大汽车产品组合往往会分散经销商及销售人员的精力,增加管理困难,有时会使边际成本加大,甚至由于新产品的质量性能等问题,而影响本企业原有产品的信誉。

四、汽车产品的寿命周期及其策略

(一)汽车产品寿命周期

汽车产品寿命周期,是指从汽车产品试制成功投入市场开始,到被市场淘汰为止所经历的全部时间过程。这里所指的寿命不是指汽车产品的使用寿命,而是指汽车产品的市场寿命,其长短受汽车消费者需求变化、汽车产品更新换代速度等多种市场因素所影响。而汽车产品的使用寿命是指汽车产品投入使用到损坏报废所经历的时间,受汽车产品的自然属性和使用频率等因素影响。一种汽车产品在研制阶段,可以说处于胚胎时期,一旦进入市场,就开始了自己的市场寿命。一般来说,汽车产品的寿命周期分为4个阶段,即导入期、成长期、成熟期和衰退期(图1-4-3)。

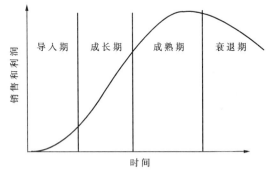

图1-4-3 汽车产品寿命周期

导入期是指在市场上投入新产品,产品销售呈缓慢增长状态的阶段;成长期是指汽车产品在市场上迅速为顾客所接受,销售量迅速增长的阶段;成熟期是指汽车产品已被大多数购买者所接受,市场销售量已达饱和状态的阶段;衰退期是指汽车产品已经陈旧老化被市场淘汰的阶段。

各种档次、各种类型的汽车产品不同,其汽车产品寿命周期及其经历各阶段的时间长短也不同。有些汽车产品寿命周期可能只有2~3年,有些汽车产品寿命周期可以长达几十年。每种汽车产品经历寿命周期各阶段的时间也不尽相同。有些汽车产品经过短暂的市场导入期,很快就达到成长、成熟阶段;而有些汽车产品的导入期经历了许多年,才逐步为广大汽车消费者所接受。

(二)汽车产品寿命周期的市场策略

不同汽车产品在产品寿命周期的不同阶段各具不同的特点,汽车企业营销策略也应有所不同。对于汽车企业来说,运用汽车产品寿命周期理论主要有三个目的:一是使自己的汽车产品尽快尽早为汽车消费者所接受,缩短汽车产品的导入期;二是尽可能保持和延长汽车产品的成长阶段;三是尽可能使汽车产品以较慢的速度被淘汰。因此,善于根据汽车产品寿命周期各阶段的特点,有效利用各种策略,是汽车企业取得营销成功的关键。

1. 导入期的市场策略

这个阶段的主要特点是:汽车产品刚上市,汽车消费者对汽车产品不了解,汽车销售量缓慢增长,市场上同类汽车产品竞争少,汽车产品的广告宣传花费大,汽车企业生产该种汽车产品的能力未全部形成,生产批量小,成本大,利润小甚至无利。这个阶段是企业承担风险最大的时期,许多汽车新产品经营失败,大都在这个阶段反映出来。所以,尽快尽早地结束这个阶段,让汽车消费者尽快尽早地接受该种汽车产品,是本阶段经营策略的重点。

导入期的市场策略,单就价格与促销费用两因素考虑,可分为以下四种策略(表1-4-1)。

导入期市场策略　　　　　　　　　　　表1-4-1

销售价格 \ 销售费用	高	低
高	高价快速促销	高价低费用
低	低价快速促销	逐步加入市场

1) 高价快速促销策略

这种策略是采取高价格,花费大量广告宣传费用,迅速扩大汽车销售量来加速对市场的渗透。采取这种策略的条件是:汽车消费者对该汽车产品求购心切,并愿意支付高价,但大部分潜在汽车消费者还不了解此种汽车产品;同时,这种汽车产品应该十分新颖,具有老产品所没有的特色,适应汽车消费者的某一种需求。

2) 高价低费用策略

此种策略是采用高价格,花费少量的广告宣传促销费用,能给企业带来较多的利润。采用这种策略的汽车产品必须具有独创的特点,填补了市场上的某项空白。它对汽车消费者来说主要是有无的问题,选择性小,并且竞争威胁不大。

3) 低价快速促销策略

采用低价格,花费大量广告宣传费用,以求迅速占领市场或挤入市场。这种策略适合于以下市场环境:市场容量相当大,汽车消费者对这种汽车新产品不了解,但对价格十分敏感;潜在竞争比较激烈,它要求企业在生产中尽力降低成本,以维持较大的推销费用。

4) 逐步加入市场策略

采取低价格和低促销费用来推出汽车新产品,占领新市场。低价格的目的在于促使市场能尽快接受汽车产品,并能有效地阻止竞争对手对市场的渗入;低促销费用以降低售价,增强竞争力。采用此策略的条件是:市场容量大,汽车产品弹性大,汽车消费者对价格十分敏感,有相当的潜在竞争者。

2. 成长期的市场策略

汽车新产品从导入期进入成长期后,生产方兴未艾,汽车销售量剧增,同时,由于汽车产品基本定型,大批量生产能力形成,分销渠道已经疏通,剧烈的竞争尚未出现,生产与促销费用相应降低,创造了较大的销售盈利机会。但是,竞争者也在逐步加入,竞争日趋剧烈。因此,汽车企业必须尽力发展销售能力,紧紧把握住取得较大成就的机会。成长期的主要策略有:

1)保证提高产品质量

成长期的市场策略主要是保证质量,坚决杜绝某些汽车产品一旦进入成长期便降低质量、失信于汽车消费者、自毁声誉的现象,并在此基础上不断提高质量水平。

2)改进产品

企业要对产品进行改进,提高产品质量,增加新的功能,丰富汽车式样,强化汽车特色,努力树立起名牌产品,提高汽车产品的竞争能力,满足汽车消费者更高更广泛的需求,从而既扩大销量又限制竞争者加入。

3)拓宽市场

汽车企业要通过市场细分,找到新的尚未满足的细分市场,并迅速占领这一市场。要通过创名牌、建立汽车产品信誉来拓宽市场;还要利用新开辟的分销渠道,增加销售网点,通过方便汽车消费者购买来拓宽市场。

3. 成熟期的市场策略

汽车产品从成长阶段进入成熟阶段,此时的特点是生产量大;销售量大,而且持续时间较长。但在此阶段,竞争十分剧烈,销售量虽然在增加,但增长率呈下降趋势。成熟期是汽车企业获得利润的黄金时期。这个时期的策略围绕着如何延长其寿命,不至于过早地跌入衰退期而展开,具体说来,有以下几种:

1)市场改革策略

努力开拓和寻找新的目标市场,向市场需求的深度和广度发展。这种策略不需要改变产品本身,只是寻找新的细分市场,创造新的消费方式等。其通常有3种形式:

①寻找新的目标市场,使汽车产品进入尚未使用过本汽车产品的市场;

②刺激汽车消费者增加使用频率;

③重新树立汽车产品形象,寻找新的买主。

2)产品改革策略

这种策略是提高汽车产品质量,改变汽车产品的特色和款式,向汽车消费者提供新的利益,从而争取新的汽车消费者。

3)市场营销组合改革策略

改革某些市场组合因素,以刺激增加销售量。一般的做法是对汽车产品价格、广告、分销方式等进行重新组合,对营销策略进行具有吸引力及扩张性的拓展。

4. 衰退期市场策略

随着经济发展,技术进步,一个汽车产品或迟或早将为新的汽车产品所取代,步入衰退阶段。这个阶段的特点是:产品销售由缓慢下降变为急剧下降;汽车消费者已在期待汽车新产品的出现。在此阶段,很多企业容易产生两种倾向:一种是仓促收兵,没有周密的布置就贸然舍弃;另一种是不肯割爱,以为淘汰一种汽车产品终非好事,因而犹豫观望,总盼望有时来运转之日,每每造成时间、经济、效率、声誉等多方面的损失。因此,弃旧图新,进行转产,是汽车企业在此阶段所采取策略的指导思想,具体说来有:

1) 收割策略

即利用剩余的生产能力,在保证获得边际利润的条件下,有限地生产一定数量的汽车产品,适应市场上一般老汽车消费者的需要,或者只生产某些零部件满足用户维修的需要。

2) 榨取策略

大力降低销售费用,精减推销人员,增加眼前利润。

3) 集中策略

汽车企业把人力、物力集中到最有利的细分市场和销售渠道上,缩短战线,从最有利的市场和渠道获取利润。

4) 撤退策略

当机立断,撤退老产品,组织汽车新产品上马。在撤退的时候,可以把生产该种汽车产品的工艺以及设备转移给别的地区的汽车企业,因为,该种汽车产品在别的地区可能并非处在衰退期。

第二节 汽车定价策略

汽车价格是汽车市场营销中的一个非常重要的因素,它在很大程度上决定着市场营销组合的其他因素。价格的变化直接影响着汽车市场对其的接受程度,影响着消费者的购买行为,影响着汽车生产企业盈利目标的实现。因此,汽车定价策略是汽车市场竞争的重要手段。汽车的定价策略既要有利于促进销售、获取利润、补偿成本,同时又要考虑汽车消费者对价格的接受能力,从而使汽车定价具有了买卖双方双向决策的特征。

从经济学观点看,价格是严肃的,价格是商品价值的货币表现,不能随意变动。但从汽车市场营销的角度看,汽车价格是活跃的,汽车价格要对汽车市场变化作出灵活的反应,要以汽车消费者是否愿意接受为出发点。

一、影响汽车价格的主要因素

汽车价格的高低,主要是由汽车中包含的价值量的大小决定的。但是,从市场营销角度来看,汽车的价格除了受价值量的影响之外,还要受以下几种因素的影响和制约:

(一) 定价目标

企业为产品定价时,首先必须要有明确的目标,不同的汽车企业,其汽车产品的市场不同,因而也就需要采取不同的定价策略。企业定价目标主要有以下几种:

1. 维持生存

如果企业产量过剩,或企业销路不畅,产品滞存,或企业资金面临严重不足,或企业面临激烈竞争,则需要把维持生存作为主要定价目标。此时企业宜制定较低的价格,只要其价格能弥补可变成本和一部分固定成本,企业就可以维持下去。有时甚至制定低于成本的价格以便迅速收回资金再投资。企业这种定价目标只能适合于企业的短期目标。

2. 利润最大化

以最大利润为汽车定价目标,指的是汽车企业期望获取最大限度的销售利润。通常已成功地打开销路的中小汽车企业,最常用这种目标。追求最大利润并不等于追求最高汽价格。最大利润既有长期和短期之分,又有汽车企业全部汽车产品和单个汽车产品之别。

3. 市场占有率最大化

市场占有率最大化即为达到最大的市场占有率的定价目标,汽车市场占有率是汽车企业经营状况和汽车产品在汽车市场上的竞争能力的直接反映,对于汽车企业的生存和发展具有重要意义,而企业赢得最高的市场占有率之后将享有最低成本和最高的成长利润。因此,有时汽车企业把保持或扩大汽车市场占有率看得非常重要。许多资金雄厚的大汽车企业,喜欢以低价渗透的方式来保持一定的汽车市场占有率;一些中小企业为了在某一细分汽车市场获得一定优势,也十分注重扩大汽车市场占有率。

一般来讲,只有当汽车企业处于以下几种情况下,才适合采用该种汽车定价目标:

①该汽车的价格需求弹性较大,低价会促使汽车市场份额的扩大;
②汽车成本随着销量增加呈现逐渐下降的趋势,而利润有逐渐上升的可能;
③低价能阻止现有和可能出现的竞争者;
④汽车企业有雄厚的实力能承受低价所造成的经济损失;
⑤采用进攻型经营策略的汽车企业。

4. 汽车质量最优化

这是指汽车企业要在市场上树立汽车质量领先地位的目标,而在汽车价格上作出反应。优质优价是一般的市场供求准则,研究和开发优质汽车必然要支付较高的成本,自然要求以高的汽车价格得到回报。从完善的汽车市场体系来看,高价格的汽车自然代表或反映着汽车的高性能、高质量及其优质服务。采取这一目标的汽车企业必须具备以下两个条件:一是高性能、高质量的汽车,二是提供优质的服务。

5. 应付和抑制竞争

这是指汽车企业主要着眼于竞争激烈的汽车市场上以应付或避免竞争为导向的汽车定价目标。在汽车市场竞争中,大多数竞争对手对汽车价格都很敏感,在汽车定价以前,一般要广泛收集市场信息,把自己生产的汽车的性能、质量和成本与竞争者的汽车进行比较,然后制定本企业的汽车价格。通常采用的方法有:

①与竞争者同价;
②高于竞争者的价格;
③低于竞争者的价格。

在现代市场竞争中,价格战容易使双方两败俱伤,风险较大。所以,很多企业往往会开展非价格竞争,如在汽车质量、促销、分销和服务等方面下苦功夫,以巩固和扩大自己的汽车市场份额。

6. 保持良好的销售渠道

对于那些需经中间商销售汽车的汽车企业来说,保持汽车销售渠道畅通无阻,是保证汽车企业获得良好经营效果的重要条件之一。为了使得销售渠道畅通,汽车企业必须研究汽车价格对中间商的影响,充分考虑中间商的利益,保证对中间商有合理的利润,促使中间商有充分的积极性去销售汽车。在现代汽车市场经济中,中间商是现代汽车企业营销活动的延伸,对宣传汽车、提高汽车企业知名度有十分重要的作用。汽车企业在激烈的汽车市场竞争中,有时为了保住完整的汽车销售渠道,促进汽车销售,不得不让利于中间商。

(二)汽车产品的成本

汽车在生产与流通过程中要耗费一定数量的物化劳动和活劳动,并构成汽车的成本。

成本是影响汽车价格的实体因素。汽车成本包括汽车生产成本、汽车销售成本和汽车储运成本。汽车企业为了保证再生产的实现,通过市场销售,既要收回汽车成本,同时也要形成一定的盈利。

(三)汽车消费者需求

汽车消费者的需求对汽车定价的影响,主要通过汽车消费者的需求能力、需求强度、需求层次反映出来。汽车定价要考虑汽车价格是否适应汽车消费者的需求能力;需求强度是指消费者想获取某品牌汽车的程度,如果消费者对某品牌汽车的需求比较迫切,则对价格不敏感,企业在定价时,可定得高一些,反之则应低一些;不同需求层次对汽车定价也有影响,对于能满足较高层次的汽车,其价格可定得高一些,反之,则应低一些。

(四)汽车特征

它是汽车自身构造所形成的特色。一般指汽车造型、质量、性能、服务、商标和装饰等,它能反映汽车对消费者的吸引力。汽车特征好,该汽车就有可能成为名牌汽车、时尚汽车、高档汽车,就会对消费者产生较强的吸引力,这种汽车往往供不应求,因而在定价上占有有利的地位,其价格要比同类汽车高。

(五)竞争者行为

汽车定价是一种挑战性行为,任何一次汽车价格的制定与调整都会引起竞争者的关注,并导致竞争者采取相应的对策。在这种对抗中,竞争力量强的汽车企业有较大的定价自由,竞争力量弱的汽车企业定价的自主性就小——通常,它是追随市场领先者进行定价。

(六)汽车市场结构

根据汽车市场的竞争程度,汽车市场结构可分为4种不同的汽车市场类型,即:

(1)完全竞争市场,又称自由竞争市场。在这种市场里,汽车价格只受供求关系影响,不受其他因素影响。这样的市场在现实生活中是不存在的。

(2)完全垄断市场,又称独占市场。这是指汽车市场完全被某个品牌或某几个品牌所垄断和控制,在现实生活中也属少见。

(3)垄断竞争市场,指既有独占倾向又有竞争成分的汽车市场。这种汽车市场比较符合现实情况,其主要特点是:

①同类汽车在市场上有较多的生产者,市场竞争激烈;

②新加入者进入汽车市场比较容易;

③不同企业生产的同类汽车存在着差异性,消费者对某种品牌汽车产生了偏好,垄断企业由于某种优势而产生了一定的垄断因素。

(4)寡头垄断市场。这是指某类汽车的绝大部分由少数几家汽车企业垄断的市场,它是介于完全垄断和垄断竞争之间的一种汽车市场形式。在现实生活中,这种形式比较普遍。在这种汽车市场中,汽车的市场价格不是通过市场供求关系决定的,而是由几家大汽车企业通过协议或默契规定的。

(七)货币价值

价格是价值的货币表现。汽车价格不仅取决于汽车自身价值量的大小,而且取决于货币价值量的大小。汽车价格是汽车与货币交换的比例关系。

(八)政府干预

为了维护国家与消费者的利益,维护正常的汽车市场秩序,国家制定有关法规,来约束汽车企业的定价行为。

（九）社会经济状况

一个国家或地区经济发展水平及发展速度高，人们收入水平增长快，购买力强，价格敏感性弱，有利于汽车企业较自由地为汽车定价。反之，一个国家或地区经济发展水平及发展速度低，人们收入水平增长慢，购买力弱，价格敏感性强，企业就不能自由地为汽车定价。

二、汽车定价程序

汽车企业在汽车新产品投放市场，或者在市场环境发生变化时需要制定或调整汽车价格，以利于汽车企业营销目标的实现。由于汽车价格涉及汽车企业、竞争者、汽车消费者三者之间的利益，因而为汽车定价既重要又困难。掌握汽车定价的一般程序，对于制定合理的汽车价格是十分重要的。

（一）明确汽车目标市场

在汽车定价时，首先要明确汽车目标市场。汽车目标市场是汽车企业生产的汽车所要进入的市场——具体来讲，就是谁是本企业汽车的消费者。汽车目标市场不同，汽车定价的水平就不同。分析汽车目标市场一般要分析：该汽车市场消费者的基本特征、需求目标、需求强度、需求潜量、购买力水平和风俗习惯等情况。

（二）分析影响汽车定价的因素

1. 汽车产品特征

汽车产品是汽车企业整个营销活动的基础，在汽车定价前，必须对汽车进行具体分析，主要分析汽车产品的寿命周期、汽车性能、汽车的质量、汽车对购买者的吸引力、汽车成本水平和汽车需求弹性等。

2. 市场竞争状况

在竞争的汽车市场中，任何汽车企业为汽车定价或调价时，必然会引起竞争者的关注，为使汽车价格具有竞争力和盈利能力，汽车定价或调价前，对竞争者主要分析：同类汽车市场中主要竞争者是谁，其汽车产品特征与汽车价格水平如何，各类竞争者的竞争实力如何，等等。

3. 货币价值

汽车价格是汽车价值的货币表现，汽车价格不仅取决于汽车价值量的大小，而且还取决于货币价值量的大小。

汽车价格与货币价值量成反比例关系。在分析货币价值量对汽车定价的影响时，主要分析通货膨胀的情况，一般，是根据社会通货膨胀率的大小对汽车价格进行调整。通货膨胀率高，汽车价格也应随之调高。

4. 政府的政策和法规

国家的经济政策和法规对汽车企业定价有约束作用，因此，汽车企业在定价前一定要了解政府对汽车定价方面的有关政策和法规。

为汽车定价不仅要了解一般的影响因素，更重要的是要善于分析不同经营环境下，影响汽车定价的最主要因素的变化状况。

（三）确定汽车定价目标

汽车定价目标是在对汽车目标市场和影响汽车定价因素综合分析的基础上确定的。汽车定价目标是合理定价的关键。不同的汽车企业、不同的汽车经营环境和不同的汽车经营时期,其汽车定价目标是不同的。在某个时期,对汽车企业生存与发展影响最大的因素,通常会被作为汽车定价目标。

(四)选择汽车定价方法

汽车定价方法是在特定的汽车定价目标指导下,根据对成本、供求等一系列基本因素的研究,运用价格决策理论,对汽车产品价格进行计算的具体方法。汽车定价方法一般有三种,即以成本为中心的汽车定价方法、以需求为中心的汽车定价方法和以竞争为中心的汽车定价方法。这三种方法能适应不同的汽车定价目标,汽车企业应根据实际情况择优使用。

(五)最后确定汽车价格

确定汽车价格要以汽车定价目标为指导,选择合理的汽车定价方法,同时也要考虑其他因素,如汽车消费者心理因素,汽车产品新老程度等。最后经分析、判断以及计算活动,为汽车产品确定合理的价格。

综上所述,汽车定价的一般程序,如图1-4-4所示。

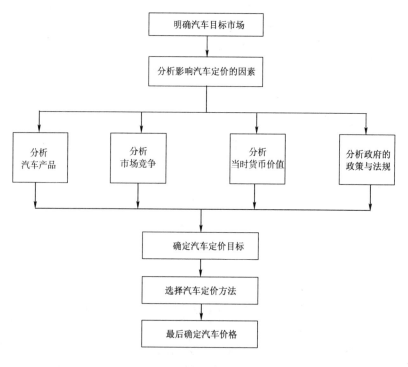

图1-4-4 汽车定价的一般程序

三、汽车定价方法

汽车定价方法是指汽车企业为了在目标市场上实现定价目标,而给汽车产品制定一个基本价格或浮动范围的方法。影响汽车价格的因素比较多,但在制定汽车价格时主要考虑的因素是汽车产品的成本、汽车市场的需求和竞争对手的价格。汽车产品的成本规定了汽车价格的最低基数,汽车市场的需求决定了汽车需求的价格弹性,竞争对手的价格提供了制定汽车价格时的参照点。在实际操作中,往往侧重于影响因素中的一个或几个因素来选定汽车定价方法,以解决汽车定价问题。由此产生了汽车成本导向定价法、汽车需求导向定价法和汽车竞争导向定价法等三种汽车定价方法。

(一)汽车成本导向定价法

汽车成本导向定价法就是以汽车成本为中心来定价,这一类定价法有许多具体形式,这里介绍两种常用的方法:

(1)汽车成本加成定价法。按汽车产品成本加上一定比例的毛利定出汽车产品的销售价格,这是成本导向定价法的基本形式。计算公式为:

$$P = C \times (1 + Q) \qquad (1\text{-}4\text{-}1)$$

式中:P——单位产品价格;

C——单位产品分摊的成本;

Q——加成率。

这种方法反映了基本的价格原理,只有当产品的平均价格水平高于总成本,企业才能进行有效的再生产。其优点是简便易行,将本求利,对价格竞争也有缓和作用。其缺点是只从"卖方"角度考虑,而忽视了所定价格是否为市场接受和市场供求关系、竞争状况等重要因素的影响。

(2)目标利润定价法。这是根据企业所要实现的目标利润来定价的一种方法。一般可运用收支平衡图来定价。收支平衡图是一种总收益、总成本和总利润三者随着产销量的不同而变化的关系图,如图1-4-5所示。其解析公式如下:

$$R = (P - C_v)Q - C_0 \qquad (1\text{-}4\text{-}2)$$

式中:R——利润或亏损;

P——价格;

Q——销售量;

C_0——固定成本;

C_v——可变成本。

显然,如果企业的目标利润为R_s,则产品的价格为:

$$P = C_v + \frac{R_s + C_0}{Q} \qquad (1\text{-}4\text{-}3)$$

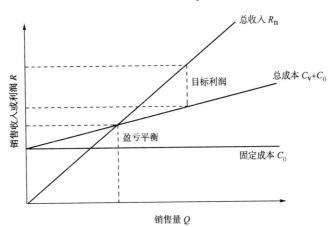

图1-4-5 决定目标价格的收支平衡图

采用这种方法定价时,企业应首先明确统计期内所要实现的目标利润R_s,然后再根据销售量的预测,确定出统计期的产品销售量,再核算出单位产品的可变成本和统计期内应收回的固定成本总额,从而完成定价工作。这种方法同前种方法一样,企业仍然没有将定价工作和市场结合起来,所定价格是否为市场所接受,企业是不予考虑的。它同样不符合市场经济发展的要求。

(二)需求导向定价法

汽车需求导向定价法是一种以需求为中心,汽车企业依据汽车消费者对汽车价值的理解来定价,而不是根据汽车企业生产汽车的实际价值来定价。

其具体方法是:

(1)先从汽车的质量、提供的服务等方面为汽车在目标市场上定价。

(2)决定汽车所能达到的售价。

(3)估计在此汽车价格下的销量。

(4)由汽车销量算出所需的汽车生产量、投资额及单台汽车成本。

(5)计算该汽车是否能达到预期的利润,以此来确定该汽车价格是否合理,并可进一步判明该汽车在市场上的命运如何。

运用需求导向定价法的关键是,要把自己的汽车产品与竞争者的汽车产品相比较,正确估计本企业的汽车产品在汽车消费者心目中的形象,找到比较准确的理解价值。因此,在汽车定价前要作好市场调研。

(三)汽车竞争导向定价法

汽车竞争导向定价法是依据竞争者的价格来定价,使本汽车企业的价格与竞争者价格相类似或保持一定的距离。这是一种汽车企业为了应付汽车市场竞争的需要而采取的特殊的定价方法。营销者在运用这种方法时,应当强化用户的感受,使用户相信本企业产品的价格比竞争对手更符合用户的利益。在当代竞争激烈的国际市场上,不少汽车公司便采用此法。日产汽车公司定价时,先充分研究丰田汽车公司相似产品的价格后,然后再给自己的产品制定一个合适的价格,如果丰田公司的价格调整了,日产公司通常也要作出相应的反应。

四、汽车产品的定价策略

汽车企业为了实现自己的营销战略和目标,在决定了基本定价方法后,还必须根据产品特点、市场需求及竞争情况,采取各种灵活多变的汽车定价策略,使汽车定价策略与汽车市场营销组合中的其他策略更好地结合,促使和扩大汽车销售,提高汽车企业的整体效益。因此,正确采用汽车定价策略是汽车企业取得汽车市场竞争优势地位的重要手段。

(一)针对汽车新产品定价策略

汽车新产品定价有3种基本策略:

1. 撇油定价策略

这是一种汽车高价保利策略,是指在汽车新产品投放市场的初期,将汽车价格定得较高,以便在较短的时期内获得较高的利润,尽快地收回投资。

这种汽车定价策略一般适应以下几种情况:

(1)汽车企业研制、开发的这种技术新、难度大、开发周期长的汽车新产品,用高价也不怕竞争者迅速进入市场。

(2)这种汽车新产品有较大市场需求。由于汽车是一次购买,享用多年,因而高价市场也能接受。

(3) 高价可以使汽车新产品一投入市场就树立起性能好、质量优的高档品牌形象。

这种汽车定价策略的优点是：

① 汽车新产品刚投放市场，需求弹性小，尚未有竞争者，因此，只要汽车新产品性能超群、质量过硬，就可以采取高价，来满足一些汽车消费者求新、求异的消费心理；

② 由于汽车价格较高，因而可以使汽车企业在较短时期内取得较大利润；

③ 定价较高，便于在竞争者大量进入市场时主动降价，增强竞争能力，同时，也符合顾客对价格由高到低的心理。

其缺点是：

① 在汽车新产品尚未建立起声誉时，高价不利于打开市场，一旦销售不利，汽车新产品就有夭折的风险；

② 如果高价投放市场销路旺盛，很容易引来竞争者，从而使汽车新产品的销路受到影响。

2. 渗透定价策略

这是一种汽车低价促销策略，是指在汽车新产品投放市场时，将汽车价格定得较低，以便使汽车消费者容易接受，很快打开和占领市场。

这种汽车定价策略一般适应于以下几种情况：

(1) 制造这种汽车新产品所采用的技术已经公开，或者易于仿制，竞争者容易进入该市场。利用低价可以排斥竞争者，占领市场。

(2) 投放市场的汽车新产品，在市场上已有同类汽车产品，但是，生产汽车新产品企业比生产同类汽车产品企业拥有较大的生产能力，并且该产品的规模效益显著，大量生产定会降低成本，收益有上升趋势。

(3) 该类汽车产品在市场中供求基本平衡，市场需求对价格比较敏感，低价可以吸引较多顾客，可以扩大市场份额。

这种汽车定价策略的优点是：一方面，可以利用低价迅速打开新产品的市场销路，占领市场，从多销中增加利润；另一方面，低价又可以阻止竞争者进入，有利于控制市场。其缺点是：投资的回收期较长，见效慢，风险大，一旦渗透失利，企业就会一败涂地。

以上两种汽车定价策略各有利弊，选择哪一种策略更为合适，应根据市场需求、竞争情况、市场潜力、生产能力和汽车成本等因素综合考虑。

3. 满意定价策略

这是一种介于撇油定价策略和渗透定价策略之间的汽车定价策略。所定的价格比撇油价格低，而比渗透价格要高，是一种中间价格。这种汽车定价策略由于能使汽车生产者和消费者都比较满意而得名。由于这种价格介于高价和低价之间，因而比前两种定价策略的风险小，成功的可能性大。但有时也要根据市场需求、竞争情况等因素进行具体分析。

以上 3 种汽车新产品定价策略的汽车价格和汽车销量的关系，如图 1-4-6 所示。

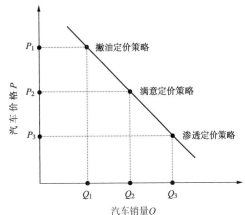

图 1-4-6　汽车价格和汽车销量的关系

(二) 针对汽车产品组合的定价策略

一个汽车企业往往不只生产一种产品,常常会有多个系列的多种产品同时生产和销售,这同一企业的不同种汽车产品之间的需求和成本是相互联系的。但同时它们之间又存在着一定程度的"自相竞争",因而,这时候的企业定价要结合相关联的一系列的产品,组合制定出一系列的价格,使整个产品组合的利润最大化。这种定价策略主要有以下两种情况:

1. 同系列汽车产品组合定价策略

这种定价策略即是要把一个企业生产的同一系列的汽车作为一个产品组合来定价。在其中确定某一车型的较低价格,这种低价车可以在该系列汽车产品中充当价格明星,以吸引消费者购买这一系列中的各种汽车产品;同时又确定某一车型的较高价格,这种高价可以在该系列汽车产品中充当品牌价格,以提高该系列汽车的品牌效应。

2. 附带选装配置的汽车产品组合定价策略

这种定价策略即指将一个企业生产的汽车产品与其附带的一些可供选装配置的产品看作一个产品组合来定价。譬如汽车消费者可以选装该汽车企业的电子开窗控制器、扫雾器和减光器等配置。汽车企业首先要确定产品组合中应包含的可选装配置产品,其次再对汽车及选装配置产品进行统一合理的定价。如汽车价格相对较低,而选装配置的价格相对稍高一些,这样既可吸引汽车消费者,又可通过选装配置来弥补汽车的成本,增加企业利润。

(三) 按汽车产品寿命周期定价策略

在汽车产品寿命周期的不同阶段,汽车定价的三个要素:成本、消费者和竞争者都会发生变化,因此,汽车定价策略要适合时宜、要保持有效,必须尽早有所调整。

(1) 导入期:汽车消费者在起初接触汽车新产品的价格敏感性与他们长期的汽车价格敏感性之间是没有联系的。大多数消费者对新产品的价格敏感性相对较低,因为他们倾向于把汽车价格作为衡量汽车质量的标志,而且,此时没有可作对比的其他品牌汽车。但不同的汽车新产品进入市场,反应是有很大差异的。1908 年,福特公司推出的 T 型车就是新的大批量生产技术的产物,它的先驱者已经为其进入市场铺平了道路;而新型的天然气推动的汽车却并不容易普及。

(2) 成长期:在成长期,消费者的注意力不再单纯停留在汽车产品的效用上,开始比较不同汽车品牌的性能和价格,汽车企业可以采取汽车产品差别化和成本领先的策略。一般来说,成长期的汽车价格最好比导入阶段的价格低。因为消费者对产品了解增加,价格敏感性提高。但对于那些对价格并不敏感的市场,不应使用渗透定价。尽管这一阶段竞争加剧,但行业市场的扩张能有效防止价格战的出现;然而,有时汽车企业为了赶走竞争者,也可能会展开价格战。如美、日、韩三国的汽车企业就是在美国汽车市场走向成长期时才爆发价格战的。

(3) 成熟期:成熟期的汽车有效定价着眼点不是努力挣得市场份额,而是尽可能地创造竞争优势。这时候注意不要再使用捆绑式的销售,因为那样只会使组合汽车产品中一个或几个性能更好的汽车产品难以打开市场。这时,市场为基本汽车产品定价的可调范围缩小,但可以通过销售更有利可图的辅助汽车产品或优质服务来调整自己的竞争地位。

(4) 衰退期:衰退期中很多汽车企业选择降价,但遗憾的是,这样的降价往往不能刺激起足够的需求,结果反而降低企业的盈利能力。衰退期的汽车定价目标不是赢得什么,而是应在损失最小的情况下退出市场,或者是保护甚至加强自己的竞争地位。一般,有三种策略可供选择:紧缩策略、收缩策略和巩固策略。它们的含义分别是:将资金紧缩到自己力量最强、汽车生产能力最强大的汽车生产线上;通过汽车定价,获得最大现金收入,然后退出整个市场;加强自己的竞争优势,通过削价打败弱小的竞争者,占领他们的市场。

第三节 汽车销售渠道策略

汽车企业仅有适销对路的产品和合理的价格,还是很不够的,还必须通过适当的分销渠道,实现产品从生产者到用户的流通,才能克服生产者同用户之间存在着的时间、地点、数量和所有权等方面的差异和矛盾,并不断增强企业抵御市场风险的能力。要实现这一目标,一个重要而复杂的前提就是企业必须建立一套既能发挥其产品优势,又能适应市场变化的市场营销渠道系统。

一、汽车销售渠道的含义

汽车销售渠道是指:当汽车产品从汽车生产企业向最终消费者移动时,直接或间接转移汽车所有权所经过的途径,是沟通汽车生产者和消费者之间关系的桥梁和纽带。因此,汽车销售渠道主要包括:总经销商(他们取得汽车产品的所有权),批发商和经销商(他们帮助转移汽车所有权),还有汽车销售渠道的起点生产企业,终点消费者。

汽车销售渠道的重要意义在于汽车流通过程构成了汽车市场营销活动效率的基础。汽车能否及时销售出去,销售成本能否降低,企业能否抓住机会占领市场、赢得市场,在相当程度上都取决于销售渠道是否畅通和优化。

二、汽车销售渠道的模式

汽车从生产企业出发,经过一定的中间销售环节,方可到达最终消费者手中。在庞大的汽车流通领域,汽车销售渠道的模式类型多样。不同的汽车企业,从自身的特点出发,采取了各有所异的汽车销售渠道模式,如图1-4-7所示。

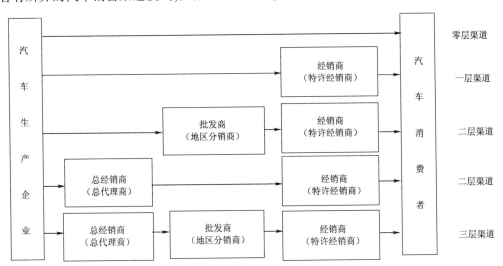

图1-4-7 汽车销售渠道模式

汽车销售渠道的模式可以分成以下5种类型：

1. 由汽车生产企业直售型（零层渠道模式）

汽车生产企业不通过任何中间环节，直接将汽车销售给消费者。这是最简单、最直接、最短的销售渠道。其特点是产销直接见面，环节少，利于降低流通费用，及时了解市场行情，迅速开发与投放满足消费者需求的汽车产品。但这种销售模式需要生产企业自设销售机构，因而不利于专业化分工，难以广泛分销，不利于企业拓展市场。

2. 由生产企业转经销商直售型（一层渠道模式）

汽车生产企业先将汽车卖给经销商，再由经销商直接销售给消费者。这是经过一道中间环节的渠道模式。其特点是，中间环节少、渠道短，有利于生产企业充分利用经销商的力量，扩大汽车销路，提高经济效益。我国许多专用汽车生产企业、重型车生产企业都采用这种分销方式。

3. 由生产企业经批发商转经销商直售型（二层渠道模式）

汽车生产企业先把汽车批发销售给批发商（或地区分销商），由其转卖给经销商，最后由经销商将汽车直接销售给消费者。这是经过两道中间环节的渠道模式，也是销售渠道中的传统模式。其特点是中间环节较多，渠道较长，一方面，有利于生产企业大批量生产，节省销售费用；另一方面，也有利于经销商节约进货时间和费用。这种分销渠道在我国的大、中型汽车生产企业的市场营销中较常见。

4. 由生产企业经总经销商转经销商直售型（二层渠道模式）

汽车生产企业先委托并把汽车提供给总经销商（或总代理商），由其销售给经销商，最后由经销商将汽车直接销售给消费者。这也是经过两道中间环节的渠道模式。其特点是中间环节较多，但由于总经销商（或总代理商）不需承担经营风险，易调动其积极性，有利于开拓市场，打开销路。

5. 由生产企业经总经销商与批发商后转经销商直售型（三层渠道模式）

汽车生产企业先委托并把汽车提供给总经销商（或总代理商），由其向批发商（或地区分销商）销售汽车，批发商（或地区分销商）再转卖给经销商，最后由经销商将汽车直接销售给消费者。这是经过三道中间环节的渠道模式。其特点是总经销商（或总代理商）为生产企业销售汽车，有利于了解市场环境，打开销路，降低费用，增加效益。缺点是中间环节多，流通时间长。

三、汽车销售渠道中的中间商

汽车销售渠道中的中间商是指介于汽车生产企业与消费者之间，参与汽车流通、交易业务，促使汽车买卖行为发生和实现的经济组织和个人。中间商是汽车生产企业向消费者销售汽车时的中介环节，它一头连着汽车生产企业，另一头连着汽车的最终消费者，具有平衡市场需求、集中和扩散汽车产品的功能，在汽车销售渠道中起着十分重要的作用。

（一）中间商的类型

汽车销售渠道中的中间商按其在汽车流通、交易业务过程中所起的作用，可分为总经销商（或总代理商）、批发商（或地区分销商）和经销商（或特许经销商）。

1. 总经销商（或总代理商）

总经销商是指受汽车生产企业的委托，从事汽车总经销业务，并拥有汽车所有权的中间商。而总代理商同样是受汽车生产企业的委托，从事汽车总代理销售业务，但不拥有汽车所有权的中间商。

2. 批发商(或地区分销商)

批发商是处于汽车流通的中间阶段,实现汽车的批量转移,使经销商达到销售目的的中间商。它一头连着生产企业或总经销商(总代理商),另一头连着经销商,并不直接服务于最终消费者。它是使汽车实现批量转移,使经销商达到销售目的的中间商。通过批发商的转销汽车的交易行为,汽车生产企业或总经销商(总代理商)能够迅速、大量地转售出汽车,减少汽车库存,加速资金周转。地区分销商是处于某地区汽车流通的中间阶段,它帮助生产企业或总经销商(总代理商)在某地区促销汽车,提供地区汽车市场信息,承担地区汽车的转销业务。

3. 经销商(或特许经销商)

经销商在汽车流通领域中处于最后阶段,它是直接将汽车销售给最终消费者的中间商,它的基本任务是直接为最终消费者服务,使汽车直接、顺利并最终到达消费者手中。它是联系汽车生产企业、总经销商、批发商与消费者之间的桥梁,在汽车销售渠道中具有突出的作用。特许经销商(亦称受许人)是从特许人(一般是总经销商)处获得授权在某一特定区域内直接将特定品牌汽车销售给最终消费者的中间商,按照特许经营合同,受许人可以享用特许人的商誉和品牌,获得其支持和帮助,参与统一运行,分享规模效益。这是一种新型的汽车销售渠道模式。上汽大众通过建立遍布全国的特许经销商网络,进一步提高了渠道服务水平,大大促进了汽车的市场销售。

(二) 批发商

1. 批发商的类型

汽车批发商按其实现汽车批量转销的特征,可分为独立批发商、委托代理批发商和地区分销商。

1) 独立批发商

它是指自己独立、批量购进汽车,再将其批发出售的商业企业,它对其经营的汽车拥有所有权,以获取批发利润为目的。汽车独立批发商按其业务职能和服务内容又可分为以下两种类型:

(1) 多品牌汽车批发商。它是指批发转销多个汽车生产企业的多种品牌的汽车,它批发转销的范围较广、品种较多、转销量较大,但因其批发转销的汽车品牌较杂,无法获得诸多汽车生产企业的全力支持,也没有能力为经销商提供某品牌汽车转销中的专业化服务。

(2) 单一品牌汽车批发商。它是指只批发转销某个汽车生产企业的单一品牌的汽车,它批发转销的范围较窄、品种单一、转销量有限,但因其批发转销的汽车品牌单一,能够获得此品牌汽车生产企业的直接支持和帮助,因而它具备此品牌汽车转销的专业能力,能为经销商提供此品牌转销中的专业化服务。

2) 委托代理商

委托代理商区别于独立批发商的主要特点是,他们对于其经营的汽车没有所有权,只是替委托人(汽车生产企业或汽车总经销商)组织推销汽车,以取得佣金为目的,促进买卖的实现。委托代理商按其代理职能和代理内容又可分为:总代理商和分代理商,生产企业的代理商和总经销商的代理商,多品牌汽车代理商和单一品牌汽车代理商。

3) 地区分销商

它是指在某一地区为生产企业(或总经销商)批发转销汽车的机构,是由汽车生产企业

(或总经销商)为扭转层层批发和跨地区销售等问题而设立的。它使汽车从生产企业(或总经销商)到某地区内的经销商只经过其一道批发转销环节,经销商将全部直接面对其所辖区域内的消费者进行直销。

2. 批发商的定位

汽车销售渠道是由汽车生产企业、总经销商、批发商、经销商、运输商和消费者组成的(图1-4-8)。

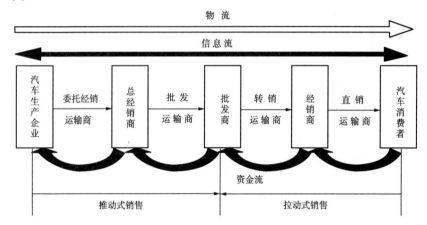

图1-4-8 批发商在汽车销售渠道中的定位

在这条销售渠道中,批发商处于传统的推动式销售和以市场为导向的拉动式销售之间的过渡位置。在消费者、经销商和总经销商之间,批发商更大程度上是由消费需求拉动着经销商的销售活动和批发商转销业务的开展;又由汽车生产企业(总经销商)年度目标和销售任务的要求推动着批发商批发业务的进行。因此,批发商最主要的功能是在目前买方市场条件下,通过发展营销网络,改进转销方式,提高转销能力,来协调供需矛盾,平衡销售计划和市场需求。

同时,批发商应有效地协调管理总经销商与经销商、消费者之间的连续的物流、信息流和资金流,建立总经销商和经销商、消费者之间紧密的合作伙伴关系,提高汽车的市场竞争能力(图1-4-9)。

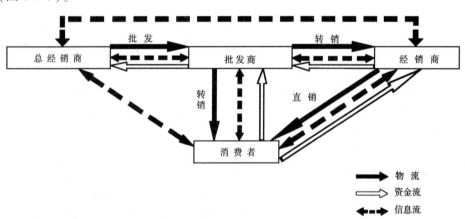

图1-4-9 批发商在销售网络系统中的地位

3. 批发商的功能

由于汽车批发商在汽车销售渠道和销售网络系统中处于十分重要的地位,因此,它应具有以下几个方面的功能：

1）销售管理功能

批发商应通过销售管理，使经销商在自己的领域内规范销售，减少经销商之间的内耗，合理处理渠道冲突（水平渠道冲突及垂直渠道冲突），稳定销售价格，更好地集中精力，开拓市场，服务营销。它主要进行供需矛盾的协调、销售计划的制订和执行、销售模式的转换以及对经销商销售网络的重组。

2）售后支持功能

批发商应对经销商提供维修技术、产品知识及零部件供应的支持，提高经销商的职业化水平，并充当总经销商与经销商的协调桥梁。它主要对经销商进行技术支持以及对零部件的集散进行管理。

3）市场营销功能

批发商应通过行之有效的市场营销活动，建立和发展经销商销售网络系统，促使经销商销售体系正规化。同时，明确加强汽车的产品定位，在工作开展过程中，有效扶植并利用已建立的市场共同体开展各项工作。它主要进行市场调研、开展营销和促销以及建立公司标识体系(CI)。

4）储运分流功能

批发商应更及时、更准确地把车送至经销商，减少甚至免除经销商在"拿车"上投入的精力和财力。它主要进行质量把关、二次配送以及中转库的管理。

5）资金结算与管理功能

批发商应免除经销商频繁奔波于销售当地与总经销商之间因购车而浪费的时间和精力，让经销商更集中于销售及服务。它主要进行经销商购车结算、资金管理和业绩评估。

6）经销商培训功能

批发商应通过对经销商的培训，改变经销商的传统经营理念，并提高经销商的业务素质，使对经销商的控制通过培训加以落实。它主要进行熟悉所管辖地区的现状、制定培训计划以及开展多方面培训。

7）经销商评估功能

批发商应通过对经销商全面的业务评估（包括业务水平、营销技巧及最终成绩），综合参考顾客满意度的评价结果，发现各经销商的长处与短处，并通过奖惩制度，达到实现经销商业务过程的目标。它主要进行硬件与非硬件指标体系的评估、用户满意度的考核。

8）信息系统功能

批发商为扭转对物流、顾客及经销商缺乏客观监控的局面，应建立信息系统网络，以实现以下目标：

(1)大幅度缩短汽车储运时间，并使脱库现象尽可能少。

(2)降低相当幅度经销商的库存量。

(3)拥有完善的汽车产品客户信息，供营销决策及考核经销商时使用。

(4)及时准确地获得经销商经营状况的主要指标，供评估使用。

它主要进行系统安装、操作人员培训和信息系统的扩展。

(三)经销商

1. 经销商的类型

汽车营销是向最终消费者直接销售汽车和提供服务的一系列活动。从事这种汽车营销活动的机构和个人称为汽车经销商。在汽车销售渠道中,经销商的形式多样,通常,按其经营特征可以分为特许经销商和普通经销商两大类。

2. 特许经销商

1) 汽车特许经销商的含义

汽车特许经销商是指由汽车总经销商(或汽车生产企业)作为特许授予人(简称特许人,Franchiser)按照汽车特许经营合同要求以及约束条件授予其经营销售某种特定品牌汽车的汽车经销商(作为特许被授予人,简称受许人,Franchisee)。

2) 汽车特许经销商的条件

对于汽车经销商来说,只有具备以下条件才可以成为汽车特许经销商:

(1) 独立的企业法人,能自负盈亏地进行汽车营销活动。

(2) 有一定的汽车营销经验和良好的汽车营销业绩。

(3) 能拿出足够的资金来开设统一标识的特许经营店面,具备汽车营销所需的周转资金。

(4) 达到特许人所要求的特许经销商硬、软件标准。

符合以上条件就可以通过履行经销商申请和受许人审核等手续,并经双方签署汽车特许经营合同(或协议),就可正式成为某品牌汽车的特许经销商。

3) 汽车特许经销商的优势

普通汽车经销商一旦成为某品牌汽车的特许经销商,将会使其在今后的汽车市场营销活动中带来以下几方面的优势:

(1) 可以享受特许人的汽车品牌及该品牌所带来的商誉,使其在汽车营销活动过程中拥有良好的企业形象,给顾客以亲切感和信任感。

(2) 可以借助特许人的商号、技术和服务等,提高竞争实力,避免了单枪匹马进入激烈的市场所面临的高风险。

(3) 可以加入特许经营的统一运营体系,即统一的企业识别系统、统一的服务设施、统一的服务标准,使其分享由采购分销规模化、广告宣传规模化、技术发展规模化等方面所带来的规模效益。

(4) 可以从特许人处得到业务指导、人员培训、获得信息、融通资金等方面的支持和服务。

4) 汽车特许经销商的权利

作为汽车特许经销商,将可享有以下相应的权利:

(1) 特许经营权。有权使用特许人统一制作的标记、商标、司标和标牌;有权在特许经营系统的统一招牌下经营,从而享受由著名品牌带来的利益;有权获得特许人的经营秘诀,以加入统一运作(统一运作包括:统一进货,以享受大量进货的折扣;统一促销;统一的市场营销策略等等);有权依照特许人的统一运作系统分享利益;有权按特许人的规定取得优惠政策,对特许人经销的新产品享有优先权。

(2) 地区专营权。有权要求特许人给予在一定特许区域内的专营权,以避免在同一地区内各加盟店相互竞争。

(3) 取得特许人帮助的权利。有权得到特许人的经营指导援助、技术指导援助及其他相关服务,如:参加特许人的各种定期培训;使用特许人的各种信息资料和市场运作情报;在经营中遇到问题时,随时和特许人的专职指导员联系;资金缺乏时,可以采取连带担保等方式,取得贷款;其他援助。

5)汽车特许经销商的义务

作为汽车特许经销商,还应承担以下应尽的义务:

(1)必须维护特许人的商标形象。在使用特许人的经营制度、秘诀以及与其相关的标记、商标、司标和标牌时,应当积极维护特许人的品牌声誉和商标形象,不得有降低特许人商标形象和损害统一经营制度的行为。

(2)在参加特许经营系统统一运营时,只能销售特许人的合同产品;只能将合同产品销售给直接用户,不得批发;必须按特许人要求的价格出售;必须从特许人处取得货源;不得跨越特许区域销售;不得自行转让特许经营权。

(3)应当履行与特许经营业务相关的事项,如:随时和特许人保持联系,接受特许人的指导和监督;按特许人的要求,购入特许人的商品;积极配合特许人的统一促销工作;负责店面装潢的保持和定期维修。

(4)应当承担相关的费用,如:加盟金、年金、加盟店包装费等。

第四节 汽车促销策略

现代汽车营销要求开发优良的汽车产品,给予有吸引力的汽车定价,以便让目标消费者接受。除此之外,还要求汽车经销商与现在和潜在消费者、汽车生产企业和公众沟通,激发消费者的购买欲望,实现汽车产品销售。因此,汽车促销策略已成为汽车企业整个营销策略中最重要的一环。

一、汽车促销组合

汽车促销是汽车企业对汽车消费者所进行的信息沟通活动,通过向消费者传递汽车企业和汽车产品的有关信息,使消费者了解汽车企业和信赖汽车产品。为了支持和促进汽车销售,需要进行多种方式的促销。通过广告,传播有关汽车企业和汽车产品的信息;通过销售促进,加深汽车消费者对汽车产品的了解,进而促进其购买汽车;通过人员促销,面对面地向消费者介绍,帮助消费者选购汽车;通过各种公共关系及宣传手段,改善汽车企业和汽车产品在公众心目中的形象。

(一)汽车促销的方式

汽车促销的方式主要有两类:人员促销和非人员促销。人员促销主要是指派出汽车销售人员进行汽车销售活动;非人员促销又分为广告、销售促进、公共关系等多种方式。汽车促销策略就是这几种方式的最佳选择、组合和运用。各种汽车促销方式的主要特点如下:

1. 广告

汽车广告是一种高度大众化的汽车信息传递方式,其信息传播面广,形式多样,渗透力强,可多次重复同一汽车信息,便于消费者记忆。

2. 销售促进

销售促进是一种沟通性极好的促销方式。通过提供汽车信息,诱导消费者接近汽车产品;通过提供优惠,对消费者产生招徕效应;通过提供奖励,对消费者产生激励。

3. 人员促销

人员促销适合于经销商与消费者的直接沟通,直接传达汽车信息,推销方式灵活,针对性强,容易促成及时成交;而且,通过人与人之间的沟通,可以培养经销商与消费者之间的感情,以便建立个人友谊及长期的合作关系;亦可迅速反馈消费者的意见及要求。

4. 公共关系

公共关系具有较高的可信度,其传达力较强,吸引力较大,容易使消费者接受,可树立良好的汽车企业形象。

(二)汽车促销组合应考虑的因素

所谓汽车促销组合就是把广告、销售促进、人员促销、公共关系等各种不同的汽车促销方式有目的、有计划地结合起来,并加以综合运用,以达到特定的促销目标。这种组合既可包括上述四种方式,也可包括其中的两种或三种。由于各种汽车促销方式分别具有不同的特点、使用范围和促销效果,所以要结合起来综合运用,以便更好地突出汽车产品的特点,加强汽车企业在市场中的竞争力。在制定汽车促销组合时应考虑下述因素:

1. 汽车促销目标

确定最佳汽车促销组合,需考虑汽车促销目标。汽车促销目标不同,应有不同的汽车促销组合。如果汽车促销目标是为了提高汽车品牌的知名度,那么,汽车促销组合重点应放在广告和销售促进上,辅之以公共关系宣传;如果汽车促销目标是为了让消费者了解汽车产品的性能和使用方法,那么,汽车促销组合应采用适量的广告、大量的人员促销和某些销售促进;如果汽车促销目标是立即取得某种汽车产品的促销效果,那么,重点应该是销售促进、人员促销,并安排一些广告宣传。

2. 汽车"推动式"销售与"拉动式"销售

在汽车销售渠道过程中,采用"推动式"销售还是"拉动式"销售,对汽车促销组合有较大的影响。"推动式"销售是一种传统式的销售方式,是指汽车企业将汽车产品推销给总经销商或批发商;而"拉动式"销售是以市场为导向的销售方式,是指汽车企业(或中间商)针对最终消费者,利用广告、公共关系等促销方式,激发消费需求,经过反复强烈的刺激,消费者将向中间商指名购买这一汽车产品,这样,中间商必然要向汽车企业要货,从而把汽车产品拉进汽车销售渠道。

3. 汽车市场性质

不同的汽车市场,由于其规模、类型、潜在消费者数量的不同,应该采用不同的促销组合。规模大、地域广阔的汽车市场,多以广告为主,辅之以公共关系宣传;反之,则宜以人员促销为主。汽车消费者众多、却又零星分散的汽车市场,应以广告为主,辅之以销售促进、公共关系宣传;汽车用户少、购买量大的汽车市场,则宜以人员促销为主,辅之以销售促进、广告和公共关系宣传。潜在汽车消费者数量多的汽车市场,应采用广告促销,有利于开发需求;反之,则宜采用人员促销,有利于深入接触汽车消费者,促成交易。

4. 汽车产品档次

不同档次的汽车产品,应采取不同的促销组合策略。一般说来,广告一直是各种档次汽车市场营销的主要促销产品;而人员促销则是中、低档汽车的主要促销工具;销售促进则是高、中档汽车的主要促销工具。

5. 汽车产品寿命周期

汽车产品寿命周期阶段不同,促销目标也不同,因而要相应地选择、匹配不同的促销组合。在导入期,多数消费者对新产品不了解,促销目标是使消费者认知汽车产品,应主要采用广告宣传介绍汽车产品,选派促销人员深入特定消费群体详细介绍汽车产品,并采取展销等方法刺激消费者购买。在成长期,促销目标是吸引消费者购买,培养汽车品牌偏好,继续提高汽车市场占有率;仍然可以广告为主,但广告内容应突出宣传汽车品牌和汽车特色,同时也不要忽略人员促销和销售促进,以强化产品的市场优势,提高市场占有率。在成熟期,促销目标是战胜竞争对手、巩固现有市场地位,须综合运用促销组合各要素,应以提示性广告和公共关系为主,并辅之以人员促销和销售促进,以提高汽车企业和汽车产品的声誉,巩固并不断拓展市场。在衰退期,应把促销规模降到最低限度,尽量节省促销费用,以保证维持一定的利润水平,可采用各种销售促进方式来优惠销售汽车存货,尽快处理库存。

图 1-4-10 显示了汽车产品寿命周期的不同阶段中四种促销方式的相对效益。

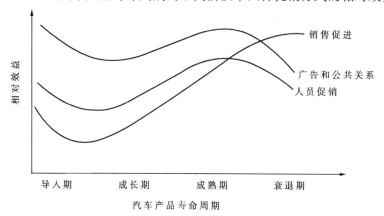

图 1-4-10　汽车产品寿命周期的不同阶段中四种促销方式的相对效益

二、汽车广告策略

(一)汽车广告的作用

汽车广告是汽车企业用以对目标消费者和公众进行说服性传播的工具之一。汽车广告要体现汽车企业和汽车产品的形象,从而吸引、刺激、诱导消费者购买该品牌汽车。其具体作用在于:

1. 建立知名度

通过各种媒介的组合,向汽车消费者传达新车上市的信息,吸引目标消费者的注意,汽车广告宣传可避免促销人员向潜在消费者描述新车所花费的大量时间,快速建立知名度,迅速占领市场。

2. 促进理解

新车具有新的特点,通过广告,可以向目标消费者有效地传递新车的外观、性能、使用等方面的信息,引发他们对新车的好感和信任,激发其进一步了解新车的兴趣。

3. 有效提醒

如果潜在消费者已了解了这款新的车型,但还未准备购买,广告能不断地提醒他们,刺激其购买欲望,这比人员促销要经济得多。

4. 再保证

广告能提醒消费者如何使用、维修、维护汽车,对他们再度购买提供保证。

5. 树立企业形象

对于汽车这样一种高档的耐用消费品,用户在购买时,十分重视企业形象(包括信誉、名称、商标等),广告可以提高汽车生产企业的知名度和美誉度,扩大其市场占有率。

(二)选择汽车广告媒体

1. 汽车广告媒体的种类

广告媒体种类繁多,功能各有千秋,只有选择好适当的汽车广告媒体,才能使汽车企业以最低的成本达到最佳的宣传效果,对汽车的销售起到推波助澜的作用。表1-4-2介绍了几类广告媒体的情况。

各类主要广告媒体情况　　　　　　　表1-4-2

媒体	优点	局限性
电视	色彩、声音、图像并存,最有效、最直观,有较强吸引力、震撼力、触及面广	成本高,媒介干扰多,竞争激烈,信息瞬间即逝,观众选择较少
报纸	灵活、及时,本地市场覆盖面大,信息容量大,提供完整的产品信息,可使用特别设计的版面如跨版广告来展示产品细节	保存性差,复制质量低,传阅者少,印刷质量不高
杂志	地理、目标顾客可选性强,可信并有一定权威性,复制率高,保存期长,传阅者多,精良的印刷品质增强视觉冲击力	有些发行数无用,版面无保证,发行周期长,不适合刊登时效性很强的告知广告
广播	大众化宣传,地理和目标顾客的选择性强,收听灵活,成本低	只有声音,不如电视那样引人注意,展露瞬间即逝,对音效设计和处理要求高
户外广告	灵活,广告展露时间长,费用低,竞争少,视觉冲击力强	信息单一,目标顾客没有选择,内容不能经常更新,对画面品质、灯光处理要求高
售点广告	营造现场气氛,调动对以往广告的认知。售点的灯箱和大幅海报能引发购物冲动	覆盖面不高,需要与良好的销售服务相配合

2. 选择汽车广告媒体应考虑的因素

1)目标消费者的媒体习惯

购买跑车的大多数消费者是中青年的成功人士,则广播和电视就是宣传跑车的最有效的广告媒体。

2)汽车产品

对汽车来说,电视和印刷精美的杂志由于在示范表演、形象化和色彩方面十分有效,因而是最有效的媒体。有的汽车的杂志广告主要选用了能充分体现汽车外观美的设计,利用杂志印刷精美的特点,给观众以视觉上的冲击。而有的汽车广告就未必适合用在杂志和报纸上。

3)广告信息

包含大量技术资料的汽车广告信息一般要求专业性杂志做媒介,一条宣布明天有重要出售的信息一般用广播或报纸做媒介。一般情况下,汽车产品的针对性很强,因此比较适合在专业杂志和报纸上作广告,能直接面向特定的观众,有助于用较低预算实现预期效果。

4)费用

电视广告费用非常昂贵,以播出时间长短和播放时段来计费,而报纸广告相比而言则稍便宜。

三、汽车销售促进策略

(一)汽车销售促进的概念

汽车销售促进是汽车营销活动的一个关键因素。汽车销售促进包括各种属于短期性的刺激工具,用以刺激汽车消费者和贸易商较迅速或较大量地购买某一品牌地汽车产品或服务。汽车销售促进在汽车业中广泛使用,是刺激销售增长尤其是销售短期增长的有效工具。进入20世纪90年代以来,日本汽车生产企业在国内市场上进行销售促进活动的投入以年平均9.4%的速度增长,1997年销售促进费用超过了30亿美元。

(二)选择汽车销售促进的工具

选择汽车销售促进的工具时,要综合考虑汽车市场营销环境、目标市场的特征、竞争者状况、销售促进的对象与目标、每一种工具的成本效益预测等因素,还要注意将汽车销售促进同其他促销组合的工具如广告、公共关系、人员促销等互补配合。

1. 用于消费者市场的工具

1)分期付款

由于汽车价格一般比较高,普通消费用户一次付款较难接受,因此世界各汽车公司都有分期付款业务。分期付款通过"首期付款"的方式,把价格"降"下来,实现了较低消费层次的现实购买力,并以余款延期交纳的方式,解决了购销双方资金和资源的双重闲置。但对汽车生产企业来说,分期付款占用资金大,周转回收慢,企业承担了较高的风险。因此,需要制定分期付款的法规,明确各方的权利和责任,建立信用评估机构,推进"分期付款购车"的健康发展。

2)汽车租赁销售

汽车租赁销售是指承租方向出租方定期交纳一定的租金,以获得汽车使用权的一种消费方式。汽车专业租赁公司,是继出租用车市场后又一大主体市场,是生产企业长期、稳定的用户之一。租赁销售是刺激潜在需求向现实需求转化的有效手段。据美国市场调查机构公布的数字表明,1993年以租赁方式售车的轿车和载货汽车占总销量的1/4,销售总额达43亿美元,是1984年的4倍,其中高级轿车中有超过半数以上的被租售。租赁销售促进了汽车销售,使汽车工业获得了自我发展的资金来源,为汽车生产企业技术更新提供了资金保证。租赁销售促使经销商不断改进服务,大大提高用户满意度。

3)汽车置换业务

汽车置换业务包括汽车以旧换新,二手汽车整新跟踪服务、二手汽车再销售等项目的一系列业务组合。汽车置换业务已成为全球流行的销售方式。汽车置换业务加速汽车的更新改造,通过以旧车折新车的首期付款、营运产生的利润来分期付款。汽车置换业务的投资回报很快,加速折旧及置换还可使企业在税赋方面享有优惠。

4)赠品

购买汽车附带赠送某些礼品,如计算机、印有产品标识的日常用品、打火机、手表等小型纪念品,不同年限的汽车维修卡,不同价值的保险费(如第三者责任险),不同里程的汽车免费保养卡,免费代办汽车牌照,等等。对汽车这样的产品来说,尽管一般的小礼品对销售促进的影响不大,但可以提高消费者满意度,在一定程度上刺激消费者的购买欲望,使某些汽车产品品种特别是家用经济型轿车在局部地区的销售直线上升。

5）免费试车

邀请潜在消费者免费试开汽车，刺激其购买兴趣。免费试车为消费者提供亲身体验，有利于进一步加强消费者的购买欲望，最终达成交易。

6）售点陈列和商品示范

在汽车展厅通过布置统一标准的室内装饰画、广告陈列架等结合汽车的陈列，向消费者进行展示。上海大众帕萨特轿车上市时，上汽销售总公司为所有特许经销商提供统一的装饰画，带有浓烈的现代感，符合大多潜在消费者的审美观念。

7）使用奖励

企业为了促进汽车销售，对使用该企业汽车产品的优秀用户给予精神和物质上的奖励。一汽大众对哈尔滨地区 30 万～40 万 km 无重大修理的汽车驾驶员给予在德国参观学习的重奖。东风汽车公司对使用本企业汽车达到数万千米，且从未出过事故的驾驶员给予物质奖励，举行庆功表彰大会等。

2. 用于经销商交易的工具

1）价格折扣

对经销商的购车给予低于定价的直接折扣，例如鼓励其购买一般情况下不愿购买的汽车型号；增加其进货的数量；如果经销商提前付款，还可以给予一定的现金折扣等，从而刺激其销售的积极性。

2）折让

汽车生产企业的折让用以作为经销商宣传其产品特点的补偿。广告折让用以补偿为该产品作广告宣传的经销商；陈列折让用以补偿对该产品进行特别陈列的经销商。例如：一汽大众对其产品的专营公司免费提供广告宣传资料，以成本价提供捷达工作用车，优先培训等。

3）免费商品

对销售特定车型的汽车或销售达到一定数量的经销商，额外赠送一定数量的汽车产品，也可赠送促销资金，如现金或礼品等。

3. 用于人员促销的工具

1）贸易展览会和集会

组织年度汽车展览会，在大型汽车展览会上租用摊位，展示概念车、新车的优点和性能。1998 年上海大众为新型桑塔纳"时代超人"在全国 16 个大中城市举行大型促销展示活动，顺利完成该车的市场导入。而每年在北京、上海等地举办的汽车展览会，更是云集了国内外各大汽车企业，成为其展示汽车风采的舞台。

2）销售竞赛

汽车生产企业出资赞助经销商和促销人员的年度竞赛，对完成销售目标的中间商给予一定的奖励，刺激他们增加销量。

3）纪念品广告

促销人员向潜在消费者赠送标有产品信息但价格不贵的物品，换取消费者的姓名及地址。这些物品及宣传资料通常由汽车生产企业提供。

(三) 制定汽车销售促进方案

制定汽车销售促进方案可以按以下过程来进行：

1. 确定汽车促销所提供优惠的大小

一般来说,优惠越高,产生的销售反应越明显,但是销售反应的增加要小于优惠的增加。同时,促销优惠的作用还受到需求弹性的影响。

2. 确定汽车促销的对象

汽车促销的优惠只向符合特定条件的个人或团体提供,如促销资金对某些区域的消费者、公司的家属等不予提供。

3. 确定汽车促销持续的时间

一般,理想的促销持续时间约为每季度使用3周左右,其时间长度即是平均购买周期的长度。当然,合理的汽车促销周期长度还要根据不同类型的汽车产品来确定,以发挥交易优待的最佳效力。

4. 选择汽车促销时机

应当制定出全年的汽车促销活动的日程安排,有计划、有准备地进行,以配合汽车产品的生产、销售和分销。有时需要安排临时的汽车促销活动,这就需要短期内的组织协作。

5. 确定汽车促销预算

有两种方法来确定汽车促销总预算:一种是根据所选用的各种促销办法来估计它们的总费用;另一种是按习惯比例来确定各促销预算费占总促销预算的若干百分比。

四、汽车人员促销策略

(一)汽车人员促销的特点及过程

1. 汽车人员促销的特点

汽车人员促销是指汽车企业的推销人员利用各种技巧和方法,帮助或劝说消费者购买该品牌汽车产品的促销活动。由于汽车具有技术含量高、价值较大等特点,人员促销在汽车销售中占有很重要的地位。与广告宣传和销售促进相比,人员促销有5个明显的特征:

(1)人员促销是在两个或更多的人之间,在一种生动的、直接的和相互影响的关系中进行的,是一种面对面的接触,要求促销人员观察消费者的需求和特征,在瞬息之间作出调整,具有很强的针对性和灵活性。

(2)人员促销要求建立各种关系,从销售关系直至个人友谊,有效的促销人员会把消费者的兴趣爱好记住,以建立长期的、良好的关系,培养顾客的忠诚度。

(3)人员促销要求促销人员具备较高的综合素质,在对消费者进行销售访问时,促销人员必须作出积极的反应,即使是一句"谢谢"。

(4)人员促销承担更长期的义务,改变人员促销的预算规模也较困难。

(5)人员促销不仅可以将企业的信息及时、准确、全面地传递给顾客,而且能听到顾客的意见,及时反馈给企业,通过这种双向的信息交流,为企业改进经营管理和营销活动提供依据。

2. 汽车人员促销的过程

汽车人员促销的过程可以用图1-4-11来表示。

(二)汽车人员促销的任务

汽车人员促销的主要任务有以下几项:

(1)寻找客户。寻找新的潜在消费者,培养主要的消费者。

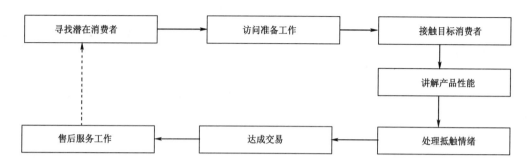

图 1-4-11　汽车人员促销的过程

(2)设定目标。决定怎样在工作和寻找消费者之间分配有限的时间。

(3)信息传播。熟练地将汽车产品和服务的信息传递出去。

(4)推销产品。与消费者进行售前沟通,向消费者介绍汽车产品,提供汽车报价,回答消费者的疑问并达成交易。

(5)提供服务。提供售中、售后服务。例如:提供咨询意见,给予技术帮助,进行维护培训,等等。

(6)收集信息。进行市场调查和调研工作,建立顾客信息档案,整理反馈意见。

(7)分配产品。对消费者的信誉进行评价,汽车产品供不应求时进行合理分配。

在现代汽车营销活动中,单纯靠汽车产品本身难以在竞争中取胜,越来越多的汽车企业采取了"营销服务"的总体战略。通过完善的售前、售中和售后服务,最大限度地提高顾客的价值,从而提高汽车产品的竞争力,扩大市场份额。所以,人员促销的关键任务,就是向消费者提供优质的服务,从而加深客户对企业的了解和对产品的信赖,树立起良好的企业形象。日本汽车公司在这方面作出了榜样,日本人常风趣地说:"要想摆脱曾经卖给你一辆汽车的推销员的唯一办法,就是离开这个国家。"

(1)售前服务:即企业与潜在用户的沟通。企业的促销人员要有计划地、主动地收集消费需求信息,及时将企业及汽车产品的情况传递给潜在用户(如企业的宗旨、规模、在同行业中的地位,产品的性能、规格、销售方式及售后服务的内容等),并了解其反应,更好地满足用户的要求,达到引导消费,坚定潜在用户的购买信心和决心的目的。例如:东风公司宣布,只要有用户要求,东风汽车售后服务队伍可以在 48h 之内到达用户身边。

(2)售中服务:即企业与现实顾客的沟通。企业的促销人员要将自己的产品优势及能给消费者带来的特殊利益传达给消费者,协助引导消费者使用本品牌的汽车。如散发汽车宣传资料,介绍汽车的有关技术指标,讲解新车的性能特点,等等,这些工作一般都由推销人员完成。

(3)售后服务:即企业与产品用户的沟通。及时征询客户的意见,提供优质的维修服务,了解用户的反馈信息,改进服务方式,建立持久的合作关系,树立良好的服务形象。有人说,第一辆汽车是靠推销人员卖出去的,第二辆、第三辆则是靠售后服务卖出去的,可见售后服务对汽车销售的影响。法国的雷诺、雪铁龙称 24h 全天候接受和受理用户的售后服务要求等,由此培养了自己忠诚的顾客群体。

五、公共关系

(一)公共关系的含义

公共关系是指在个人、公司、政府机构或其他组织间传递信息,以改善公众对他们的态度的政策和活动。公共关系包括以下含义：

(1)公共关系不仅在于汽车产品的公共宣传,而且在于树立汽车企业的形象、汽车产品的品牌形象。

(2)公共关系有助于妥善处理公众的关系,为汽车企业的发展创造一个良好的外部环境。

(3)公共关系通过媒体或直接传播的方式传递信息。

(二)汽车营销公关的工具

越来越多的汽车生产企业、汽车销售企业应用汽车营销公关来支持他们的营销部门树立和推广品牌形象,接近和影响目标市场。汽车营销公关的主要工具有：

1. 公开出版物

包括汽车年度报告、小册子、文章、视听材料以及公司的商业信件和汽车杂志等。小册子能在向目标消费者介绍汽车产品的性能、使用、配备等方面起到很重要的作用。汽车企业领导人撰写的文章能引起对汽车公司及其产品的注意。公司的商业信件和汽车杂志可以树立汽车公司形象,向目标市场传递重要新闻。视听材料的成本高于印刷材料,但是电影、幻灯、录像等形象、生动,能给消费者很深的印象。

2. 事件

公司通过安排一些特殊的事件来吸引对其汽车新产品和该汽车公司其他事件的注意,以接近目标公众。这些事件包括记者招待会、讨论会、展览会、竞赛、周年庆祝会、运动会和各类赞助活动。

3. 新闻

公关人员发展或创造对汽车公司及其汽车产品有利的新闻,并争取传媒录用新闻稿和参加记者招待会。

4. 演讲

公关人员和公司领导人鼓动性的演讲能创造汽车公司和汽车产品的知名度,大大推动汽车产品的销售。公司负责人应经常通过宣传工具圆满地回答各种问题,并在销售会议上演说,树立汽车公司良好的品牌形象。

5. 公益服务活动

公司可以通过向某些公益事业捐赠一定的款项和实物,以提高公众信誉。1998年,上海汽车工业销售总公司在辽宁和湖南捐资援建希望小学,同年向遭受洪灾的地区捐款人民币105万元。此举更进一步扩大了公司在这些地区的影响,提高了公司美誉度。

6. 形象识别媒体

通过公司的持久性媒体——广告标识、文件、招牌、企业模型、业务名片、建筑物、制服标记等来创造一个公众能迅速辨认的视觉形象,赢得目标消费者的注意。

第五节　汽车销售服务策略

一、销售服务的概念及意义

汽车产品的销售前、销售中、销售后服务统称为销售服务。

销售前服务即企业与潜在用户的沟通。企业的销售人员要有计划地、主动地收集消费需求信息,及时将企业及汽车产品的情况传递给潜在用户(如企业的宗旨、规模、在同行业中的地位，产品的性能、规格、销售方式及售后服务的内容等），并了解其反应，更好地满足用户的要求，达到引导消费，坚定潜在用户的购买信心和决心的目的。

销售中服务即企业与现实顾客的沟通。企业的销售人员要将自己的产品优势及能给消费者带来的特殊利益传达给消费者，协助引导消费者使用本品牌的汽车。如散发汽车宣传资料，介绍汽车的有关技术指标，讲解新车的性能特点，帮助用户选购汽车产品，帮助用户购买到汽车的所有服务。

销售后服务即企业与产品用户的沟通。及时征询客户的意见，提供优质的维修服务，了解用户的反馈信息，改进服务方式，建立持久的合作关系，树立良好的服务形象。有人说，第一辆汽车是靠推销人员卖出去的，第二辆、第三辆则是靠售后服务卖出去的，可见售后服务对汽车销售的影响。法国的雷诺、雪铁龙称24h全天候接受和受理用户的售后服务要求等，由此培养了自己忠诚的顾客群体。

一个现代化的汽车工业必须建立在现代化的服务贸易体系基础上，从发达国家汽车发展的历程看，汽车的普及，汽车生产水平的提高必然是在完善的汽配生产、供应系统、规范的维修体系和健全的汽车流通、汽车保险、租赁市场存在前提下实现的。整车的销售完成只是启动了汽车消费链的第一个环节，随后的汽车维修、配件、汽车用品等我们称之为"售后市场"的市场容量，并不亚于乃至超过整车销售市场。因此，谁掌握了汽车售后消费市场，谁就能渗透、影响汽车销售市场。汽车销售服务是现代化汽车工业发展的主要内容。

二、我国销售服务的发展历程

20世纪90年代以前，主要是计划经济体制，汽车卖到最终用户手中后销售工作即告结束，根本没有其他的销售服务。生产厂家只是根据制定的计划产量进行生产，不负责销售，也不了解市场需求状况。专门成立的国营汽车销售公司负责销售，以批发形式为主，无论是国产车型、进口车型，都是以批发形式逐层包销，从主批发渠道分配到下面各地区级省市公司，再面对各地区的用户市场。分配的资源由计划而定，有指标的分配到各地区，再有各地区根据用户单位申请的控办指标申请予以具体分配、销售。用户需自己到远郊外去提车，然后自己去办理验车上牌照等其他手续。随着市场经济的发展，供求矛盾越来越突出，"层层扒皮"的价格体系和较少服务、较多政府分配职能的国营主渠道的管理，造成了许多购车单位人、财、物上的浪费。

20世纪90年代以后，计划经济开始向市场经济过渡，形成了产销一条龙，经销商的售车工作中仍然没有销售服务。此阶段生产厂家已开始认识到了市场调控的重要性，并已转轨为以销定产的机制。为了进一步了解市场需求并参与市场竞争，生产厂纷纷与有多年关系的国营主渠道汽车销售公司成立了合资公司。经营方式以"联合经营、共同管理、资源共享、风险共担"为主要内容，其实质是企业把生产与销售整合起来，形成集合力量，根据市场的变化随时作出战略调整。这一阶段汽车厂商所做的是向市场需求要产量的转轨，缺乏的正是以用户为中心的理念，其中也包括为用户服务。当然，此时的汽车厂除为主机厂提供生产配套用的零部件外，也向社会广泛地提供维修用配件，主要车型的维修站网点初步铺开，汽车生产厂开始为提供更多的售后服务打下基础。

随着市场经济体制的推进，直销形式开始被广泛地接受，汽车集贸市场形成并推动了汽车市场的进一步发展。此阶段汽车销售市场上经销商处于主体地位，汽车生产厂将产品提供给自己的一级代理经销商或合资公司，然后再层层批给下一级的经销商。至于售后服务，经销商只能为用户提供代办验车上牌等服务,个别的可提供新车装饰等服务项目,但对于用户真正需要的质量担保及售后保养、维修等服务项目,则全部推倒汽车生产厂所设的特约维修服务站去了。这种经营模式业内称之为4P,即产品(product)、价格(price)、地点(place)、促销(promotion)。这种模式中销售量及利润成为主要指标,服务是可有可无的东西;经销商对产品质量不会去管也无从负责,而维修站由于不直接参与经营活动,对新车销售过程中发生的质量问题也无法分辨其应承担的责任,用户的意见很难及时反馈到厂家,汽车销售服务体系尚待完善。

"四位一体"制的销售模式,即4S:整车销售(sales)、维修服务(service)、配件供应(supply)、信息反馈(support),为用户提供了较全面的销售服务和质量担保。当私人购车市场逐步升温,追求较好的销售服务和产品质量成为汽车市场发展的主流时,一种新的营销模式4C逐渐在国内汽车行业流行开来。所谓4C是指满足用户需求(customer needs)、降低用户购买及使用成本(cost)、方便用户(convenience)(提供售前、售中、售后服务)、与用户沟通(communication)(即厂商与用户之间的信息交流),它体现的是(用户第一)的营销理念。"四位一体"制起源于欧洲,欧洲的城市密布,城市间距离短,交通便利,汽车工业发达,各种服务设施完备,车型集中,每种车型具有较大的保有量。仅以德国为例,人口8100万,汽车拥有量5000万辆,其中轿车4200万辆,品牌多集中在欧洲本土生产的大众、奔驰、宝马等汽车集团旗下,故"四位一体"的汽车服务企业的较大投入可以从巨大的市场支撑中收回。自1998年以来,采取"四位一体"经营模式的汽车服务企业在我国越来越多,尤其是上海别克、广州本田及一汽奥迪等在短期内所创造的销售业绩,除由于车型先进、新颖外,接近国际潮流的新型营销模式及较完善的销售服务体系也受到了用户的普遍欢迎,在业内得到了广泛的认知和推广。

三、未来售后服务的营销模式

在世界上现行的汽车售后服务市场经营模式中,除去"四位一体"的方式外,还有以美国为代表的以品牌为纽带的连锁模式,连锁的发起者不是整车厂,而是定位于汽车售后市场的,集汽配供应、汽车维修、快速养护为一体的综合性服务商。美国汽配连锁的代表企业如NAPA、AUTOZONE、PEPBOYS的配件销量占美国汽配市场的70%,他们旗下的汽车养护中心已超过13000家。连锁体系内的维修企业成员,可依托盟主的配件库存、进货渠道、配送力量和技术支持,在较少库存的经济模式下,实现及时、高质量的维修服务。连锁体系内的汽配店可依托盟主广泛、稳定的供货渠道,以小批量的订货获得规模订货的优势价格,以盟主总库配件支持减轻自己的库压。在享受品牌相应的同时,以网络内其他维修企业的服务为依托,增加自己的市场竞争力,由盟主完成配送、技术支持工作。而对于车主来说,由于连锁体系成员是综合性配件供应商及维修商,产品适用车型广,维修服务业覆盖的车型多,因此价格上具有优势,普通车主买得起、修得起。

汽车工业是高资金密度、高科技含量的行业,因此它要求的社会分工也更高。完全由企业自行完成原料采购、仓储配送、科研开发、市场营销、客户服务的做法不符合经济规律,也影响企业发展。充分利用社会资源,在市场、技术、人才、服务等方面共享,形成社会范围的大连锁,才能使企业规避资金压力和市场风险。

连锁模式对社会资源的整合及重新配置,如统一订货、运输、配送、技术支持等为企业带来的种种便利,以及工作程序上的简单化、标准化、专业化、标准化,是汽车售后市场各主体所迫切需要的,尤其是对占汽车售后市场总数80%的中小企业而言,是理想的解决方案。

事实上,连锁及品牌重要性已被售后市场所充分认识,许多品牌的连锁网络已经在市场上迅速扩充。可以预见,在我国未来的汽车售后市场,将是少数主流车型的"四位一体"式服务体系与大规模的汽车连锁服务体系并存的模式。

第五章　汽车电子商务与网络营销

互联网是提升传统产业的重要途径,数字化、网络化、市场一体化,是21世纪商务发展的必然潮流。汽车产业作为传统经济中的支柱产业,与IT业的结合显得更为迫切。作为21世纪最大的电子商务市场之一与世界上最后一个汽车消费大市场的中国,电子商务之路恐怕是我们不多的机会了。本章将对汽车电子商务以及网络营销的功能、模式、发展及我国汽车行业目前的信息化道路之现状作一些探讨。

第一节　电 子 商 务

一、互联网简介

今天,互联网已不再是一种新技术,它已经被各行各业所广泛利用。通过互联网不仅可以24h不间断地处理商务,而且将经营者与客户之间的距离拉近,以网络面对最终用户,实施最直接的服务。互联网正在默默地却又坚决而快速地改变着整个世界的商务游戏规则,它所开创的新一代的电子商务已经成为在网络新经济模式下的一种崭新的商务途径。

汽车产业作为传统产业中的支柱,与IT业的结合显得更为迫切。作为21世纪最大的电子商务市场之一与世界上最后一个汽车消费大市场的中国,坚定地走电子商务之路,是中国汽车营销企业唯一正确的选择。

(一)什么是电子商务

电子商务是传统产业面临的新的经济环境、新的经营战略和新的动作方式。电子商务的目标是利用互联网技术,优化产品供应链及生产管理,优化用户服务体系,完成传统产业的提升与转化。它包括以下内容:

(1)企业应用现代信息技术——互联网。

(2)通过优化生产及供应链来降低成本。

(3)通过更加直接和广泛的客户服务来扩大市场覆盖面。

(4)基于互联网经济的新经济的新兴公司的产生及优化动作方式,以及利用互联网优化传统企业的动作方式,达到传统企业向新经济的转型。

(5)电子商务的最终目标就是在新经济环境下,企业形成新的核心竞争力。

所以,电子商务是一种新的商务活动形式,它采用现代信息技术手段,以通信网络和计算机装置替代传统交易过程中的纸介质信息载体的存储、传递、统计、发布等环节,从而实现企业管理和服务交易管理等活动的全过程在线交易。电子商务不是单纯的技术概念,也不是单纯的商务概念,而是依靠互联网支撑的企业商务过程。

(二)电子商务的特点

(1)书写电子化、传递数据化(这发生在企业与企业之间,以及企业内部)。

(2)减少店面租金成本。

(3)减少商品库存压力。

(4)很低的行销成本。

(5)经营规模不受场地限制。

(6)支付手段高度电子化。

(7)便于收集客户信息(数据库建设)。

(8)特别适用于电子信息产品的销售。

走电子商务之路可以提高企业的供应能力,订单的管理和处理能力,最大化地利用人力资源,从而增强商务的基础建设;增加业务收入市场份额,搜寻新的市场空间,增强区域和全球的合作伙伴关系;保持和取悦用户,提高客户服务能力和水平,交叉和相关销售;降低内部成本,加速现金流动,削减中间环节,降低通信成本,保持竞争地位,满足业务伙伴的需求;保护市场份额,利用网络刺激市场。

(三)电子商务的四个核心问题

1. 信息流

这是电子商务最大的优势,它摒弃了传统商务花费大量人力、物力的信息沟通,降低交易成本;特别是像汽车这样一种复杂而昂贵的商品,消费者需要大量而翔实的信息帮助他们作出判断、作出选择,因为它不仅仅是款式、耐用等普通商品的一般问题,更涉及人身安全以及环境保护等社会问题。而生产商亦需要随时了解市场需要,把握消费者动态,不断改进,不断推陈出新,生产出符合市场需要的车型。对于这样的商品,互联网成为了一个很好的、超大容量的而且是互动式的信息交流平台,最重要的,直接对话使得信息更为真实和有作用。

2. 资金流

这也是电子商务最大的挑战,必须很好地解决电子货币或是网上银行的问题,否则一切只能是"雾里看花,水中望月";对于汽车这样的商品,仅有安全、方便的支付方式是不够的,还必须解决网上贷款的问题。

3. 物流

对于有形的产品,电子商务固然可以越过传统的中间流通渠道,直接面对最终用户。但是这种行为的成本以及压力将大大超乎想象,周转环节固然少了,但是千斤重担却要企业一人来挑了。很难想象一家汽车生产商摒弃所有的中间商们,直接承担所有的市场动作——销售、维修、售后服务。如何控制物流,计划低成本的物流系统,是电子商务真正的问题。如果未能形成优化而低成本的物流系统,电子商务的其他优点将随即被抵消,反而不如传统商务的迂回经济。

4. 安全性

不见面的交易如何获得保障——特别是汽车这样的"大买卖"?

其中需要解决的问题有:

(1)社会身份的确认以及信用系统。

(2)电子货币的安全性。

当一宗买卖在网际间发生,厂家会担心消费者的身份是否真实?银行户头是否确实有效?买卖会不会中途变卦?消费者会担心账号是否会被盗用?商品是否能如期交货?这些问题都需要有一整套保障体系来确认。

二、Internet 给传统汽车业带来的冲击

(一) 世界汽车工业发展的新趋势

(1) 国际汽车工业联合管理重组步伐加快。到目前为止,世界上有较大影响的汽车工业跨国公司已经从 20 世纪 80 年代末的 20~30 个减少到不足 10 个,并且还有继续减少的趋势,汽车工业集团的规模越来越大。主要汽车跨国公司加快了全球化进程。

(2) 汽车开发、生产、销售方式发生了巨大的变化。跨国公司普遍采用平台战略、模块化方式、全球采购、全球营销等经营方式。适应这一趋势,汽车生产的采购供应方式相应发生重大变化,零部件供应商制定了跳跃积极的跟进计划,零部件行业也在发生剧烈的联合重组,零部件供应商的规模越来越大,从依附于某一集团变为面向全球汽车工业开展业务,从提供品种繁多的零部件变为提供数量有限的系统。

(3) 汽车工业的发展已经从以产品为主的模式发展成为以客户为主的模式,其标志为品牌经营的流行,企业经营从以营销为中心转变为以满足消费者为中心。

(4) 汽车产业结构变化从以产业为主的纵向集成变为以市场为主的横向集成。

(5) 汽车行业成本控制范围从企业内部向企业外部扩张,降低开发、供应、生产。销售链的总成本代替了传统的单纯成本控制。汽车工业传统的供应链有如一座金字塔,塔尖是数量有限的汽车整车总装厂,塔座是大量的零部件生产厂,中间是系统集成供应商。

(二) 从事汽车行业的企业在商务活动中面对的主要问题

(1) 同行业间、跨行业间的弱肉强食。

(2) 渠道间的冲突。

(3) 资本市场的不公正待遇。

(4) 人才、技术的流失。

(5) 当前分销体系的投资通常不能适应市场变化和网络模式;与客户关系僵硬,不能以互动方式管理客户关系。

(6) 难以逾越的商业壁垒和进入的门槛。

(三) 走电子商务之路的必然性

汽车电子商务具有以下优势:

(1) 提高客户服务水平。

(2) 增加企业收入。

(3) 降低内部成本。

(4) 提高内部效率。

(5) 增加市场份额。

(6) 发掘新的市场。

(7) 提高订单管理效率。

(8) 加速现金流动。

(9) 提高供应链管理水平。

汽车厂商利用电子商务所获得的效益突出表现在两个方面:一是提高对顾客的服务水平,二是降低企业的经营成本。实施电子商务中的供应链管理的第一步,就是实现供应商与零售商、企业内各部门之间的信息沟通与共享,这样就可以将顾客的需求信息迅速地传递到

制造商手中,使供应链上的各个环节都能对顾客的需求变化迅速作出反应,从而最大程度地满足顾客需求。由于信息沟通的方式变化,导致了交易方式及交易流程的变化,从而大大缩短了交易周期,同时降低供应链上每个环节的库存,减少浪费,降低企业经营成本。

虽然汽车电子商务的概念对所有的汽车企业来说都是相同的,但每个企业都将以不同的方法来实现各自的供应链管理;这种变化的多样性是由买卖双方根据市场及顾客需求所确定的各自的供求关系决定的。

(四)汽车行业电子商务的基本功能

汽车行业的电子商务解决方案,除了具备企业形象及产品信息的宣传功能外,还必须实现以下基本功能:

(1)灵活的商品目录管理功能。作为零售商,在商品目录管理系统上,能够创建包括任何厂商、任何商品类别、任意数量的自建商品目录,在这些目录里的商品信息的任何更改,都可以实时反映在这些目录中。而对于供应商来说,不仅可以通过建立包含了任意商品类别的公开商品目录,向零售商发布产品信息,也可以创建只供指定零售商查看的商品目录。在这些目录中,甚至可以提供特殊的优惠而不用担心被其他供应商或者未被指定的零售商浏览到。

(2)网上洽谈功能。当零售商发现一个感兴趣的商品,或者供应商寻找到零售商发布的采购目录后,网上洽谈功能可以帮助零售商/供应商进行实时交流,而且所有的洽谈记录都将存放到数据库中,以备查询。

(3)订单管理功能。根据用户的实际需要,自动将发生在一对供应商/零售商之间的订单草稿以及洽谈形成的采购意向集合到一起,并且可以组合成一个订单发送给供应商。另外,对于经常交易的双方来说,由于相互之间比较信任,也可以不经过任何洽谈就直接发送订单。这样就极大地提高了采购/供应的效率。

(4)基于角色的权限和个性化页面。规定各种角色之间的权限和安全的继承性,如:一个系统管理员的账号可以创建和管理销售/采购经理的账号,而销售/采购经理账号可以创建许多属于他领导的业务员,这些业务员的权限又各不相同。同时,基于这些用户自己的定制而提供的个性化功能,对于不同角色,其操作的页面是不一样的,同一个角色不同账号之间的页面内容也可以完全不一样。

(五)电子商务中的供应链管理

供应链管理的导入,是现代经营理念对传统经营理念的一个重大挑战。早在18世纪,亚当·斯密在他的《国富论》中提出了一个著名的公式:"成本+利润=价格"。即在成本既定的前提下,产品的价格取决于经营者的预期利润。在近两个世纪中,几乎所有企业都是按照这个公式设定企业的业务流程,运作他们的企业的。但是进入20世纪80年代后,剧烈竞争的市场使这些企业意识到,此公式已经不再灵验。20世纪80年代初,哈默在他的《业务流程重组》一书中,将该公式改为"价格-成本=利润",即利润的多少,取决于符合顾客的价格;企业经营的竞争力,取决于在质量期望的前提下,经营者降低成本的能力。因此,无论是生产企业,还是商业企业,都把降低经营成本的目标集中到提高供应链的效率上来。

商品供应链是由商品从制造商到顾客手中整个流动过程中的各个环节组成的,其中包括制造商和各级批发商、零售商。在过去的商业运作模式中,制造商把他们的产品推销给批发商,批发商又推销给零售商,零售商又推销给顾客。我们把这种商品的供应方式称为"推动式"的供应方式。在这种方式中,制造商、批发商和零售商只是注重于他们之间讨价还价。如果他们推出的商品顾客不接受,那么,他们之间的任何交易都不会给他们带来效益。有鉴于此,现在制造商、批发商和零售商逐渐把原来的"推动式"供应方式转变为"拉动式"供应方式,以顾客为中心,为了满足顾客不断变化的需求,建造一个灵活、有效的供应链体系。这种体系,就是当今电子商务解决方案的重要内容,其实就是前面提到过的合理设置物流系统的问题。

由此可见,电子商务解决方案的实质,就是通过网络来优化供应链管理,从而提高产品由供应商向消费者传递的效率。供应链管理主要体现在确定每种商品库存的最佳数量和存放地点、商品订购存储以及配送优化过程等方面。因此,在整个供应链上,不仅需要每个环节能有效地完成自己的本职工作,更需要每个环节间能有效地协同工作。

因此,对于汽车业来说,一个好的电子商务解决方案,应该具备以下特点:
(1) 收集并分析顾客需求信息。
(2) 自动完成采购预测。
(3) 零售商与供应商间的实时信息交流。
(4) 物流的跟踪与库存控制,合理设置。
(5) 自动补货监测。

第二节 网络营销

与整个中国经济一样,汽车工业尤其是汽车市场营销,在新世纪到来之际和在世贸组织面前,也面临着跟上和追赶世界先进水平的问题。既然信息社会我们可以用网络来进行买卖,促成交易,那么网络也随即成为了营销的一种载体,或者说是一种方式。网络营销——online marketing、cyber marketing 是一种基于互联网的通过对市场的循环营销传播,达到满足消费者需求和商家诉求的过程。

一、网络营销的商务模式

网络营销已经成为不可回避的商业命题,它不仅仅是一种新的技术或手段,更是一种影响企业未来生存及长远目标的选择。网络营销是以互联网为营销环境,传递营销信息,沟通及消费者需求的信息化营销过程。根据企业对互联网的作用的认识及应用能力的划分,网络营销可以划分为五个层次,即企业上网、网上市场调研、网络联系、网上直接销售、网络营销集成。

(一) 企业上网

这是网络营销最基本的方式。互联网让企业拥有一个属于自己而又面向广大上网者观众的媒体,而且这一媒体的形成是高效率、低成本的,超越传统媒体的:企业网站信息由企业自己定制,没有传统媒体的时间、版面等限制,也可伴随企业的进步发展不断实时更新;企业网站可应用虚拟市场、虚拟供求等多种手段吸引观众并与访问者双向交流,及时有效地传递并获取有关信息。企业上网是网络营销的起步和基础,也是目前大部分跨国企业网站的基本目标。

一些企业的网址:
http://www.honda.com.cn/本田中国

http://www.ghac.cn/广汽本田
http:// www.ford.com.cn/中国福特
http://www.foton.com.cn/福田集团
http:// www.mazda.com.cn/马自达
http:// www.toyota.com.cn/丰田中国
http://www.csvw.com/上海大众
http://www.faw-hongqi.com.cn/一汽红旗

(二)网上市场调研

调研市场信息,从中发现消费者需求动向,从而为企业细分市场提供依据,是企业开展市场营销的重要内容。网络首先是一个信息平台,为企业开展网上市场调研提供了极大的便利。

(1)借助ISP或专业网络市场研究公司的网站进行调研。

对于名气不太大,或者小企业来说,这是一种有效的选择。企业制定调研内容及调研方式,将调研信息放入选定的网站,就可以实时在委托商的网站获取调研数据及进展信息,而不仅仅是获得最终调研报告。

(2)企业在自己的网站进行市场调研。

对知名企业而言,企业在自己的网站进行市场调研,其网站的常客多是一些对该企业有兴趣或与企业业务有一定关系的上网者,他们对企业有一定了解,会提供更准确、有效的信息,这为调研过程的及时双向交流提供了便利。

(三)网络分销联系

以上我们说过,电子商务的实质是变传统的迂回经济为直接经济,但是让企业独自去面对消费者,处理营销、服务的一切过程,这种工作量是企业无法承担的。所以,合理地设置物流系统,分配分销模式,是网络营销的重点。

企业通过互联网构筑虚拟专用网络,将分销渠道的内部网融入其中,可以及时了解分销过程的商品流程和最终销售状况,这将为企业及时调整产品结构、补充脱销产品,以至分析市场特征,实时调整市场策略等提供帮助,从而为企业降低库存,采用实时生产方式创造了条件。而对于商业分销渠道而言,网络分销也开辟了及时获取畅销商品信息、处理滞销商品的巨大空间。

(四)网上直接销售

网上直接销售合并了全部中间销售环节,并提供更为详细的商品信息,买主能更快、更容易地比较商品特性及价格,从而在消费选择上居于主动地位,而且与众多销售商的联系更为便利。这种模式几乎不需销售成本,而且即时完成交易,其好处是显而易见的。

但从目前看,国内的市场环境对之有较大制约,主要表现为:企业信用水平和个人信用水平能力较低;市场机制不健全,市场体系不完善;产品和服务质量难以保证;网络建设有待提高,配套的网络营销法规、银行、运输服务体系尚未确立;消费观念尚存差距;企业应用互联网的能力有待提高。

从网上直接销售的低成本优势看,由于大多数国内消费者对价格十分敏感,因此一般能够接受这一消费方式;但其发展的前提是应尽快完善上述环节和克服众多制约因素。

(五)网络营销集成

互联网络是一种新的市场环境,这一环境不只是针对企业的某一环节和过程,还将在企业组织、运作及管理观念上产生重大影响。一些企业已经迅速融入这一环境,依靠网络与原料商、制造商、消费者建立联系,并通过网络收集传递信息,从而根据消费需求,充分利用网络伙伴的生产能力,实现产品设计、制造及销售服务的全过程。应用这一模式的代表有 Cisco、Dell 等公司。

其中,Dell 公司的直销模式已经受到整个汽车行业的重视,因为电脑与汽车一样,也是一种复杂而昂贵的零件整装产品。先看一下什么是 Dell 模式:

"按用户订单装配电脑"的 Dell 公司是利用互联网络有效控制效率与成本的典范。Dell 公司通过互联网每隔两小时向公司仓库传送一次需求信息,并让众多的供货商了解生产计划和存货情况,以便及时获取所需配件,从而在处理用户定制产品和交货方面取得了无人能比的速度,每天约有 500 万美元的 Dell 计算机在网上卖出,而且由于网络实时联系合作伙伴,其存货率远远低于同行。

网络营销集成是对互联网络的综合应用,是互联网络对传统商业事例关系的整合,它使企业真正确立了市场营销的核心地位。企业的使命不是制造产品,而是根据消费者的需求,组合现有的外部资源,高效地输出一种满足这种需求的品牌产品,并提供服务保障。在这种模式下,各种类型的企业通过网络紧密联系,相互融合,并充分发挥各自优势,形成共同进行市场竞争的伙伴关系。

二、网络销售的基本流程

1. 信息的收集

通过网络收集商业信息。

2. 信息发布及客户支持服务

企业上网是这一环节的关键。

3. 宣传与推广

树立起公司良好的商业形象是电子交易的基础。

4. 签订合同

5. 在线交易

其中最重要的是电子银行的参与,怎样进行的流通和转换,是网络营销的关键。

6. 商品运输与售后服务

完善的物流配送系统是保证网络销售得以最终实现的关键。通过网络,特别是通过基于网络的 CRM 系统及时了解顾客用车情况,并提供迅速、及时、周到的售后服务,这是汽车网络营销的又一重要内容。

以下让我们模拟两种汽车网络销售的流程:

(1) 直销流程

①消费者进入 Internet,查看汽车企业和经销商的网页;

②在这样的网页上,消费者通过购物对话框填写购货信息,包括:个人信息、所购汽车的款式、颜色、数量、规格、价格等;

③消费者选择支付方式,如信用卡、电子货币、电子支票、借记卡等,或者办理有关贷款服务;

④汽车生产企业或经销商的客户服务器检查支付方服务器,确认汇款额是否认可;
⑤汽车生产企业或经销商的客户服务器确认消费者付款后,通知销售部门送货上门;
⑥消费者的开户银行将支付款项传递到消费者的信用卡公司,信用卡公司负责发给消费者收费单(图1-5-1)。

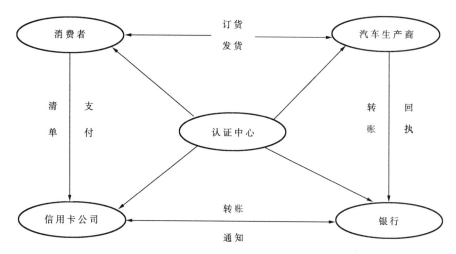

图1-5-1 直销流程图

这种交易方式不仅有利于减少交易环节,大幅度降低交易成本,从而降低商品的最终价格,而且可以减少售后服务的技术支持费用以及为消费者提供更快更方便的服务。但是亦存在不足:一是购买者只能从网络广告上判断汽车的型号、性能、样式和质量,对实物没有直接的接触,更没有了"试车"的可能,也容易产生虚假广告;二是购买者利用信用卡或电子货币进行网络交易,不可避免地要将自己的密码输入计算机,安全性较少。

(2)中介交易流程

假设有这样一个网络汽车交易中心,以 Internet 为基础,利用先进的通信技术和计算机软件技术,将汽车生产商、经销商甚至零部件生产商和银行紧密地联系起来,为客户提供市场信息、商品交易、仓储配送、货款结算等全方位的服务。

①买卖双方将各自的供应和需求信息通过网络告诉网络汽车交易中心,交易中心通过信息发布服务向参与者提供大量详细的汽车交易数据和市场信息;

②买卖双方根据网络汽车交易中心提供的信息,选择自己的贸易伙伴。交易中心从中撮合,促使买卖双方签订合同;

③交易中心在各地的配送部门将汽车送交买方(图1-5-2)。

采用这种交易方式显然会增加一定的成本,似乎有悖于电子商务"直接经济"的特质,但是却可以降低买方和卖方的风险,从而减少交易费用。这依然是一个我们前面提到过的网络营销中合理设置物流系统的问题。

①这样的交易中心就好似一个"网上汽车博览会",汽车生产商和经销商以及零部件生产商遍及全国甚至全球各地,为供需双方提供了很大的交易市场,增加了许多交易机会,但是双方都不要付出太多;

②在双方签订合同之前,网络汽车交易中心可以协助买方对商品进行检验,只有符合条件的产品才可以入网,这相对程度地解决了商品的信誉问题。而且,交易中心会协助交易双方进行正常的电子交易,以确保双方的利益;

③网络汽车交易中心采取统一的结算模式,还可以加快交易速度。

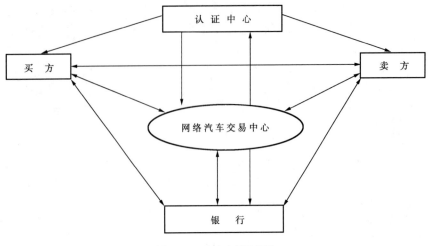

图1-5-2 中介交易流程图

第二篇　汽车配件经营

第一章　汽车配件营销企业

第一节　汽车配件营销行业的历史及现状

一、汽车配件营销行业的历史

汽车配件营销是伴随着汽车这一现代化交通工具的出现而出现的,它是汽车售后服务的重要环节,也是汽车配件生产与消费的"中介"。

解放初期,由于我国还没有自己的汽车工业,无论是整车还是配件,基本上依靠进口。1956年我国建立了第一汽车制造厂,同时建立了与之配套的不同规模的汽车配件生产厂,从此中国有了自己的汽车工业;汽车配件营销行业也随之发展起来。

在计划经济年代,汽车配件像整车一样,是作为国家重要生产资料,由国家统一安排生产、统一分配。从中央到各省、市、区都设立了各级汽车配件公司,这就是原来我国汽车配件营销的主渠道,曾经发挥了汽车配件物资生产、调拨的重要作用。

二、汽车配件营销行业的现状

改革开放以后,随着汽车工业的高速发展,汽车配件也因其需求量大、利润丰厚,受到各行各业的关注。具有一定规模的汽车配件生产企业由改革开放之初的几百家发展到数万家;汽车配件营销企业就更是数不胜数,在许多城镇都出现了汽配一条街、汽配城、汽配市场等。

现在汽车配件营销行业主要有三大流通批发渠道:

第一流通批发渠道——原计划经济体制下运作了几十年的省、地、市汽车配件公司。1992年以前它们还称得上是汽车配件营销主渠道,现在由于其自身机制、体制改革的滞后,也由于其历史库存压力大、人员多、负担重等原因,大多经营不善,出现亏损,经营规模大大缩小。只有少数公司因领导班子管理有方、机制转换快,尚保持着良好的发展势头。

第二流通批发渠道——各大汽车生产厂在各地设立的汽车配件供应网络。目前各大汽车厂为了扩大市场占有率,均在全国各地建立了四位一体(即销售整车、供应配件、技术服务、信息反馈)的销售(技术)服务中心,在这些服务中心中,设立了专门的汽车配件供应部门,负责集中供应配套厂家的名优配件。采取在整车生产地建立零配件供应总汇,在其整车拥有量较多的地区设立零配件分汇,在全国建立专门的营销网络的方式。

第三流通批发渠道——一批经济实力强、经营规模较大的个体或股份制社会经营网点。改革开放之后的二十几年间,有为数不少的投资者将资金投向汽车配件营销业,他们或以家庭为中心,或几家联合,搞家庭公司或股份制公司,采用灵活的经营方式,很快发展起来,有的甚至成为汽车配件生产家的总经销商、特约经销商。

当前,随着汽车配件市场竞争激烈程度的加剧,从供应品种、规模优势、综合服务等方面来看,那些一门一户的,靠销售低价位,甚至以假冒伪劣配件谋取高利润的营销网点已不能满足客户更高层次的需求,特别是随着私人汽车拥有量的猛增,消费者对汽车的售后服务十分关注,细化售后服务、建立市场经济体制下的汽车配件供应新系统,已成为广大消费者的强烈愿望。

第二节　汽车配件营销企业

一、汽车配件营销企业的性质

企业是为了向社会提供产品或劳务,从中获得利润而从事生产或经营活动的经济组织,它是独立的经济实体,是营利性组织,是构成国民经济的基本单位。在国民经济中,有从事物质资料生产的企业,有从事金融和保修业务的企业,还有从事信息、咨询、职业介绍等为生产、流通和消费服务的企业。

由于汽车配件是作为商品在市场上流通,不管其营销企业的规模如何,所有制性质如何,隶属关系如何,实质上都属于商业企业性质。商业企业有不同的类型,凡是从事汽车配件营销的企业,不管是哪一层次的营销商,都属于汽车配件间接分销渠道,即汽车配件营销企业属于中间商。

二、汽车配件营销企业应具备的基本条件

汽车配件营销企业,不管是批发商,还是零售商,都是相对独立的经济组织,它必须具有以下几个条件:

(1)经营上的独立性。即具有独立进行经营活动的权力,包括经营决策权和实施权。企业只有具备了经营上的独立性,才能根据配件市场的变化,灵活开展购销活动,发挥其经济实体作用。

(2)生产资料、劳动力支配和使用方面的自主权。这既是进行经营活动的条件,又是独立经营的前提和保证。企业只有占有一定的生产资料和劳动力,才能进行独立的经营活动。

(3)财务上的独立核算。以收抵支、自负盈亏,并取得利润是企业最基本的特征,也是区分企业与非企业的主要标志。

(4)对外关系上的法人地位。"法人"是个法律概念,指依法成立并能独立行使法定权力和承担法律义务的社会组织。法人资格和地位是企业独立性的法律保证,是独立经营和独立核算的必备条件。

三、汽车配件营销企业的作用及任务

1.汽车配件营销企业的作用

(1)满足汽车配件市场消费需求。汽车配件营销企业根据社会需求,组织质量完好、价

格合理的各种车型的配件投放市场,使用户能购到称心如意的商品。

(2)实现商品价值,保证汽车配件再生产的继续。汽车配件营销企业在汽车配件的生产和消费之间,处于"中介"地位,一头连接着汽车配件生产,一头连接着汽车配件消费。汽车配件生产厂的产品通过营销企业卖给消费者(但也有的直接卖给消费者),把产品变成货币,实现了商品价值,使生产劳动者的消耗得到价值补偿,并获得必要的资金积累,进行再生产和扩大再生产。

(3)反馈市场信息,引导生产。营销企业通过推销产品,能广泛了解产品的销路和用户的需求意向,可以把用户对产品的不同要求和市场变化情况反映给生产企业,以便生产厂调节和改进生产。

2.汽车配件营销企业的基本任务

汽车配件营销企业的基本任务是:在国家有关方针、政策的指导下,进行商品购销活动,以高质量的服务水平,最大限度地满足社会对汽车维修配件的需要,同时也为国家提供积累,这个基本任务可用下面的简图表示:

即企业从为人民生活、为交通运输事业发展的服务宗旨出发,通过购销活动,取得盈利,所得利润除向国家缴纳利税外,还用于企业扩大经营规模,增加收入,从而更好地为促进汽车配件生产、汽车运输业及修理业的发展服务。

汽车配件营销企业为了完成自己的基本任务,必须把商品购销活动作为企业经济活动的中心,因为只有通过购销才能满足广大用户的需要,通过购销才能促进汽车零配件的生产,从而促进汽车工业的生产,促进汽车运输、汽车修理行业发展。反过来,只有汽车生产、运输、修理业不断发展,汽车配件营销企业才能购销两旺,增加盈利,为企业扩大经营、为职工增加收益、为国家提供积累。

企业的购销活动是在市场上进行的。企业作为一个相对独立的商品经营者进入市场,面对汽车配件市场竞争的优胜劣汰,它的一切经济活动都必须适应市场需求情况的变化,符合客观规律的要求,否则就会在竞争中失败。这就要求汽车配件营销企业树立现代化的经营思想,善于应用机动灵活的经营方式和经营方法,把经营搞活,提高企业素质和应变能力,以求在市场竞争中获胜。

第三节　汽车配件营销人员

在汽车配件营销企业中,营销人员包括门市营业员、推销员、进货员、售后服务人员、仓库保管员、市场预测和调研等从事汽车配件营销业务的人员。汽车配件营销人员在企业营销活动中充当着重要角色,应具备良好的形象和素质。如何塑造和完善其自身形象、提高自身素质,是搞好汽车配件营销、在激烈的市场竞争中获胜的关键。

一、汽车配件营销人员的形象效应

汽车配件营销人员是企业与消费者接触频繁的中介,营销人员形象的好坏,对顾客的消费行为是否进入良性循环将会产生截然不同的两种影响。因此,企业为了取得预定的最佳经济效果,必须善于正确地塑造和运用营销人员形象,使之在消费者中产生理想的效应。

营销人员的形象即指在经济活动中,消费者对营销人员的仪表、气质及举止言行所产生的印象和评价。营销人员的形象效应即指由于营销人员形象的作用对用户消费行为继续与否产生的引导和效果。形象效应有正效应与负效应之分,良好的形象将在用户中产生正效应,即引导消费和促进营销的作用。反之,则产生负效应,即抑制消费。

1. 营销人员形象效应的客观性

认识是情绪、情感产生的基础,随着认识的发展变化,人们的情绪、情感也会变化。消费者对某种商品购买与否的决定,往往受其对营销人员形象的认识及情绪、情感作用的影响。营销人员的形象效应能增减消费者的购买动机,动机的激发力量无形中受到该形象的影响。

2. 企业形象与营销人员形象的关系

企业形象往往通过营销人员体现。营销人员在市场营销活动中的行为应体现出企业的宗旨和精神,使外界通过与营销人员打交道而对企业有所认知和评价。为了让用户初步与企业接触便留下良好的印象,公司应慎重选择第一线工作人员(营销人员)。

营销人员在市场营销活动中的行为应受到企业形象目标的制约,只有这样,才能有效地实现公司的整体经营目标。

营销人员形象是企业形象在营销活动中的体现,而企业形象目标是营销人员形象的群体规范。

二、营销人员的素质

营销人员是企业人员的主体,活跃在经营第一线,他们的素质对企业的经营管理水平、服务质量、经济学益等具有决定性作用。国外有关人士对营销员的能力和作用作过抽样调查,结果是同种商品,不同的营销员去进行营销,其营销额相差十几倍之多。汽车配件营销员应具备以下基本素质:

1. 坚定的营销信念

营销信念就是营销员为完成营销目标而具有的坚定信念。坚定的信念能驱使营销员为完成营销目标而千方百计地去选购质好价宜的商品,积极宣传推销商品,这是取得最佳营销成果的主要原因。坚定的营销信念来源于营销员对本职工作的热爱和全心全意为用户服务的信念。

2. 良好的营销道德

营销道德属商业道德范畴,是整个社会道德的重要组成部分,也是营销员在经营活动中,正确处理自己和用户、货主关系时,应当遵守的行为准则:

(1) 遵守国家法律法规,不违法经营。

(2) 遵守公平竞争、公平买卖的市场规则,不搞不正当竞争。在市场竞争中,大家都应遵守市场规则,这样才能保证社会经济秩序的稳定。窃取竞争对手商业秘密、低价倾销、诋毁竞争对手信誉等均属不正当竞争手段。

(3) 讲求商业信誉,抵制假冒伪劣产品。

(4) 接待客户真诚守信。靠诚实、信誉、公平取信于客户,诚心诚意地为客户服务。

(5)维护企业与客户正当利益,不损人利己,不损公肥私。

(6)热情服务、耐心周到、平等待人、文明经商。

(7)有强烈的市场开拓精神,能吃苦耐劳。

(8)严于律己,工作认真负责,不懈怠,不懒散。

3. 稳定的工作情绪

"情绪稳定、工作主动"是人们评价一个好的营销员的标准之一。积极而稳定的情绪,能激发出高涨的工作热情、顽强的毅力和无限的智慧。而消极的情绪,则是营销工作中的阻力,是应当避免的。产生不同情绪的因素是多方面的,有献身祖国现代化建设的坚强信念和在本职工作上做出一番事业的决心,是产业积极情绪的基础。而胸无大志,没有明确的工作和生活目标,是形成消极情绪的主要原因。

4. 市场观念

营销员要树立市场观念,即要了解用户、掌握市场动态,以灵活的经营手段适应多变的市场形势,如开展联销、代销、展销以及推销等活动。

5. 经营效益观念

汽车配件营销企业在经营中要花费人力、物力,占用资金、仓库和设备等,要付出消耗。如果消耗超过营销利润,企业就会亏损,反之,就盈利。为实现低消耗、高利润,取得好的经济效益,营销人员要根据市场需求情况,适时组织好适销对路的配件,做到勤进快销。其次要大力压缩滞销配件的库存,降低费用,加速资金周转,做到增收节支。

6. 较丰富的商品和业务知识

(1)营销人员必须熟知所经营商品的标准名称、俗名、性能、用途、单车用量、使用寿命以及通用互换常识,能较熟练地查阅汽车配件目录。

(2)能够熟练掌握不同产地同品种商品的质量、价格和性能差异。

(3)能够熟练掌握营销业务各种手续环节,以及各种手续环节之间的相互关系。

(4)能看懂一般机构零件图。

(5)熟悉汽车材料基本知识。

7. 思维能力

营销员要培养和锻炼自己的思维能力。思维能力主要包括质疑能力、分析能力、综合能力、想象能力等。质疑能力,就是在工作中善于发现问题、提出问题、解决问题。例如,当发现某个老客户不再来购件了,其中必有原因,就应登门拜访,获知实情。再如,发现原本滞销的配件突然畅销了,或某些畅销的配件突然销量减少等,营销员都要及时调查,获得第一手资料,经过思考和分析,找到解决问题的办法。

8. 预测能力

预测就是从已知预测未知,以过去和现在预测未来,以昨天和今天预测明天,以历史和现有的资料预测今后的发展趋势。古话说"预则立,不预则废"。营销人员在进货和售货中不仅要知道当时的市场形势,而且对市场今后的发展趋势要有预见性。

9. 应变能力

在营销工作中遇到意想不到的情况时,要使自己在不利的形势下扭转局势。在遇到突发事件时能处乱不惊,以自己的果断,挽救可能出现或已经出现的失误。这就要求营销员应有灵活的头脑,能冷静而果敢地处理问题。

10. 创新精神

创新是通过创造性的思维活动,想出一个在本质上区别于现状的设想,然后在实际工作中付诸实施,从而解决某一个问题或者使某种现状得到改进。因此,创新的范围很广,大到管理制度的改革,小到出一个主意、提一条建议,如改进或减少手续环节、增加服务内容、提高经济效益都属创新的范畴。

在市场竞争日趋激烈的形势下,有无积极的创新精神,是衡量和评价营销员素质优劣的重要条件。如果营销员勇于创新、善于创新,就能做到在市场疲软又营销不利的形势下,扭转被动局面,争取主动,收到理想的效果。如果一个企业的多数营销员都有一定的创新精神,这个企业的经营就会充满生机与活力。

第二章 汽车配件的管理

第一节 汽车配件的分类与编号

一、汽车配件的分类

1. 零件

指不经任何装配工序的单一成品。它是汽车最基本的组成部分,是不可拆卸的一个整体。

零件又可分为:

(1)专用零件:只能在汽车上使用的零件,如活塞、气门、半轴等。

(2)标准零件:按国家标准制成,各种机械均能通用的零件,俗称标准件,一般不含在汽车配件内。如各种螺栓、螺母、垫圈等。

2. 基础零件

在装配合件、组合件或总成时,各零件之间的相互关系由一个零件作基础,这个零件叫基础零件,如汽缸体、变速器壳等。

3. 合件

两个或两个以上零件装合成一体,起着单一零件的作用,称为合件,如带盖的连杆、成对的曲轴轴承等。

4. 基础合件

凡在装配组合件或总成时,各零件的相互关系由一个合件作基础,那么,这个合件称为基础合件,如装有衬套的泵壳、镶有缸套的汽缸体等。

5. 组合件(部件)

由几个零件或合件组成一体,零件与零件间一定的运动关系,但尚不能起着单独完整的机构作用的装配单元,称为组合件或部件。如活塞连杆组、装配完整的变速器盖等。

6. 基础组合件

装配总成和汽车时,从某一组合件开始,这个组合件称为基础组合件,如车架等。

7. 总成

由若干个零件、合件或组合件连成一整体,能单独起一定的机构作用的装配单元,称为总成。如发动机总成、变速器总成等。

按总成在汽车上的工作性质,又可分为:主要总成(如发动机总成、转向器总成)和辅助总成(如水泵总成,分电器总成)。

在汽车配件供应的习惯上,有时也将某些合件、组合件称为"总成",如带盖和螺栓的连杆叫做连杆总成,装整的变速器盖叫做变速器盖总成等。

8. 易损件

主管部门和各汽车制造厂对易损件均无定义性规定。实际上,因汽车配件在制造上不断采用新工艺新材质,在使用上由于工作环境、操作技术、维护保养等多方面的因素,其使用寿命悬殊甚大,一般地,凡在汽车使用寿命期以内须更换两次以上的零件品种,均列为易损件范围。

9. 品种

同一名称的大类中,有相同功用而材质、形式等不同的零件,称为品种。例如铝合金活塞与铸铁活塞,就是不同的活塞品种。

10. 规格

零件、基础零件、合件、基础合件、组合件、基础组合件或总成的标准尺寸,加大或缩小的维修尺寸等称为规格。

11. 汽车配件

凡只适用汽车上的零件、合件、组合件(包括它们的基础件)和总成统称为汽车配件。它除了名称外,还包含了品种和规格。有些适用于汽车的通用配件,有时也可作为汽车配件来对待,如轴承、油封、通用电器设备等。

二、汽车配件的编号

一辆汽车,以解放牌 CA1091 为例,有 85 个组件、166 个分组件,以及组件的零件,包括滚动轴承等在内共计 1 万多个的品种规格和件数。除某些通用标准件,如个别螺钉、螺母或不重要的附件外,要保证汽车的行驶和安全,绝大多数的零件都不可缺少。如果缺损,便要造成停车或发生故障。例如:一台发动机如缺少一个小小的零件连杆螺栓的螺母,这台发动机就修复不了;又如一辆汽车,如果缺少一支制动软管,这辆汽车就必定要被迫停车,否则就极不安全。由此可见,汽车维修配件的及时组织生产和供应,对汽车运输和维修需要极为重要。在汽车配件供应中,通常以总成、组合件、合件和零件的名称称为品种;并以它的适用车型、加大或缩小的维修尺寸、新旧型(改型)等称为规格。汽车配件的概念,实际上是一切总成、组合件、合件和零件的统称,它包括了数量庞大的各种品种和规格。为便于组织生产和供应,故必须加以编号。

在工业发达的国家中,各汽车制造厂的零件编号并无统一规定,由各厂自行编制。

在我国,汽车零件编号则应按中国汽车工业联合会于 1990 年 1 月 1 日颁布实施的《汽车产品零部件编号规则》统一编制。其方法如下:

1. 汽车零部件编号

汽车零部件编号,由企业名称代号、组号、分组号、件号、结构区分号、变更经历代号(修理件代号)等组成,如图 2-2-1 所示。

结构区分号位于件号之后,表示该零件总成或总成装置的不同结构。而结构区分号位于组号或分组号之后,则表示该组或该分组的系统总成或装置的不同结构。

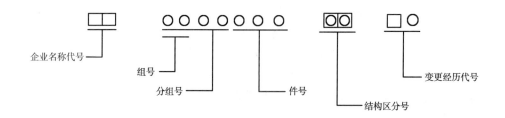

图 2-2-1　汽车零部件编号的构成形式

2. 不属独立总成零部件编号

对于不属独立总成的连接件或操纵件,其编号的构成形式如图 2-2-2 所示。

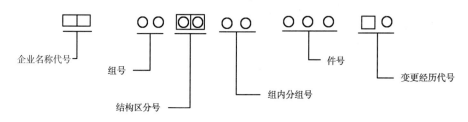

图 2-2-2　连接件操纵件编号的构成形式

3. 属于独立总成的零部件编号

对于属于独立组总成的零部件,其编号的构成形式如图 2-2-3 所示。

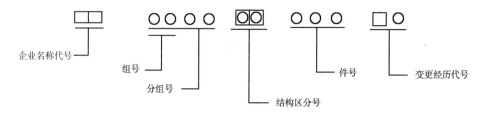

图 2-2-3　独立总成的零部件编号的构成形式

4. 标准的主题内容及适用范围

（1）适用于新设计定型的各类汽车和半挂车的零件、总成和总成装置图的编号规则。

（2）适用于各类汽车和半挂车的零件、总成和总成装置编号,但不包括专用半挂车的专用装置部分的零件、总成和总成装置图的编号。

5. 标准用术语

（1）组号:用 2 位数字表示汽车各功能系统内分系统的分类代号。

（2）分组号:用 4 位数字表示总成和总成装置的分类代号。头 2 位数字代表它所隶属的组号,后 2 位数字代表它在该组内的顺序号。

（3）件号:用 3 位数字表示零件、总成和总成装置的代号。

（4）结构区分号:用 2 个字母或 2 位数字区别同一类零件、总成和总成装置图的不同结构、性能、尺寸参数的特征代号。

（5）变更经历代号:用一个字母和一位数字表示零件、总成和总成装置图更改过程的代号,当零件或总成变化较大,并且首次更改不影响互换的用 A1 表示,依次用 A2、A3⋯⋯当零件或总成首次更改影响互换时,则跳过字母 A 而用字母 B,若再次更改而不影响互换,则用 B1 表示。

(6)修理件代号:在标准尺寸的基础上加大或减少尺寸的修理件,并按其尺寸加大或减少顺序给予代号。用 2 个汉语拼音字母表示,前一个字母表示修理件尺寸组别,后一字母为修理件代号,用"X"组表示。当某一修理尺寸有 3 组尺寸时,其代号为"BX""CX""DX"。当该组修理件标准尺寸件进行影响互换的更改时,应相应更改尺寸组别代号,其字母根据更改前所用的最后字母依次向后排列。如每一次影响互换更改时,标准尺寸件的更改经历代号为"E",则相应修理代号为"FX""GX""HX"。

6.汽车零部件编号中组号和分号的编制

汽车零部件编号中的组号和分组号的编制均有规定,组号自 10 号(发动机的组号)至 86 号(货箱倾卸机构)共 86 个号。分组号如在组号 10(发动机)中共有自 1000(发动机总成分组成)至 1022(曲轴平衡装置分组号)共 22 个号。其他各组号中分别有数个和多至数十个分组号。

第二节　汽车配件进货验收

一、汽车配件采购的程序

汽车配件采购的程序包括拟定采购计划、订立采购合同、商品验收入库、结算货款等环节。

1.拟定采购计划

采购计划定得是否合适,对资金周转和经济效益起着决定性的作用。采购计划做得好,不仅可加快资金周转,提高经济效益,而且可以减少库存积压。

一般采购计划的制定,可从 3 个方面考虑:一是前段时间销售的情况,根据其统计数字拟出该进货的品种、名称、型号规格和数量;二是参照库存量,库存多的可少进。当然,如果资金允许,那些销路好的也可多进一些;三是根据目前市场行情,作一些适当调整。

如有代销渠道,拟定计划时,虽将该批配件列入计划,但要单独列出,这是一笔不需付款的进货。

2.市场调查

市场调查的目的是通过调查、比较、分析,寻找价格合适、质量可靠、供货及时、售后服务好的供货单位及其产品。

(1)正确选择供货单位:选择供货单位,主要从价格和费用、产品质量、交付情况、服务水平等 4 个方面来评价。

一是价格和费用。价格和费用的高低是选择供方的一个重要标准。我国市场衔接中存在的固定价格、浮动价格和议价。在选择供应单位时要考虑价格因素,同时还要考虑运输费用问题。价格和费用低能降低成本,增加企业利润。但不是唯一标准,譬如交货迟缓或供应质量低劣,会严重影响修车质量和企业信誉,显然这也是选择供应者时必须考虑的。要做到货比三家,价比三家择优选购。

二是产品质量。价格和费用虽低,但供应的配件质量较次,实际上是高价的供应来源。由于配件质量达不到要求而影响修车质量,给用户带来损失,所以要购名牌产品或对配件质量要求规定的合理产品。

三是交付标准。它是供应单位按合同所要求的交货期限和交货条件的情况，一般用合同兑现率来表示。交货及时、信誉好的供货单位，自然是选择重点的对象。

四是服务标准。考虑供货单位可能提供的服务，如服务态度、方便用户措施和服务项目等。

在选择供货单位时，要注意就地就近选择。这样可以带来许多优点，如能加强同供货单位联系和协作，能得到更好的服务；交货迅速；临时求援方便；节省运输费用和其他费用；降低库存水平等。但是也要注意与别的供货单位权衡，如比较各供货单位的生产技术能力、管理组织水平等。比较后作出全面的评价。

为了作出恰当的评价，必须根据有日常业务往来的单位及市场各种广告资料，编制各类配件供货单位一览表，然后按表内所列的项目，逐项登记，逐步积累，把发生每一笔采购业务，都填写补充到该表中去，在此基础上进行综合评价。

(2) 正确选择供货方式：对于需要量大、产品定型、任务稳定的主要配件应尽量选择定点供应直达供货的方式。

对需要量大，但任务不稳定和一次性需要的配件尽量采用与生产厂签订合同直达供货方式，以减少中转环节，加速配件周转。

对需要量少的配件，如一个月或一个季度需要量在订货限额或发货限额以下者，宜采取由配件门市部供货的方式，以减少库存积压。

对需要量少，但又属于附近厂生产的配件（如50km以内），也可由产需双方建立供需关系，由生产厂按协议供应。

采购形式：一是现货与期货，现货购买灵活性大，能适应需要的变化情况，有利于加速资金周转。对需要量较大，消耗规律明显的配件，采用期货形式，签订期货合同，有利于供应单位及时组织供货；二是一家采购与多家采购，一家采购指对某种配件的购买集中于一个供应单位，它有利于采购配件质量稳定、规格对路、费用低，但无法与他家比较，机动性小。多家采购是将同一订购配件分别从两个以上的供应者订购；三是向生产厂购买和向供销企业购买，这是对同一一种配件既有生产厂自产自销又有供销企业经营情况下所作的选择。一般情况下，向生产厂购买时价格较为便宜，费用较省，产需直接挂钩可满足特殊要求。供销企业因网点分布广，有利于就近及时供应，机动性大，尤其是自外地区进货和小量零星用料向配件门市部购买更为合适。

3. 签订采购合同

采购合同是供需双方的法律依据，必须按合同法规定的要求拟定，合同的内容要简明，文字要清晰，字义要确切。品种、型号、规格、单价、数量、交货时间、交货地点、交货方式、质量要求、验收条件、双方职责、权利都要明确规定。签订进口配件合同时，更要注意这方面的问题，特别是配件的型号、规格、生产年代、零件编码等不能有一字差别。近几年生产的进口车，可利用标识码（即17位码）来寻找配件号。此外，在价格上也要标明何种价，如离岸价、到岸价等，否则会导致不必要的吃亏。

二、汽车配件的入出库

1. 汽车配件入库

物资入库是物资存储活动的开始，也是仓库业务管理的重要阶段。这一阶段主要包括物资接运，物资的验收和办理入库手续等环节。

(1)到货接运。到货接运是物资入库的第一步。它的主要任务是及时而准确地向供应单位或交通运输部门接收入库物资。在接运时,要对照货物运单认真检查,做到交接手续清楚,证件资料齐全,为验收工作创造有利条件。避免将已发生损失或差错的物资带入仓库,造成仓库的验收或保管出现困难。

(2)验收入库。凡要入库的物资,都必须经过严格的验收,物资验收是按照一定的程序和手续,对物资的数量和质量进行检查,以验证它是否符合订货合同的一项工作。验收为物资保管和使用提供可靠依据,物资验收记录是仓库对外提出换、退货、索赔的重要凭证。因此,要求验收工作做到及时、准确,在规定期限内完成,要严格按照验收程序进行。

验收作业程序是:验收准备→核对资料→检验实物→作出验收记录。

验收准备:搜集和熟悉验收凭证及有关订货资料;准备并校验相应的验收工具,如磅秤、量尺、游卡等,保证计量的准确;准备堆码、苫垫用的装卸搬运设备、工具及材料;配备相应的人力,根据到货物资的数量及保管要求,确定物资的存放地点和保管方法等。

核对资料:凡要入库的物资,应具备下列资料;主管部门提供的入库通知单;供货单位提供的质量证明书、发货明细表、装箱单、磅码单;承运部门提供的运单及必要的证件。仓库需对上述各种资料进行整理和核对,无误后即可进行实物检验。

实物检验:主要包括对物资的数量和质量两个方面的检验。数量验收是查对所到物资的名称、规格、型号、件数等是否与入库通知单、运单、发货明细表一致。验收时,仓库应采取与供货方一致的计量方法,即按质量供货者,应检斤称量;按件数供货者,应点件;按理论换算供货者,应检尺计量换算。质量验收包括对物资的包装状况,外观质量和内在质量(即物资的物理化学性能)的检验。一般仓库只负责包装和外观质量的检验,通过验看外形来判断其质量状况。需进行技术检验来确定其质量的,则应通知企业技术检验部门或取样送请专业检验部门检验。

作业验收记录:验收结果应立即作出验收记录。记录内容主要包括物资的名称、规格、供货单位、出厂日期(或批号)、运单号、到达日期、验收完毕日期、应收数量、抽查数量、质量情况等。凡遇数量短缺或包装破损的,应注明短缺数量及残缺程度,并有原因分析,附承运部门的现场验收签证或照片,应及时与供货单位交涉,或上报主管部门处理。处理期间,物资应另行堆放,不得与合格品混存,更不得发放使用,但也应妥善保管。

(3)办理入库手续。物资经验收无误后即应办理入库手续,进行登账、立卡、建立物资档案,妥善保管物资的各种证件、账单资料。

登账:仓库对每一品种规格及不同质量(级别)的物资都必须建立收、发、存明细账,它是及时、准确地反映物资储存动态的基础资料。登账时必须要以正式收发凭证为依据。

立卡:料卡是一种活动的实物标签,它反映库存物资的名称、规格、型号、级别、储备定额和实存数量。一般是直接挂在货位上。

建档:历年来的物资技术资料及出入库有关资料应存入物资档案,以利查阅,积累物资保管经验。物资档案应一物一档,统一编号,以便查找。

2. 汽车配件出库

物资出库是仓库业务的最后阶段,它的任务是把物资及时、迅速、准确地发放到使用单位。出库工作的好坏直接影响企业的生产秩序,影响物资的盈亏、损耗和周转速度,因此,仓库应努力做好物资的出库工作。

为保证物资出库的及时、准确,要合理安排出库过程中人力和机械设备,使出库工作尽量一次完成。同时，要认真实行"先进先出"的原则，减少物资的储存时间，特别是有保管期限的物资，应在限期内发出，以免物资变质损坏。严格按照出库程序进行。

物资出库程序是：出库前准备→核对出库凭证→备料→复核→发料和清理。

(1) 物资出库前的准备。为及时供应生产所需物资，仓库要深入实际，掌握用料规律，并根据出库任务量安排好所需的设备、人员及场地等。

(2) 核对出库凭证。工业企业仓库发出的物资，主要是生产单位所领用，有少部分对外销售、委托外单位加工或为专用基金工程所领用。为了确定出库物资的用途，计算产品成本，防止物资被盗，出库时必须有一定的凭证手续。严禁无单或白条发料。物资出库凭证主要有："限额领料单""领料单""销售材料发料单""外加工发料单"等。保管员接到发料通知单后，必须仔细核对，无误后才能备料。

(3) 备料。按照出库凭证进行备料。同时变动料卡的余存数量，填写实发数量和日期，提供质量证明书等。

(4) 复核。为防止差错，备料后必须进行复核。复核的主要内容：出库凭证与物资的名称、规格、质量、数量是否相符，技术证件是否齐全。复核方法可采取保管员自己复核，或保管员之间交叉复核，或由专职复核员复核。

(5) 发料和清理。复核无误后即可发料。发料完毕，当日登销料账、清理单据、证件，并清理现场，整理现场，整理垛底或并垛。

第三节　汽车配件的仓储及保管

一、汽车配件的储存

1. 汽车配件的储存条件

根据汽车配件不同的材料、结构形态和质量，以及技术性能等方面的要求，应区别具体情况，提出不同的储存条件。

(1) 所有汽车配件应储存在仓库或有遮盖的干燥场地内，应无有害气体侵蚀和影响，且应通风良好，不得与化学药品、酸碱物资一同存放。

(2) 储存的仓库应保持在相对湿度不超过75%，温度在20~30℃范围内。对于橡胶制品，特别是火补胶，则应在能保持环境温度不超过25℃的专仓内储存，以防老化，保证安全。

(3) 对于电器配件、橡胶制品配件、玻璃制品配件，由于这些配件自重小，属轻抛物资，不能碰撞和重压，否则将促使这些配件的工作性能失准、变形或破碎，故应设立专仓储存，而且在堆垛时应十分注意配件的安全。

(4) 对于发动机总成的储存期，如超过半年，则必须进行维护。一种办法是将火花塞(汽油机)或喷油器(柴油机)自汽缸盖上拆下，螺孔中注入车用机油少许，以保持汽缸中摩擦副零件有良好的润滑油膜，防止长期缺油生锈。如超过1年，除应作上述维护外，还应在汽缸壁上涂敷得更加彻底和均匀，然后旋上火花塞或喷油器。

(5) 对于蓄电池的储存，更应防止重叠过多和碰撞，防止电极及盖因重压受损，而且应注意加注电解液塞的密封，防止潮湿空气侵入。至于极板的储存，则应保持仓间干燥，储存期一般规定为6个月，必须严格控制。

(6) 对于像软木纸、毛毡制油封及丝绒或呢制门空嵌条一类超过储存期半年以上的配件，除应保持储存场地干燥外,在毛毡油封或呢槽的包装箱内,应放置樟脑丸,以防止霉变及虫蛀。

2. 汽车配件储存的相应措施

为了达到储存安全,不使配件在储存过程中发生霉坏变质、失准、破碎等损失,必须采取相应措施。

(1)配件入库,必须加强验收。配件入库验收的主要方面,除品名、规格、单位、数量应核对无误外,还应该注意配件在入库前是否有破损、缺件、生锈以及包装不良等情况存在;而且更应对包装物(木箱、纸盒、袋、纸)及油封防护情况等进行必要的抽查,应保证入库配件包装物的干燥,无酸碱和防护油脂及内包装的完整。

(2)根据配件材料、结构、体形、质量、性能等不同特点,安排不同的仓间或仓位和采取不同的堆垛方法,确定合理的堆垛数量,以保证储存的安全。

(3)必须控制仓间的温湿度(温度在 20~30℃、相对湿度 75% 以下),要注意和掌握自然温度变化的规律。控制和调节库房温湿度,是维护储存配件的重要措施之一。故在仓库内应设置温湿度表进行日常观察和记录,其高度按视平线约1.5m左右。另在库外的适宜地方的百叶窗箱内,也设置温湿度表,以便观察仓库内外温湿度的变化和数值,采取相应的调节措施。

(4)对于易吸潮生锈的配件,除应保持仓间地面干燥外,还应在配件堆垛的底层设置离地至少有 15cm 空隙的架空垫板,使空气得以流通。必要时,还应在地面放置少量生石灰或在堆垛的适当位置旋转氯化钙、氯化锂等吸潮剂。生石灰在使用后应及时移去或更新。

(5)储存配件的堆垛相互之间以及墙距之间,必须留有间距,墙距宽度一般规定为0.1~0.3m,垛距为 0.5~1m,这必要的间距即保证储存配件的通风条件,也是配件保管收发工作中的安全通道。

二、汽车配件的保管

汽车配件的保管,是储存工作的一个中心环节。做好保管工作,不仅要求保管中配件的品名、规格、数量和动态账卡与实物保持完全相符,而且更应保证其使用质量不受损害。当发现有异状时,必须及时提出报告,以便采取保养措施,尽早和尽可能地挽回物资在保管期中的损失。因此,保管工作也是一门专门的知识。故必须熟悉和掌握汽车配件有关品名、规格、维修尺寸和制造材质、工艺要求、技术性能、防锈措施、包装条件等各方面的知识,以及熟悉和掌握仓位安排、堆垛方式、温湿度控制、收发和账卡等动态记录和单据流转等一系列的手续制度。这样,才能达到一名合格的保管员的标准。

1. 对汽车配件保管工作的要求

对汽车配件保管工作的要求,归纳起来大致有如下所述几项。

(1)保护配件不受损害。

①做好仓间内外温湿度日常变化记录,保持和调节好仓间温湿度。注意防止靠近门窗储存配件遭受天气突然变化中的雨水浸淋和阳光的直接曝晒。对容易吸潮配件应注意更换吸潮剂和防霉剂(樟脑丸等);

②针对不同配件的性能、数量、包装、体积形态和耐压情况,合理安排存放仓位,提高堆垛技术和选用合理的堆垛数量。对无特殊性能要求而体型方整的配件,一般可采用重叠式或咬缝式堆垛;易变形和怕压或包装物强度较差的配件,则应考虑堆垛高度、数量,严禁重压。同时也应注意做到堆垛排脚紧密,货垛稳固,垛形整齐,尽量提高仓容利用率;

③对堆垛要正确地留出四距,即墙距,柱距(0.1m),顶距,照明灯距,力求贯彻安全、方

便,节约仓容的原则;

④每天在上下班时,应对仓间安全进行检查。下雨刮风潮汛前后要检查门窗、渗漏、冒水、苫盖等防范措施,防止配件受潮,保持仓间清洁;

⑤随时做好收发货装卸机械、起重设备等安全检查和报修,保持设备机械的完好。对配件的装卸搬运,必须轻搬轻放,做到商品不坏,包装不损;

⑥注意配件进出仓动态,对呆滞配件尤应注意储存质量的检查,如发现异状(霉变生锈)应及时填报异状报告,通知有关部门进行处理。

(2)防止差错,保证账物相符。

①商品入库,必须严格核对,合理安排仓位,桩脚要稳当,堆垛要分层标量,分桩要立分卡,移仓要做记录,零星桩脚要勤翻勤并,配件货位编号要在账卡上详细标注;

②货账必须随出随销。动态商品要当天轧平,并定期进行仓库动态配件的盘点,做到卡货经常相符;

③熟悉配件的名称、规格、结构特点,正确折算商品体积的尺码、吨位和仓间可用面积,并能经常反映业务动态和仓容的利用率;

④熟悉单据流转程序,严格遵守操作制度,保证内部单证、货卡、报表的正确和完整。发现差错和失误,应及时报告或纠正,做到账实相符。

2.汽车配件分区分类的确定

分区分类,要贯彻"安全、方便、节约"的原则,在汽车配件性质、养护措施、消防措施基本一致的前提下进行统一规划。

(1)分区分类的方法。规划分区分类之前,要调查研究购销业务部门需要入库储存的汽车配件的情况。主要包括:

①经营的品种、数量与进出库的批量;

②汽车配件性能、包装状况及其所需要的保管条件;

③汽车配件收发、装卸搬运等所需要的机具设备和工作量的大小;

④仓库汽车配件收发方式、大致流向和周转期;

⑤有无特殊的保管、验收和理货要求等。

通过对购销业务活动的调查和分析,分清在性能、养护和消防方法上一致的各类汽车配件所需仓容,考虑对存储、吞吐条件的要求,结合仓库具体设备、条件,即可进行分区分类。

汽车配件分区,大体可分为以下两种情况:

①按品种系列分类,分类集中存放。存储发动机配件的叫发动机库;存储通用汽车配件的叫通用库等;

②按车型系列分库存放。例如东风牌汽车配件库、解放牌汽车配件库等等。

(2)分区分类应注意的事项:

①凡一个单位经营的汽车配件,只有性质相近,和有消费连带关系的,要尽量安排在一起存储;

②按汽车配件性质和仓库设备条件安排存储;

③互有影响,不宜混存的汽车配件,一定要隔离存放;

④按作业安全、方便分类分区。如出入库频繁的汽车配件,要放在靠近库门处;粗重长大汽车配件,不宜放在库房深处;易碎汽车配件避免与笨重汽车配件存放在一起,以避免在搬运时影响易碎汽车配件的安全;

⑤消防灭火方法不同的汽车配件不得一起存储。

3．货位编号

1）货位编号的方法

(1) 整个货舱的编号。整个货舱的编号,根据仓库建筑、结构和布局,按库房、货棚、货场分别顺序编号。在数码后面分别加"库""棚""场"字样。

货场编号。货场编号可以按进入仓库正门前进的方向,左单右双的顺序排列;或按东南西北等方向编为东货场、西货场、南货场、北货场;或按存储汽车配件类别编为东风牌汽车配件库、解放牌汽车配件库等。

库房(货棚)编号可按进入仓库正门方向自左至右顺序编号,如1号库房、2号库房、3号库房或按存储汽车配件类别编为发动机库、通用库等。

(2) 库、棚、场内的编号。库房内的货位编号可根据库房面积大小,存储汽车配件的数量和种类,划分为若干货位。一般以中心走道为轴线,将货垛按左单右双或自左而右顺序排列,编上号码,用油漆把货位号写在水泥地上、柱子上或房梁、天花板上等。

货架编号方法很多,常见的有以下两种：

第一种是与货物大小相等的2层或3层货架,及用砖木或钢材制造的货架,堆放整件的零星汽车配件用。对这种货架的编号,一般从属于段位编号,只要在段位号末加注"上、中、下"字样即可。如5号库6货位2段中层货架,可写为5-6-2中,即可按号找货。

第二种是在以拆箱付零的仓库里,由于汽车配件零星,很多汽车配件需要拆件分类放在货架的格眼里,以便发货。一个仓库有许多货架,为了管理方便,必须按业务需要进行货架编号,其形式多种多样。一般以排为单位进行编号,如库房内,有16层4排货架,每排有16个格眼。编号时可按1排1-16号,2排1-16号,依此类推,逐排逐号按顺序编列号码,以便存取。如5号仓库第9排货架第4号格眼,可写为$5\frac{4}{9}$,以示与货架编号的区别。

(3) 货场的货号编号。目前,货场的货号编号有两种方法：一种是按照货物的排列编成排号,再在排内顺序编货号位。如323场货位,即3号货场第2排第3货物。另一种是不编排号,只编每一货场的货位号。如34场货物,即3号货场第4货位。编号标志,一般利用水泥块或石块,编号后斜埋在相应的地点,以便对号进出货。

2）货位编号的使用

货位编号是汽车配件在库的"住址",标志必须明显、清楚,一目了然。保管员、记账员必须使用仓库统编的货位号,对号收发货。仓库货位号的书写方法,在一个仓库必须一致。如把各个号码用短线连接起来就组成一个货位编号,写成5-1-3,即5号库房1货位3段。

汽车配件入库时,保管员根据汽车配件堆码位置,把货位号注明在入库凭证上,以便在记账时附注货位号;汽车配件出库时,要把货位号注明在出库凭证上,以便按号找货。

在库汽车配件由于整理货垛变动了存放位置时,保管员应立即填制"内部汽车配件倒并垛通知单",将汽车配件转移后所在货位(除自己更改货位号外),及时通知记账一同更改,以防发生差错。

4．合理堆码货物

1）堆码要求

汽车配件堆码指的是仓储汽车配件堆存的形式和方法,又称堆垛。汽车配件进入仓库存储,应按一定的要求存放,不准随意平摊或堆叠。汽车配件堆码必须根据汽车配件的性能、数量、包装质量、形状以及仓库条件,按照季节变化的要求,采用适当的方法、方式,将汽车配件堆放稳固、整齐。堆码必须做到安全、方便、节约。具体要求:

第一要保证人身、汽车配件与仓库的安全。堆码严禁超载,即不许货垛重量超过仓库地面或货架结构的设计负重。货垛不宜过高,垛顶与库房梁、灯要保持安全距离。货垛与墙、柱给固定设备之间,以及货垛与货垛之间都应有一定的间隔距离,以适应汽车配件检查、操作和消防安全的需要。

第二要便利汽车配件出入库操作。为考虑在汽车配件先进先出、快进快出的要求,货垛不可阻塞通道,或堆成死垛。货垛的位置应统筹安排,注意货垛之间,货垛与设备之间的距离,以及走、支道设置要合理,以切实保证收发货,汽车配件检查养护等作业方便。

2) 堆码方法

常见的堆码方法有以下几种:

重叠法。即按入库汽车配件批量,视地坪负荷能力与可利用高度,定堆高层数,摆定底层汽车配件的件数,然后逐层重叠加高,上一层每件汽车配件直接置于下一层每件汽车配件之上并对齐。硬质整齐的汽车配件包装,正方形的包装和占用面积较大的钢板等用此法,垛体整齐,稳固,操作较易。但不能堆太高,尤其是孤立货垛以单件为底,如直叠过高易倒垛。

压缝法。针对长方形汽车配件包装,长度与宽度成一定比例,汽车配件每层压缝堆码。即上一层汽车配件跨压下一层两件以上的汽车配件,下纵上横或上纵下横,货垛四边对齐,逐层堆高。用此法每层汽车配件互相压缝,堆身稳固,整齐美观,又可按小组出货,操作方便易于腾出整块可用空仓;每层和每小组等量,便于层批标量,易于核点数量。

牵制法。汽车配件包装不够平整,高低不一,堆码不整齐,可在上下层汽车配件间加垫,并夹放木板条等,使层层持平有牵引,防止倒垛。此法可与重叠法、压缝法配合使用。

通风法。为便于汽车配件通风散潮,有的汽车配件件与件不能紧靠,要前后左右都留一定空隙,宜采用堆通风垛的方法。其堆码方法多种多样,常见的有"井"字形、"非"字形、"示"字形、漩涡形等。需要通风散热、散潮,必须防霉及怕闷的汽车配件,常用此法。

桶装、听装的液体汽车配件,排列成前后两行,行与行、桶与桶间都留空隙;堆高上层对下层可压缝,即上一件跨压在下两件"肩"部,以便于检查有无渗漏。

行列法。零星小批量汽车配件,不能混进堆垛,就按行排列,不同汽车配件背靠背成两行,前后都面对走道,形成行列式堆码,可以避免堆"死垛"(堆放垛中,无通道,存取不便)。

轮胎货架。为防止轮胎受压变形,也需要专门货架保管,这种货架有固定的,也有可以装拆的。

5. 汽车配件的盘存

仓库定期对库存汽车配件数量进行核对,清点实存数,查对账面数。不仅要清查库存账与实存数是否相符,有无溢缺或规格互串等,还要查明在库汽车配件有无霉烂、变质,将近失效和残损、呆滞等情况。通过盘点,彻底查清库存数量上已有的或隐藏、潜在的差错事故;发现在库汽车配件的异状,及时抢救,减少和避免保管损失。

盘点内容包括:

(1) 盘点数量。对计件汽车配件,应全部清点,货垛层次不清的汽车配件,应进行必要的翻垛整理,逐批盘点。

(2) 盘点质量。对计重汽车配件,可会同业务部门据实逐批抽件过秤。

(3) 核对账与货。根据盘点汽车配件实数来核对汽车配件保管账所列结存数。逐笔核对,不可含糊。

(4)账与账核对。仓库汽车配件保管账应定期,或在必要时,与业务部门的汽车配件账核对。盘点方法有:日常核对,定期盘点,临时盘点。

(1)日常核对。这种核对不定期,是一种局部性的盘点。一是动态复核。即对每天出动的货垛,在发货后随即查点结存数,这种核对花时少,发现差错快,可以有效地提高账货相符率;二是巡回核对。即日常翻仓整垛,移仓,过户分垛后,对新组合的货垛,或零散的货垛,安排巡回核对点数。

(2)定期盘点。一般宜在月末、季末、年末进行。盘点时,按批清点库存数量,以实存数对卡、对账,核完作出已盘标记。

(3)临时盘点。根据工作需要而定的临时突击的盘点。如工作调动,意外事故,搬迁移库等进行的临时盘点。

在盘点时发现问题或工作意见应作出记录,并及时追查原因。未查明之前,对溢余、短缺、差错等,应及时按规定报业务部门处理,以保持库存汽车配件的真实。不能随便以溢余抵冲短缺,防止事后无从查对。发现汽车配件霉烂、变质、残损等情况,应采取积极的挽救措施,尽可能减少损失。

三、汽车配件生锈变质的类型及其养护处理方法

汽车配件绝大多数系金属制品。大量的储存质量问题表现为生锈和磕碰伤;少数的也表现为破损。橡胶制品则为橡胶老化和变形(失圆、翘曲)。铸件和玻璃制品为破损。毡呢制品为发霉虫蛀。电器配件表现为技术性能失准或失效等等。归纳起来大致有下述类型。

(1)生锈和磕碰伤:大量的事例常见于各种连接销和齿轮及轴类配件。如活塞销、转向节主销、气门、气门挺杆、推杆、摇臂轴、曲轴、凸轮轴等。特点是都有经过辅助加工的磨光配合工作面。如发现生锈、磕碰伤,轻微的可以用机械抛光或用"00"号砂纸轻轻打磨的办法予以去锈或消除,然后重新涂防护。但严重而影响其使用质量的,其中有加大尺寸余量的可磨小一级予以修正,但已经是标准尺寸或已是最小维修尺寸的只能报废。有的则需要进行修复并降价处理。如曲轴和其他一般轴类可用喷焊或镀铬后再磨光。但在加工成本过高,货源又较充沛的情况下,不受用户欢迎,往往也只报废。又如变速齿轮及具有花键的轴,如啮合工作面锈蚀严重,虽经除锈,但容易造成应力集中,在一定程度上削弱其使用质量和寿命,故生锈轻者可降价销售,重则需要报废,这往往要视影响质量程度及需求情况而定。

(2)配件的铸锻毛坯面往往由于清砂或清洗不净,残留氧化皮或热处理残渣,虽然经过涂漆或蜡封,但在储存中仍旧极易生锈而且更为严重(大块剥蚀)。这种情况,必须彻底加以清除和清洗干净,然后重新涂漆或油封,且需视其外观质量及影响使用质量的程度,进行按质论价。

(3)电器仪表配件往往由于震动、受潮,产生绝缘介电强度遭到破坏,触点氧化,气隙走动,接触电阻增大等故障。致使工作性能失控或失准,则必须进行烘干、擦洗(接触件),调整并进行重新校验,以保证其工作性能的恢复和符合标准。某些电器仪表的锌合金构件,往往发生氧化变质因而迁居早期损坏,则必须进行修理、校准,严重时也只得报废。

(4)蓄电池和蓄电池阴阳极板往往由于包装不善或未注意防潮,短期内便将造成极板的氧化发黄,较长期后则会造成极板的硫酸铅化,使其电化学性能明显下降,甚至无法挽回,故在储存中必须十分注意防护。

(5) 由铸铁或球铁制成的配件,如制动鼓、缸体、缸盖、汽缸套筒、起动机、发电机端盖等配件,往往在搬运中磕碰而造成破裂或缺损,除端盖可以更换外,其他则无法修复终成废品。

(6) 玻璃制品的破损,橡胶配件的自硫老化,石棉制品的损伤裂缺,都无法进行修补。

四、汽车配件防锈材料的选择和应用

(1) 汽车配件中金属制品占总量和品种的极大比重,而金属制配件的金属材料(分黑色金属和有色金属)、体形结构、单件质量、制造精度、工作性能等又有极为复杂的差异,故必须根据不同配件的具体对象选择不同的防锈材料和工艺(表2-2-1)。

置换型防锈油　　　　　　　表2-2-1

品　名	成　分(%)		应用范围
201 防锈油 (上海高阳路石油加工厂)	石油磺酸钡 环烷酸锌 机械油 凡士林	20 15 35 30	用于黑色金属防锈或稀释后作工序间防锈
72-1 置换型防锈油 (苏州炭黑厂)	羊毛脂镁皂 磺酸钡 二丁酯 苯胼二氨唑 30# 机械油	15 25 2 0.3 57.7	用于多种金属组合件的长期封存防锈

(2) 包装材料。汽车配件的包装材料一般要求是材料本身应对金属无腐蚀作用,透水透气性小,具有一定的隔离作用而且可靠。可分为:

①纸类。a. 羊皮纸,分 1# 和 2# 两种,前者供精密零件,后者供一般零件的内包装用; b. 仿羊皮纸,纸质稍坚韧,用于要求较高的电器配件、零件的内包装; c. 中性石蜡纸,为含有 2% 硬脂酸铝的石蜡浸涂中性纸,防潮性能好,适用于一般配件内包装用; d. 横纹牛皮石蜡纸,中性纸双面涂石蜡,用于一般钢铁制配件; e. 牛皮纸,强度高,适用于经涂防锈油脂后的一般金属配件内包装用;

②塑料薄膜及复合塑料薄膜。a. 塑料薄膜,透明、韧性好、可热焊、耐油耐酸,其中以聚乙烯最为普遍,常用厚度为 0.15～2mm; b. 塑料复合纸,由塑料薄膜与防锈纸复合压制的包装材料,既能防锈又能防湿; c. 铝型薄膜,由塑料薄膜与铝箔复合而成。铝箔的防水、防潮、不透气性较塑料薄膜更好,且能防紫外光,故包装性能优良,适用于精密零件、电讯器材、仪表等的包装。在国外进口配件的大型综合包装木箱中常见。

(3) 汽车配件储存或包装中的常用干燥剂。在较精密的汽车电器电子仪表配件中,包装内也常放置干燥剂来吸收潮气,增强防潮、防锈效果。其特性是吸湿能力强,而且能烘干后再用,使用方便,性能稳定,汽车配件或储存和包装中,最常见的为硅胶,硅胶又称矽胶或称防潮砂。为一种坚硬多孔玻璃装不规则的球形颗粒。分细孔及粗孔型,又分原色和变色两种。原色为乳白色或半透明,粒度一般为 2.8～7mm。变色硅胶在干燥硅态时呈宝蓝色(相对湿度≤20%),粒度为 1.5～4mm,当相对湿度为 33% 时,呈紫罗兰色或灰色,相对湿度为 50% 时,呈淡红色或红色。使用时用纸袋或布袋盛放,并置于内包装之中。

干燥剂的活化及再生处理温度为:

原色硅胶:干燥温度 150~170℃,时间 3~4h。

蓝色指示硅胶:干燥温度(12±3)℃,时间 1.5~2h。

(4)汽车配件清洗材料。在浸涂防锈油脂或其他防锈材料前的清洗质量好坏,对防锈效果的影响很大。因为金属表面的不清洁,本身就是生锈的直接原因之一。

产品表面的污物,分水溶性和非水溶性的两类。前者为冷却液、手汗、酸碱盐等;后者为切削油、研磨膏、油脂等。水溶性污物一般可用碱性溶液清洗,非水溶性污物一般可用石油溶剂清洗。

碱性清洗液(表2-2-2):对轻度的油污有效,如氢氧化钠、碳酸钠、磷酸三钠、硅酸钠等,如提高清洗油污效果,可加入少量的表面活性剂如烷基苯磺酸钠、OP-10 油酸三乙醇胺、平平加等。

碱 性 清 洗 液   表2-2-2

品　名	成　分(%)	性能及用途	应用范围
氢氧化钠 碳酸钠 水玻璃 水	0.5~1 5~10 3~4 余量	强碱性,加热后能清洗矿物油、植物油及钠基脂,适用于一般钢铁件除油清洗	(1)用热熔液(60~90℃)浸洗或喷洗 5~10min; (2)再经热水冷却漂洗后,进行防锈处理
磷酸三钠 磷酸二氢钠 水玻璃 烷基多苯 碳酸钠 水	5~8 2~3 5~6 0.5~1 余量	碱性较弱,对加热后有除油能力,对金属腐蚀性较低,适用于钢铁及铝合金件除油清洗	同上

石油溶剂清洗液(可分为汽油和煤油):它是机械产品的常用清洗液,但易燃,易挥发,使用时必须注意安全。

汽油常用的为 200#溶剂汽油或工业汽油,一般车用汽油因有防爆添加剂四乙铅,对人体有害,而且易使被洗金属生锈,特别对有色金属,更不宜采用。

加有添加防锈剂的汽油或煤油,可以防止纯汽油、煤油因挥发而形成被清洗金属表面凝聚水珠,致留生锈隐患。添加剂一般为 204-1 防锈油,加入量为总量的 2%~3%。

第四节　汽车配件销售的质量管理

产品质量,是消费者十分关注的问题。它不仅关系到消费者的实际使用效益,而且会对汽车配件销售企业产生重大影响。

汽车配件经营单位具有产需之间的纽带、桥梁作用,经营单位在收购工作中要贯彻择优的原则,加强质量验收,发挥它的质量监督和促进的作用。

一、汽车配件的质量验收

经营单位加强质量验收、质量管理,有利于贯彻"不合格配件不准出厂、不准收购、不准销售"的方针。收购配件的验收是一项政策性较强和技术专业性要求较高的工作,这一工作的好坏,直接影响到经营单位对收购配件的质量验收,是改善经营管理,提高服务质量,维护产品信誉的行之有效的重要措施之一,它有利于开拓市场,减少浪费,改善库存配件结构和加强销售服务。

主要汽车配件验收技术要求见表 2-2-3(供参考)。

主要汽车配件验收和保管的技术要求　　　　表 2-2-3

汽车配件名称	验收技术要求	保管技术要求
汽缸体	(1)汽缸体主要加工面的表面粗糙度应符合图纸规定。 (2)各加工面应光洁,无凹陷、黑斑、划痕等。 (3)不允许有裂纹、针孔、冷隔、浇不足、黏砂、缩松、疏松、砂孔、夹杂物等铸造缺陷。 (4)各部不应有破损、碰伤及锈蚀现象;不加工的外表面应涂有防锈漆。	(1)汽缸体应放置在垫高 300mm 的垫木上;注意保持缸体位置的水平,并保持垫木下通风。 (2)在搬运中不得用铁棍或钢丝绳穿入缸孔内吊运,注意保护加工面,不准撞击和翻滚
汽缸盖	(1)缸盖各部不允许有裂纹、冷隔、浇不足、黏砂、疏松、砂孔、夹杂物等铸造缺陷。燃烧室表面、气门座锥面、火花塞及电热塞孔、螺纹孔、密封面及汽缸孔附近的范围内不允许有任何铸造缺陷。内腔表面、进排气通道及不加工表面不允许有残渣、型砂、铁丝、碎屑、毛刺、结瘤等异物异形。 (2)全部螺纹及油井不准有毛刺孔眼及碰痕等缺陷。 (3)汽缸盖的加工平面应光洁,不得有凹坑、斑痕、划痕等,不加工表面应涂有保护漆层	(1)汽缸盖应保持清洁;加工面涂油脂防锈;结合平面应以蜡纸贴封,再用防水纸或塑料薄膜封裹。 (2)汽缸盖应装箱保护加工面不受操作;垛码时,垛底应垫高 300mm 左右,以利通风。 (3)不得抛掷、撞击和翻滚,防止损坏和变形
活塞	(1)验收时注意生产厂的分组标志,一般在靠近销孔处涂以各种漆色以区别不同的分组尺寸(每组相差 0.0025mm)。 (2)活塞的表面应光洁,不允许有裂纹和残余的飞边,销孔表面和销圈槽部位不许有任何砂眼。所有加工面不许有裂纹和毛刺。液锻活塞表面不允许有裂纹、折叠、毛刺、夹杂物等缺陷。各种不允许有凹陷、破缺和锈迹。 (3)活塞上应标明制造厂名、分组尺寸代号及修理尺寸,分组活塞应附有检验合格证	铝活塞受潮后易产生灰白色铝氧化物,因此不准与盐碱类物资储存在一起。活塞应以中性防锈油脂或蜡封涂盖,并用蜡纸包裹;成组活塞应在同一盒内,中间隔以瓦楞纸,以防撞击
汽缸套	(1)缸套表面应经淡化处理,湿式缸套外表面水套部位应镀铬,缸套内表面允许有因石墨脱落而形成的针孔。 (2)活塞销孔以上的活塞环行程范围内,支撑肩上、下端面和封水圈部位不允许有孔眼、夹渣和疏松等缺陷	(1)汽缸套应以中性防锈油脂或蜡进行密封,用蜡纸贴封后装于纸盒内保管;外包装上应有规格标志,不同规格的缸套应分别存放。 (2)搬运中不得摔挪、碰撞挤压,以防变形、损坏
活塞环	(1)铸铁活塞环表面不允许有裂纹、疏松孔眼及飞边、毛刺等缺陷。钢制活塞环表面不许有划痕。镀铬环表面不许有铬层龟裂起皮、脱落等疵病。 (2)第一道环应镀铬,其他环应镀锡、磷化或其他表面处理;锥形环应有安装方向标志。 (3)活塞环应涂油后包装,包装盒上应标明制造厂名、型号及零件编号、尺寸代号及留修口量、数量、包装日期及油封有效期。镀铬环的外包装应标明"镀铬环"字样。 (4)验明出厂检验合格证。	(1)活塞环要用中性矿物油密封,对入库的活塞环应注意检查油封层是否有效,如失效应重新涂刷。 (2)活塞环如果生锈,应使用竹片或硬木片蘸少许汽油将锈迹刮去,擦净后再涂以中性矿物油。每组应用蜡纸或塑料薄膜封裹。 (3)活塞环应成组存放,不得裸放,原包装上的标注规格和型号注意保留;各种型号、规格的活塞环应分开存放,以免混乱。 (4)搬运时不得摔挪和挤压,注意轻拿轻放

续上表

汽车配件名称	验收技术要求	保管技术要求
活塞销	(1)注意活塞销外径的分组标记,发料时注意相同标记颜色的销和活塞成组配对,不可乱发乱装。 (2)在抛光面上不得有划痕、黑点、碰痕、蚀痕、麻点等缺陷,销的各部均不得有裂缝、氧化皮等异常。 (3)活塞销两端不准有尖角,内孔表面应光滑,无锈迹、杂物等存在。 (4)每批活塞销入库后要抽样检查,抽样数不大于2%,抽验时如有一件不符标准,应加倍抽验,如仍有一件产品不合格,则全部不予验收,并及时向来货单位交涉退货	(1)活塞销应涂防锈油或蜡封,然后再用蜡纸封裹。 (2)成组存放于盒内,不同型号、规格的活塞销应分别堆放,并在储存盒上作出明显标志,以免混淆。 (3)零件应存入通风、干燥的库房。保管正常,在出厂一年内不应发生锈蚀。 (4)搬运时不得抛掷、碰撞
连杆	(1)连杆的全部表面不得有叠缝、裂痕、毛刺、分层、夹杂、氧化皮、腐蚀等缺陷,并应验出厂检验合格证。 (2)不许有因坯料未充满锻膜而产生的缺陷,不准焊补修整	(1)连杆应以油脂封裹防锈。 (2)连杆盖与连杆应成对存放,搬运时不得抛掷、撞击,注意保护加工面不受损伤
连杆轴承	(1)轴承合金层表面应光洁,不准有外来夹杂物、孔眼、气泡和发黑现象。合金层与钢壳结合牢靠,不得有脱壳现象。用金属棒敲击瓦背,声音应清脆不哑。 (2)轴承内圆表面应光滑平整,不许有裂纹、划痕、碰伤及压伤;轴承各部不得有变形现象;每片轴承均应有尺寸记号的标注。 (3)非工作表面镀层均匀,不得有镀瘤、划伤、起皮、锈蚀等	(1)轴承应以蜡封防锈,并用蜡纸包裹,成组存放盒中。 (2)不同规格的轴承应分别存放,避免混乱,包装盒上应标明厂牌、规格
曲轴	(1)锻造曲轴的非加工部位应清洁,无氧化皮、叠缝、分层及裂纹等;允许用凿子或锉刀消除表面缺陷,但剔修深度不得超过1mm。 (2)曲轴的加工表面应光洁,不得有碰痕、凹陷、毛刺、黑点、发裂;曲轴的非工作面上允许有个别不大的凹陷、刻痕及黑点。 (3)球铁曲轴不许有缩孔、疏松、气孔、裂纹、夹渣以及其他影响强度和性能的缺陷;工作表面应光洁;非工作表面允许有个别不影响结构强度的凹陷、刻痕等。 (4)应附有出厂检验合格证,曲轴上应标明制造厂名、机型等	(1)注意防潮、防锈。曲轴的非加工表面涂以软干油,加工面涂工业凡士林防锈。如有锈蚀,可用竹片或硬木片蘸少许汽油将锈迹剔除,并涂上工业用凡士林。 (2)各道轴颈的光洁面应着重保护,可用蜡纸或塑料薄膜缠裹以防碰伤、划痕。 (3)储存中应使曲轴保持水平或垂直状态,不得受压。平放时,使用两个木托支承两头轴颈,另加两个支承点,支在各距两端为1/4全轴长的主轴颈处为宜,可使曲轴久放而不变形;曲轴垂直存放时应垂直悬挂,重力全部由端部凸缘承受;直放可节约库房面积。 (4)曲轴发运时应装箱,搬运中不得碰撞、翻滚,注意保护各道主轴颈
凸轮轴	(1)各磨光表面应光洁,不得有波纹、碰伤、凹陷、毛刺、黑皮、纹痕或裂纹。非工作面上允许修整表面缺陷。 (2)非加工面上不应有氧化皮、折痕、疤痕、夹层和裂纹等缺陷。 (3)应验明出厂合格证	(1)应满涂防锈油脂,各部位以蜡纸或塑料薄膜缠裹;单根盒装存放。 (2)搬运时不准碰撞、受压

续上表

汽车配件名称	验 收 技 术 要 求	保 管 技 术 要 求
气门	(1)精加工的杆部圆柱面、端面和头部锥面上不得有碰伤、麻点、锈迹。非加工表面应无氧化皮、凹坑、疤痕、毛刺、裂纹、锈蚀等缺陷。 (2)气门杆部和头部应垂直,杆部应挺直,不得有变曲	气门应用油脂涂封或蜡封防锈,用蜡纸或塑膜包裹后装入盒内
进排气歧管总成	(1)外表不应有裂纹、气孔、缩孔、疏松、渣眼、浇不足、破缺、飞翅、冷隔、外来夹杂物及其他铸造缺陷。 (2)加工表面应光洁平整,铸件内部的毛刺、型砂、铁屑等均应清理干净。 (3)各螺纹及其周围不得有孔眼、毛刺及碰痕	(1)进排气管壁薄、质脆,搬运时尤需注意轻拿轻放,不得摔跌、碰撞和挤压。 (2)每个孔眼要用纸团封堵以防杂物进入;加工表面应涂中性矿物油防锈
喷油泵	(1)各零部件均不应有裂纹、碰痕、多针眼、疏松、缩松及锈蚀等缺陷;精加工零件应光洁,不得有纹裂、烧黑、锈斑、凹陷、划痕、毛刺、锋边等;金属镀层应光亮,无起皮、剥落等疵病。 (2)拉动调节齿杆时,应灵活无阻,移至刻度终了,应能众目睽睽。 (3)总成各处均不得有漏油现象;所有进出油口都应装上保护盖、塞件等;总成内外各部均不得有污物、碎屑。 (4)喷油泵总成应附有合格证,加有铅封,标明型号及制造厂名称。 (5)冬季验收时应将原包装先移至库内存放24h后现开箱。注意验收环境应干燥、无尘,并在验收台上铺垫软纸;夏季验收时,不能用手接触精加工部件,防止汗水侵蚀零件	(1)绝对禁止将喷油泵和化学物品、飞扬性物资同存一库。 (2)喷油泵总成应用蜡纸或薄膜裹封、装盒,存放于封闭式材料架上,架中应放入硅胶吸湿。 (3)喷油泵总成存放处应距取暖设备1m以外,以防因温度骤变而造成损坏。 (4)喷油泵总成如防锈油脂干涸失效或被杂物污染时,应以过滤的轻柴油清洗、晾干,再薄涂中性工业用凡士林防锈;保养中不得用手触摸精加工部位。 (5)各封闭用堵盖应保持齐备完好,如遗失或无效,应及时补换。 (6)搬运时禁止抛掷、碰撞
水箱	(1)不许有压伤、碰伤、裂纹、凹陷及锈蚀等缺陷。 (2)各部焊接应牢固、可靠、整齐、美观。 (3)水管、散热片收购价外表面应光洁、平直,不得有凹陷	水箱宜用原包装重叠堆码放置,箱中应衬垫防潮纸;水箱各孔眼应以木塞等封堵,各突出部件应扎保护;搬运时不准抛掷、翻滚和撞击
发电机调节器	(1)外壳平整光滑,不准有漆皮脱落、裂纹、碰伤、凹瘪等异常。 (2)各接线柱及螺钉安装牢固,摇动时不应有脱落零件的撞击声 (3)必要时打开调节器盖检查,只能在干燥温暖的环境内进行;尽量不用手直接接触白金触点或扳动零件;如有灰尘,应以细软干布拭去	(1)按原包装存入料架。 (2)库房内保持干燥、通风、防潮,温度最好保持在5~35℃间,相对湿度不大于75%,如相对湿度过高,应通风降潮或放入干燥剂,以防线圈受潮霉变。 (3)搬运时不准抛掷、碰撞
起动机	外表应无裂缝、变形、损伤、受潮、霉变、锈蚀;齿轮表面应光洁、无裂纹、锐边、毛刺和锈蚀;弹簧有足够的弹性;起动开头良好、电刷与换向器接触旋转时不应跳动	起动机不能受潮,应存放在干燥通风的库房,环境适宜温度为5~35℃,相对湿度不大于75%;搬运时不准摔掷、碰撞

续上表

汽车配件名称	验 收 技 术 要 求	保 管 技 术 要 求
分电器	(1)分电器壳体不得有裂损、疏松、气孔、夹渣等缺陷。 (2)分电器盖表面应光亮,不许有裂纹、孔眼、剥落、起泡和破缺;固定卡子弹性良好,能卡夹牢固。 (3)真空提前点火装置有良好的气密性,尼龙部件不应发黄、龟裂、发脆。 (4)分电器盖中央插座铜触头及炭棒完好无损,不得脱落,应有弹性,白金及分火头应完好;触头不得有凹陷、突起、黑斑、锈迹等缺陷,触头接触应良好,开闭动作灵活;分电器轴应光亮,无斑纹、碰痕、锈斑等。 (5)各部不得有锈蚀及水浸的痕迹;各种标志如型号、旋转方向、制造厂名称等清晰;应验明出厂检验合格证	(1)分电器总成应以塑料袋套封,装入盒内,存放架子上,外露的轴端及轴应涂抹工业凡士林防锈。 (2)注意防潮和防止粉尘侵入;真空提前点火装置的孔眼应用油纸封堵。 (3)搬运时不得碰撞、挤压,尤其注意保持分电器盖及真空提前点火装置
离合器片总成	(1)钢片与蕊毂连接的铁铆钉及钢片和摩擦片联接的铝铆钉都不得松动、裂损。 (2)铝铆钉头应低于摩擦片表面1mm以上。 (3)摩擦片表面平整,不得有翘曲、变形和裂纹等缺陷	离合器片总成应装在干燥的木箱或硬纸箱中存放,注意外露金属板的锈蚀,必要时应作好养护
变速器总成	(1)变速器壳及盖各部不得有裂纹、夹渣、气孔等缺陷。 (2)螺孔及其附近不许焊补;各轴承孔、变速叉轴孔加工平面应光滑,无毛刺、裂纹;变速器壳前后端面、上下接合面和盖底平面应平整。 (3)非加工面应涂防锈漆,内表面应涂耐油漆。 (4)各齿轮及轴的表面应光洁,不得有裂纹、锐边、毛刺,工作表面不允许有锈蚀、凹坑、碰伤和划痕。螺纹部分无碰痕、缺牙等缺陷	轴的花键部分、轴颈可用瓦楞纸或塑料布缠裹保护。上架存放搬运时不得摔跌、撞击。如为变速器零件,则应着重保护齿轮、轴及轴承等精加工件不受损伤和锈蚀;如有锈蚀可用铜线刷蘸上汽油,除去锈迹,并进行蜡封
主减速器圆锥主、被动齿轮	(1)验收时注意圆锥主、被动齿轮零件号相符、配对,并有出厂检验合格证。使用时必须成对更换,不准单只领发。 (2)齿轮表面应光洁,不允许有裂纹、缝边、毛刺,工作表面不允许有锈蚀、黑皮、凹坑和伤痕。 (3)螺纹部应无碰痕、缺牙和局部缺损等疵病;花键部分应完好	(1)齿轮可用蜡封或油封防锈,外面用蜡纸或塑料薄膜包裹,如发现锈蚀可用铜丝刷蘸汽油刷除锈迹,擦净、吹干,再用蜡或软干油密封防锈;搬运时不得抛掷、碰撞,注意保持齿面。 (2)主、被动齿轮应成对存放
轮毂	(1)轮毂上不允许有影响质量和使用性能的裂纹、夹渣、气孔等缺陷。 (2)允许用焊补及其他方法对铸件的轻微缺陷如孔眼、疏松、裂纹等作工艺上的合理修理,但不得降低机械性能和使用要求。 (3)螺孔及其附近不允许焊补。 (4)与轮胎钢圈、半轴突缘的结合面、轴承座孔端面、与制动鼓结合的突缘表面上均应光洁,不准有锈迹、凹陷、瘤疤、裂纹、缺损等疵病。 (5)螺纹应光顺,不得有碰痕、缺牙、乱扣、锈蚀。 (6)轮毂非配合内表面应涂耐油油漆,非配合外表面应涂防锈漆,防止锈蚀	(1)轮毂配合表面应涂软干油防锈,运输时可用麻布缠裹,保护其不受损伤。 (2)搬运时不得抛掷、碰撞

续上表

汽车配件名称	验收技术要求	保管技术要求
液压制动总泵	(1)制动泵总成内不允许有杂物存在,各部保证密封。 (2)储油室内表面应彻底清除积砂,不允许有裂缝、缩孔、砂眼及非金属夹杂物。 (3)螺纹不得有缺牙、乱扣、裂纹等缺陷存在。 (4)缸体不加工表面应涂有油漆防锈。 (5)用手推动活塞往复运动,油缸内无卡滞	(1)总泵应以油脂封涂加工面防锈,并用蜡纸包裹。 (2)各孔眼要用油纸封堵;搬运时不准抛掷、撞击
气制动阀总成	气制动阀各部不允许有裂纹、疏松、气孔、密集针眼、夹渣等缺陷;摇臂、气阀、管接头等均应完好无损;用手扳动摇臂应有足够的弹力	各个管接头螺孔均用油纸封堵,以保护丝扣和防潮、防尘;制动灯开关、管接头等突出部位要用塑料布包扎保护;搬运时应轻拿轻放,不准抛掷和撞击
空气压缩机	(1)各部应无裂纹、疏松、缩孔、砂眼、气孔、外来夹杂物等缺陷。 (2)皮带轮应完好,轮槽光滑,转动均匀而不摇晃。 (3)整个外表应涂喷银粉漆防锈。 (4)用手转动皮带轮,查听进出气阀是否正常工作,各部不准漏气	(1)空气压缩机的曲轴箱应注入适量的中性矿物油防锈;长期储存时,应定期转动皮带轮10余转,使各部均能得到润滑(每3个月1次)。 (2)各孔眼均用油纸封堵,防止灰尘和潮气等侵入
制动软管	软管外表应光滑,不得有龟裂、发黏、发脆、起层、划伤、发霉等缺陷;应附有出厂检验合格证;金属接头安装要牢固,螺纹应光洁,无毛刺、乱丝扣等缺陷	应置于阴凉干燥处存放,不得与酸碱或油类合放一处;可上架存放,但不能受压
转向器总成	转向器不应漏油;转向器壳应无裂纹、疏松、密集针孔、缩松、夹渣等缺陷;转向柱管表面应无凹瘪、裂纹	应加入少量中性矿物油防锈,外部应以蜡纸或塑料薄膜包扎,各孔眼应用木塞封堵,搬运时不得碰撞
转向直拉杆臂及转向节臂	(1)螺纹不允许有缺牙、乱扣现象,螺纹端部的轻微伤痕不得多于2牙,且不影响螺母正常旋入。 (2)各部表面应无裂纹、锋边、毛刺、球头、细齿内花键及其他加工面应光洁,热处理硬度符合要求,锻造面应无折叠、发裂、浮动氧化皮等缺陷。 (3)每件产品须经制造厂检验,并附有证明质量合格的文件。 (4)检查圆锥孔的锥度:用涂色的锥度塞规与圆锥孔相研合,轻轻转动塞规约180°,取出并观察锥面的着色情况,如着色面积大于总配合面积的75%,视为合格。 (5)应对进货抽样检验,抽验数不大于2%,但不少于5件;如抽验一批中有一件不符合标准规定,可加倍抽验,如仍有一件产品不合格,则全部产品不予验收	(1)包装时应将外表封满或用防锈油脂涂满,再用油纸包裹,上架封存。 (2)产品应存放于通风和干燥的地点,在正常保管条件下,出厂一年内不应发生锈蚀。 (3)搬运时不得抛掷、碰撞,以免损伤

续上表

汽车配件名称	验 收 技 术 要 求	保 管 技 术 要 求
油封	(1)牛皮制品各部色泽应均匀一致,质地应既坚韧而又富有弹性,纹理细密,开头周整,不得有花斑、水痕、霉迹、油点、裂纹、划伤、破皮、虫蚀等缺陷。 (2)橡胶制品外表应光滑,富有弹性,质地细腻结实,不得有龟裂、发黏、发脆、麻点、气孔、起层、变形、飞边、流痕、发霉、划伤等缺陷;铁骨架应有适度的弹性,与胶层结合牢固紧密,密封弹簧应完好。 (3)工业毛毡制成品,毛毡应质白、密实,抗张力强,无划伤、挫伤、起层、水痕、霉斑、油点、虫蛀等现象;铁骨架应光洁,无变形、凹陷、裂纹、缺损、划伤、卷边、锈蚀等缺陷;防锈保护层应完好	(1)各种油封应置于阴凉干燥处存放,5个或10个一组,用蜡纸或塑料薄膜裹封,成卷入架保管。 (2)周围环境不得过湿过干(相对湿度在70%~80%间),不得与酸碱类及吸湿性物质同放在一处。 (3)牛皮、毛毡制品可放樟脑防虫蛀;橡胶制品应避免受日光直射
汽车仪表	(1)仪表外壳应无裂纹、凹瘪、碰伤、锈蚀、霉斑、水痕等;表盘应洁净,无脱漆、发黄、麻点以及其他影响读数的缺陷。 (2)表针应平直,反应灵敏,无卡死现象。 (3)各接线柱及接头应完好无锈;漆饰均匀、美观、光洁。 (4)各仪表配套使用的传感器均不得有裂纹、凹瘪、穿孔、锈蚀,内装的液、气不应外泄	(1)各种仪表和传感器应用塑料袋套封装盒入架存放,接头和接线柱镀层表面应涂中性工业凡士林防锈,仪表和传感器应距取暖设备1m以上,仪表应避免日光直射。 (2)搬运时应小心轻放,不许抛掷、撞击和强烈震动
火花塞	(1)火花塞绝缘体上不准有开裂和釉裂;金属零件不允许有毛刺、裂损、伤痕、螺纹缺牙、锈蚀;应进行发黑处理。 (2)火花塞的密封性应良好,壳体与瓷绝缘体的压合、中心电极与绝缘体的胶合、侧电极的焊接均应牢固可靠	火花塞金属零件上涂中性工业凡士林防锈;火花塞应用蜡纸包裹,装盒上架存放
汽车灯具	(1)各种灯具的油漆涂层外观应光洁平整,光色均匀,无气泡、流痕、擦伤等缺陷。 (2)各种灯具有电镀及化学覆盖层应均匀、光滑、色泽光润,不允许有斑点、针孔、起泡、擦伤和剥落等缺陷。 (3)反射镜内表面的真空镀铝层应光洁明亮,不允许有影响光学性能的擦伤、斑点、流痕及镀层发花等缺陷。 (4)配光镜应清洁透明,无明显影响光学性能的缺陷,不允许有任何碎、裂和缺损等缺陷。 (5)密封性好,能防尘、防锈、防水、防震。 (6)有一定的机械强度,焊接和铆接良好,无焊穿、无松动,连接可靠零件互换性好。 (7)绝缘和电接触性能良好	(1)各种灯具应有匣装存放在干燥通风的库房内。 (2)搬运时要轻拿轻放,避免撞击,不受挤压。 (3)堆垛不宜过高,防止倒塌

二、销售配件质量的合理索赔

保证销售配件的质量信誉,同样是经营单位的一项责任,是服务质量和经营信誉的主要标志之一。配件在产、供、用全过程中,都会出现质量问题,这是因为在大批数量的配件中,有漏检的、保管的、运输的以及使用方法等的各种因素。当用户发现或发生质量问题时,一般地要向销售单位提出三包(包修、包换、包退),情况比较复杂。当购入方发现质量问题时,也需向售出方提出索赔要求。因此,处理好这类问题,也是衡量一个经营单位经营管理的一面镜子。

由于门市销售配件的质量三包,要经常和不同的客户、不同的使用者打交道,所以更需要销售人员认真接待、仔细复查、分析原因,实事求是地判明责任,有根据有说服力地进行合理的处置,使工厂和用户满意。

在处理方法上,凡是因制造上诸如材质、工艺等造成的质量缺陷,应由工厂负责调换;因使用不当造成的,应向用户解释并由他们自己负责;属于运输损坏的只能由销售方和用户协商解决;属于保管超过工厂规定贮存保质期的,应由销售单位自行负责处理。

第三篇　汽车美容、汽车用品和汽车改装

第一章　汽车美容

随着现代汽车工业的发展,20世纪20年代末、30年代初,汽车美容行业在美国、英国等西方工业发达国家出现,到20世纪40年代,汽车美容业日益壮大并逐步形成规模,20世纪70年代后期,这一行业得到了迅猛的发展,在这一时期,汽车美容业开始走向亚洲,到20世纪80年代,汽车美容业在全球已发展成为一支不可忽视的产业大军,1999年全美汽车美容业年产值已超过2647亿美元。从中不难看出,汽车美容业蕴含着巨大的社会效益和经济效益。

20世纪90年代初,现代汽车美容传入我国大陆,从根本上打破了我国所谓洗车、打蜡就是汽车美容的旧观念。随着我国经济飞速发展及入世进程加快,全国各地进口及国产汽车比比皆是,截至1999年6月,我国大陆汽车保有量已超过1500万辆。目前,我国现代汽车美容业还只是刚刚起步,而且正逐渐走向普及化、专业化,必将形成一个庞大的21世纪的黄金产业。

第一节　汽车美容概述

一、"汽车美容"的概念

"汽车美容"源于西方发达国家,英文名称表示为"Car Beauty"或"Car Care"。由于汽车工业的发展,社会消费时尚的流行,以及人们对事物猎奇、追求新异思想的影响,这些国家的新车款式更新换代速度非常快,追新族们为得到新车而不愿让旧车贬值,因而在汽车消费与二手车市场之间,汽车美容装饰业也就应运而生。换句话说,汽车美容是工业经济高速发展、消费观念进步以及汽车文化日益深入人心的必然产物。随着社会进步及人类文明程度的不断提高,汽车正以大众化消费品的姿态进入百姓生活,因而汽车的款式、性能以及汽车的整洁程度,无一不体现出车主的性格、修养、生活观及喜好。所以,许多人想让自己的"座驾"看起来干净漂亮,用起来风光舒适。围绕这一目的,进行的一系列工作,就是许多人眼里笼统意义的"汽车美容"。

而今天的汽车美容由于借鉴了人类"美容养颜"的基本思想,被赋予仿生学新的内涵,正逐步形成现代意义的汽车美容。汽车美容新概念,不只是简单的汽车打蜡、除渍、除臭、吸尘及车内外的清洁服务等常规美容护理,还包括利用专业美容系列产品和高科技技术设备,采用特殊的工艺和方法,对漆面增光、打蜡、抛光、镀膜及深浅划痕处理,全车漆面美容,底盘防腐涂胶处理和发动机表面翻新等一系列养车技术,以达到"旧车变新,新车保值,延寿增益"的功效。

二、现代汽车美容服务项目

现代汽车美容是在继承传统汽车美容的基础上,完善和发展起来的高技术汽车护理。它依托于传统美容,但在新材料、新技术等领域又让传统汽车美容黯然失色、望尘莫及。现代汽车美容服务大体上可分为车身美容、内饰美容、漆面处理、汽车防护及汽车精品五大部分。因此,汽车美容的具体服务项目概括为:

(1)车身美容。车身美容服务项目包括高压洗车,去除沥青、焦油等污物,上蜡增艳与镜面处理,新车开蜡、钢圈、轮胎、保险杠翻新与底盘防腐涂胶处理等。

(2)内饰美容。内饰美容服务项目可分为车室美容、发动机美容及行李舱清洁等项目。其中车室美容包括仪表台、顶棚、地毯、脚垫、座椅、坐套、车门内饰的吸尘清洁保护,以及蒸汽杀菌、冷暖风口除臭、室内空气净化等项目。发动机美容包括发动机冲洗清洁、喷上光保护剂、作翻新处理、三滤清洁等项目。

(3)漆面处理。漆面处理服务项目可分为氧化膜、飞漆、酸雨处理,漆面深浅划痕处理,漆面部分板面破损处理及整车喷漆。

(4)汽车防护。汽车防护服务项目包括贴防爆太阳膜,安装防盗器、静电放电器、汽车语音报警装置等。

(5)汽车精品。作为汽车美容服务的延伸项目,汽车精品能满足驾驶员及乘员对汽车内部附属装饰、便捷服务的需求,如车用香水、蜡掸、剃须刀、护目镜、脚垫、坐垫、坐套、把套等的配置,能使汽车美容服务贴身贴心,宾至如归。

三、汽车适时做美容养护的目的

(1)汽车美容护理是美学上的要求。汽车与人是一个密不可分的整体,人的视觉是美的伯乐,凡同汽车打交道者,其视点大多集中在车辆美学角度上,汽车美容护理集清洁、打蜡、除尘、翻新及漆面处理为一身,由表及里还给汽车生命的又一青春的同时,尽可能让您的爱车风采永存。由此观之,汽车美容是车辆美的缔造,意义重大不言而喻。

(2)汽车美容是车主形象的映射。如同现代个人包装,人需要的整洁、得体、不同档次的服饰来表征个人的某些内在意识、个性气质乃至生活观念和生活态度。而作为汽车的拥有和使用者,汽车与您朝夕相伴,无疑它早已成为您形象表征的重要组成部分,汽车美容可协助您塑造一个全新自我。

(3)汽车美容是汽车养护的客观要求。

①汽车清洗。及时清除车表尘土、酸雨、沥青等污染物,保持车表清洁,防止漆面及车身其他部件受到腐蚀和损害;

②汽车打蜡。车蜡作为汽车漆面保护剂,不但能给车身以光彩亮丽的视觉效果,而且它的防紫外线、防酸雨、抗高温及防静电功能,能为您和您的爱车带来无微不至的呵护;

③车室美容。在除尘、清洁的同时,施以特殊的工艺,进行必要的上光保护、翻新修补、杀菌及空气净化,让您的生活空间永远是那么清馨恬静;

④发动机美容。尘土、油污及各种酸碱物质常附着在机体等部件上,与金属产生氧化反

应而腐蚀机件,长期高温和氧化作用易使橡胶、塑料件老化而失去弹性,产生龟裂,严重时导致发动机故障发生。采用专业美容清洁翻新用品,可让您爱车的心理永葆青春与活力。

⑤漆面处理。由于汽车平时停放或行驶在露天的环境中,遭受风吹雨打太阳晒及酸雨和空气中强氧化物的侵蚀,漆面会逐渐变色和粗糙,失去原有的光泽,行驶中不注意被剐擦、刨伤情况时有发生,导致漆面出现深划痕、浅划痕及破损。这些漆面瑕疵如不进行及时处理,不但影响汽车的美观,同时会使漆面受到的腐蚀的可能大大增加,导致汽车使用寿命的降低。

⑥汽车防护。汽车防护作为汽车美容的边缘项目,主要包括贴防爆太阳膜,车门报警系统、语音报警系统、静电放电器等的施工与安装。这项工作能给您和您的汽车带来更大的方便。

四、汽车美容作业常用设备及用品

汽车美容施工是一项庞杂的系统工程,麻雀虽小,五脏俱全。在汽车美容数十年的发展完善过程中,其作业设备和用品已渐成熟,呈多样化、系列化、百家争鸣的局面。但无论是国外进口的设备及美容用品,还是国内生产的产品,它们的作用及功效在近20年的国内汽车美容实践中得到检验,已被广大业内人士所认同。汽车美容作业的设备和用品,详见表3-1-1。

汽车美容作业的设备和用品　　　　　　表3-1-1

序号	美容项目	具体作业项目	设备及用品	选用要点
1	车身美容	汽车清洗	龙门滚刷清洗机、小型高压清洗机、麂皮、毛巾、板刷、清洗护理二合一清洗剂、水系清洗剂、玻璃清洗剂、沥青清洁剂、轮胎清洗保护剂、黑镀清洗保护剂、银镀清洁保护剂、清洁上光剂等	①小型美容企业宜选用小型高压清洗机;②北方冬季宜选用调温式清洗机;③不宜选用碱性清洗剂洗车
		汽车打蜡	打蜡机、打蜡海绵、无纺布毛巾及各种保护蜡、上光蜡、防静电蜡、镜面釉等	①根据汽车漆面性质、特点及汽车运行环境选用车蜡;②镜面釉是非蜡质保护剂
2	内饰美容	车室美容	吸尘器、高温蒸汽杀菌器、喷壶、毛巾、真皮、塑料、纤维织物清洁保护剂、真皮上光保护剂、真皮与塑料上光翻新保护剂、地毯清洁剂等	①不宜用碱性清洁剂进行车室清洁;②纤维织物清洁剂一般可用于地毯清洁
		发动机美容	喷壶、毛巾、发动机表面活性清洗剂、机头光亮保护剂、清洁油等	不宜用酸碱类清洁剂
3	漆面处理	浅划痕及漆机失光处理	抛光机、不同粒度的抛光剂、还原剂、漆面增艳剂、漆面保护剂	抛光后须进行还原处理
		深划痕处理	设备与用品与喷漆施工相同	
		喷漆	喷漆间、烤漆房、空压机、喷枪、砂纸、刮板、底漆、腻子、中涂漆、面漆	①宜选用喷漆烤漆两用房;②修补施工宜选用快干型涂料

第二节 车身美容

一、车身美容所包括的内容

车身美容作为汽车美容服务的前提和基础,是日常美容施工中最广泛、最普及的作业项目,主要包括以下内容:

(1)汽车清洗。汽车清洗不同于传统洗车,它是采用专用设备和清洗剂,对汽车车身及其附属部件进行清洁处理,使之保持或再现原有风采的最基本美容工序。汽车清洗又可细分为普通清洗和特种清洗,特种清洗与普通洗车不同,它包括汽车涂装前的除油、除锈等清洗工作。

(2)去除沥青、焦油。采用专门的焦油和沥青去除剂,在去除污迹的同时,最大限度地保护漆面。也可以采用抛光研磨方法去除。

(3)汽车打蜡。选用专用车蜡,定期对车表面进行涂敷护理,上光保护,使水、紫外线及高温对漆面的损坏得以控制,保护漆面持久亮丽如新。

(4)新车开蜡。对于出厂后即将投入使用的新车,首先要对其进行开蜡处理,使其光彩的车身坦露,呈现"庐山真面目"。

(5)镀铬件翻新。使用专门的护理品,对经常采用镀铬处理的部件如钢圈、保险杠、车轮扣盖等进行翻新作业,使其再现原有光泽。

(6)轮胎翻新。使用专用轮胎清洁增黑剂,迅速渗透橡胶,分解有害物质,延缓轮胎老化,增黑增亮。

二、"传统洗车"与"美容洗车"的区别

应该说传统意义上的洗车和汽车美容中的洗车是两种完全不同的概念,在某种程度上,也无从进行细致比较,这里仅作概括性的介绍。

(1)目的和作用不同。人们每天必做的事情之一便是洗脸,干净的面孔总能为人们带来愉悦的感觉,但随着社会发展,人的物质精神生活水平的不断提高,传统意义的洗脸正逐步被面部保健美容所取代。洗车也同样,传统意义的洗车无非是去除车表的泥土、灰尘等污物,美容洗车则是在此基础上,内涵扩大到漆面保养的范畴。"传统洗车"正逐步被"美容洗车"所代替。

(2)使用的材料及工具不同。多少年来,人类洗脸用品无外乎肥皂、香皂,而今却丰富得多,诸如洗面奶、洗面乳等新时代的洁面用品也成为市场消费的新潮流。"传统洗车"用的洗衣粉、肥皂水、洗洁精也同样被"美容洗车"的专业洗车液所代替。专用洗车液呈中性,选用非离子表面活性剂制成,能使污渍分子分解浮起而轻易被洗掉,其化学成分不会破坏原车蜡分子的存在,还兼有保护作用,而肥皂水和洗衣粉虽能分解油垢,但会破坏蜡分子的存在,使漆膜氧化失光,加速密封胶条的老化,油漆脱落,金属腐蚀以至穿洞等,因此不能选用碱性洗车液洗车;高压水枪在汽车清洗中的应用,不但提高了清洗作业的质量,极大地保护了漆面,同时提高了清洗作业的效率。

(3)施工技术不同。"传统洗车"主要依靠人力来完成从冲洗、清洁到擦干等工序,而今天的洗车更多地借助于现代化的设备和高性能的清洗用品,降低了人力消耗,改善作业条件,提高劳动生产率。

(4)对环境的影响不同。"传统洗车"作业场所一般不规范,即随时随地就可实施,这样不但影响了城市形象,同时清洗的泥沙及碱性废水造成城市环境污染,还将造成水资源的浪费。专业的"美容洗车"作业场所固定,配套设备完善齐全;采用循环水再生利用技术,节约能源,最大限度地减少环境污染,降低作业成本。且在清洗剂的选用上,力求杜绝对环境的危害。

三、汽车清洗设备的选用

汽车清洗设备的种类很多,一般可按其结构形式、水的利用程度,车辆移动路线等加以分类。

按设备的结构形式,可分为固定式的和可移动式两种。

固定式清洗设备具有清洗效率高、劳动强度低等特点。固定式清洗设备按清洗方式不同,又可分为喷射冲洗式和滚刷刷洗式两种;按清洗过程中车辆移动路线,固定式清洗设备又可分为直通式和尽头式两种,直通式清洗设备流水作业,清洗效率高,但占地面积大。

可移动式清洗设备属于小型清洗设备,车辆在清洗工位上进行清洗。其特点是使用方便,灵活机动,但一般是单喷嘴,出水量小,清洗效率低。

根据上述清洗设备的类型及特点,在清洗设备的选择上应把握以下原则:若企业规模大,清洗作业量大,最好选用固定式清洗设备。市场上常见的固定式清洗设备有四滚刷清洗台、龙门式清洗机等。如果企业规模不大,清洗作业量小,应选用可移动式清洗机,根据作业地理位置和季节特点,北方宜选用调温式清洗机,以适应冬季清洗作业的需要。

四、汽车清洗作业用品的选用

汽车清洗作业时,由于汽车表面各部位的材料质地、形状的不同,宜选用合适的用品。常用洗车用品包括水源、海绵、毛巾、浴巾、麂皮、板刷等。特种清洗还需要除锈剂和除油剂。下面介绍一下普通洗车用品。

(1)水源。汽车清洗作业最不被重视的是水源,一桶污水倒在车身表面,不但未达到清洗目的,还帮了倒忙。洗车作业用水要求清洁无污染,严禁使用未经过滤或受污染的水源,以免影响洗车效果,甚至对车表产生损伤或腐蚀。通常情况,我们使用的自来水就合乎洗车用水标准,值得注意的是,当再循环利用时,对各环节要严格把好关,保证水质。

(2)海绵。海绵在洗车作业中用于擦拭车身,由于它具有良好的弹性及吸水能力,有利于保护漆面及提高作业效率。对洗车作业中使用的海绵有特殊的要求,它应具备上述特点。同时,还应具有一定的韧性、抗拉强度和耐磨性。

(3)毛巾和浴巾。毛巾和浴巾是洗车中易耗用品,由于其主要用于擦拭车身,为保证清洗效果,在擦拭过程中不应有细小纤维的脱落,为此普通毛巾和浴巾就难以满足要求,在洗车中应用的毛巾和浴巾最好选用无纺布制品。

(4)麂皮。麂皮在洗车作业中使用广泛,主要用于擦干车表。它之所以有这样的使用市场,不仅因为它质地柔软,有利于漆面的保护,更主要原因是它具有良好的吸水能力,尤其是对车身表面及玻璃水膜的清除效果极佳。但在洗车作业中宜先用毛巾或浴巾对车表擦干后,再用麂皮进一步擦干,以利用延长麂皮的使用寿命。另外,在选用麂皮时,尽可能选择较厚的,其皮质韧性好,耐磨性好。

(5)板刷。板刷主要用于轮胎,挡泥板等处附着泥土垢清除,由于上述部位泥土附着较厚,不易冲洗干净,所以要在洗车时有针对性地进行刷洗。板刷选用鬃毛刷最佳,鬃毛板刷不但具有较好的韧性和耐磨性,还可以减轻刷洗作业对橡胶、塑料件产生的磨损。不提倡使用塑料纤维板刷。

五、洗车时应注意的问题

尽管汽车清洗作业简单易行,但必须按规范操作,以最大限度提高工作效率。在洗车作业中,应注意以下几点:

(1)应使用专用洗车液,严禁使用肥皂或洗洁精,因为这类用品碱性强,会导致漆面失光,局部产生色差,密封橡胶老化,还会加速局部漆面脱落部位的金属腐蚀。

(2)高压冲洗前,须检查车窗、前后盖板是否关闭良好。

(3)高压冲洗时,水压不宜太高,一般不高于7MPa。且先使用分散雾状水流清洗全车,浸润后再利用集中水流冲洗。对于可调压的清洗机,底盘冲洗时,水压可高一些,以便能够冲掉底盘上附着的污泥和其他附着物。车身清洗时,可将水压调低些,如果清洗车身的水压和水流过大,污物颗粒会划伤漆层。

(4)使用调温式清洗机,注意热水温度不宜过高,以免损坏漆层。

(5)擦清洗剂时应使用软毛巾或海绵,最好使用海绵以免其中裹有硬质颗粒划伤漆面。

(6)洗车各工序都应遵循由上到下的原则,即由车顶、前后盖板、车身侧面、灯具、保险杠、车裙、车轮等。

(7)不要在阳光直射下洗车。如果阳光直射,车表水分蒸发快,干涸的车身上的水滴会留下斑点,影响清洗效果。

(8)不要在严寒中洗车,以防水滴在车身上结冰,造成漆层破裂,北方严寒季节洗车应在室内进行,车辆进入工位后,停留5~10min,然后冲洗。

(9)发现车身附有灰尘或杂质,应及时清除,以免玷污漆面。

六、汽车适时打蜡的目的

(1)传统观念的偏见。由于传统观念的影响,许多驾驶员朋友对汽车打蜡还没有形成明确的认识,认为汽车打不打蜡一个样;打什么蜡都可以;车蜡越贵越好;进口车蜡比国产车蜡好等等。

(2)打蜡目的。汽车打蜡的目的主要是保持车身漆面亮丽整洁,保护车漆。现代轿车越来越广泛地采用金属漆,金属漆的涂装系统是色漆(基漆)加清罩漆,光线射入后经清罩漆层折射到基漆,日久天长,基漆的颜色将会产生褪变,进而影响汽车外观,同时会使全车产生色差。怎样才能减缓基漆的颜色褪变呢?车蜡可将部分入射光反射回去,当然清罩漆的这一功能将随其变黄、变混而逐渐失去。此前,如果能及时给汽车打蜡,在车蜡及清罩漆的共同作用下,汽车将青春永驻,艳丽如新。

七、常用车蜡的种类

汽车打蜡作为汽车美容的传统项目,已被越来越多的驾驶员朋友所关注。但传统汽车打蜡是以上光保护为主,而今随着汽车美容业的发展,汽车打蜡被赋予新的内涵,即研磨蜡的出现及日益广泛的应用。

车蜡的主要成分是聚乙烯乳液或硅酮类高分子化合物,并含有油脂成分。但由于车蜡中富含的添加成分不同,使其物质形态性能上有所区别,进而划分为不同的种类。

(1)按物理状态不同分类。车蜡按其物理状态的不同可分为固体蜡和液体蜡两种。在日常作业中,液体蜡应用相对较广泛,如龟牌蜡、即时抛等。

(2)按生产国别不同分类。车蜡按其不同生产国,可大体分为国产蜡和进口蜡。目前国内汽车美容行业中使用的车蜡,中高档车蜡绝大部分为进口蜡,有进口蜡垄断之势;低档蜡中,我国产蜡占有较大的份额。常见进口车蜡多来自美国、英国、日本、荷兰等,例如美国龟博士系列车蜡,英国特使系列车蜡,美国的普乐系列车蜡等。国产车蜡最常用的如即时抛等。

(3)按其作用不同分类。车蜡按其作用不同,可分为防水蜡、防高温蜡、防静电蜡及防紫外线蜡多种。

(4)按其功能不同分类。车蜡按其主要功能分为上光蜡和抛光研磨蜡两种。国产上光蜡的主要添加成分为蜂蜡、松节油等,其外观多为白色和乳白色,主要用于喷漆作业中表面上光。国产抛光研磨蜡主要添加成分为地蜡、硅藻土、氧化铝、矿物油及乳化剂等,颜色有浅灰色、灰色、乳黄色及黄褐色等多种,主要用于浅划痕处理及漆膜的磨平作业,以清除浅划痕、橘纹、填平细小针孔等。

下面介绍几种常用车蜡:

1. 英特使车蜡

(1)英特使玫瑰红镜面蜡。本品由人工蜡和天然蜡混合而成,适于新车及金属漆面轿车,能够在漆面上形成两层蜡膜,上层能抵御紫外线和含酸碱雨水的侵蚀,下层能对漆面添加油分,养护漆面,并能防御有害物质的渗透。抛光后使用本品效果更好。

(2)英特使钻石镜面蜡。本品是一种高级美容蜡,1996年巴黎国际汽车用品博览会上被评为四星级车蜡,它具有钻石般高贵品质,含巴西天然棕榈蜡及特别色彩增艳剂,用后可防止各类有害物质对漆面的侵害,车身光如镜面,特别光亮,且长时间保留。适于各种颜色的高级轿车。

(3)绿宝石金属蜡。本品是由各不相同的蜡提取物及含无毒研磨剂聚合物组成的特别混合物,用后车身可迅速光亮,耐清洗,并延长漆面寿命。适于金属漆车身表面。

(4)红景天三重蜡。本品是由三种不同蜡提取物高度熔炼而成,是多种独特品质的组合产品,无论漆表面干燥或湿润均可使用,且可一次性抛光整个漆面,省时省力,甚至在曝晒的环境下作业也不会严重影响其效果。本蜡防护功能卓越,可耐受各种清洗剂清洗,保持时间长。适于各种高级轿车。

2. 冈底斯车蜡

(1)汽车水晶蜡。本品耐磨、透明,不易被分解,长时间保持车漆光亮如新,抗紫外线,耐酸雨、防油污、沥青等。使用时只需薄薄涂一层,立刻光彩照人。较一般车蜡持久5~10倍。

(2)汽车水彩蜡。能使漆面很快去污、去氧化膜及水渍,并覆盖一层光滑、坚韧的保护膜。具有省时、省力、清洁、保养、抗氧化等功效。使用后,汽车表面亮丽光滑,并可防紫外线、静电、酸雨等对漆面的影响。

(3)汽车油蜡。能使漆面很快去污、去氧化膜及水渍,并覆盖一层光滑、坚韧的保护膜。

(4)汽车镜面抛光蜡。镜蜡主要用于处理一般粗蜡、细蜡抛光后遗留的抛光痕,处理后漆面能产生镜面反射光泽,且保持时间长,是一种品质优良的抛光机用镜面抛光剂。

3. 普乐车蜡

（1）P24 普乐金牌蜡。该蜡是一种添补增光剂，可以去除轻度氧化层，还可去除抛光后形成的轻微痕迹和涡旋。

（2）P47 普乐素色车增光蜡。该蜡是抛光研磨蜡，可快速完成清洁抛光和上蜡作业，省时省力。

八、一般保护蜡与高级美容蜡的区别

前面已经介绍了车蜡及其类型，这些类型的车蜡按其作用性能和制造工艺又可细分为一般保护蜡和高级美容蜡。为了让大家对汽车美容材料有更深的认识，下面叙述一般保护蜡与高级美容蜡的区别。

一般保护性车蜡是由蜡、硅、油脂等成分混合而成的，属于油性物质，它可在漆面形成一层油膜而散发光泽。但由于油膜与漆面的结合力差，保护时间较短，这种蜡常常因下雨或冲洗等因素流失，有时甚至附着在风窗玻璃上，而形成油垢。另外，存留在车蜡上的水滴一般呈半球状，会产生透镜作用，聚焦太阳光以至灼伤漆面。

高级美容蜡含有特殊材料成分，不论用水冲洗多少次，一般都不会流失，也不用担心光泽在较短时间失去；施工后车蜡表面水滴呈扁平状，透镜作用不明显，有效地保护了漆面。有些车主常常抱怨：高级美容蜡外观效果非常好，但价格有些高，特别是水晶蜡、钻石蜡等。因为这类车蜡除了具有一般保养蜡功能外，它还含有一种活性非常强的渗透剂，能使车蜡迅速渗透于漆层内，它特殊的分子结构，可以漆面之间产生牢固的结合力，上蜡后的漆面看起来浑然一体，效果颇佳。另外，高级美容蜡般要经过许多道复杂的前处理工序，即使是新车上水晶蜡，也要经过清洗、风干、蓝黏土处理等多道工序，所以，技术含量高，效果一流，持久耐用。近年，汽车高级美容技术发展迅速，如使用高档美容蜡，对车进行渗透性"封油"，效果很好。

九、车蜡的作用

大家都知道汽车打蜡能够有效地保护漆面，使其永葆亮丽风采。那么，车蜡又如何来实现上述功效，就要从车蜡的作用谈起。目前市场上各品牌车蜡主要作用可归结为以下几种：

（1）防水作用。汽车经常暴露在空气中，免不了受风吹雨淋，当水滴存留在车身表面，在天气转晴，强烈阳光照射下，每个小水滴就是一个凸透镜，在它的聚焦作用下，焦点处温度达800～1000℃，造成漆面暗斑，极大影响了漆面的质量及使用寿命。另外，水滴易使暴露金属表面产生锈蚀。

（2）抗高温作用。车蜡的抗高温作用原理是对来自不同方向的入射光产生有效反射，防止入射光使面漆或底色漆老化变色。

（3）防静电作用。汽车静电的产生主要有两个来源，一是纤维织物，如地毯、座椅、衣物等的摩擦产生的；另一方面是由于汽车在行驶过程中，空气中的尘埃与车身金属表面相互摩擦产生的。无论是哪种原因产生的静电，都给乘员带来诸多不便，甚至造成伤害。车蜡防静电作用主要体现在车表静电防止上，其作用原理是隔断尘埃与车表金属摩擦。由于涂覆蜡层的厚度及车蜡本身附着能力不同，它的防静电作用有一定的差别，一般防静电车蜡在阻断尘埃与漆面摩擦的能力方面优于普通车蜡。

（4）防紫外线作用。其实，车蜡防紫外线作用与它的抗高温作用是并行的，只不过在日光中,由于紫外线的特性决定了紫外光较易于折射进入漆面,防紫外线车蜡充分地考虑了紫外线的特性,使其对车表的侵害得以最大限度地降低。

(5)上光作用。上光是车蜡的最基本作用,经过打蜡的车辆,都能改善其表面的光亮程度,使车身恢复亮丽本色。

十、车蜡的正确选择

正确地选择车蜡是打蜡作业成败的关键。由于各种车蜡的性质不同,其作用效果也不一样,因此,在选用时必须保持谨慎。选择不当,不但达不到保护车漆的目的,反而会导致车身漆面变色。因此,提出以下车蜡选择的原则。

(1)根据车蜡的作用来选择。由于不同车辆经常所处的运行环境千差万别,有的在城市,有的在乡村,有的在山区,有的在干旱地区,而有的在多雨的地区等等,在这些不同的环境及气候条件下,汽车漆面所要承受的外界刺激就不相同,这样,就应该有针对性地为车辆选择最佳保护效果的车蜡。

(2)根据漆面的质量来选择。对于中高档轿车,其面漆的质量较高,宜选择高档进口车蜡;对于普通轿车或其他车辆,可选用珍珠色或金属漆系列车蜡。

(3)根据漆面的新旧来选择。新车或新喷漆的车辆,应该用上光蜡,以保持车身的光泽和颜色;对于旧车或漆面有漫射光痕的车辆,可选用研磨蜡对其进行抛光处理。

(4)根据季节不同来选择。夏季一般光照较强,宜选用防高温、防紫外光能力强的车蜡。

(5)根据车辆行驶环境选择。如果汽车行驶环境较差,应选用保护作用较强的硅酮树脂蜡。

十一、怎样进行科学打蜡

前面介绍车蜡按功用可分为上光蜡和研磨蜡,下面介绍的打蜡作业是指上光蜡而言,对于研磨蜡的作用,在漆面划痕处理部分进行阐述。科学打蜡程序如下:

(1)汽车清洗。为了保证打蜡效果,打蜡前对车辆必须进行彻底清洗。

(2)上蜡。上蜡可分手工上蜡和机械上蜡两种,手工上蜡简单易行,无论是手工还是机械上蜡,都要保证漆面均匀涂抹。手工上蜡时,首先将适量的车蜡涂在海绵上(专用打蜡海绵),然后按一定顺序往复直线涂抹,每道涂抹应与上道涂抹区域有1/5~1/4的重合度,防止漏涂及保证均匀涂抹。机械上蜡时将车蜡涂在打蜡机海绵上,具体涂抹过程与手工雷同,值得注意的是在边、角、棱处的涂抹应避免超出漆面,而在这方面手工涂抹更容易把握。

(3)抛光。根据不同车蜡的说明,一般涂抹后5~10min即可进行抛光。抛光时遵循先上蜡先抛光的原则,确保抛光后的车表不受污染,抛光作业通常使用无纺布毛巾往复直线运动,适当用力按压,以清除剩余车蜡。

十二、打蜡应注意的问题

(1)打蜡作业环境清洁,有良好通风,有条件可设置专门的打蜡工作时间。

(2)应在阴凉处给汽车打蜡,否则车表温度高,车蜡附着能力会下降,影响打蜡效果。

(3)打蜡时,手工海绵及打蜡机海绵运行路线应该直线往复,不宜环形涂抹,防止由于涂层不均造成强烈的环状漫射。

(4)打蜡时应遵循先上后下的原则,即先涂抹车顶,前后盖板、车身侧面等。

(5)打蜡时,若海绵上出现与车漆相同的颜色,可能是漆面已经破损,应立即停止,进行修补处理。

(6)抛光作业要待上蜡完成后规定时间内进行,且抛光运动也是直线往复。未抛光的车辆绝不允许上路行驶,否则再进行抛光,易造成漆面划伤。

(7)抛光结束后,要仔细检查,清除车牌、车灯、门边等处残存车蜡,防止产生腐蚀。

(8)打蜡结束后,设备及用品要作适当清洁处理,妥善保存。

(9)要掌握好打蜡的频率,由于汽车行驶及停放环境不同,打蜡间隔时间不可按部就班,但可以用手拭车身漆面。

第三节 内饰美容

一、汽车内饰美容的必要性

(1)美化内饰环境的需要。环境对人会产生重要的生理及心理影响。清馨的空气、宽阔的绿地、整洁的街道,会使你心旷神怡,这是室外城市空间环境美给人的影响。家居装饰、美花种草,盆景书画,会使你的居室舒适典雅。车室作为爱车族活动的重要空间,它对人的心理及生理影响却常常被大多数人们忽视,没有人对整洁的布置、清新的空气产生抱怨。为了拥有一份好心情,千万别忘记美化汽车内饰。

(2)让人拥有健康。汽车内饰中的地毯、座椅、空调风口、行李舱等处,经常接触潮湿的空气或水渍,在特定的环境中,这些地方最易令细菌滋生,使内饰霉变,散发出臭气,不但影响了室内空气环境,更重要的是对人们的健康发出了威胁。汽车内饰美容将成为人们健康的保护神。

(3)延长车辆使用寿命的需要。

①车室的清洁、杀菌、除臭,可以有效地防止各种污物对车室如地毯、真皮座椅、纤维织物等的腐蚀,加之使用专门的保护品,对塑料件,真皮及纤维品进行清洁上光保护,可大大延长内饰件的使用周期;

②发动机清洁翻新作为内饰美容的一部分,它对汽车发动机性能的影响非常大。油泥、灰尘及污物的附着,不但影响发动机的美观,而且还易造成发动机附件的故障,更主要的是影响发动机的散热能力,加速发动机运动副的磨损,使发动机使用寿命降低。

二、汽车内饰美容包含的主要内容

(1)车室美容护理。随着汽车业的发展,人们对车室内的装饰要求也越来越高,车室内真皮丝绒座椅、顶棚、仪表板、地毯、脚垫、门板等皮、塑、橡胶、纤维物件,长期使用极易藏污纳垢,不但令人生厌,而且还会使细菌滋生而产生异味,影响使用者的身心健康。

许多路边洗车场和车主自己清洁内室时,常用的清洁剂中含有水分,久而久之,湿气会使真皮座椅、仪表板、门板等处发霉、变硬,褪色甚至龟裂,丝绒则会收缩脱落,受潮而滋生细菌。长期积垢还会使冷暖风口堵塞,发出异臭。针对这些油性或水性的污垢,专家研制了真皮、塑料、丝绒等专用清洁保护剂,不仅有美容功效,还有防污抗尘、防水、杀菌除臭等作用。另外,还有皮件、塑件上光翻新保护剂,能令皮革、塑料恢复原有光泽,并可在表面形成一层保护膜,防止老化。通过吸尘、清理后,采用保护剂或干洗护理剂擦拭与清洁车室、地毯、脚垫、坐套等。再喷清洁剂与高温蒸气消毒,便可使车室焕然一新。

(2)发动机美容护理。发动机作为汽车的动力源,历来被广大驾驶员、车主、维修人员所注目。由于传统的观念,人们把目光的焦点大多集中在发动机维修及传统保养项目上,而对国际上广为流行的免拆养护,特别是发动机表面的护理缺乏正确的认识。随着近几年汽车美容作业的兴起,国内越来越多的人士把发动机护理的着眼点一分为二,即内部护理(包括燃料与空气供给系、润滑系、冷却系的免拆养护)及外部护理,而这里的外部护理作业,通常被专业人士称为发动机美容。发动机美容作业,包括高压水冲洗、表面油污清洁、上光保护、翻新处理等养护工作。

(3)行李舱清洁。行李舱作为汽车内部的重要设施,其功用就不必多言了,有关它的清洁工作,作为内饰美容的一部分在汽车美容中不容忽视。

三、车室美容护理的基本内容及程序

车室美容是一项系统的清洁护理施工作业,因此,既要明确施工项目的内涵,又要遵循严格的合乎规范的施工程序,只有这样才能有效地组织施工,提高工效,节省时间,保证作业质量,提高企业服务水平。

由于车室美容护理具体内容寓于程序之中,这里介绍一下车室美容的基本程序。车室美容护理施工基本程序如下:

(1)车室除尘。除尘作业是内饰清洁的第一项工作,一般选用吸尘器及毛巾进行。在除尘时应遵循从高处到低处的原则,即首先进行顶棚除尘,然后依次是侧面、座椅、仪表台、后平台及地毯等。

(2)车室清洁。清洁作业在除尘后进行,目的是清除附着或浸渍在内饰表面的污物。基本用品是毛巾及有关清洁护理品。在车室清洁时也要求遵循由高处到低处的原则,即从顶棚到纤维织物、真皮、玻璃、仪表板、门边,最后清洁地毯、脚垫等。

(3)车室净化。除尘及清洁作业主要清除灰尘及污迹,对于车室内的有害细菌无法彻底清除,为此,在车室美容中要进行高温蒸气杀菌或喷施空气清新剂。

(4)塑料皮革上光保护。使用专门的塑料、皮革上光保护剂对其进行上光保护。根据产品不同,可采用擦涂和喷施方法,无论采取哪种方案,都要注意涂抹均匀性。

四、车室美容具体施工项目

由于车室美容属于系统化美容施工作业,因此,在遵循一般性原则的基础上,特制定以下具体美容施工项目。

(1)车室初步清洁处理。主要作业是吸尘及除去车室表面的浮灰,清除烟灰,取出脚垫并清洗。

(2)车室顶棚药剂除污、清洁处理。

(3)前后空调风口除污、清洁处理。

(4)置物箱、音响、排档区除污、清洁处理。

(5)转向盘、仪表板塑面药剂除污。

(6)前后边门绒布及皮面药剂除污、清洁处理。

(7)前后座椅除污、清洁处理。

(8)车窗玻璃清洗剂除污、清洁处理。
(9)车室地毯清洗剂除污、清洁处理。
(10)全车室除臭、消毒处理。
(11)塑料件、真皮上光保护处理。
(12)暖风烘干处理。

第二章 漆面处理

第一节 汽车漆面处理的需要

一、为什么对汽车要进行漆面处理

现代意义的汽车其车身系统的保养重要性超过任何系统,也就是说,若钣金及面漆不良,而仍不注意保养,汽车的使用价值将大打折扣,即使其发动机状况再好,也无法保证车辆的使用寿命。

汽车日常运行及停放绝大多数时间处于露天环境中,毫无遮掩地遭受风吹雨淋、日晒及酸雨等具有氧化性物质的侵蚀,使漆面逐渐粗糙失光,另外,由于许多人为因素,如行车当中不注意与其他物体或车辆剐擦,甚至有些人时常恶作剧地划伤停放在路边或生活区的车辆,造成漆面很大伤害。面对伤痕累累的漆面,车主经常一筹莫展。其实不用发愁,专业汽车美容师漆面处理施工完全可以还给您一部新车,一份好心情。

(1)车辆美学的需要。现代汽车,尤其是轿车,不仅追求线条流畅的外形,而且对其外观的装饰要求也越来越高。随着科学技术的发展,色彩鲜明且保色性优良的轿车随处可见,随着我国加入世贸组织进程的加快,进口轿车必将大量引入,这对爱车族来讲是莫大的喜讯,越来越多的朋友将拥有自己豪华汽车,但当您的爱车在使用中出现失光,不同程度的划伤及破损时,会使汽车原有的美观亮丽大打折扣,此时,请别忘了,漆面处理会给您全新的感觉。

(2)汽车保养的需要。当汽车漆面出现失光、划痕及破损时,由于这些缺陷有的已经超出了涂层范围,伤及金属基材,如果不及时进行漆面处理,会使基材金属产生腐蚀,漆面破损恶化,影响汽车钣金的使用寿命。

(3)环境美学的需要。人们已越来越多地关注自己的生存环境,例如污染、噪声等。随着社会进步,在国内许多城市已着手环境美化工程,汽车作为城市形象移动广告,无疑是环境的必要支撑,保持良好的车表形象,创造美好生存环境,已成为都市爱车族的新思维。

二、漆面处理包括的主要内容

(1)漆面失光处理。汽车在使用过程中,免不了风吹、日晒、雨淋及受到空气中有害物质的侵蚀,致使漆面逐渐失去原有光泽。在汽车美容作业中采用特殊处理工艺与方法,配合专门的护理品,可以有效地去除失光,再现漆面亮丽风采。

(2)漆面浅划痕处理。由于使用中摩擦及日常护理不当,久而久之,会在漆面上出现轻微划痕,这种划痕在阳光下尤其明显。在汽车美容作业中一般采用抛光研磨的方法,对漆面上出现的浅划痕予以去除。

(3)漆面深划痕处理。汽车漆面深划痕多为硬性划伤所致,当你用手拭划痕表面,会有明显的刮手感觉。目前在汽车美容行业中,在深划痕处理工艺上,虽然称谓命名不同,但从实质特点上看,仍采用喷涂施工来完成。

(4)喷漆。喷漆是汽车美容作业中要求最为严格,技术含量最高的施工项目。当汽车漆面出现划伤、破损及严重腐蚀失光等现象时,即可采用喷漆工艺来恢复汽车的昔日风采。

三、汽车漆面失光的原因

1. 日常保养不当

(1)洗车不当。洗车时选用碱性较强的清洗剂,久而久之,漆面易出现失光。

(2)擦车不当。车表附有尘埃,不宜用抹布或毛巾擦拭。因尘埃中有一些硬质颗粒状物质,在擦拭时,易使车表漆面出现细小划痕。

(3)不注意日常打蜡保护。日常保护中不打蜡或不及时打蜡,使漆面受到紫外线、酸雨等不应有的侵蚀。

(4)暴露环境恶劣。

①汽车行驶环境中存在酸雨和盐雾及其他化学微粒,会对漆面造成一定腐蚀;

②汽车停放环境不容忽视。汽车有80%左右的时间处于停车状态,在无库房情况下,沿海区域易受盐雾侵蚀;化学工业区易受到化学气体及酸雨侵蚀;北方冬季易受寒冷风雪的侵蚀。

(5)汽车运行中形成交通膜,造成漆面失光。

2. 透镜效应

所谓透镜效应是指当车表漆面上存有小水滴时,由于水滴呈扁平凸透镜状,在阳光的照射下,对日光有聚焦作用,焦点处的温度高达800~1000℃,从而导致漆面被灼蚀,出现用肉眼看不见的小孔洞,有些深达金属基材,这一现象在汽车美容行业中常被称为透镜效应。由于透镜效应致使漆面被灼伤,若灼伤范围大,分布密度较高,漆面就会出现严重程度的失光。因此,在汽车使用中应注意:一是炎热天气用冷水给车表降温,要擦净漆面残存水滴;二是在雨过天晴阳光灿烂时要将车表雨滴擦净。

3. 自然老化

车辆在运行及存放中,即使您对车辆各方面保护工作都很细致,漆面暴露在风吹、日晒及雨雾环境中,久而久之,也会出现自然氧化、老化现象,不过您所做的一切可以大大延缓漆面老化速度。

第二节 汽车漆面处理的工艺

一、汽车漆面失光如何处理

1. 确定漆面失光的原因

(1)自然氧化导致的失光。漆面无明显划痕,用放大镜观察漆面斑点较小,这类失光原因大多是氧化还原反应所致。

(2)浅划痕导致的失光。漆面分布较多的浅划痕,特别是在光线较好的环境中,如在阳光的照射下十分明显,导致漆面光泽受到严重影响。

(3)透镜效应引起的失光。用放大镜仔细观察漆面,若发现漆面有较多的斑点,则说明漆面受透镜效应侵蚀严重,光泽受到不同程度的影响。

2. 漆面失光处理工艺程序及方法

(1)自然氧化不严重或浅划痕导致的失光处理方法。由于上述原因导致的漆面失光,通常可采用抛光研磨的方法进行处理。(具体操作程序,详见漆面浅划痕处理工艺程序及方法)。

(2)自然氧化严重或透镜效应严重引起的失光。由于上述原因导致的漆面失光,要求进行重新的涂装翻新施工,具体步骤及方法详见喷漆涂装。

二、漆面浅划痕处理主要设备及用品

1. 抛光机

抛光机亦称研磨机,其工作原理是电机带动抛光盘高速旋转,由于抛光盘上的海绵、羊毛和抛光剂共同作用,与待抛表面保持摩擦,进而达到去除漆面污染、氧化层、浅划痕的目的。抛光盘的转速一般在1500~3000r/min,多为无级变速,施工时可根据需要随时调整。

2. 抛光剂

抛光剂的基本成分多为硅蜡或硝基氨,其主要成分还有研磨剂(碳化硅)、去污剂、光亮剂和还原剂等。抛光剂按其所含研磨剂的粒度及含有还原剂多少,又细分为研磨剂、抛光剂和还原剂。常用抛光剂有以下几类。

(1)龟博士抛光剂

①研磨剂。适于"色漆+清漆"面漆系统的研磨剂有 P-101 微切研磨剂、P-104 中切研磨剂、P-108 深切研磨剂。适于普通漆的研磨剂有 P-116 微切研磨剂、P-138 中切研磨剂、P-151 深切研磨剂;

②抛光剂。"色漆+清漆"面漆系统抛光剂 P-216,该抛光剂结合化学抛光和硅氧树脂的密封能力,抛光后漆面光泽如同打过蜡。普漆抛光剂 P-210、P-211 和 P-212,不含硬质磨料,不含蜡,不含硅;

③通用还原剂 P-231。还原剂主要用来去除抛光后留在漆面的细微划痕,抛光盘旋转印迹、花纹等,从而使打蜡前的漆面还原到漆色固有光泽的最高境界。

(2)英特使抛光剂

①全能抛光剂。本品含有研磨剂、去污剂和还原剂等多种成分。抛光速度快,可快速去除交通膜及中度划痕,不伤漆面,不留光环,60min 即可抛光、翻新一部旧车漆面。抛光后残留特少结合镜面釉使用瞬间可达到超镜面效果。尤其适合于旧车漆面划痕较深的漆面抛光;

②英特使 M-2000 漆面还原抛光剂。本品可以短时间使车身漆面还原,还迅速去除氧化层及污染极深的交通膜,也适合于多年未清洁的车辆,清除车身各种顽固污垢,特别适合于普通车漆,配合镜面蜡使用效果更佳;

③英特使 M-2001 漆面还原抛光剂。本品能快速去除氧化层、交通膜,具有优越的还原增亮功能,特别适合于金属漆车身表面,使用本品与镜面蜡配合,可令漆面产生高度光泽并持久不退;

④英特使 M-848 还原抛光剂。本品是一种通用抛光剂,适合于各类轿车漆面镜面处

理,并能有效清除漆面的氧化层及交通膜,去除轻度划痕;

⑤英特使 M-400 增艳剂。本品是一种含研磨剂和天然蜡的复合产品,具有抛光和上蜡双重功能,可消除抛光后留下的光环,常用作车身镜面处理后的后续用品,以增加车身的艳丽程度。

3. 漆面保护剂

漆面保护剂按其成分不同可分为蜡质保护剂和釉质保护剂两种。其作用原理是在漆面形成高分子附着层。有的产品还兼有抛光和保护两种功能,即抛光蜡。

4. 其他用品

漆面浅划痕处理作业中还需要无纺布毛巾、海绵及开蜡水等用品。

三、抛光

如果说洗车是车体护理的基础。研磨是漆面翻新的关键,则抛光应是漆面护理的艺术创作。一辆汽车能保养到新、光、滑、亮及持久程序都源于抛光施工艺术,要真正了解这门艺术,让我们先从抛光作用谈起。

1. 抛光作用

(1)消除漆面细微划痕(发丝划痕)。

(2)治理汽车漆面轻微损伤及各种斑迹。

2. 抛光艺术实质

抛光之所以能产生光亮无瑕的漆面艺术效果,是与其艺术实质密不可分,要达到上述目的,一般说来有3种途径。

(1)依靠研磨,即靠磨控材料把细微划痕去除。

(2)依靠车蜡,抛光剂中大多含有车蜡成分,抛光到一定程度后,可依靠蜡质的光泽来弥补漆面残存的缺陷。

(3)依靠化学反应,靠抛光机转速的调整而使抛光剂产生化学反应。

前两种途径在日常美容中应用最为广泛,主要原因是初学者对抛光机的转速、抛光头的材料(全毛材料、混纺材料、海绵材料、全棉材料等)、漆面结构性质及抛光剂的功效之间的关系了解不够,经验不足,因此,对抛光的要求也不高,即使不十分光也没关系,可以通过打蜡来弥补。我们把通过这种途径得到的漆面光泽称为"虚光"。虚光的特点是无法最终达到镜面效果,且光泽缺乏深度,保持时间短(光泽来自车蜡,而不是来自漆面本身)。

有经验的护理技师用抛光时产生的热能,使车漆与抛光剂之间产生能量转化,发生化学反应,进而消除细微划痕,让漆面显示出自身的光泽,然后实施上蜡,让汽车锦上添花,达到真正意义的抛光目的。

四、汽车必须进行喷漆的情况

1. 当汽车美学需要时

现代汽车在追求线条流畅外形的同时,对外观的装饰要求越来越高。随着科技发展,色彩艳丽、保色性能优良的高档汽车彩色涂料陆续应用,金属漆的普及,珠光涂料、超细二氧化钛的引入,为汽车追求新的色彩提供前提。

2. 当汽车保养需要时

随着汽车工业的发展,我国汽车的保有量已突破1500万辆,车辆在运行中难免出现漆面老化、破损、划伤等现象,如不及时处理,会加剧钣金腐蚀,影响车辆使用寿命。由此观之,汽车喷漆要把握漆面的状况,当汽车漆面出现以下情况下,必须进行喷漆处理。

(1)漆面严重老化,无法采用抛光还原工艺解决时。

(2)漆面受透镜效应侵蚀严重失光时。

(3)漆面氧化层较厚,出现局部腐蚀,无法抛光还原时。

(4)漆面出现深度划伤,无法用抛光清除时。

(5)漆面出现局部或大部分破损时。

五、怎样进行喷漆设备的配置

创办一家汽车修理厂或修理公司,汽车钣金及涂装项目必不可少,这就需要配置相应的涂装设备及工具,如何更有效地利用手头资金,这也许是最值得关心的问题,下面介绍有关的内容。

1. 喷漆间的配置

(1)配置目的。喷漆间是汽车修补涂装作业必不可少的重要设备之一。设备喷漆间的目的是为汽车涂装施工提供干净、安全、照明良好的喷漆环境,使喷涂施工不受尘埃干扰,保证喷漆质量,并把挥发性漆雾限制在有限空间内,减少环境污染。

(2)对喷漆间的技术要求。

①进入喷漆间的空气必须经过严格过滤,以确保空气中无尘埃;

②喷漆间内空气流向必须沿重力方向由天花板流向地面,且空气从地面排出,并经过滤为较清洁的空气;

③保证每分钟内喷漆间空气完成转换2次,因此,室内空气流速应在0.3~0.6m/s。空气流速过大,涂料损失过多,涂层状态不良,空气流速过小,影响溶剂的正常挥发;

④具有良好的照明条件;

⑤确保喷漆间内不出现负压。可以通过控制进排气量来实现,进入喷漆间的空气量应略多于排气量;

⑥喷漆间的作业噪声不允许超过85dB;

⑦符合防火要求。

(3)喷漆间的分类。喷漆间按其清除漆雾和防止灰尘混入的方式不同可分为干式和湿式两大类。

①干式喷漆间。干式喷漆间主要由室体、过滤器、排气管和通风机等组成。其特点是结构简单,涂料损耗小,涂装效率高,由于不使用水,减少了水处理设备,造价低,被国内中、小型修理企业广泛采用;

②湿式喷漆间。湿式喷漆间又分喷淋式、水帘式、文式和旋式四种。对于高档汽车面漆的涂装,国外多采用文式或水旋式喷漆间,国内很少采用。

(4)喷漆间的维护保养。

①喷漆前的一切准备工作都要在喷漆间外进行;

②必须经常检查并按规定时间更换过滤器;

③每天检查气压表读数,掌握喷漆间气压范围,严禁出现负压;

④干式喷漆间在喷涂施工前要湿润地面,以利于防尘;

⑤定期检查照明情况,更换变弱或烧坏的灯具;

⑥定期对排风扇及电机进行润滑保养;
⑦注意个人卫生,严禁身着脏服进入喷漆间;
⑧每次涂装作业结束后,应彻底清扫,并维护和清洗喷漆间内有关设备。

2. 烤漆房的配置

(1)配置目的。

①汽车完成喷涂施工后,从客户的角度和维修企业的角度来看,都希望漆面尽快达到不沾尘状态,原因之一是提高效率,节省时间,更主要的原因是为保证涂装效果,如果表面不能快干,就大大增加了尘埃附着的可能性;

②确保涂装后漆面的综合性能。如果只要求快干,我们可以选择快干型修补漆,但考虑涂料的品质和调漆时应该兼顾各方面的综合性能,不能仅仅追求快干而不管其性能如何,所以,最好的解决办法就是配置烤漆房。

(2)对烤漆房的技术要求。

①烤漆房内必须清洁、无尘、空气经严格过滤;

②烘烤温度能满足不同涂料的技术要求;

③烤漆房内必须设置排风装置,使干燥过程中从涂膜中挥发出的溶剂及分解物质不超过一定浓度,以防影响漆膜干燥速度、质量、甚至产生爆炸;

④溶剂型涂料的湿漆膜在烘干前应留出一定的时间,使漆膜内的溶剂大部分挥发和流平,可以减轻"橘皮""针孔""起泡"等缺陷。

(3)烤漆房的分类。按对漆膜的干燥方法不同,烤漆房可分为烘干式和照射固化式两种。

①烘干式烤漆房。烘干式烤漆房又可分自然对流式,循环风机对流式和远红外辐射式3种。目前国内维修企业中广泛应用远红外辐射式烤漆房,远红外辐射式烤漆房加热温度范围一般在38~83℃,汽车维修企业可根据烘烤作业范围大小,灵活选择设置红外灯管的数量和位置。远红外加热的能量转换形式主要是热辐射,所以它与热空气循环加热方式相比,尘埃附着漆面的可能性大大减小。通过远红外辐射方式对漆面的烘干,不但缩短了漆膜干燥时间(由一天缩短到30~50min),提高了作业效率,而且有助于提高涂装施工质量;

②照射固化式烤漆房。这种烤漆房有光固化和电子束固化两种,在一般修补涂装行业中很少应用。

3. 喷漆烤漆两用房的配置

前面介绍了独立的喷漆间和烤漆房,在实际生产实践中,制造厂家通常从维修企业的实用性和经济性出发,将喷漆间和烤漆房合二为一,即喷漆烤漆两用房。它兼有喷漆间和烤漆房的技术性能和功用。其特点是空气净化好,待涂装车辆一经涂装后可不进行移动,便于施工操作和日常维护。目前,国内使用的喷漆烤漆房种类较多,其中国产设备有江苏中大、北京梦幻之星、无锡运通、北方铁友等,进口设备有格力、路华、油之宝等。

4. 喷枪的配置

(1)喷枪的分类。喷枪按喷嘴类型分为对嘴式、扁嘴式2种,按供漆方式分为虹吸式、重力式、压送式3种。

(2)喷枪的选择。

①根据维修企业施工对象不同来选择。对于普通客车、载货汽车的漆面喷涂,可以选用PQ-1型国产喷枪,其价格低,易于维护。对于涂装质量要求较高的施工中,最好选用国产扁

嘴虹吸式或进口喷枪；

②根据维修施工作业量大小，选择大、中、小型喷枪。小型喷枪出漆量每分钟少于100g，中型喷枪每分钟出漆量在180g左右，大型喷枪每分钟出漆量在200g以上；

③根据喷涂施工项目不同来选择。一般来说，喷涂底漆多采用大口径喷枪，喷涂中间涂层时采用中口径喷枪，喷涂面漆时多采用小口径喷枪；

④在专门漆面修补施工中，也可选用专门的修补用喷枪；

⑤喷枪配套设备的配置。在涂装施工中，只有喷枪是无法实现工作的，还需要根据涂装施工的要求和施工条件，选配合适的空气压缩机，空气过滤器及导气软管，可参照不同喷枪的有关说明进行具体配置。

六、喷漆施工中常用工具的选用

汽车涂装作业中常用的工具分3大类，即清除工具，刮涂工具和打磨抛光工具。

1. 清除工具

涂装施工中使用的清除工具有两类，一类是清除旧漆工具，另一类是除锈工具。

(1) 清除旧漆工具。清除旧漆工具又可分手工工具和机械工具2种。

①手工清除旧漆工具，常用的有钢刮刀、钢铲刀、扁铲钢丝鞭、敲锤等。刮刀主要用于平面旧漆清除，如轿车前、后盖板处的旧漆。刮除时应一手撑刀柄，一手握刀身，沿车身纵轴线依次清除。铲刀主要用于边缘、夹缝部位旧漆的清除，钢丝鞭和敲锤主要用于清除凸凹不平部位的旧漆；

②机械清除旧漆工具，常用的有小型风动铲、喷灯、电热器等。小型风动铲除旧漆效果好，操作省力，适合于不同漆面环境。

注意：上述提及的旧漆清除工具主要适合于清除腻子层等较厚旧漆涂层，若轿车车身漆面破损严重，最好用脱漆剂与相应工具配合施工。

(2) 除锈工具。除锈工具也分手工和机械2种。

①手工除锈工具有钢刮刀、扁铲、钢丝鞭、锉刀、砂轮片等。手工除锈操作费力，效率低，除锈效果差，使用时须配合粗砂布，主要用于局部小工作量施工；

②机械除锈工具有喷砂枪、气动圆盘钢丝刷、离心除锈器、风动除锈锤等。其特点是除锈速度快，质量好，工作效率高，适于大面积作业。

2. 刮涂工具

汽车涂装用刮涂工具主要用于腻子施工。常用的工具有刮灰刀、牛角板、钢片刮板及橡胶刮板4种。

(1) 刮灰刀。刮灰刀是刮涂腻子的最常用工具。其特点是规格齐全弹性好，使用方便。加宽灰刀有100mm和75mm两种，适合于大面积刮涂和基层清理；中号刮灰刀宽度多为50~65mm，主要用于小面积腻子刮补和清除旧漆；窄灰刀多用于调配腻子及清理腻子毛刺等。使用后的刮灰刀要及时清洁，并涂少许黄油，以防生锈。

(2) 牛角板。牛角板是用优质水牛角制成。其特点是使用方便，可往复刮涂，主要用于修饰腻子的补刮作业。牛角板使用后应清理干净，置于木夹上存放，以防变形。

(3) 钢片刮板。钢片刮板是汽车腻子的主要刮涂工具。其特点是刃宽，刮涂效率高，刮后腻子层平整，适应范围广。钢片刮板可以根据施工需要自制或选购。

(4) 橡胶刮板。橡胶刮板具有弹性好，刮涂方便，可随物面形状不同进行刮涂，以获得平整的腻子层,尤其是对凸形、圆形、椭圆形物面,更为适用。橡胶刮板在使用中应注意防止与有机溶剂如香蕉水、二甲苯、酮类接触,以防变形。

3. 打磨抛光工具

(1)打磨工具。

①手工打磨工具。手工打磨主要用砂布包木块(橡胶块)或用水砂纸包木块(橡胶块)进行打磨。木块包砂布主要用于干磨腻子层,而水砂纸包橡胶块主要适用于水磨细腻子及中间涂层的漆膜。在使用手工打磨工具时,通常配合刮灰刀、毛刷、棉纱等用品,如干磨腻子,可先用刮灰刀将腻子层表面的毛刺清除,平整粗糙刮痕,再进行打磨。干磨粉尘较多,而水磨无粉尘,且效率高,质量好,故应提倡水磨;

②机械打磨工具。机械打磨工具有气动磨灰机、电动磨灰机等。气功磨灰机效率高,质量好,使用安全,目前国产气动磨灰机品种有 F66、F32、N3、M2 等,受到用户青睐。电动磨灰机噪声小,震动轻,粉尘飞扬少,而且质量较气动磨灰机高。

(2)抛光工具。抛光工具即抛光机,通常为电动。它与机械打磨工具工作原理相同,不同之处是抛光工具转速高,在磨料选用上较细,主要用于面漆抛光和上蜡抛光等作业。

七、喷涂施工中常用用品的选用

1. 磨料

汽车修补涂装施工中常用磨料有两种,一种是氧化铝,另一种是碳化硅。

(1)氧化铝磨料。氧化铝磨料是金属打磨施工最理想的磨料,其特点是耐磨性好、硬性度高。一般作磨料的氧化铝按其自身的颜色区分用途,红褐色用作金属打磨抛光,国外在采用氧化铝磨料的砂纸或砂轮上标有"AlO"字样。

(2)碳化硅磨料。碳化硅磨料是一种黑色,非常耐磨、高硬度的磨料,最适于汽车面漆的打磨抛光作业,很多用于漆面打磨抛光的砂纸都是用碳化硅作磨料,文字标识为"SiC"。

注意:磨料粒度的度量。磨料粒度的度量通常以它的粒度"目"表示,"目"是指以磨料能通过筛孔为前提,筛子单位面积(2.54cm^2)的孔数。例如,120目磨料,即表示该磨料刚好能通过2.54cm^2内有 120 个方孔的筛子。

2. 砂布

砂布是以氧化铝粉为磨料,以水性黏结剂黏于布面上制成,砂面一般呈红褐色。由于黏结剂属水性,故砂布遇潮湿易变软,造成磨料脱落,所以砂布只能用于干磨施工。砂布主要用于金属基层打磨除锈,腻子层及底漆的磨光。砂布在使用时应严格按作业项目来选用,如金属表面的除锈磨光施工,可选择 80 目以下的砂布;腻子层磨光时宜选有 80~120 目的砂布。

3. 砂纸

砂纸有木砂纸和水砂纸两种类型。

木砂纸是以玻粉作磨料,以水性黏结剂黏结,一般呈浅黄色,主要用于木制品的干磨。喷涂施工用水砂纸通常是以氧化铝或碳化硅作为磨料,以 C01-18 醇酸水砂纸清漆将磨料黏于纸上,磨面为绿色或灰色。由于黏结剂耐水,所以适于水磨各种腻子或漆膜。水砂纸应根据具体施工项目严格选择。头道、二道腻子的磨光,可选用 80~120 目的水砂纸;细腻底漆、中间涂层及头道面漆的磨光,可选用 140~240 目的水砂纸;高档面漆的磨光,至少应选有 400~600 目的水砂纸;600 目以上的水砂纸主要用漆面镜面处理。

4. 其他

在汽车涂装作业中,除使用上述用品外,诸如棉纱、破布、脱脂棉、胶带、黄油、汽油、消雾剂、废报纸等用品也经常用到,宜备用齐全。其中黄油用于喷漆前汽车玻璃、车灯等不需涂装部位的抹涂,消雾剂又称"驳口水",主要用于局部补漆后四周漆雾痕迹的消除。

八、怎样识别汽车面漆的原色

配色的第一步就是根据汽车生产厂家的漆码获得原色,以减少修补配方与原厂配方的差异。几乎所有品牌汽车的漆码在车身特定位置上都可以找到。首先找到汽车生产厂家的漆码,色卡就在漆码旁边,为稳妥起见,最好把色卡与汽车面漆前颜色对比一下,因为有的汽车也许已经喷涂过其他颜色的面漆。

九、怎样识别汽车面漆的类型

在进行涂装施工前,应确定原车面漆属于哪种类型,以便正确地选择和配套。确定原车面漆类型的方法有以下几种。

(1)目测法。如果车身外形线附近的表皮组织粗糙或漆面摩擦后出现抛我组织,则说明原车用的是抛光型油漆。

(2)溶剂法。用蘸有硝基漆稀释剂的白布擦拭漆膜,观察漆膜溶解的程度,如果漆膜溶解,并在白布上留下印痕,则是自干漆;如果没有溶解,则可能是烘干漆或双组分漆。丙烯醇烯醇聚氨酯面漆没有自干漆易溶解,但有时溶剂渗透面漆,会削弱其表面光泽。

(3)加热法。首先用细水砂纸打磨,使漆膜失光,然后用红外线加热灯加热,如钝化表面重现光泽,则说明原车是丙烯酸面漆。

(4)硬度测定法。由于各种面漆干燥后漆膜的硬度不同,大体上看双组分漆和烘干漆硬度高,而自干漆硬度较低。

(5)厚度测试法。各种面漆由于性质不同,其涂层厚度是不一样的,所以可通过厚度计测定漆膜厚度来判定面漆大致类型。

(6)电脑检测仪法。利用电脑调色系统可直接获得原车面漆的有关资料。这是目前涂装行业中普遍使用的检测方法。因为此方法方便快捷,只需将原车车身加油口门拿来,利用仪器很快能准确无误地判别面漆的类型。

第三章 汽车防护

第一节 汽车防护概述

一、汽车防护的重要意义

所谓汽车防护,就是在汽车上安装必要的防护及示警装置,通过这些装置的工作,最大限度地为汽车和乘员提供预防性保护。

汽车防护作为汽车美容的边缘项目,在众多汽车美容企业中已广泛开展。究竟汽车是否有必要进行防护施工呢?许多车主和驾驶员朋友可能提出上述的疑问,下面让我们从汽车防护的意义谈起。

1. 汽车防护可以为乘员提供保护

(1) 汽车防护——贴膜：可以有效地阻隔紫外线及来自太阳的强热，使驾驶员和其他乘员免受紫外线的辐射及强热的困扰，在改善汽车乘坐舒适性的同时，为乘员提供了良好的预防性保护。另外，在汽车运行中，意外的交通事故时有发生，车辆相撞易造成汽车玻璃的破碎，即使现今汽车玻璃是由特种材料及工艺制成，也难免对乘员造成伤害。汽车防爆膜可以有效改善汽车玻璃的抗冲击强度，提高乘车的安全性。

(2) 汽车防护——语音报警系统：可以及时地向乘员提供汽车运行信息，有效地保障了汽车行驶的顺畅和乘员的安全，减少意外的交通事故和麻烦，为您的出行带来极大方便。

(3) 汽车防护——静电放电：可以随时将车辆运行使用中产生的静电释放掉，以免静电电压过高击伤乘员或给乘车带来不便。

2. 汽车防护可以为车辆安全管理提供保障

汽车被盗现象在国内国外常有发生，爱车被盗不但给您的财产带来损失，也给您的工作和生活带来诸多不便。怎样才能使您的爱车安然无恙？怎样令这份潜在的生活烦恼离君远去呢？汽车防盗器就可以为您排忧解难，使您对爱车的管理易如反掌、轻松自信。

3. 汽车防护同样可以为您的乘车或驾车提供便捷服务

(1) 车用防盗器在具有防盗示警的主功能同时，还具有行车时控、寻车以及求救等服务功能。可以使汽车自动做到点火后自动落锁、熄火后自动开锁、停车场内寻车及发生意外报警求救等。

(2) 语音报警系统可以提供车辆的运行信息，如倒车信息，提醒行人及时回避，为驾车提供方便。

二、汽车防护的主要内容

随着汽车工业和汽车美容护理业的发展，汽车防护正日趋完善，并逐步走向成熟。它的服务项目涵盖"人—车"系统，包括以下主要内容：

(1) 汽车防暴太阳膜粘贴。在汽车玻璃内表面张贴防暴太阳膜是汽车防护的重要服务项目，通过太阳膜的作用，可以使乘员免受紫外线及夏日里强热的侵害。

(2) 汽车防盗器安装。车用防盗器可有效保证您爱车的安全，免受盗贼的袭击。汽车防盗器的多种辅助功能，更可以让您的工作、生活得心应手，无往而不胜。

(3) 汽车语音报警系统安装。"起车，请关门"和"倒车，请注意"这样的语音示警也许您随处就可听到，这就是汽车语音报警系统在为您提供帮助信息，给您的工作生活带来极大便利。

(4) 汽车静电放电器安装。"噼噼啪啪"，钥匙脱手落地，这是手握钥匙接近门锁遭受电击的一幕，许多朋友可能亲身经历。静电放电器可以有效解决车身静电问题，让您安心、放心、舒心。

三、汽车防爆太阳膜的功用

汽车防爆太阳膜（防爆隔热纸）自进入我国汽车美容市场以来，受到了业内人士和广大爱车族的青睐，其原因来自于汽车防爆太阳膜卓越的功能。

(1) 创造最佳美感。当您羡慕高档进口轿车玻璃颜色的美感时，防爆太阳膜能让这种美在您的爱车上成为现实。

(2) 提高防爆性能。汽车防爆太阳膜可以提升意外发生时汽车的安全水平,使汽车玻璃破碎可能性降到最低,最大限度地避免意外事故对乘员的伤害。

(3) 提高空调效能。汽车防爆太阳膜的隔热率可达 50%～95%,有效地降低汽车空调的使用,节省燃油,提高空调效率。

(4) 抵御有害紫外线。紫外线辐射具有杀菌作用,但对人的肌肤也具有侵害力,对于乘员来说,长时间乘车时,人体基本上处于静止状态,此时更易受到紫外线伤害,造成皮肤疾病。防爆太阳膜可有效阻挡紫外线,保护您的肌肤。

(5) 保证乘车隐秘性。如果您是重视隐私权的人,防爆太阳膜单向透视性为您阻绝平凡的眼光。

四、汽车防爆膜的种类

(1) 雷朋(MADICO)。美国雷朋公司是专业隔热纸的制造厂家。它生产的汽车防爆太阳膜(隔热纸)具有优良的私密性、防护性、单向性和防爆性能。

(2) 美国 3M 防爆太阳膜。目前,3M 系列产品在我国已被广泛认同,其中 3M 防爆太阳膜系列产品,以其优良的透视性、隔热性及防爆性能,受到广大业内人士及车主的青睐。

(3) 美国 USL 汽车防爆太阳膜。USL 系列汽车防爆膜产品以优质、品种齐全、颜色丰富见长。

(4) 日本 FSK 防爆太阳膜。FSK 系列防爆太阳膜采用多层钛铬金属成分,电感涂层,能有效隔离强光,抗击紫外线辐射危害。FSK 防爆膜经日本通产省化学技术研究所防爆隔热测试合格,荣获 JIS 标准认证。

目前,市场上的防爆太阳膜还有美国的星吉(SUN-COOL)、KILAI 等产品,也深受用户好评,这里不作具体介绍了。

第二节 汽车防盗

一、汽车防盗器的功能

随着汽车防护要求的提高,车用防盗器的功能也日趋完备,现将目前市场上汽车防盗器主要功能介绍如下:

(1) 防盗设定与解除。其主要作用是警戒车辆,以防被盗或受侵害。

(2) 全自动设防。若车主忘记设防,报警器将自动进入防盗警戒状态。

(3) 静音设防与静音解除。静音设防与解除无噪声,适合于在夜间、医院和特殊环境下使用。

(4) 二次设防。设防解除后,若 30s 内车主未开车门,则主机自动进入防盗状态。

(5) 寻车功能。在停车场内帮助车主寻找车辆。

(6) 求救。在紧急事态发生时能设定紧急呼救。

(7) 震动感应器暂时关闭。遇恶劣天气,但汽车处在安全环境下,使用此功能可减少误报和噪声。

(8) 进场维修模式。适用于汽车进场维修,遥控器无须交给维修厂,安全方便。

(9) 行车时控功能。点火后车门自动落锁,熄火后车门自动开锁,车辆使用安全、方便。

(10)密码抗扫描。电脑自动判别密码正确与否,并过滤扫描器信号,杜绝扫描密码,因而可防止盗贼用扫描器扫描报警密码盗车。

(11)跳码抗拷贝。每次进行设防和解除警戒时,主机及遥控器都同时更改密码,防止盗贼用无线电截码器截码盗车。

(12)BP机联机呼叫。主机呼叫输出可与防盗寻呼机连接,通过BP机判断是否是自己车辆受侵。

(13)遥控发动机起动。提高效率,节省暖车时间。

二、常见汽车防盗器种类

随着我国汽车市场的蓬勃发展,汽车已成为人们生活中不可缺少的一部分,对汽车安全防范方面的要求也随之提高。目前市场供应的防盗器可分为定码和跳码两大类。常见定码防盗器有中一、贝奥斯、铁将军等,跳码防盗器有悍将、鹰卫士等。下面对常见几种防盗器的种类及功能进行简要介绍,供广大驾驶员及车主朋友参考。

1. 定码防盗器

(1)中一汽车防盗器。中一汽车防盗器以其卓越的性能被广大爱车族所青睐。

(2)贝奥斯汽车防盗器。贝奥斯汽车防盗报警器的品种齐全,功能较完备。

2. 跳码防盗器

跳码防盗器常见种类有悍将、鹰卫士等。

第四章 汽车精品

一、汽车精品对汽车美容服务的重要意义

汽车工业日新月异,人们在追求豪华亮丽汽车外观的同时,对汽车内部装饰的品位要求也日益提高,即从实用性向实用兼舒适性转变,进而带动了汽车精品工业的发展。如今汽车精品琳琅满目,主要包括汽车香水系列、汽车把套系列、汽车坐垫系列、汽车脚垫系列、车室净化系列、车用刮胡刀系列、汽车蜡掸系列、汽车备用轮胎罩系列、汽车装饰贴系列、汽车天线系列以及其他汽车用品系列等。各类汽车精品伴君一路行,带给你的是特别的温馨、赏心、安心、放心和舒心。

1. 汽车精品美化车室环境

(1)精美的造型、多彩的色调无疑使您的车室更温馨、舒适。

(2)迎面捕鼻的芳香会让您感受到花丛中漫步的惬意。

2. 汽车精品提高乘车舒适性

(1)美好的车室环境给人以良好的心境。

(2)坐垫、坐套、脚垫及车室服务设施会让你有家的感觉。

3. 汽车精品降低驾车疲劳

(1)合适耐用的驾车手套,防滑、防汗的精美把套,以及良好透气的座椅附件,可令您更加得心应手。

(2)车室净化精品的使用,在除烟、除尘的同时,能有效改善人体机能,促进新陈代谢,解除驾车及乘车的疲劳。

4. 汽车精品能给爱车无微不至的呵护

(1) 良好的室内杀菌除臭功能大大降低了汽车内饰品腐蚀的可能性,提高内饰品的使用寿命。

(2) 让您的真皮内饰免受硬性摩擦汗渍的侵害。

二、汽车氧吧功用

随着人们生活水平的提高,环境对人体健康已被普遍重视。人们知道健康,不仅需要"绿色食品",同时更需要"绿色空气",即含高浓度负离子、没有病毒、烟尘的空气。汽车氧吧正是为满足您的这样要求而问世的,它能源源不断地产生活性氧和负离子,进而改善车室空气环境。汽车氧吧的主要功能如下:

(1) 改善人体心脏、肌肉及肺的功能。吸入负离子30min后,肺能增加吸收氧气10%~20%,多排出二氧化碳10%~15%,对哮喘、气管炎、肺炎和心脑血管有善和辅疗作用。

(2) 解除疲劳。通过吸收大量负离子,保证了肌体及大脑供氧,可以有效解除肌体及大脑神经疲劳。

(3) 促进代谢。经负离子作用,能激活肌体多种酶,可使人精神振奋,促进新陈代谢,提高工作效率。

(4) 杀菌防霉功能。活性氧广泛用于食品、衣物及工具等的消毒,它能使各种细菌和病毒的分子结构改变,导致死亡,不再形成新菌种。

(5) 增强肌体抗病能力。由于活性氧能杀灭各种病菌,因此减少了各种病菌侵入,使您不受流感等病毒侵害,保持体质健康。同时负氧可以改变肌体的反应性,活跃网状内皮系统的机能,增强机体抗病能力。

(6) 除烟、除尘、除味功能。本产品除烟、降尘原理不是过滤空气,而是通过分解烟雾及灰尘,使尘粒沉淀,通过活性氧杀灭各种有害菌及病毒,消除异味,从而达到除烟、除尘、除异味目的。

(7) 飘香功能。将香料装入氧吧中,可以代替汽车香座调节车室空气。

第五章 汽车改装

当汽车行业发展壮大的时候,汽车已经不再是简单地扮演交通工具的角色了,它会向广度和深度的方向发展,人们为其赋予了更多外延的功能。汽车改装可以是一种文化、是一种性格、是一种对机械的迷恋,也是对事务极限的挑战。归根结底,汽车改装其实是人类个性化发展的产物,它能够给人们带来快乐、刺激、知识、文化、个性等。同时,它也是一个商业产业链,能刺激消费,给国家带来税收,还能为人们提供就业机会,刺激国内汽车产业以及促进后市场的大发展等一系列优良效应。现在汽车改装的概念被更多的人所认知。

第一节 概 论

一、国外发展现状

汽车改装往往能体现一个国家、一个地区的汽车文化精髓。地域不同,汽车改装的特点和目标指向也各不相同。聚集目前全球六大汽车公司的欧洲、美国、日本三地,在汽车改装上也尽显各自的特色。

1. 美国：想怎么玩就怎么玩

美国的汽车改装风格深得西部牛仔"旨趣"，不仅外形奇形怪状、五花八门，而且可以改出许多匪夷所思的用途。

美国的汽车改装大多数是为了满足"玩车族"的需要，因而往往追求极夸张的外观和强烈豪华的视觉冲击，而将车辆实用性标准降至最低，甚至忽略不计，例如车身加长、大功率发动机换装等。这种改装也只适用于"玩车一族"的刺激性娱乐运动，而并无实用性可言。

更有甚者，美国有专门的汽车定制工厂，可以为一位顾客专门制造汽车，完全依照顾客的要求定制，甚至是顾客梦中所见的理想座驾，而其价格费用更可以用天文数字来形容。

2. 欧洲：含蓄的名门贵族

欧洲的汽车改装更注重"内在美"，外观上并不"显山露水"，但性能上一定可以"独步天下"。它的最大特点就是在进行大幅改动后，还能维持原装式样和整体风格，尤其注重改装车的精致度和整车的协调性，偏向于整体操控性能的提升。专家介绍，这种注重整体效果的改装，费用通常高得惊人，一般只服务于一些高端用户。而且改装车型通常也是高档名车。

专门改装奔驰车的 AMG 公司是欧洲汽车改装的一个代表，它通常在原车基础上进行高性能的改装，如适当加大汽缸容积，并通过高性能的涡轮增压器提升发动机功率，换上锻造的活塞连杆、高性能的电喷装置等。改装后外观上需仔细观察才能发现，如改装的扰流板或尾翼等改变空气动力学的附件，轮毂的尺寸变化不大，但一定是高级的。

3. 日本：突破极限

日本是一个学习的民族，日本汽车改装也融合了欧美的特点，在外观上比较夸张，在性能上追求突破极限。

日本的汽车改装在动力方面擅长于通过在原有基础上进行改装，将发动机的动力发挥到极限。日本法律对汽车改装有一定限制，并不像欧美国家那样宽松，因此很多过激的汽车性能改装也被法律所制止。但日本存在很多游走于法律边缘的地下汽车改装，重度改装的程度较接近于赛车性能的改装。日本汽车对于排气量有严格的限制，因而日本汽车改装最擅长的就是在排气量不变的基础上最大限度地加大功率，2.0L 排气量的汽车可以将功率加大至 735kW，其狂热的程度可见一斑。

二、国内发展现状

我国最初的汽车改装是广东自 1997 年从香港引进的。目前，汽车改装市场主要集中在以广州、深圳、珠海为代表的广东地区以及北京、四川等地，并逐渐向长三角及环渤海湾地区发展。起初的汽车改装主要效仿香港地区同行的模式，后来又不断接触到台湾地区的改装潮流，在融合两种改装风格后，逐渐形成了现在广东的改装风格。从一开始仿制同类产品，到现在逐步根据国内消费者的审美观和驾驶特性以及地形地貌，自行研究、开发出具有中国特色的改装产品。如今，广东地区的汽车改装行业各具特色，正朝着百家争鸣的方向发展，市场商机越来越多，改装厂家、店家也不断增加，车主对汽车改装的认同和参与热情也与日俱增，改装技术正不断接近港台地区的水平。

现阶段我国汽车改装并未形成产业化，充其量可以称之为产业新领域，因而有别于国外追求超级个性化、极限自由化的改装市场现状。从我国国情来讲，汽车改装即是以汽车品牌文化为特征，以特性偏好为取向，在量产车型的基础上，结合造型设计理念、运用先进的工艺及成熟的配件与技术,对汽车的实用性、功能性、欣赏性进行改进、提升与美化,并使之符合汽车全面技术标准,最终满足人们对汽车这种特殊商品的多元化、多用途、多角度需求的一种市场形态。

而从展会经营角度而言,中国的汽车改装展会与国际级改装展会甚至国内整车展会的市场基础是不可同日而语的,因此其商业价值并不可能在短期内得到有效回报。

第二节　汽车改装产业

汽车改装是针对汽车动力、外观、内部设备、车身、悬架等进行改装的产业,以体现性格张扬、追求驾驶乐趣、增强车辆安全、突出个性外观、延伸实用需求的汽车改装产品、技术及服务,在一些大中城市迅速发展。这类市场也被称为汽车改装市场。中国汽车市场在经过近几年的快速发展后,私家车已成为总汽车保有量的主体,不少车主开始追求个性化、性能独特的车型。汽车改装业将成为未来中国汽车业的一大朝阳产业。

一、汽车改装的背景

汽车改装源自赛车运动,赛场是各个汽车制造商体现自家技术实力的地方,为了把对手甩在后面,他们都拿出自家的最高技术,迫使厂商致力研究开发新技术。现时量产车中的很多技术都是来源自赛车,几乎所有的改装方式和改装部件都在赛车运动中通过不断地测试、改进,并经过长时间的试用,在解决了安全、稳定、合理、经济等方面的问题后,才向大众推广。当然,最终真正能与广大消费者见面的都是经历过各种考验的既实用又经济、稳定的经典改装件。民用汽车性能提升是建立在长年累月的赛车改装基础上并发展、改进而形成的改装的高级形式。最早的汽车改装只针对于提高赛车的性能,以便在比赛中取得好成绩。随着汽车工业的发展以及赛车运动日益深入人心,汽车改装已揭开以往的神秘面纱,成为普通车迷汽车生活中的组成部分,并渐渐成为一种时尚。在欧洲大陆、美国乃至亚洲的日本、中国香港、马来西亚等地,汽车改装早已蔚然成风。"无车不改"成为青年车迷的追求。世界各大著名汽车厂商,如奔驰、宝马、三菱、丰田、日产、本田等,都推出了自己的专业改装品牌。

二、汽车改装业的领先者

世界上比较著名的轿车改装公司如:专门为奔驰车用户进行改装的 AMG、D2、BRABUS 和 Carlsson 等,为宝马进行改装的 AC Schnitzer,为大众公司旗下的大众汽车和奥迪汽车用户进行改装的 ABT,为本田改装的 HRC(本田赛车公司)、MUGEN(无限),为丰田配套的 TOM'S 和 TRD(丰田赛车运动发展部),为富士配套的 STI(富士世界技术部)和 TEIN,日产的 NISMO(日产汽车运动部)和三菱的专业改装公司 RALLIART(拉力艺)等。著名的越野车改装公司和配套产品厂家有 JAOS(JAPAN OFF ROAD SERVICE,日本越野服务公司)、AIBA WORKS、TJM、ARB、WARN 等。

第三节　典型改装案例

汽车改装常常针对以下汽车的总成或系统来进行:
(1) 发动机－曲轴连杆机构、配气机构、进排气系统、供油系统。

（2）底盘－制动系统、行驶系统、加装平衡杆。

（3）电器－仪表、音像、导航、车载电话、防盗、灯光。

（4）车身－外部装饰、内部装饰、隔音、密封、防爆防晒。

本节介绍最为典型的几种改装案例。

一、减振系统改装

悬架是大多数人改装计划的第一步，而悬架的改装通常都是由换装一套较硬的减振器开始着手。弹簧最主要的功用是用来消除行经不平路面的振动。既然有了可消除振动的弹簧，那么又要减振器做什么呢？减振器它并不是用来支撑车身的质量，而是用来抑制弹簧吸振后反弹时的振荡和吸收路面冲击的能量。

假如你开过减振器坏掉的车，你就可以体会车子通过每一坑洞、起伏后余波荡漾的弹跳，而减振器正是用来抑制这样的弹跳。没有减振器将无法控制弹簧的反弹，车子遇到崎岖路面时将会产生严重的弹跳，过弯时也会因为弹簧上下的振荡而造成轮胎抓地力和循迹性的丧失。最理想的状况是利用减振器来把弹簧的弹跳限制在一次。

一组弹簧只有一种性能表现，要改变弹簧的硬度唯有更换另一组不同弹力系数的弹簧，有了可调式减振器正可弥补此缺憾，随路况调高阻尼也等于调硬了弹簧，毕竟调硬减振器要比换一组弹簧来得轻松多，甚至有所谓电子调整式减振器，只要操作车内的旋钮即可轻易地改变阻尼，达到悬架设定微调的效果。

改装时要先选定品质好的品牌，然后再从此品牌的系列产品中选出适合的规格型号。一套好的减振器必须有高精密度的柱栓及密闭性良好的油封，高品质的阻尼油（优质的阻尼油是阻尼衰退及气泡现象的治本之道），再加上填充高压气体的气室设计，当然最好是可调式的。目前，国内常见的品牌中，欧系的Bilstein、KONI以及日系的GAB都是口碑不错的主流品牌，新趋势则是针对特有品牌的专属改装套件品牌，如TOYOTA的TRD、TOM'S、HONDA的Mugen，NISSAN的NISMO，都是很不错的产品。选定品牌后，就得面临搭配性的问题，在悬架改装过程中，最棘手的课题就是减振器和弹簧的搭配，如果你的车降低车身超过2英寸或是弹簧硬度增加超过20%，你就必须把减振器一并更换。硬的减振器和硬的弹簧要相互搭配，因为弹簧的硬度是由车重来决定，而较重的车需要较硬的减振器。所以在赛车或高性能车上的减振器要比一般车上的硬，用以匹配较硬的弹簧。

假如减振器太软，会造成车身上下的摆荡；如果太硬，会造成太大的阻尼而使弹簧无法正常运作，且因减振器的阻尼作用而造成行驶时车高的改变。由于减振器制造商通常不会提供他们产品太详细的相关技术资料，因此当你要为一部车作悬架设定时你唯有不断的尝试。搭配性的问题可交给为你服务的改装店，针对车主的需要搭配出最佳的悬架组合是一家专业改装店的基本责任，也是顾客的基本权益。降低车身重心也是非常重要的一种改善操控的方法，如此可以降低过弯时车身的重量转移和车身滚动，降低车身最简单的方法就是由弹簧着手。使用短弹簧是最简单也是最快的方法。

1. 弹簧硬度改变的影响

（1）增加前后悬架的弹簧硬度：行路性变硬，轮胎经过路面起伏时的循迹性会变差，提高抗侧倾能力。

（2）只增加前悬架的弹簧硬度：前轮行路性变硬，前轮的防倾阻力增加，增加转向不足或是减少转向过度的倾向。

(3)只增加后悬架的弹簧硬度：后轮行路性变硬，后轮的防倾阻力增加，增加转向过度或者减少转向不足的倾向。

(4)减少前后悬架的弹簧硬度：行路性变软，轮胎经过路面起伏时的循迹性可能会变好，抗侧倾能力变差。

(5)只减少前悬架的弹簧硬度：前轮行路性变软，前轮防倾阻力减少，减少转向不足或者是增加转向过度的倾向。

(6)只减少后悬架的弹簧硬度：后轮行路性变软，后轮的防倾阻力减少，减少转向过度或者减少转向不足的倾向。

(7)增加前防倾杆的硬度：前轮的防倾阻力增加，增加转向不足或者减少转向过度的倾向，可减少前悬架外倾角的变化，使轮胎更紧贴路面。

(8)增加后防倾杆的硬度：后轮的防倾阻力增加，增加转向过度或者减少转向不足的倾向，可减少后悬架外倾角的变化，使轮胎更紧贴路面。

2. 减振器阻尼系数的影响

(1)增加压缩和回弹行程的阻尼系数行路性变硬。

(2)只增加回弹行程的阻尼系数在不平路面轮胎比较容易弹离路面。

(3)只增加压缩行程的阻尼系数防倾阻力较强，车身在弯中会变得较不安定。

3. 常见改装部件与改装方法

(1)短弹簧(图3-5-1)：基本的减振器是由减振筒和弹簧组合而成，而两部分组件是可以分开拆除和更换的，目前最为节约的改装减振系统的方式就是将原车减振系统中的原厂弹簧，更换为改装品牌的"短弹簧"，这种短弹簧的弹性阻力大、长度短，一般都是满足一些单纯为了降低车辆底盘的车主。

(2)运动套装(图3-5-2)：原厂车的减振系统基本是弹簧加单减振筒的简单结构组合组成，而市面上也有不同改装品牌，在减振筒和弹簧的强度方面好于原厂减振系统，且结构和工作原理与原厂减振系统也基本相同的产品，我们称之为"运动套装"，这种选择往往可以兼顾舒适性和操控性两方面。也有很多车主将短弹簧搭配运动套装的减振筒作为改装减振的一种组合，这样既降低了车身高度，也获得了较好的支撑性。

图3-5-1 短弹簧

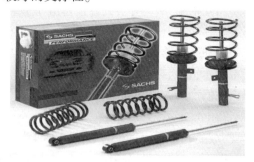

图3-5-2 运动套装

(3)绞牙减振(图3-5-3)：绞牙减振是目前改装减振最为直接也最为到位的一种改装部品，大多用于赛车，其主要优势是可以调节减振的高低，有些还可以调节减振的阻尼，也就是软硬和回弹力度。很多高级版本的绞牙减振配合顶搭可以进行车轮倾角的调节，这种情况比较适用于赛车竞技类改装使用，可以提供更好的抓地力和弯道支撑性，但是对轮胎的磨损较为严重。绞牙减振是目前改装减振中性能最好的，但是其支撑"偏硬"，舒适性大大降低，而且由于结构复杂,维护的难度和成本比较高,因此采用不多。

(4)气动减振(图3-5-4):气动减振也称空气减振或者气压减振,比起上面的几种减振器类型来说,要复杂得多。其包括传统的减振器和气压控制系统以及电子控制系统等主要部分,主要靠气体来压缩减振和释放减振来实现车辆底盘的升降。这种减振是在近两年才开始流行起来的,主要源于欧美 HellaFlush 和日本 VIP 等风格改装,需要车辆在特定情况下达到绝对低的高度,甚至是直接将车体直接"贴"在地上,这种时候,可以通过气压来调节车辆高低的气动减振就是这些车主的首选。

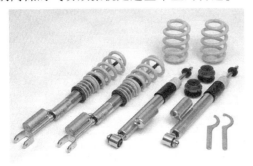

图 3-5-3　绞牙减振　　　　　　　　　图 3-5-4　气动减振

4.改装后的要求

(1)改装后应该满足安全、环保和其他法规要求及国际惯例。

(2)改装后在保证汽车行驶最佳性能的同时,确保转向轮能正常转动,并提高了汽车的整体舒适性。

(3)改装后减振系统必须把减振震效果提高到符合法令、标准或工业上公认的要求水平。

(4)改装后减振系统应确保在正确的支撑位置,不得出现支撑错误而造成发动机或其他部件漏油漏气。

二、汽车前后包围的改装

随着越来越多的人成为有车一族,车辆越来越多,公路上的安全隐患越来越大,车祸发生越来越频繁,前后包围成为了汽车保护驾驶员和乘客最直观的外部保护装置。另外前后包围材料能减小汽车车身的质量,减小汽车行驶时产生的逆向气流,同时增加了汽车的下压力,使汽车行驶时更加平稳,从而减少油耗。为此可对原厂的前后包围进行必要的改装。

原厂使用的保险杠经过了厂家的反复测试,它能使车辆在发生接触和轻度碰撞时,不会出现严重损伤,保护汽车车身、发动机供油系统、排气系统、冷却系统,以及与安全有关的灯光等不受伤害,因此对前后包围的改装首先必须保证原有的功能。

1.改装目的

(1)通过变换材料以达到汽车轻量化的效果。

(2)变换材料和结构提高对车身的保护能力。

(3)减少油耗,提高行驶的稳定性。

2.改装的要求

(1)改装后应该满足安全、环保和其他法规要求及国际惯例。

(2)在发生接触和轻度碰撞时,能保护车辆,使之不会发生严重损伤。

(3)前后包围外表必须与造型面一致,两端应向车身表面弯曲。保险杠结构件不得超出造型面以外。

(4)前后包围突出表面不得有锐角、棱角。

(5)零件设计在满足法规的前提下,力求做到结构简单可靠,工艺简便合理。

(6)易装配固定。

3.选用改装的部件

Mugen 是日系本田车的御用改装品牌,旗下有多款代表车型。在涉足 HONDA 汽车改装的同时,也涉足摩托车以及 HONDA 的其他饰品。一直以来,其所推出的产品都是本田车迷们所推崇的改装组件,众多适用于本田车型的廉价改装仿制品也基本都是以 Mugen 的造型为原型。Mugen 始终跟随着本田新车的脚步,高效率推出改装部件,无论开发过程还是生产模式,都是以严谨的测试数据作为引导。

以下方案选用 Mugen 的改装部件对本田奥德赛汽车前后包围进行改装,其相关数据如表 3-5-1 所示。图 3-5-5 为该车中尾段改装效果图。

选用的前后包围改装部件　　　　　　　表 3-5-1

品牌	产地	名称	规格	单位	数量
Mugen	日本	金属中网	金属 chrome	件	1
		尾定风翼	跟色	件	1
		头泵把	原装灯位专用跟色	套	1
		侧裙角	跟色	套	1
		尾泵把	跟色	套	1

图 3-5-5　本田奥德赛前后包围改装效果图

三、四轮定位个性化改装

四轮定位个性化改装的设计,就是专门针对那些原先不可调的定位角度,为其设计四轮定位专用零件,以非常正规、可靠以及安全的方式提供解决方案。以至于当车辆需要进行四轮定位时,不用采用更换悬架零件的方法,起到节省费用、操作便捷、节省时间的效果。

1.四轮定位参数分析

车辆在出厂时,其悬架系统的定位角度(基本定位角度有 7 个)都是根据设计要求预先设定好的。这些定位角度共同保证车辆驾驶的舒适性和安全性。但汽车使用一段时间后,由于很多的因素,这些参数会产生变化,所以四轮定位的实质就是对发生变化的参数进行修复。由于生产成本等因素,很多汽车在设计制造时,并不是所有的定位参数都设计成可调的。

四轮定位改装专用零件是根据车型底盘的悬架结构以及相对应采用的调整方法来设计

制造的。这些专用套件既要考虑到调整不同角度的位置要求和影响,又要考虑到选用适当的材料和形状来保证调整后的车辆底盘结构角度的合理性、安全性,同时也要考虑到选用合理的、规范的安装方法。

2. 改装的目的

(1)把前轮不可调参数改装为可调参数。

(2)把后轮不可调参数改装为可调参数。

3. 改装的要求

(1)改装后应该满足安全、环保和其他法规要求及国际惯例。

(2)改装要在相关法律法规下合法进行。

(3)改装时应充分了解其对安全性能的影响。

(4)改装时切勿改变汽车的机械结构。

(5)改装要选用符合强度要求的合格部件。

4. 改装部位的选定

四轮定位改装的实质就是将不可调参数改装成可调参数。通过对四轮定位参数的分析可知,参数的可调与不可调实际上与汽车悬架机构有着密切联系。

下面通过对本田奥德赛前后悬架的分析,找出前后轮不可调参数的原因。

(1)本田奥德赛前轮定位不可调参数产生是由于其前悬架的原车U形支臂是不可调,其前轮定位改装就是把原车不可调U形支臂用前轮U形可调组件代替,以实现不可调参数可调化。

(2)本田奥德赛后轮定位不可调参数产生是由于其后轮悬架的原车悬架支臂不可调,其后轮定位改装就是把原车不可调悬架支臂用后轮外倾角调整臂组件代替,使其不可调参数可调化。

根据本田奥德赛前后悬架的设计规定及强度要求,作以下改装:

(1)选用凯特公司生产的型号为 KTBT016—2X 新款奥德赛前轮 U 形调整组件,如图 3-5-6 所示,对其前轮定位进行改装以代替其原车不可调 U 形支臂。

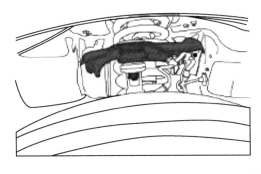
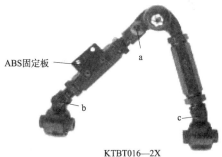

图 3-5-6　KTBT016—2X 新款奥德赛前轮 U 形调整组件

安装方法:将车辆前轮举起,把原车 U 形支臂拆下,换上 KTB016—2X 新款奥德赛前轮 U 形调整组件。

这种支臂可调整车轮外倾角、车轮主销后倾角和车轮前束三种角度。可调整 U 形支臂分左右件,六方连接套上字号 L 为左、R 为右。向正外倾角调整需同时延长两个调整连接套,向负外倾角调整需同时缩短两个调整连接套,可调整正负 4 度左右。调整前束角需要延长或缩短其中一个调整连接套(在不影响外倾角或其他角度的情况下)需配合转向拉杆调整,也可调整主销后倾角±3°。

需要注意的是:在调整前先将支臂球头与弯臂结合在一起,装上开口螺母及定位销,再将U形可调整支臂固定在车体上,调整所需角度完成后,将调整连接套与锁紧螺母锁紧,再将a、b、c三处的M10螺栓锁紧即可。将ABS线上到固定板上,调整时间需用40min左右。

(2)选用凯特公司生产的型号为KTBT016—1X新款本田奥德赛后轮外倾角调整臂组件,如图3-5-7所示,对其后轮定位进行改装以代替其原车不可调支臂。

图3-5-7　KTBT016—1X新款本田奥德赛后轮外倾角调整臂组件

如果你想降低汽车修理成本,延长车辆使用寿命,这种配件是一个很好的选择,其可调整的外倾角度数为-3°~+4°。

安装方法:将车辆后轮举起,把原车后悬架上的稳定主控制臂拆下,将两端M12控制臂螺栓用扳手拆下,并抽出螺栓卸下稳定杆,换上KTBT016—1X调整臂组件,安装在控制臂的相应位置,装上两端的M12控制臂螺栓。

调整方法:测量出后轮数值,按标准值进行相应调整,调整完后,用扳手旋紧零件两端的锁紧螺母即可,可用调整时间为20min左右。

四、汽车排气系统的改装

在环城高速路日渐完善的当下,城市道路通畅无阻,行车速度也该赶上城市的节奏。再者,许多车主常常跨市自驾游、驾车探亲和上班等,使汽车长期处在高车速的工作状况,发动机长期在高转速工况,原装的排气系统的排气效率不高,限制了发动机的性能表现,不仅浪费能源,还会损害发动机的寿命。为此需要对原厂的排气系统进行必要的改装。

但是应该注意到,原车使用的排气系统是经过了厂家的反复测试,出于车辆的动力性能、环保性能及燃油经济性与生产成本等多方面综合考虑设计出来的产品,与原车有较为合理的搭配。尤其是对于动力较弱的小排量车型来说,原厂的排气通常不会太过顺畅。这种设计提供适当的回压,会产生排气谐振效应,可以提高中低转速下的排气效率,反而优化了小排量发动机本身低速转矩不足的特性,更适合城市道路使用。所以改装时必须考虑到这个因素。

1. 改装目的

(1)提高发动机换气的流畅度,从而提高发动机的动力性能。

(2)拥有漂亮的排气管与动听的排气声浪。

2. 常见改装部位与改装方法

(1)排气歧管:更换管体材质。

(2)中心管:改变管径、弯曲程度。

(3)排气尾管:改变排气孔形状,管径。

(4)三元催化器:采用高流量的三元催化器。

3.改装的要求

(1)改装后应该满足安全、环保和其他法规要求及国际惯例。

(2)改装后在保证发动机最佳性能的同时,把所有排气安全地运离发动机并安静、顺畅地排到大气中去。

(3)改装后排气系统必须把排气噪声削减到符合法令、标准或工业上公认的要求水平。

(4)改装后在发动机额定负荷和转速工况下,排气系统产生的排气背压不得大于发动机技术参数表上规定的限值。

(5)改装后排气系统不得出现漏气现象。

4.改装部位的选定

在排气系统常见改装的部位中,对发动机性能影响最大的是改装排气歧管,然而改装排气歧管的成本比较昂贵,改装的难度也大。根据改装检验,改装排气中尾段,就能有效控制排气回压和排气声浪,并且中尾段在市面上有较多技术成熟的大厂品牌的改装部件。

5.选用改装的部件

以 Mugen 的中尾段改装部件对本田奥德赛汽车排气系统进行改装为例说明,其改装的相关数据如表3-5-2 所示,中尾段排气改装部件如图3-5-8 所示。

改装排气系统选用的改装部件　　　　　　表3-5-2

名称	品牌	产地	规格	单位	数量
中尾段排气	Mugen	日本	双出后尾段	对	1

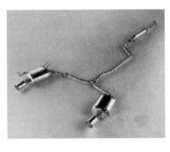
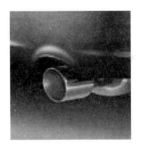

图3-5-8　中尾段排气改装部件

五、悬架系统改装

通过前面对悬架的结构和作用的分析,想要汽车保持良好的驾驶舒适性、操控稳定性和平顺性,可以从悬架的弹性元件、减振器、导向机构以及一些辅助弹性元件和横向稳定器等方面,对整个悬架系统进行全面的改装。

1.改装的目的

(1)转弯降低车身侧倾的程度,并改善了轮胎的贴地性。

(2)减少轮胎的不平衡磨损。侧倾程度减少会使外侧车轮承受的荷重减少;且降低内侧车轮荷重减少的量。

(3)驾驶操作更灵活、乘坐更舒适。

(4)增强车身的刚性、防止车体变形、四轮移位。

(5)平衡四轮扭力、增加底盘寿命。
(6)减少两轮颠簸力量、延长减振器的寿命。
(7)防止定位位移,有效保护零件。
(8)驾驶操作更灵活、乘坐更舒适。
(9)转弯平稳,行车安全更有保障。

2. 改装的部位

改装的部件可以是所有的悬架部件,如支撑弹簧、减振器、平衡杆等,还需注意的是悬架连接部位的改装。

一部拥有完美悬架系统的汽车,少不了性能优良的橡胶衬套来连接悬架的各个关节部位。橡胶衬套的作用是保护汽车悬架各个组件间的连接部位,降低噪声,衰减振动,使悬架更具有柔度。橡胶衬套的好坏直接影响到汽车悬架组件的使用寿命,特别是各个摆臂,另外橡胶衬套的刚度还影响着车轮的四轮定位参数的稳定性,间接地影响了轮胎的使用寿命。也就是说如果橡胶衬套硬度太高了就达不到降低噪声、衰减振动、增加悬架柔韧度的效果,硬度太低了就会影响车轮的四轮定位参数的稳定性,降低车轮使用寿命。那么这时候拥有一副兼具橡胶和塑料优点的橡胶衬套就是汽车悬架的不二之选了。目前国内的橡胶衬套常见的品牌除了各个汽车品牌原厂制造外,还有澳洲 SuperPro、美国 Whiteline。

3. 改装后的性能影响

(1)提升操控稳定杆。
(2)使汽车拥有更佳的牵引力控制。
(3)使汽车操控更灵敏。
(4)延长轮胎寿命。
(5)延长悬架组件寿命。
(6)提高路面操控感、越野稳定性。
(7)使轮胎定位修正和稳定性提高。

4. 悬架系统改装效果图(图 3-5-9 ~ 图 3-5-12)

(1)整体车身降低,整车质心降低是汽车在高速通过弯道时表现更优异。
(2)改善了车身固有频率,使之拥有更好的行驶平顺性及操控稳定性。
(3)改善了汽车在弯道中的车身侧倾程度。
(4)改善了四轮定位参数,提高了轮胎的使用寿命。
(5)改善了悬架组件之间的柔性连接,更好地保护悬架组件。
(6)汽车更具动感。

图 3-5-9　改装后整体外观效果图

更舒适	更稳定	更放心

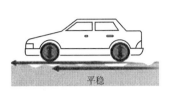

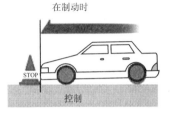

上下颠簸感,细小振动减少,使乘坐更加平稳舒适　　车体的摇摆得到抑制,制动时的前冲感以及起步时的耸动感减少　　直行,转弯的操纵稳定性显著提高,制动距离亦得以控制

图 3-5-10　改装后效果示意图

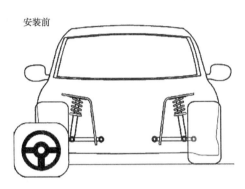
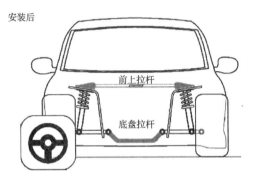

图 3-5-11　平路上的对比图

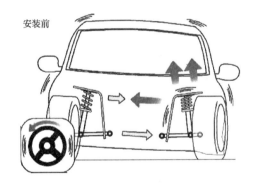
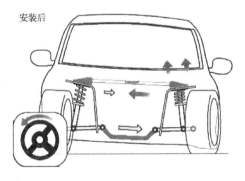

图 3-5-12　非平路上的对比图

六、制动系统的改装

原装制动系统改造的范畴很广泛,这些改装基本上都是围绕着制动钳以外诸多周边套件。例如负责制动液压力传递的"制动钢喉"、制动盘、制动片、制动液、制动钳等。

1. 改装的目的

(1) 具有良好的制动效能。

(2) 具有良好的制动效能稳定性。

(3) 制动时汽车操纵稳定性好。

(4) 制动效能的热稳定性好。

2. 改装的注意事项

改装制动系统时,要注意平衡和前后左右制动力分布,过大的制动力容易致轮胎抱死,前轮的不平衡会造成制动跑偏,后制动力过强容易使车身在制动时不稳定甚至侧滑,发生意外(如有 ABS 系统可减少抱死现象,但每次制动都触动 ABS 始终不提倡)。

3. 改装制动系统的主要部件(图 3-5-13)

1)制动钢喉(图 3-5-14)

制动钢喉只是一条包有金属编织物的橡胶油管,其作用是通过金属编织物的抗变形(抗张)能力,让油压传递过程中不会因为纯橡胶管道的变形而导致压力下降,从而令制动力感觉上更为有效。通常,制动液管是用有可塑性的材料(比如橡胶)制造,较容易在接口处漏油和吸入水分,而且在高强度的制动时这些管路会因受热和受压而膨胀,令制动踏板行程变长,影响踏板的感觉。而选用带钢丝编织物制造的赛车用制动油管(制动钢喉)不但耐热,而且其坚固的钢丝层能提供很好的保护,令制动油管受外物刺破的可能性大大减少,是一项值得投资的改装。常见的油管品牌有 Good-ridge 和 Earl's 等,大部分车型都可买到专用的套装,而一些专业的改装公司甚至能为稀有车型量身打造。

图 3-5-13　鼓改盘制动套件

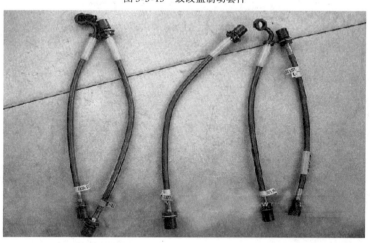

图 3-5-14　制动钢喉

2)制动盘(图 3-5-15)

升级原装制动系统,应该从多方面入手,而不单单是更换制动钢喉,最直接且有效的是更换加大尺寸的制动盘。更换大直径制动盘的流程很简单,将原制动盘卸下,量度好位置后制作转接桥码,将原装的制动卡钳的安装位置升高,不过安装时也要注意一点,因为制动盘的周长和半径发生了变化,所以原装的制动卡钳的一些位置需要修改才不会发生干涉。当然,不是所有的车都可以这么做,制动盘的尺寸大小跟轮圈的内径有关,例如 15in 的轮圈上限是 285mm,16in 的上限是 302mm,17in 则是 323mm。当然也跟轮圈的内面、条幅设计有很大的关系,所以不能一概而论。不过只要轮圈能容下的大直径制动盘,其制动能力会大幅提高。制动盘升级后,必须要对制动钢喉等进行更换。

除了加大制动力外,制动盘另外一个重要功能是一个大面积的高效率散热器(heat-sink),负责把制动时产生的热能扩散到空气中,钻孔式制动盘兼有散热、减重和清除制动盘磨损粉末的作用,但会减少摩擦面积和影响制动片的耐用性。

3)制动片(图3-5-16)

原装的制动片因为要照顾到工作温度(工作温度尽量宽广)、成本(越便宜越好)、粉尘(不能太脏,影响车辆观感)、耐用性等诸多因素,所以最多也只能满足日常使用需要。国内目前有售的高性能制动片的选择很多,品牌也很多,知名品牌有 M 牌、E 牌、F 牌等。

图3-5-15 加大直径高性能制动盘

图3-5-16 高性能制动片

一般来说,原厂的制动片摩擦系数不会很高(大概在0.4以下),而且很多不可以承受超过300℃的温度。因此,在连续多次使用后便会发生效能衰退。但选择高性能制动片时,注意不要贪大摩擦系数和超高温,摩擦系数太高会使得慢速行驶时的制动作用变得太敏感,每次轻触制动踏板都会令车上的乘客人仰马翻,制动盘也会因磨损增大而降低寿命。耐高温型号的制动片在低温时的效果其实并不好,如果用 IDI C3 型制动片,其工作温度是从300℃开始,在冷车和冬天时要加倍注意。

建议可选购工作温度在0℃到500℃左右、摩擦系数在0.4以上的"运动型"制动片,它能应对大部分情况的需要。

4)制动液

现在市面上常见的制动液的最高标准是DOT5,符合这一标准的制动液干沸点为260℃,当制动钳活塞的温度高于此干沸点时,便会使部分制动液汽化。而当液压系统内有气体时,会令其动踏板的行程变长,严重时可能将制动踏板踩到底也不能把车停住!另外制动液是"吸水性"很强的物质,渗进空气中的水分后,沸点便会降低(水的沸点只有100℃)。以常见的DOT4制动液为例,干沸点230℃,当渗入1%的水分时,沸点就降低到只有118℃。因此,就应该勤换制动液。纯比赛用的制动液(干沸点达330℃以上)不但价钱昂贵(约600元/升),而且需要更换和经常"排空"(赛车队每次练习后都要更换)。

5)制动钳

换一套大型多活塞的制动钳能直接提高制动性能。道理很简单,制动钳大了,配用制动片的总面积也大了,制动效能当然就好了。改装十分重视制动钳的活塞数量。活塞越多,施加在制动片上的压力和产生的温度就越均匀,还可增加活塞的总面积。加大活塞面积能提高制动片对制动盘的极限压力。

不过,换用多活塞的卡钳后,要达到相同的制动压力就可能需要更大的踏板行程,也就是说要踩得更深。改善的方法是更换制动主缸,甚至可以配用赛车式的双制动主缸来分别控制前后制动的分配,以达到最理想的效果。但这样改装成本非常高,一是卡钳的活塞越多价格越贵,二是改装制动主缸尤其是双制动主缸,要花不少的工时和材料,如果不是改装赛车出赛,实在不值得,需从实用角度去考虑。选择卡钳还要讲求匹配,一般高性能车采用四活塞的卡钳就足够了。

另外,值得注意的是制动钳的质量,虽然外形是差不多,但用轻金属制造的高档制动钳(如 ap racing、brembo 等)比铸铁的产品轻一倍以上,而制动系统是非载质量(unspring weight)的一部分,对车重是有直接影响的。此外,高档制动钳的散热性能非常高,对控制制动系统的温度帮助很大。

4. 改装后的效果

图 3-5-17 和图 3-5-18 为改装前后情况。

图 3-5-17 改装前   图 3-5-18 改装后

盘式制动器在液力助力下制动力大,性能稳定,在各种路面都有良好的制动表现。而且散热性能好,可以延长制动器的使用寿命,连续制动时摩擦产生的热量能及时散发出去,从而能够缩短制动距离。改装后的效果图见图 3-5-19。

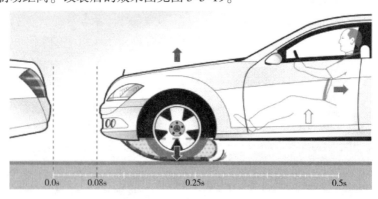

图 3-5-19 改装后的效果图

七、防侧倾系统改装

为改善汽车行驶平顺性,通常把悬架垂直刚度设计得比较低,降低车身振动固有频率。但因为悬架的侧倾角刚度和悬架垂直刚度之间是正比关系,所以减小垂直刚度的同时,使侧倾角刚度也减小,并使车身侧倾角增加,结果车厢中的乘客会感到不舒适和降低了行车安全感。所以,我们可以从两个方面入手。一方面改装高硬度减振弹簧,但这会降低乘客舒适性;另一方面加装防倾杆,当左右车轮有垂向的相对位移时,防倾杆发挥弹性元件的作用,增加了悬架的侧倾角的刚度。

(一)防倾杆的工作特点

防倾杆的安装通常固定在左右悬架摆臂处,利用摆臂和防倾杆支点的作用力发挥作用,当车辆在转弯时所产生的离心力一定会使车身发生侧倾,从而导致车辆两侧的车轮处于两种不同的作用力之下,内外侧的车轮悬架会产生不同的拉伸和压缩,这时防倾杆的杆身同时扭转,而其因反作用力产生的弹力正好用来抑制车身的侧倾。(图3-5-20)

图3-5-20　防倾杆的作用

太软的防倾杆在独立悬架的车中会使车在转弯的时候外倾角过大,轮胎接触地面减少;而太硬的防倾杆则会造成轮胎无法紧贴地面,影响了操控性。防倾杆对车轮所施加的力和弹簧对车轮施加的力是两个方向相反的力,弹簧产生的力是将车轮压回地面,而防倾杆却要使它离开地面。

理想的状态是把防倾杆所能提供的防倾阻力控制在占总防倾阻力的20%～50%之间。如果防倾阻力太大,可能会造成转弯时内轮离地,从而造成100%的质量转移,通常这种情况发生在弯内非驱动轮上。

防倾杆的硬度是由制作的材质、杆身、杆径、杆臂的长度以及和杆身所成的角度决定。杆身的长度越长,则硬度越软,反之,杆臂的长度越短,就会增加其硬度。由于车身宽度的限制,所以杆身的长度几乎不太可能改变,但是杆径和杆臂的长度却是比较容易调整的。一般来说,防倾杆的材质都是大同小异,所以改变防倾杆的硬度最好是由改变杆径入手。

防倾杆的作用效果就表现在转弯时的侧倾程度上,更换软硬的防倾杆,需观察其不同的侧倾角度,推算所需防倾杆的硬度。进行底盘改装时,除了弹簧和减振器的搭配以外,更应该好好地考虑选择防倾杆的硬度。如果汽车直行时稳定度已经符合要求,但转弯时或者变更车道时侧倾严重,就应该先换防倾杆;如果汽车连直线行驶时都有不稳定的漂浮感,那么还是先从减振器和弹簧下手。

(二)防倾杆的形式

现今流行的防倾杆有两种主要形式杆式及刀式。杆式比较传统和普遍,在越野车中只有杆式,而大部分普通车也采用杆式。(图3-5-21)

比赛车所使用的前后防倾杆一般都是可调式的,这样才能调校出最佳的操控平衡。通常,后驱车都是将防倾杆装在前悬架部分,这样一来就可以增加前悬架的抗侧倾能力,减少转弯时后悬架的车身质量转移,延缓或消除转弯时驱动轮(或者弯内轮)的离地现象,并且增加转向弯外轮的负荷,增加转向不足的趋势。对于前驱车来说,因为驱动轮在前轮,所以需要增加后防倾杆的硬度。

图 3-5-21　杆式和刀式防倾杆

(三)防倾杆的选择

选择防倾杆可以参考表 3-5-3 和图 3-5-22、图 3-5-23、图 3-5-24。

三种常见防倾杆　　　　　　　　　　表 3-5-3

品牌	前防倾杆直径(mm)	后防倾杆直径(mm)	参考价格(元)
SUPER R	30	18	1880
CUSCO	30	16	3220
BARCLAY	30.4	21	2880

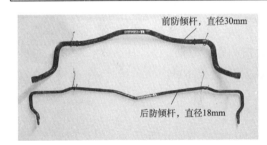

图 3-5-22　SUPER R 的奥德赛前后防倾杆

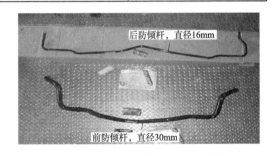

图 3-5-23　CUSCO 的奥德赛 RB3 车型防倾杆

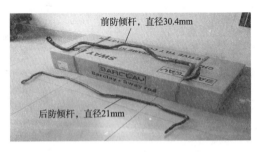

图 3-5-24　BARCLAY 的奥德赛防倾杆

SUPER R 货源较紧,可以从 CUSCO、BARCLAY 中选择。BARCLAY 后防倾杆直径过大,多属于专业玩家。如果考虑乘客的舒适性,可选择 CUSCO 的防倾杆。

(四)防侧倾系统改装的效果

(1)转弯降低车身侧倾的程度,并改善了轮胎的贴地性。

(2)减少轮胎的不平衡磨损。

(3)驾驶操作更灵活、乘坐更舒适。

(4)增强车身的刚性、防止车体变形、四轮移位。

(5)平衡四轮扭力、增加底盘寿命。

(6)减少两轮颠簸力量、延长减振器的寿命。

(7)防止定位位移,有效保护零件。

第四篇　汽车保险及理赔

汽车工业可以成为一个国家经济实力的重要标志之一,是因为汽车在制造之前以及在汽车出售之后,都能引起一系列的经济活动。机动车辆保险是汽车售后市场的重要组成部分,在汽车服务过程中起着举足轻重的作用。

第一章　机动车辆保险

机动车辆保险又称汽车保险,是指对机动车辆由于自然灾害或意外事故所造成的人身伤亡或财产损失负赔偿责任的一种商业保险。

机动车辆是指汽车、电车、电瓶车、摩托车、拖拉机、各种专用机械车、特种车。

机动车辆保险为不定值保险,分为基本险和附加险,其中附加险不能独立保险。基本险包括第三者责任险和车辆损失险;附加险包括全车盗抢险、车上责任险、无过失责任险、车载货物掉落责任险、玻璃单独破碎险、车辆停驶损失险、自燃损失险、新增设备损失险、不计免赔特约险。其中第三者责任险是强制性险种。

一、车辆损失险

这一保险是对因为遭受责任规定范围内的自然灾害或意外事故造成车辆本身的损失,保险公司依照合同的规定给予经济赔偿。这里所提到的保险责任范围是指车辆行驶过程中发生碰撞、倾覆、火灾、爆炸、外界物体倒塌、空中飞行物体坠落、行驶中平行坠落、雷击、暴风、龙卷风、暴雨、洪水、海啸等原因造成的车辆损失。由于自然磨损、锈蚀、故障、轮胎爆裂、地雷、战争、暴乱、扣押、竞赛、测试、进厂修理、饮酒、吸毒、无证驾驶所造成的损失,保险公司概不赔偿。

在购买了车辆损失险后,还可以根据自己的需要购买附加在车辆损失险上的各种附加险。这包括:全车盗抢险、风窗玻璃单独破碎保险、车辆停驶损失险、自燃损失险、新增加设备损失险等。附加保险是在购买车辆损失险后,根据投保人的需要,自由选择购买适合于车辆本身存在的风险。

具体条款解释是:全车盗抢保险是指车辆(含投保的挂车)全车被盗窃、被抢劫、被抢夺,经县级以上公安刑侦部门立案证实,满三个月未查明下落或保险车辆全车被盗窃、被抢劫、被抢夺后受到损坏或车上零部件、附属设备丢失需要修复的合理费用。

风窗玻璃单独破碎保险是指保险车辆发生了本车风窗玻璃破碎,除被保险人故障及其驾驶员的故意行为外,保险公司按照实际损失给予赔偿。

车辆停驶损失险是指保险车辆发生车辆损失险范围内的保险事故,造成车身损毁,致使

车辆停驶而产生的损失,保险公司按规定进行以下赔偿:

(1)部分损失的,保险人在双方约定的修复时间内按保险单约定的日赔偿金额乘以从送修之日起至修复竣工之日止的实际天数计算赔偿。

(2)全车损毁的,按保险单约定的赔偿限额计算赔偿。

(3)在保险期限内,上述赔款累计计算,最高以保险单约定的赔偿天数为限。本保险的最高约定赔偿天数为90天,且车辆停驶损失险最大的特点是费率很高,达10%。

自燃损失险是指对保险车辆在使用过程因本车电器、线路、供油系统发生故障或运载货物自身原因起火燃烧给车辆造成的损失负赔偿责任。

新增加设备损失险是指车辆发生车辆损失险范围内的保险事故,造成车上新增设备的直接损毁,由保险公司按实际损失计算赔偿。未投保本险种,新增加的设备的损失保险公司不负赔偿责任。

二、第三者责任险

这一保险是指经被保险人允许的合格驾驶人员在使用保险车辆过程中发生意外事故造成他人(即第三者)的人身伤亡或财产的直接损毁,依法应当由被保险人支付的赔偿金额,保险公司依照合同给予赔偿。但由于事故产生的善后工作,应由被保险人自行负责处理。这里提出的第三者所指的定义是:在保险合同中,保险公司是第一方也叫第一者,被保险人是第二方也叫第二者,在交通事故中遭受人身伤亡或财产损失的受害者是第三方,也就是第三者。投保人在购买了第三者责任保险后,一旦发生了保险责任规定范围内的事故致使第三者遭受损失,根据保险合同规定,保险公司将给予经济赔偿。

第三者责任险为国家规定的必保险种,也就是所有车辆(军事用车,国家另有规定的车辆除外)都要购买此险种。目前,第三者责任险的收费标准按保险金额分为五个档次来计算,保额分别是5万元、10万元、20万元、50万元、100万元,其中非营业六座以下的客车收费标准分别为1040元、1300元、1500元、1730元、1820元。

在投保了第三者责任险后,投保人还可以自由选择购买附加在此险种上的各种附加险:车上责任险、无过失责任险、车载货物掉落责任险。具体条款解释是:车上责任险是负责保险车辆发生意外事故造成车上人员的人身伤亡和车上所载货物的直接损毁的赔偿责任。驾驶员故意行为或本车上乘客因制动、疾病、斗殴、自残、自杀、犯罪等行为所致使的本人伤亡,保险公司也概不负赔偿责任。

无过失责任险是指投保车辆在使用过程中,因与非机动车辆、行人发生交通事故,造成对方人员伤亡和直接财产损毁,保险车辆一方不承担赔偿责任。如被保险人拒绝赔偿未果,对被保险人已经支付给对方而无法追回的费用,保险公司按《道路交通事故处理办法》和出险当地的道路交通事故处理规定标准在保险单所载明的本保险赔偿限额内计算赔偿。每次赔偿均实行20%的绝对免赔率。

车载货物掉落责任险是承担保险车辆在使用过程中,所载货物从车上掉下来造成第三者遭受人身伤亡或财产的直接损毁而产生的经济赔偿责任。赔偿责任在保险单所载明的保险赔偿限额内计算。每次赔偿均实行20%的绝对免赔率。

上面介绍的第三者责任险和三个附加险,被保险人在投保过程中可以根据自己的实际需求来自由选择购买附加险,但必须是在购买了第三者责任险的基础上才能购买三个附加险。

另外,还有一个附加险是不计免赔特约险,只有在同时投保了车辆损失险和第三者责任险的基础上方可投保本保险。办理了本项特约保险的机动车辆发生保险事故造成赔偿,对其在符合赔偿规定的金额内按基本险条款规定计算的免赔金额,保险人负责赔偿。也就是说,办了本保险后,车辆发生车辆损失险及第三者责任险方面的损失,全部由保险公司赔偿。

目前,我国国内机动车保险条款主要分为二大主险九个附加险,在投保中一定要先购买主险,也就是车辆损失险、第三者责任险后方可选择购买附加在二个主险上的各种附加险。在目前执行的机动车辆保险条款中,还对投保对车辆规定了免除责任、保险金额和赔偿限额、赔偿处理、被保险人义务、无赔款优待等其他事项。免除责任在前面已一一叙述,这里不再重复。保险金额是保险公司计算保险费的依据,也是保险公司承担补偿责任的最高限额。如一辆夏利车的保险金额为10万元,那么赔偿的最高限额也为10万元。被保险人还应有告知、缴费义务。告知义务是指投保人应对车辆本身所已有的不安全因素和隐患,如实告知保险公司,如不能如实告知,一旦发生由于投保人未履行告知义务而产生的车辆损害,保险公司有权拒绝赔偿,同时保险公司还可以依法对投保人予以起诉。在保险合同期内保险车辆如转卖、转让,变更用途或增加危险程度应事先书面通知保险公司并申请办理批改。无赔款优待是指保险车辆在一年保险期限内未发生赔款,续保时可享受上年度保费10%优待,不续保者不给。如果只续保上年度某一险种时,只是续保的险种享受优待,其他则予以免除。被保险人投保车辆不止一辆的,无赔款优待分别按辆计算。

第二章　机动车辆理赔

第一节　机动车辆理赔概述

一、理赔的概念及意义

理赔是保险工作中的重要环节,保险属于经济范畴,也属于历史范畴,其定义一般可以表述为:保险是以法令或合同形式,集合多数经济单位或个人,根据合理计算,共同建立专用基金,对特定危险事故所致损失或约定事件的发生给予经济补偿或给付的一种社会互助性质的经济制度。保险所体现的是人与人间的经济关系,即通过保险将社会上具有相同危险的人们组织起来,使大多数人用分摊损失的方法对其中少数人在遭遇自然灾害、意外事故等不幸事件后所造成的经济损失,给予补偿的一种特殊的经济活动。理赔是指保险合同所约定的保险事故(或保险事件)发生后,被保险人(或投保人、受益人)提出赔偿给付保险金请求时,保险人按合同履行赔偿或给付保险金的行为过程。

保险理赔的社会意义可以从两个方面来考察。第一,从保险职能来看,保险的产生和发展都是由于保险具有组织经济补偿这一个职能,保险以组织分散的保险费方式建立保险基金,其目的是用来对财产损失或人身事件进行经济补偿。保险金的职能和基本目的,都充分地说明经济补偿最终通过保险理赔来实现。第二,从保险金合同关系来看,投保人与保险人订立保险合同,以缴付保险费为代价,其目的在于约定的保险事故或事件发生时,能换取保险金赔偿或保险金。保险人在履行赔偿或给付义务时，也就是具体体现了保险组织经济补偿的职能。

保险理赔工作的意义从保险经营角度来观察，具有改善经营的作用。第一，在保险业工作中，宣传是否深入，标的是否合法，承保手续是否齐全，保险金额是否恰当，保险费率是否合理等，平时往往不易觉察，但在理赔时，存在的问题就会被发现。因此，理赔工作也是检验业务质量的重要环节。第二，通过理赔，保险的职能和作用得到具体、实际的显示，事实证明，这是保险最有说服力的高效宣传。因此，理赔工作能直接影响保险业务的开展，有利于扩大业务。第三，通过理赔工作的进行，对每一受损案件进行调查分析，总结有关的经验教训，能进一步掌握灾害事故的发生规律，发现防灾防损中存在的问题。因此，理赔工作能为防灾防损提供依据，有利于加强保险的防灾防损。

二、理赔工作的一般原则

理赔人员的职责是处理赔案，同被保险人协商如何解决赔案，作为汽车理赔人员，他必须十分了解汽车保险条款和保险单的条件，也必须熟悉汽车结构原理和国家有关法律等。理赔人员在处理赔案时，必须遵循"主动、迅速、准确、合理"的原则，而对处理汽车险赔案尤其如此。汽车如经常出事，要主动研究其主要原因；汽车在交通要道上出事必须迅速出动调查，如果经久不报，合适的见证人就难找，一旦迟延，事过境迁，什么证明也难于弄到。此外，估计损失要准确，确定损失大小和各工费用要合理。

"主动、迅速、准确、合理"四个因素中，迅速对汽车险来说特别重要。迅速报案，及时处理赔案并使汽车得到及时修理，使汽车很快修好，恢复使用，尤其营业用车，还要受营业损失，时间因素制约显得更为重要。

三、赔付依据

保险人对被保险人的赔付是以保险条款、交通管理部门颁发的交通事故处理办法以及相关的法律为依据的。理赔工作是保险人履行保险合同义务的法律行为，应当严格按条款的规定办事，决不能脱离条款另立章程，任意处理赔案。哪些该赔，哪些不该赔，保险条款上都有说明，但由于灾害事故发生的情况千变万化，造成的损失又错综复杂，即使保险条款对赔偿责任都作了原则的规定，但却又不能十分具体地把每一可能的情况——载明，这就要求在处理赔案时坚持实事求是。在尊重客观事实的同时，对具体问题作具体分析，合情合理，区别对待。既要严格按照保险合同的原则办事，又要结合实际情况考虑一定的灵活性。但在事实确凿、责任归属明显、损失数额确定的情况下，仍应以事实为依据，以条款为准绳，坚持原则处理赔案，不能滥用灵活性。

四、核赔工作简图

机动车辆出险的理赔工作主要由保险公司的车险部负责，车险部主要工作人员包括有：接待报案员、医疗查勘员、车辆查勘员、定损核价员、复勘人员、立案人员、缮制赔案员等，他们的主要工作内容和要求将会在后面的文章中作详细介绍。图4-2-1简单说明了各工作岗位的相互关系。

防灾防损提供依据，有利于加强保险的防灾防损。

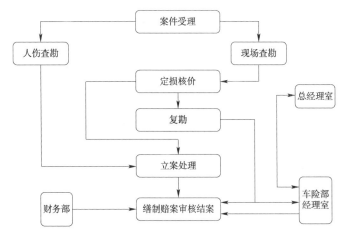

图 4-2-1 车辆理赔各工作岗位的相互关系

第二节 车险理赔流程

机动车辆出险一般可分为三类：保险车辆（含投保的挂车）发生全车被盗窃、被抢劫、被抢夺称全车盗抢险；保险车辆出险受损称车损险；保险车辆出险致使第三者遭受人身伤亡或财物直接损失称第三者责任险。现将上述三类车辆出险的理赔程序分述如下：

一、盗抢险理赔程序

1. 接待报案，核查底单

这部分工作一般由接报案员负责：

（1）详细询问并记录车辆盗抢的时间、地点、经过；盗抢车辆的型号、制造年份、重置价值、发动机号码、车架号码等。

（2）要求被保险人在地级市以上报纸上刊登《寻车启事》，并要求提供保单正本、行驶证、附加费证、车匙、购车发票等，并由经办人员签收。

（3）指导被保险人按实填写《出险通知书》；在《出险通知书》上加盖收件章，载明报案年月日时分。

（4）查阅保单副本批单副本，核实保费收缴情况，确定公司应否负盗抢赔偿责任。

（5）根据所了解的情况登录《保险车辆盗抢登记簿》并按规定将案情报上级公司。

2. 收集资料，调查取证

接待报案员将有关资料移交车辆盗抢专职调查员，由调查员从多条途径对车辆盗抢情况进行调查、了解、取证。

（1）到发生盗抢的地点进行现场查勘，找有关当事人（如保安、目击者等）询问并记录案发的情形。

（2）从该车的销售部门及机电公司了解该车的购买价和实际价，参照保险金额，判断被保险人有无保险欺诈行为。

（3）到车管所核对盗抢车辆的档案，查实其车型、牌号、制造年份、发动机号码、车架号码等是否与《出险通知书》上填列一致。

（4）从当地公安反击机动车盗抢车辆的侦破近况，并协助其加强对盗抢车辆的侦破工作。

根据调查情况填制《查勘报告》。

3. 逐级审核，归档结案

这部分工作一般由缮制赔案人员负责：

(1) 三个月未被破获的被盗抢保险车辆要求被保险人提供公安部门出具的车辆盗抢未破获证明。

(2) 由被保险人填写《权益转让书》，将盗抢车的追偿权转让给承保公司。

(3) 按《机动车辆出险索赔所需资料》要求，收集有关资料及单证，根据条款确定赔付金额，缮制《赔款计算书》。

(4) 按规定逐级复审并报上级公司，核批后赔付归档。

4. 加强对盗抢寻回车的管理

盗抢车经公安部门破案寻回的，其奖励费由承保公司按公安部文件规定给付，须单独归档，统一管理。

盗抢寻回车原则上退回被保险人抵减赔款，确因工作需要收回的，需报上级公司有关部门批准方可留用。

二、车损险理赔程序

1. 接待报案

接待报案员负责指导出险保户配合承保公司的理赔工作，负责有关理赔方面的答疑咨询，负责与保户进行联络并将有关资料及时反馈相关部门，负责受理公司系统内异地委托代理查勘业务的接待工作。

接待报案员应向报案人提供有关单证，进行逐项填写（接电话报案，由内勤填写）并由保户填写《出险通知书》。接待报案员还要查阅业务留存的有关资料，核定承保内容及保费收缴情况。根据条款规定和已填写的《出险通知书》，初步判定是否属承保公司应负赔偿的责任。无误后，填写《出险案件登记簿》立案编号。并将有关资料提交查勘定损人员。

2. 送修

由送修人员负责出险事故车送厂修理的具体落实。送修人员按照事故的定损价格、送修，或按被保险人的要求送修。一般保险公司没有专门的送修员，可以由查勘员兼任。

3. 定损估价

由查勘定损员负责对送达指定汽修厂内（含非指定修理厂）及未送达指定修理厂出险事故车的查勘定损估价，受理外埠事故车查勘定损估价，受理公司系统内异地委托代理查勘业务的查勘定损估价。

定损核价人员在接到任务及有关资料后，应利用必要的设备和手段做好查勘工作。对事故车及受损部位进行拍照。

根据查勘情况，应用所掌握的汽车专业知识和修理专业方面的知识，弄清事故原因及损伤形成的因果关系。正确区分：哪些是汽车本身故障所造成的损失，哪些是汽车正常使用过程中自然磨损、老化造成的损失，哪些是使用保养不当造成的损失，哪些是损伤产生后没有进行正常的维修保养致使损失扩大而造成的损失。依照机动车保险条款所列明的责任范围，明确事故车损伤部位和赔付范围。在定损估价过程中遵循能修不换的保险补偿原则，并参照当地的修理工时价格和零配件价格对事故车的损伤部位逐项进行审定，做到合理准确地定损估价。

4. 核赔

由核赔人员（缮制赔案员）负责从保险条款上和技术上对赔案进行分析审批，档案卷宗管理及分析统计。

核赔人员向保户和有关部门、人员收集索赔资料及有关单证,根据所查明的事故损失原因、涉及的部位和损失范围,按照保险条款规定确定赔偿范围及赔付金额。编制《赔款计算书》,缮制赔案,按照公司要求认真做好超权限赔案的审批上报工作,并按照核赔人的权限范围最终审定。

在赔案审批前,参考修理签定的项目和金额,估算未决赔款,录入电脑,统计未决赔款金额及赔付率。赔案审批后,按实际赔付录入电脑,统计已决赔款金额及赔付率。

三、第三者责任险理赔程序

1. 接受出险通知

接待报案员在接待被保险人报案时,应根据被保险人填具的《出险通知书》详细询问并记录:

(1)被保险人的名称、保单号码、驾驶员情况、车辆型号、牌照号码、发动机号码等。

(2)出险日期、出险地点、出险原因及经过。

(3)第三者人身伤亡及财物情况。

(4)伤者姓名、性别及就医时间、医院名称、地址。

(5)第三者受损财物的所有人名称、种类及存放地点。

2. 核实承保情况

承保公司在接到《出险通知书》后,应即查阅公司业务留存的保单副本、批单副本及保费收据,核实其承保内容及保费收缴的情况,无误后在《出险通知书》上加盖收件章,载明年月日时分。车险业务内勤须填写《出险案件登记簿》,编号立案,并及时将有关资料转交现场查勘人员。

3. 查勘定损

现场查勘人员接到通知后,应立即赶到现场进行查勘、定损。

(1)对出险现场全景、受损财物、事故发生的部、局部损坏的部分进行拍照,并绘制现场草图。

(2)伤者及受损财物是否属第三者,是否确属保险金责任范围。

(3)对第三者财物进行定损估价,第三者车辆损失参照《车损险理赔程序》处理。

(4)至伤者就医医院了解事故发生的经过、治疗情况及所需医疗费用。

(5)对于定损困难的第三者财物损失及人身伤害案,应及时聘请技术部门的专家或工程技术人员协助作出技术鉴定后,再予定责定损,以防损失扩大和盲目处理。

(6)根据查勘定损情况填制《查勘报告》,并在上面写明处理意见。

4. 核赔归档

交警部门对事故作出裁决后,被保险人应将事故责任判定书、损失赔偿裁决书、医院诊断证明或法医鉴定书、医药费发票、损失清单、修理费发票等有关单据送交承保公司,承保公司根据《机动车辆保险条款》、查勘审定的责任以及单证、票据等确定其赔偿范围及赔付金额。

(1)对第三者赔偿要根据当地《道路交通事故处理办法》,认真审核,看是否真合理,是否以责论处,对不合理的费用和间接损失要剔除;对未经承保公司许可,而保户自愿支付的款项,应由保户自负。

(2)若第三者赔偿费用超过保单载明的第三者责任险每次事故最高赔偿限额,则按最高赔偿限额计算。

(3)缮制《赔款计算书》,根据规定报各级核赔人审批,在赔案未最终核定前,不得对赔偿金额有任何预告或承诺。

(4)由车险业务内勤将有关资料整理、归档。

第三节 核赔工作的具体内容

车险核赔包括案件受理、现场查勘、人伤查勘、定损核价、立案处理、缮制赔案、审批结案等内容。下面我们以核赔流程为主线,分述各核赔工作的内容和要求。

流程	主要工作:	时效要求:
案件受理	◆接听/接待报案; ◆记录报案内容; ◆查抄保单; ◆准备有关单证; ◆通知查勘、定损。	◆接报案后1h内完成; ◆抄单应在1日内完成。
现场查勘	◆赶赴现场、施救、查勘; ◆盗抢险调查车辆被盗、抢的真实性。	◆50km内应在2个工作日内完成。
定损核价	◆对受损车辆进行定损核价; ◆缮制查勘报告; ◆复勘; ◆缮制复勘报告。	◆应在2个工作日内(距离50km内)完成。
立案处理	◆根据查勘、定损报告等资料,属保险责任的在电脑系统进行立案处理; ◆扣除责任分摊、免赔、折旧、残值等因素,在电脑系统录入预估损失。	◆应在报案后7日内立案、录入预估损失。
缮制赔案 审批结案	◆收齐索赔资料,缮制赔案; ◆审批赔案,如有疑点进行案件调查,属超权限的赔案报上级部门; ◆在电脑系统进行结案处理,属追偿案件录入电脑系统; ◆核对保费到账情况,如无异议,根据规定支付赔款。	◆盗抢案件应由公安部门出具证明后,收齐有关索赔单证; ◆简单、一般、复杂案件分别在材料收齐后起3、7、15个工作内审批。

下面我们将分别对车险核赔中各工作的具体操作进行详细说明：

一、现场查勘

现场查勘是理赔工作的主要环节，是了解出险情况，掌握第一手资料，处理赔案的重要依据。查勘质量的好坏，对损案能否及时、准确、合理的理赔，减少损失，起着关键的作用。

现场查勘

主要内容：
- ◆ 在第一现场拍照、绘画、查访、分析责任、预估损失、施救；
- ◆ 无第一现场的赶赴事故车所在地查勘、拍照、并认真分析车损部位是否与保户叙述相符；
- ◆ 对盗抢险应赶赴第一现场，查询被盗痕迹，向公安部门及有关人员查访。

工作要求：
- ◆ 查勘现场应及时，在非第一现场查勘中发现有疑点的案件应补勘第一现场；
- ◆ 对车辆被盗出险日离起保日较近的，应认真调查出险当日及前几天该车动态、停放等情况；
- ◆ 询问笔录应尽可能详尽，并由被询问人签字；
- ◆ 对不属于保险责任的事故应通知保户并解释原因；
- ◆ 代查勘应在委托权限内，不得随意表态、多收查勘费用。

缮制查勘报告

- ◆ 及时缮制查勘报告；
- ◆ 填写施救费用清单；
- ◆ 及时冲印现场、受损车辆照片并将照片黏贴在事故照片黏贴单上交到定损核价室。

- ◆ 查勘报告应详尽，并注明查勘现场的性质、查勘地点、查勘时间、处理意见；
- ◆ 坚决杜绝在缮制赔案时，抄写交警证明或出险通知书的现象；
- ◆ 预估损失时应扣除责任分摊、免赔、折旧等因素。

定损核价

- ◆ 由定损人员对受损车辆进行定损核价，详见定损核价流程。

- ◆ 在规定时间内完成，并在流转单上签字。

立案录入预估

- ◆ 将查勘报告、照片、定损报告交上理赔内勤，归入未决卷宗，详见立案流程。

- ◆ 在规定时间内完成，并在流转单上签字。

二、人伤查勘、调查

人伤查勘目的在于挤出医疗费用中的"水分"，防止道德风险（假案、骗案），并为保户提供服务和索赔指导。

流程	主要内容：	工作要求：
人伤查勘	◆ 接人伤查勘、调查通知单或接有人伤事故需要查勘的报案后，根据联系地址，赶赴伤者所在的医院，向伤者了解出险原因、出险经过、住院时间等情况，查勘伤者病情、已治疗及将要进行的重大手术及贵重药品名目，并做记录、拍照； ◆ 结合所投保险别的限额等情况，向保户、伤者解释赔偿的有关规定。	◆ 车险保费在三千万以上或第三险赔付率超过或接近车损险赔付率的二级机构、车险保费超过二千万的地市三级机构应设专人从事人伤调查工作，其他机构应有专职核赔人员兼人伤调查员。
缮制查勘报告	◆ 及时缮制查勘报告人身伤亡勘清单预估医疗费用。	◆ 查勘报告应详尽，清单应有明细。
立案录入电脑	◆ 将查勘报告、人身伤亡查勘清单以及照片等资料及时交理赔内勤； ◆ 扣除责任分摊、免赔等因素，预估损失金额，录入电脑。	◆ 应在 2 个工作日内(距离 50km 内)将资料交理赔内勤； ◆ 未在规定时间内交资料的，书面说明原因。
调查	◆ 在对保户提交人身伤亡单证的审核中，发现有异常的向医院、交警、派出所、伤者单位等部门核实单证的有效性和费用的合理性。	◆ 应在规定时间内完成。
缮制调查报告	◆ 根据调查结果，及时缮制调查报告，交理赔内勤。	◆ 报告的缮制应详尽，交内勤要及时。
核赔	◆ 根据人伤查勘、调查报告及所提供的收费收据，按当地赔偿标准核定赔付金额。	◆ 对不合理费用应剔除。

三、定损核价

由定损人员根据有关规定及汽车市场零配件价格的情况,对出险的受损车辆进行定损。

定损核价

主要内容:
- 对受损的保险车辆、第三者车辆进行修复前的定损,并扣减残值;
- 对第三者物损及施救费用进行核定,并扣减残值。

工作要求:
- 定损核价人员应由有较强的汽车专业知识和一定的汽修从业经验的人员担任;
- 在定损时,应以修复为主,遵循"能修不换"原则,仅限于本次事故的损失,按公司制定的配件和工时价标准核价;
- 对超过权限的应立即通知上级公司派员共同定损;
- 需核价的应立即填写报价单,报公司核价部;
- 重大损失、全损(火烧)车辆需拓印发动机号,粘贴在定损报告上;
- 与保户签订修车协议,对保户、修理厂难以接受的核价,可由我公司供货。

缮制定损报告

- 及时缮制定损报告。

- 应在2个工作日内(距离50km内)完成。

复勘

- 对已定损的车辆进行修理出厂前的复勘,详见复勘流程。

- 复勘面在10%以上,车辆出厂前复勘应在80%以上,详见复勘流程。

预估损失

- 将定损报告、复勘报告及时交理赔内勤;
- 扣除责任分摊、免赔、残值等因素,预估损失金额。

- 未在规定时间内将定损报告交理赔内勤的说明原因。

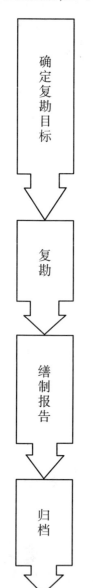

录入电脑
- ◆ 在电脑系统进行立案、预估处理，录入预估金额。
- ◆ 应在接报案后 7 天内完成。

四、复勘工作流程

复勘工作是为了加强对车险定损核价的控管，减少赔付偏差和防止道德风险的发生。通过复勘，还可以客观、公正地评价定损核价人员的业务水平，促进理赔人员素质的提高。

确定复勘目标

主要内容：
- ◆ 通过电脑系统查阅报案及立案报表（或者根据各分支机构每天或每隔几天通过传真上报的报案情况）后确定；
- ◆ 下机构查阅报案登记、出险通知书，携有关资料赴车辆所在地；
- ◆ 复勘时，对有疑点的补查勘第一现场。

工作要求：
- ◆ 各二级机构应设复勘岗位，并落实复勘用交通工具；
- ◆ 复勘人员应由思想素质高、责任心强、经验丰富的定损核价人员担任；
- ◆ 复勘采取抽查的方式；

复勘

- ◆ 对事故车辆重新进行定损、核价，并与原定损报告比较；
- ◆ 车损关键部位及事故现场应拍照备案；
- ◆ 能纠偏的及时纠偏，并作好记录。

- ◆ 复勘数量应占总车损（含第三者车损）案件数量的10%以上。
- ◆ 车辆修复出厂前复勘应占总复勘案件数的80%以上。

缮制报告

- ◆ 由复勘人员根据复勘情况缮制复勘报告；
- ◆ 按定损核价人员考核评分标准对每一位定损人核价人员评分。

- ◆ 复勘报告应以事实为依据，项目要详尽。

归档

- ◆ 将复勘案件登入《复勘登记簿》；
- ◆ 将复勘报告、照片、《定损核价人员考核评分表》归入定损人员业绩档案，并留存；

- ◆ 复勘工作中形成的报告、单证、照片等资料收集整齐，立卷存档，并执行严格的保密制度。

统计分析	◆ 定损核价人员对复勘结果有异议的,可向本机构业审会申请复议。 ◆ 每月填写复勘统计报表,并对本机构的复勘情况进行分析,将报表、分析报告上级部门。	◆ 统计分析的周期应根据本机构复勘案件数量来确定,数量较少的,可按季分析。
定期评定	◆ 在对定损核价人员一定期限内一定数量的案件进行复勘后,根据复勘统计分析,对本机构定损核价人员进行考核评比,并公开考评结果。	◆ 复勘的结果将作为定损核价人员考核的主要依据,考核后的奖惩按公司有关规定执行。

五、立案、录入预估

对经过查勘了解,证实情况属实并且在保险责任范围内的案件进行立案处理。

	主要内容:	工作要求:
立案处理	◆ 督促查勘(包括人伤调查员)人员、定损人员及时将查勘(人伤调查)报告、定损报告、照片等资料交回。	◆ 查勘(人伤调查)人员、定损人员应在2个工作日内(距离在50km内),将查勘(人伤调查)报告、定损报告、照片等资料交回给理赔内勤。
收齐单证	◆ 对电话报案或需盖章的,通知保户或外勤查勘、定损人员交回出险通知书,与查勘报告、定损报告等资料一并归入未决卷宗。	◆ 对超过限定时间交回单证的需书面说明原因。
预估损失	◆ 根据查勘报告、第三者物资损失清单、施救费用清单等单证,确定预估损失金额。	◆ 在预估时,应扣除责任分摊、免赔、折旧、残值等因素。

◆在电脑系统进行立案、预估处理,录入预估金额。 ◆应在报案后7日内完成。

六、缮制赔案、审批结案

缮制赔案是理赔工作中的最后环节,应做好审批工作,在计算赔款过程中要做到迅速、准确、无误。

1. 工作流程及内容

主要内容:
- ◆收齐索赔资料,由接受人在核赔流转单上签字,交赔案缮制人员签收;
- ◆对单方肇事,根据查勘报告、定损报告等有关单证及条款的规定缮制;
- ◆涉及第三者人伤的,根据人伤调查报告、责任认定书、调解书、事故赔偿标准,事故处理办法及条款的规定缮制。
- ◆权限以内审批后可结案,超本机构权限的赔案,报上级机构审批;
- ◆拒赔案件,按公司规定程序审批后,填具拒赔通知书,交保险人,并做好解释工作;
- ◆赔案复核后,由复核人交审批人在流转单上签收。
- ◆赔案审批后,由审批人交理赔内勤登记、签收;
- ◆在电脑系统进行结案处理;
- ◆属追偿案件的,在电脑系统中录入。

工作要求:
- ◆在对所提供的单证审无误核后,根据条款规定,按照车损险、第三者险、附加险分别计算赔款金额;对单证有疑点的案件经审批后,交调查人员调查;
- ◆在赔款计算中,应考虑是否足额投保、责任(比例)分摊、折旧、免赔、残值等因素。
- ◆主要审核保险责任、赔偿范围、赔款计算、免赔、单证票据等是否符合条款、事故处理办法规定;
- ◆简单、一般、复杂案件分别在材料收齐后3、7、15个工作日内审批;
- ◆拒赔要有充分的理由,本机构有法律室的,请法律室审批。
- ◆结案处理完成后,由理赔内勤将赔款计算书、赔款收据等单证交财务经办签收。

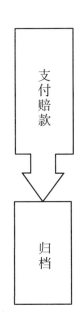

- 核对保费到账情况；
- 如无异议,根据赔款计算书按规定程序支付赔款。

- 赔款支付后,由财务将赔款收据交理赔内勤签收。

- 整理案卷、装订、存档。

- 按公司档案管理制度进行管理。

2. 缮制赔案的核赔计算

1) 车辆损失险

(1) 全部损失。

①足额投保(按新车购置价投保)。

保险车辆发生全部损失后,如果保险金额等于或低于出险当时的实际价值时,按保险金额计算赔偿。即：

$$赔款金额 = (保险金额 - 残值) \times 责任系数 \times (1 - 免赔率)$$

保险车辆发生全部损失后,如果保险金额高于出险当时的实际价值,按出险当时的实际价值计算赔偿。即：

$$赔款金额 = (出险当时的实际价值 - 残值) \times 责任系数 \times (1 - 免赔率)$$

②不足额投保(保险金额低于投保时的新车购置价)。

如保险金额低于出险时的实际价值,计算如下：

$$赔款金额 = (保额 - 残值) \times (保额 \div 出险时的新车购置价) \times 责任系数 \times (1 - 免赔率)$$

如保险金额高于出险时的实际价值,赔偿计算如下：

$$赔款金额 = (出险时的实际价值 - 残值) \times 责任系数 \times (1 - 免赔率)$$

(2) 部分损失。

①保险车辆的保险金额达到投保时的新车购置价(即保单上载明的新车购置价),无论保险金额是不低于出险当时的新车购置价,发生部分损失按照实际修复费用赔偿。即：

$$赔款金额 = 实际修复费用 \times 责任系数 \times (1 - 免赔率)$$

②保险车辆的保险金额低于承保时的新车购置价,发生部分损失按照保险金额与出险当时的新车购置价比例计算赔偿。即：

$$赔款金额 = 修复费用 \times (保险金额 \div 新车购置价) \times 责任系数 \times (1 - 免赔率)$$

注：保险车辆损失最高赔偿额以保险金额为限。保险车辆按全部损失计算赔偿或部分损失一次赔款等于保险金额时,车辆损失险的保险责任即行终止。但保险车辆在保险有效期内,不论发生一次或多次保险责任范围内的部分损失或费用支出,只要每次赔偿未达到保

险金额,其保险责任仍然有效。

2)施救费

保险车辆发生保险事故时,被保险人对保险车辆采取的保护、施救措施所支出的合理费用,保险人在保险金额以内赔偿施救费;但对于保险车辆装载的货物、拖带的未保险车辆或其他拖带物的施救费用不予负责,如果两者费用无法划分,则按保险金额与全部被施救财产(包括保险财产与非保险财产)价值比例分摊。

(1)足额投保。

赔付金额 = 合理施救费用 × [保险金额 ÷ (保险金额 + 其他被施救财产价值)] × 责任系数

(2)不足额投保。

赔付金额 = 合理施救费用 × (保额 ÷ 出险时新车购置价) × [保额 ÷ (保额 + 其他被施救财产价值)] × 责任系数

注:赔付金额最高不得超过保险金额。

3)第三者责任险

赔偿金额 = 合理的费用 × 责任系数 × (1 - 免赔率)

注:赔偿金额最高不得超过赔偿限额。

4)附加险

按各自的条款约定计算赔款。

5)赔款合计

赔款金额 = 车损赔款金额 + 施救费赔款金额 + 第三者责任险赔款金额 + 附加险赔款金额

第四节 现场查勘技术

现场查勘是理赔工作中非常重要的一个环节,是正确定损核赔的基础,当接到保险车辆的出险通知,应立即查对保单,派员及时赶到现场查勘。下面就现场查勘的程序和方法进行详细介绍。

一、出险现场分类

根据现场的完整真实度一般可分为三类。

1. 原始现场(第一现场)

即事故发生以后,在现场的车辆和遗留下来的一切物体、痕迹仍保持着事故发生过程的原始状况没有变动和破坏的现场叫原始现场,又称第一现场。

2. 变动现场

变动现场也叫移动现场,即事故发生后,改变了现场原始状态的一部分,大部分或全部面貌的现场叫变动现场。

变动原因通常有下面几种:

(1)抢救伤者。变动了现场上的车辆和有关物体位置。

(2)保护不善。现场上的痕迹被过往车辆和行人碾踏,抚摸而模糊不清或消失。

(3)自然影响。因下雨、下雪、刮风、冰雪融化等自然因素的影响,造成现场或物体上遗留下来的痕迹模糊不清或完全消失。

(4)特殊情况。执行特殊任务的车辆或首长、外宾乘坐的车辆发生事故后,急需继续执行任务和为了首长和外宾的安全而使车辆离开现场或其他原因不宜保留现场。

(5)其他原因。如车辆发生事故后,当事人没有发觉,汽车逃离了现场。

3. 伪造现场

指与事故有关或被唆使的人员有意改变现场上的车辆、物体、痕迹或其他物品的原始状态,甚至对某个机械进行拆卸或破坏,企图达到逃脱罪责或嫁祸于人的目的,称伪造现场。

二、现场查勘程序

现场查勘程序主要有:尽快赶到现场、现场查勘、询问当事人和调查证人、现场复核。其中证人非常重要,如有可能,最好取得证人的文字证明本材料,将证人目击时所说的位置和他目击的事情发生经过情况,绘制成草图之类,标明各方的位置、行驶方向、速度,借以表明谁是肇事人。当车碰人时,应查询行人横穿道路的情形;当车撞车时,应询问对方驾驶员,了解对方车辆的位置、动态以及其所采取的措施等。当然第一证人是出险车驾驶员自己,他的证明最重要。

三、现场查勘工作

现场查勘工作主要包括收取证物、现场摄影、现场丈量、绘现场图、车辆检查、定损、调查证人、收取证书。

1. 现场查勘方法

(1)沿着车辆行驶路线查勘法,这种方法必须是事故发生地点痕迹清楚。

(2)从中心(接触点)向外查勘法,这种方法适用于现场范围不大,痕迹、物体集中,中心明确的现场。

(3)从外向中心查勘法,这种方法适用于范围大,痕迹分散的现场。

(4)分片分段查勘法,这种方法适用于现场范围大,伪造的现场。

2. 收取物证

物证是证明交通事故发生过程最客观的依据。收取物证是现场查勘的最核心的工作,各种查勘工作、方法和手段均为收取物证服务。作好物证的收取,在于认识物证,发现物证,并有科学的手段和方法取得物证。

3. 现场摄影

现场报送的拍摄顺序,一般应遵循以下原则:先拍原始,后拍变动;先拍重点,后拍一般;先拍容易的,后拍困难的,先拍容易消失和被破坏的,后拍不容易消失和被破坏的。

1)现场摄影分类(分方位摄影、中心摄影、细目摄影、宣传摄影四类)

(1)方位摄影:拍摄确定全貌,反映现场轮廓,也就是要拍摄以肇事车辆为中心的周围环境情况,反映出事故现场的地形、路况、地面面貌、肇事车辆和其他物体实际情况。如车辆、人畜、建筑、铁路、山、树木、道路等相互关系,同时也反映出肇事的时间、气候情况。

(2)拍摄:主要是拍摄现场中心地段。以接触点为中心,拍摄与肇事接触的各部位,以及现场有关的部位,主要是说明重要物体特点、状况、痕迹、物体的联系,如被破坏的地方、遗留痕迹、物证的地方等。

(3)细目拍摄:主要拍摄现场上发现的各种痕迹,物证,用以反映这些痕迹,物证的大小、形状、特征等。

①要拍摄肇事车辆和其他物体的接触部分的表面痕迹,反映出事故属于碰撞、碾压、剐擦、挤打、翻车、落水、坠车、爆炸、失火等情节。

②拍摄物体痕迹,如肇事车辆刹车痕迹,伤、亡人员的痕迹及机械事故的机件损坏情况等。

③拍摄肇事车辆,如肇事车辆牌号、车辆厂牌。

④拍摄事故的后果,反映事故的损失伤亡,物资损坏等情况。

(4)有时为了宣传和收集资料的需要,也可以拍摄伤者,必要时可拍摄肇事人,可以运用技巧,突出反映某一侧面,达到宣传教育目的。

2)现场拍摄常用的方法

(1)相向拍摄法:它是从两个相对的方向对现场中心部分进行拍摄,即把现场的中心部分和相对的情况拍入两张照片中(图4-2-2)。

(2)十字交叉拍摄法:是从四个不同的地点向现场的中心部分交叉进行拍摄,即把现场中心部分和前后左右的情况拍入四张照片中(图4-2-3)。

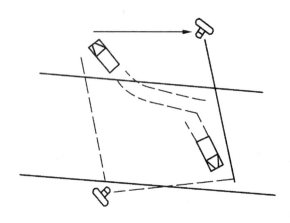
图4-2-2 相向拍摄法

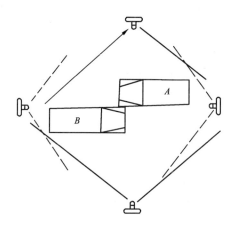
图4-2-3 十字交叉拍摄法

(3)转连续和平行连续拍摄法:是将现场分段进行拍摄,然后将各个照片拼接成一个完整的照片,这是在现场面积较大,拍一张照片包括不了的情况下采用的一种方法。回转连续拍摄法是将相机固定在一个地方,只是转动相机的角度进行分段拍摄,这种方法用于距离较远的对象。平行连续拍摄法是从数点进行拍摄现场,每个摄影点必须与被摄对象有着相等的距离,而且必须平行(图4-2-4)。

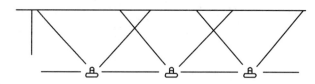
图4-2-4 转连续和平行连续拍摄法

(4)比例拍摄法:这种方法是把尺放在被损物体旁进行的拍照,比例拍摄常常在痕迹、物证以及碎片、微小物等情况下采用的,以便根据照片确定被摄被物体的大小和尺寸。

4.现场丈量

查勘员可根据当时出险的具体情况进行必要的丈量。对于一般的交通事故,可以不作详细地丈量,但对于可能是伪造的或者可能会引起诉讼的事故则应做较详细的丈量工作。

常用的方法有：

1）垂直定位法

在路边选定一固定点作为原点，以公路为横坐标，过原点并垂直于横坐标的方向为纵坐标，由此定位（图4-2-5）。

2）极坐标法

把选定的坐标点与事故现场的主要点连结起来，测出目标与原点的距离及此线与北方向的夹角，即可定位（图4-2-6）。

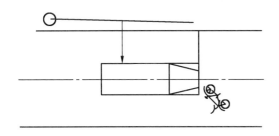

图4-2-5　垂直定位法

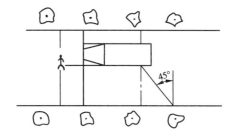

图4-2-6　极坐标法

5. 绘现场图

现场图是研究分析出险事故产生的原因，判断事故责任，准确定损，合理赔偿的重要依据。现场查勘图不仅是绘图者能看懂，更重要的是能使别人看懂，使没有到过出险现场的人，能从现场查勘图中，了解到出险现场的概貌。它表现的基本内容是：

（1）能够表明事故现场的地点和方位，现场的地貌和交通条件。

（2）表明各种交通元素以及现事故有关的遗留痕迹和散落物的位置。

（3）表明各种事物的状态。

（4）根据痕迹表明事故过程，以及车、人、畜的动态。

绘制时，选择适当的比例，以正投影的原理，参照工程制图的要求绘制，并作必要的文字说明或标注。绘制现场图时经常要用到一些图例，为适应现场绘图迅速直观的要求，各种图例应以构图简单、形象、易于判断为原则，最好达到使别人不用看图例说明就能明确其所代表的意义。

图4-2-7是某一起交通事故现场勘察草图。

6. 车辆检查

车辆的技术状况及乘员、载重情况，与交通事故有直接关系，因而应该进行检查和鉴定，其内容包括：转向、制动、档位、轮胎、喇叭、灯光、后镜、刮水器等及乘员、装载情况，有的事故必要时可检查鉴定机械内部状况，对各项检查作好记录。

7. 定损

1）定损原则

出险汽车经现场查勘后，已明确属于保险责任而需要修理时，按照保险契约，保险人对出险汽车的修理费用进行定损估价。为了作到正确定损，合理理赔，下面简单阐述定损原则：

（1）修理范围仅限于本次事故造成的车身损失。

（2）能修复，不要随便换新的零部件。

（3）局部修复不能扩大到整体修复。

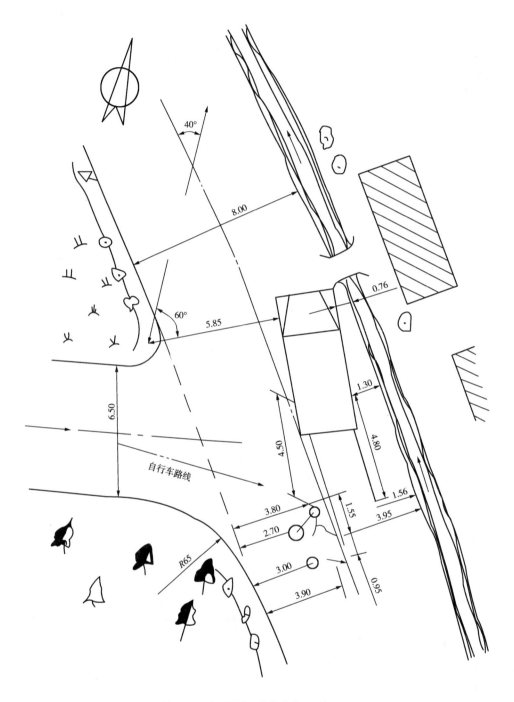

图 4-2-7 交通事故现场勘察草图(单元:m)

(4) 零件更换的不能换总成。

(5) 修理工时费用与零件费用一次性包干估价。

(6) 修理工时定额、价格及油料工杂费定额只能参照当地汽车维修管理部门制定的统一标准计算。

(7) 汽车零件价格按当地国营汽车配件公司价格计算。

(8) 所有汽车残值应作价给被保险人并从总修理费用中扣除。

2)定损方法

(1)事故损失与自然磨损的界限。

凡车损险,保险人只能承担新条款载明的保险责任所致事故损失的经济赔偿,因刹车失灵、机械故障和车胎自身爆裂以及零部件的锈蚀、老化、变形、断裂等所造成的汽车车身损失,不应负赔偿责任;若因这些原因而事实上已构成碰撞、倾覆、爆炸等保险责任的,对当时的事故损失部分可予负责,非事故损失部分不能负责赔偿。

(2)新旧碰剐损失的界限。

属于本次事故碰撞部位有新脱落的漆皮痕迹和新的金属剐痕,非本次事故的碰剐处有油污和锈迹。

3)估价方法

关于汽车修理的费用标准,应根据各地区交通管理部门与经委、工商、税务、物价部门统一制定的"汽车维修统一收费标准"和"汽车维修统一计费工时定额"的标准,逐项按损坏的程度或百分比计算。

四、各类交通事故的现场查勘重点

交通事故通常可归纳为:车辆与人事故、车辆与车辆事故和车辆自身事故。各类交通事故的现场都有它共同的方面,也有它特殊的方面。在现场查勘中,既要注意作好时间、空间、心理和后果的共同调查,又要根据不同类型的事故现场的特点进行细致地查勘,这样才能使查勘工作有的放矢,达到迅速、全面、准确的要求。

1. 机动车与人的事故

车辆与人的事故,最普通的是行人横穿公路或儿童突然跑上公路被过往的车辆碰撞碾压。事故的主要原因一般有三种:

(1)机动车驾驶员反应迟钝,判断错误或措施不当。

(2)通过城镇街道或没有交通标志的地方没有按规定速度、路线行驶,即违反交通法规。

(3)行人或儿童离行驶车辆过近突然横穿马路,驾驶员措施不当或采取措施而无法避免。

在车辆与人的事故中,行人是弱者,被车辆撞压时,车辆的运动状态几乎不受影响,而且也较少留下碰撞的痕迹。同时往往由于抢救伤者而移动车辆位置,使现场变动,给查勘工作增加困难。

1)现场查勘重点

要查清现场变动情况,确定现场原始状态和变动后状态位置与车辆,有关痕迹、物体距离及方位关系,判断接触点和车辆的速度;确定行人横穿前所在位置、横穿路线及与接触点或人体、血迹处的距离(可以通过计算穿过这段距离所需要的时间和在相等的时间内车辆所在的位置);检查机动车上有没有头发、皮屑、衣服纤维、血迹、手印等并明确其所在部位、距离(判断碰剐点)。

2)访问重点

查询行人横穿道路的原因,未横穿前有谁与当事人在一起;查清驾驶员最初发现行人横穿的地点,感到危险的地点,采取紧急措施的地点等。

3)其他方面的调查

车辆制动性能;自然条件;人体损伤鉴定和衣服上的痕迹;行人心理和生理方面影响因素。

2. 机动车与自行车的事故

自行车与机动车的事故多发生在各种路口,由于自行车的争道抢行、截头猛拐,机动车驾驶员措施不及造成碾压;还有的是在道路狭窄、交通拥挤路段,机动车超越自行车或与自行车交会时,没有保持一定的安全间隔,撞剐自行车或由于路面不平的影响,骑车者紧张,自行车摇晃、倾斜时被挤压。

自行车与机动车碰撞辗压事故中,在机动车的接触部位有可能留下剐擦碰撞的痕迹,自行车则产生明显的变形,撞剐部位往往留有机动车的油漆膜片,地面也会留有车胎或车轴等挫划的印迹和沟槽痕迹。

1) 现场查勘重点

确定机动车、自行车停止位置和骑车者躺卧位置、状态及三者间在路面上的方位和位置关系;检查路面上机动车和自行车的轮胎印迹、沟漕痕迹的位置,以及互相间关系(用以判断行车速度和安全间隔);检查机动车车身上的痕迹、形状、所在部位及距离车前端距离和离地面高度(用以判断车身接触位置);自行车受力变形部位、方向、形状、离地高度(可以判断自行车碰撞部位和方向);自行车载物质量、宽度、高度、碰撞后物体散落位置(可以判断自行车稳定性,对事故的影响)。

2) 访问重点

机动车和自行车的行驶方向;互相发现对方的距离、位置和动态如何判断?采取什么措施?怎样碰撞或辗压?

3) 其他方面的调查

交通环境(包括车、行人、畜等);道口形式、视线及路面平整度;机动车和自行车的制动性能检验。

3. 机动车之间的事故

车与车事故即撞车事故。撞车有正面迎头、追尾、侧面正交和侧面斜交等多种碰撞车,在路面上留下轮胎印迹和印迹突变的现象。

撞车地点在平直路段、岔路口和弯道处都有发生。撞车原因除客观上有道路视线、光线、道路条件和交通环境等影响外,主观上有驾驶员的反应、判断、操作上的失误和不遵守有关的行车规定。

1) 现场查勘重点

确定车辆停止位置和状态,车辆与车辆之间的位置关系(判断冲突角度);检查路面上轮胎和印迹突变位置、形态,印迹与车辆的关系(判断行驶路线和接触点);车辆散落物及散落物的位置,分别丈量散落物掉落处的高度和抛出距离或两散落物之间的距离(判断接触点和碰撞速度);观察确定车体第一次碰撞破损痕迹所在部位,破损程度(变形量),着力方向、痕迹、表面异物或颜色,并分别丈量痕迹的面积,离地高度和与车前、后端角的水平距离(用以判断接触部位,碰撞角度及碰撞前后车辆运动的趋势)。

2) 访问重点

在交通复杂路段或岔道口、弯道处采取哪些安全措施?速度多少?发现对方车辆时彼此位置、距离、动态?如何判断,有没有危险感采取什么措施?碰撞的地点和部位?

3) 其他方面的调查

路面宽度及情况,岔路口形式,弯道、纵坡道的几何线形、视线以及标志设施等;车辆外轮廓宽度、灯光设备(如前大灯、转向灯、刹车灯)等情况。

4.翻车事故

车辆自身原因造成的翻车有驶出路外翻车和路内翻车,其原因也有所差别。驶出路外翻车一般有受外因影响操作失误,转弯时速度过快、制动时跑偏或者前轮胎爆破、转向节折断、转向机构故障等使方向失控;路内翻车则多由于车辆侧滑时车轮受阻,由于惯性引起翻车。翻车场所在多数情况下留有轮胎印迹和沟槽痕迹。

1)现场查勘重点

发现和鉴别路面上遗留的轮胎印迹,检查有没有突变现象,突变的位置和突变的原因(判断分析行驶路线、进度和翻车的原因);检查路面沟槽痕迹位置、形状、深度,力作用方向和形成的原因;观察散落物散落方向,抛出位置和抛出距离(判断车辆翻车前的速度)。

2)访问重点

行驶速度和操作情况;驾驶中有没有异常感觉,作何检查?临事前发现什么情况,有什么措施?

3)其他方面的调查

道路方面,调查路面情况、转弯半径、超高、标志、护栏等设施等情况;在车辆方面,调查转向系及制动系的性能和故障的原因,检查中特别注意鉴别自然的断裂爆破与人为的破坏;调查装载质量、装载物品性质、装载高度、重心位置等。

第五节 机动车辆核赔的相关管理

一、车险各级核赔权限

车险各级核赔人员都有各自的核赔权限,见表4-2-1。

车险各级核赔人员核赔权限　　　　　　　　　　表4-2-1

核赔级别		授权金额范围(元)		
		车身	第三者责任	个案总计损失
核赔员		5000	5000	8000
核赔主任	一级	80000	80000	120000
	二级	30000	30000	50000
	三级	10000	10000	15000
核赔经理	一级	250000	250000	300000
	二级	200000	200000	250000
	三级	150000	150000	200000
高级核赔经理	高级核赔经理的权限在核赔经理权限之上,但超核赔经理权限赔案的审批权归属总公司业务审定委员会,即任何一笔超核赔经理权限的赔案的审批工作均应由高级核赔经理在总公司业务审定委员会的授权下进行			

注:①核赔人员处理事故不受授权金额限制,但须依金额大小逐级呈核;
　　②核定车损金额须由指定的专职核价人员进行;
　　③疑难案件,车辆全损案、失窃案及通融赔付案须报总公司车险核赔部审批;
　　④一笔赔案的车身险、第三者责任险及总计金额中任何一项超出某一级核赔员的权限,即需报对应的上级核赔员审批。

二、保险事故车辆定点修理厂管理办法

为保证车险业务的良好性和健康发展,降低车损赔付率,理顺事故车辆的派送修理,确保修车质量,维护被保险人利益,有必要对保险事故车辆定点修理厂制定一套行之有效的管理办法。

1. 保险事故车辆定点修理厂应具备的条件

(1) 须有工商部门核发的营业执照。

(2) 在技术、设备上应具备事故车辆修理能力,厂房面积不可少于 $2000m^2$,具备烤漆设备。

(3) 服务健全。

(4) 有必须的消防设施及办法,管理严格。

(5) 守信誉,服务态度良好,合理收费。

(6) 愿意与保险公司合作,支持保险公司的工作。

2. 做好定点厂的考核审定工作

保险公司各具体派修单位根据其业务需要及车辆派修理情况,选择一定数量修理厂家上报公司。由保险公司有关人员组成考核小组,按照《保险定点修理厂考核办法》的有关事项,对修理厂进行全面考核,鉴定"定点修理厂保险车辆承修协议书",统一制作"保险公司保险事故车辆定点修理厂"标牌。对服务质量、修理质量未达到要求的定点修理厂,年终考核时将取消其资格。必要时,可采取招标的方法。

3. 事故车辆派修原则

(1) 对于不同档次,不同损坏程度的事故的车辆分别派送具有相应修理能力的厂家,确保事故车辆按时保质出厂,以减小价高质次及盲目派修,无统一管理造成拖延、积压及发生口角的现象,维护被保险人利益,提高服务质量。

(2) 事故车辆的派修,应以选择距出险地就近的定点修理厂为原则,如客户要求或修理厂能力不及的情况下,可考虑在保险公司其他点修理厂范围内进行调整。

(3) 保险事故车辆的派送修理,应以公司认可发牌的定点修理厂为准,个别特殊情况需要到非定点修理厂修理的保险事故车,应经有关领导审批,其修理工时和材料费以保险公司估价部门的核定为准,超出部分及出现的其他问题,保险公司不予负责。

4. 定点汽修考核办法

定点汽修厂考核办法是采用《打分考核法》对已定点或待定点修理厂从规模、管理、设备、人员、技术、修复时间、价格、质量、等方面进行综合考评,通过考评对定点修理厂进行宏观监控,同时以《保户意见卡》作为补充,具体针对每一保险派修车辆通过被保险人的意见反馈从侧面对定点修理厂进行微观监督,促使定点修理厂改善服务,维护保险公司的信誉。

考核办法以《打分考核法》参考《保户意见卡》作为考核标准,由有关人员参加的考评小组,定期对保险车辆定点修理厂进行打分考评,依据打分结果择优定点或续约。具体办法如下:

定期将以《打分考核法》对某定点修理厂考评得分的 60% 与该厂同期内《保户意见卡》平均分数 40% 相加得出总得分。公式如下:

总得分 = 《打分考核法》的得分 ×60% + 《保户意见卡》定期内的平均分数 ×40%

其中得分不足60分者,不予签约或续约;经《打分考核法》考评得分不足60分者,不予签约或续约。

三、零配件的管理

事故车辆被送往汽修厂后,汽修厂方面将会对事故车辆进行定损核价,但得出的价钱往往跟保险公司的核价结果不一样,如果在价钱方面出现矛盾,一般由保险公司提供零配件。这就涉及什么情况下应由保险公司提供零配件,其流程如何管理等问题,现用零配件供货管理流程简图对其进行说明(图4-2-8)。

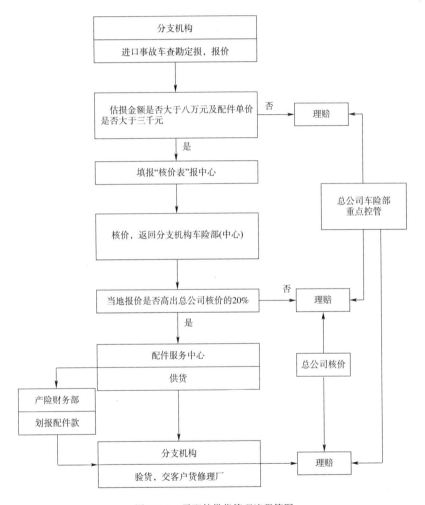

图4-2-8 零配件供货管理流程简图

第六节 典型案件处理及分析

一、常见案件的处理

汽车保险理赔应按照保险条款以及交通管理部门颁发的交通事故处理办法和相关法律执行,但汽车交通事故情况复杂多变,甚至有时候会出现一些难以界定的情况,因此理赔人员可以在适当的范围内灵活处理。但对有条文为依据的案件还要按规定处理，不能滥用"灵活"。下面简单讲述几类常见案件的处理要点：

1. 双方车损

双方车损通常由碰撞引起，碰撞可分为追尾碰撞、正面碰撞、斜交碰撞等几类，双方在各类的碰撞中所负的责任亦有所不同，而具体双方各负多大的责任，则应由交警部门判决。但是从出险到交警部门下判决书是需要一定时间的，在交警部门下判决书之前，保险公司的查勘员会根据以往的经验预估其所承保的车辆在事故中所负的责任，并根据责任系数预估该次事故造成的损失有多大。如果保险公司所承保的车辆在该次事故中无须负责，则应由第三方赔付给被保险人，保险公司可取消立案。

此类事故发生后，当事人一般都会先报交警，交警在现场处理以后就把事故车辆拖走，保险公司通常不查勘第一现场，而到交警指定的事故车辆停放点对事故车辆进行拍照、定损等工作，预估损失后，接下来就是等交警下判决书及有关证明，所有单证收集齐全以后即可进行赔付。

2. 第三方逃离现场

出事后，如果第三方逃离现场，则第三方应负全责，也就是说本车的车损应由第三方赔付。但如果无法找到第三方，经保险公司调查后，证实情况属实，则保险公司亦会对本车损给予赔付。

3. 玻璃单独破碎

机动车在使用中常常会出现玻璃单独破碎的事故（车灯、后镜的破碎不在保险范围内），尤其是在驾驶中被飞石击碎风窗玻璃的情况是很常见的，所以玻璃单独破碎这类情况一般无法查明是否故意行为。由于这类案件的赔付额并不会很大，保险公司一般不会作太多的调查便会给予赔付。

有时风窗玻璃出现很小的并不影响驾驶的裂纹，保户也要求赔付，保险公司则会对其车辆在卸下玻璃前进行拍照，再把玻璃击碎，再拍照，然后进行更换。这样做是为了确定保户已更换玻璃，以防止保户收取赔款后不更换玻璃，过了一段时间后又向保险公司索赔的情况发生。

4. 自身车损

机动车在行驶时出现翻车、撞扶栏、撞树等没有第三者伤亡的情况时，查勘人员马上赶赴现场调查损失情况、对险情进行施救和与第三者的协调后，如果保户对保险公司的赔付可以接受，第三者对保险公司的赔付也可以接受，则为了不浪费保户的时间，可以不报交警处理，而进行赔付。

5. 机动车辆被盗

机动车辆被盗的案件对保险公司来说，被认为是比较严重的案件，尤其是新购置的高档轿车，赔付金额较高。因此，保险公司都会投入较大的人力物力调查这类案件。除了对被保险人进行询问、笔录，并请报案人签字为证以外，还会到现场认真检查有没有盗车痕迹，有没有目击证人，同时调查报案人所言有没有自相矛盾之处，如停车场周围环境、当时的天气、时空等有无可疑之处。接着对被保险人的公司性质、财务状况进行调查，防止被保险人因经营不善等情况而进行保险欺诈。保险公司还要到被盗车辆购置所在的车行调查被盗车辆的购买情况及购买价进行了解，通过对保额、购买价和市场价的对比，分析被保险人有没有利用价差进行欺诈的可能。调查被盗车辆驾驶员和其他车钥匙拥有者的情况，另外调查对被盗车辆进行过维修保养的汽修厂的有关情况,查明最后一次修车与丢车时空上有没有关联。最后还要到车管所核对被盗抢车辆档案是否已封档或注销,查实档案记载的车型、牌号、制造年份、发动机号码、底盘号码与被保险人所述是否一致。

二、典型案例

下面列举两个比较常见的典型案件的处理:

1. 涉及第三者

出险时间:2001 年 4 月 5 日 11 时 30 分　　　　出险地点:东莞石碣镇大王洲路段
出险车辆厂牌型号:林肯 LK125-2B 摩托车　　　出险车辆牌照号码:粤 S-24F36
驾驶员:梅××　　　　　　　　　　　　　　　保险险别:综合险

处理过程:

(1) 保险公司于 2001 年 4 月 5 日 14 时 35 分接到报案,询问了必要的情况后,即派出查勘员前往查勘。

(2) 于交警处理完现场后便将肇事车辆拖走,并停放于石龙交警大队。保险公司的查勘员到石龙交警大队对肇事车辆的损坏情况进行定损。

(3) 经查勘了解,驾驶员梅××于 2001 年 4 月 5 日 11 时 30 分驾驶厂牌型号为林肯 LK125-2B,车牌号码为粤 S-24F36 的摩托车行经石碣镇大王洲路段时,撞到一突然横穿公路的行人,致使行人轻微受伤。由于行人受伤较轻,在交警处理现场后,才送往石碣镇医院门诊部进行检查、治疗。保险标的粤 S-24F36 并无损坏,受伤的行人在医院门诊作 X 光检查并经医生鉴定后证实并无大碍,并自行离去,无法联系。其门诊费用约为 800 元,由肇事车辆驾驶员预先垫付,受伤行人的门诊费用收据及有关医生证明亦由肇事车辆驾驶员保存。

(4) 在石龙交警大队下责任议定书之前,理赔人员对此次事故的损失进行预估。由于保险标的粤 S-24F36 并无损坏,只需赔偿第三者的损失。预估肇事车辆驾驶员负七成责任,即赔款额约为 800×70% = 560 元。

(5) 于 2001 年 4 月 14 日石龙交警大队下责任认定书,肇事车辆驾驶员带齐有关单证到保险公司索赔,交警的责任认定书判摩托车驾驶员负七成责任,与预估赔付相关,即为 560 元。摩托车驾驶员在赔款收据上签字,理赔人员给予赔付后,进行存档、结案处理。

2. 自身车损

出险时间:2001 年 4 月 16 日 13 时 50 分　　　出险地点:东莞万江区金泰工业区
出险车辆厂牌型号:昌河 CH6321D 小客车　　　出险车辆厂牌号码:粤 S-87489
驾驶员:刘××　　　　　　　　　　　　　　　保险险别:综合险

处理过程:

(1) 保险公司于 2001 年 4 月 16 日 13 时 58 分接到报案,询问必要的情况后即派查勘员前往现场查勘。

(2) 经查勘员查勘了解,驾驶员刘××于 2001 年 4 月 16 日 13 时 50 分驾驶厂牌型号为昌河 CH6321D,牌照号码为粤 S-87489 的小客车行经万江区金泰工业区时,由于右前胎突然爆裂,致使保险标的翻侧,造成本车损坏,无人员伤亡的一起交通事故。此次事故并无涉及第三者,且痕迹明显,没有迹象显示是伪造现场,且损坏情况并不很严重,所以没有报交警处理。

(3) 由查勘员定损后通知附近的定点汽修厂把事故车辆拖至汽修厂修理。经查勘员的初步定损,事故车辆主要损坏有:右侧沙板、右侧门窗、右转向灯、右前轮、右后镜,转向系亦有轻微损坏。保险公司估价约为1200元。

(4) 汽修厂、被保险人签署估价协议书后,即对事故车辆进行修理。

(5) 修复完毕,保险公司的复勘人员对事故车辆进行复勘。

(6) 2001年4月18日整车修复完毕,保险公司收齐单证后给予赔付1450元。

 第五篇 物 流 基 础

第一章 物流的基本概念

物流即物的流动。一般泛指从物质生产、分配、交换、流通一直到消费、废弃的全过程。它包括运输、储存、包装、装卸搬运、配送、流通加工、信息处理等环节,这些环节也称为物流的各个子系统。由这些子系统构成了物流大系统。

物流的流通与人类的生产和生活有着密切的关系,尤其是在交通运输部门每天都要接触到大量的物流问题。但是物流这个概念,真正被人们所认识为时并不久,在我国更是刚开始引用。

第一节 物流的基本类型

按照物流系统的作用、属性及作用的空间范围,可以从不同角度对物流进行分类,分类的目的是为了便于研究。

一、按照作用分类

(1)供应物流。生产企业、流通企业或消费者购入原材料、零部件或商品的物流过程称为供应物流,也就是物资生产者、持有者至使用者之间的物流。对于工厂而言,是指生产活动所需要的原材料、备品备件等物资的采购、供应活动所产生的物流;对于流通领域而言,是指交易活动中,从买方角度出发的交易行为中所发生的物流。

企业的流动资金大部分是被购入的物资材料及半成品等所占用的。供应物流的严格管理及合理化对于企业的成本有重要影响。

(2)销售物流。生产企业、流通企业售出产品或商品的物流过程称为销售物流,是指物资的生产者或持有者到用户或消费者之间的物流。对于工厂是指售出产品,而对于流通领域是指交易活动中,从卖方角度出发的交易行为中的物流。

通过销售物流,企业得以回收资金,并进行再生产的活动、销售物流的效果关系到企业的存在价值是否被社会承认。销售物流的成本在产品及商品的最终价格中占有一定的比例,因此,在市场经济中为了增强企业的竞争力,销售物流的合理化是可以收到立竿见影的效果。

(3)生产物流。从工厂的原材料购进入库起,直到工厂成品库的成品发送为止,这一全过程的物流活动称为生产物流。生产物流是制造产品的工厂企业所特有的,它和生产流程同步。原材料、半成品等按照工艺流程在各个加工点之间不停顿的移动、流转形成了生产物流。如生产物流中断,生产过程也将随之停顿。

生产物流合理化对工厂的生产秩序、生产成本有很大影响。生产物流均衡稳定,可以保证在制品的顺畅流转,缩短生产周期。在制品库存的压缩,设备负荷均衡化,也都和生产物流的管理和控制有关。

(4) 回收物流。在生产及流通活动中有一些物资是要回收并加以利用的,如作为包装容器的纸箱、塑料筐、酒瓶等,建筑行业的脚手架也属于这一类物资。还有可用杂物的回收分类和再加工,例如,旧报纸、书籍通过回收、分类可以再制成纸浆加以利用,特别是金属的废弃物,由于金属具有良好的再生性,可以回收并重新熔炼成有用的原材料。目前我国冶金生产每年有30Mt废钢铁作为炼钢原料使用,也就是说我国钢产量中有30%以上是由回收的废钢铁重熔冶炼而成的。

回收物资品种繁多,流通渠道也不规则,且多有变化,因此,管理和控制的难度大。

(5) 废弃物流。生产和流通系统中所产生的无用的废弃物,如开采矿山时产生的土石,炼钢生产中的钢渣,工业废水,以及其他一些无机垃圾等,但如果不妥善处理,不但没有再利用价值,还会造成环境污染,就地堆放会占用生产用地以至妨碍生产。对这类物资的处理过程产生了废弃物流。废弃物流没有经济效益,但是具有不可忽视的社会效益。为了减少资金消耗,提高效率,更好地保障生活和生产的正常秩序,对废弃物资综合利用的研究很有必要。

二、按照物流活动的空间范围分类

(1) 地区物流。所谓地区物流,有不同的划分原则。首先,按行政区域划分,如西南地区、河北地区等;其次是按经济圈划分,如苏(州)(无)锡常(州)经济区,黑龙江边境贸易区;还有按地理位置划分的地区,如长江三角洲地区、河套地区等。

地区物流系统对于提高该地区企业物流活动的效率,以及保障当地居民的生活福利环境,具有不可缺少的作用。研究地区物流应根据地区的特点,从本地区的利益出发,组织好物流活动。如某城市建设一个大型物流中心,显然这对于当地物流效率的提高、降低物流成本、稳定物价很有作用。但是也会引起由于供应点集中、载货汽车来往频繁、产生废气和噪声、交通事故等消极问题。因此,物流中心的建设不单是物流问题,还要从城市建设规划、地区开发计划出发,统一考虑,妥善安排。

(2) 国内物流。国家或相当于国家的实体,是拥有自己的领土和领空的政治经济实体。它所制订的各项计划、法令政策都应该是为其自身的整体利益服务的。物流作为国民经济的一个重要方面,也应该纳入国家总体规划的内容。我国的物流事业是社会主义现代化事业的重要组成部分,全国物流系统的发展必须从全局着眼,对于部门分割、地区分割所造成的物流障碍应该清除。在物流系统的建设投资方面也要从全局考虑,使一些大型物流项目能尽早建成,为社会主义经济服务。

国家整体物流系统化的推进,必须发挥政府的行政作用,具体说有以下几方面:

①物流基础设施的建设,如公路、高速公路、港口、机场、铁道的建设,以及大型物流基地的配置等。

②制订各种交通政策法规,例如铁道运输、载货汽车运输、海运、空运的价格规定,以及税收标准等。

③与物流活动有关的各种设施、装置、机械的标准化,这是提高全国物流系统运行效率的必经之路。

为了使标准化有所依据,于是提出"物流模数"的概念。物流模数的定义是:为了实现物流的合理化、标准化,在决定物流系统各个要素尺寸时,其数值应是某个基准尺寸的倍数(小数或整数倍),这个基准尺寸称为物流模数。

物流活动中各种票据的标准化、规格化也是重要的内容。

④物流新技术的开发、引进和物流技术专门人才的培养。

(3)国际物流。当前世界的发展主流是国家与国家之间的经济交流越来越频繁,任何国家不投身于国际经济大协作的交流之中,本国的经济技术就得不到良好的发展。工业生产也走向社会化和国际化,出现了许多跨国公司,一个企业的经济活动范畴可以遍布各大洲。国家之间、洲际之间的原材料与产品的流通越来越发达,因此,国际物流的研究已成为物流研究的一个重要分支。

三、按照物流系统性质分类

(1)社会物流。社会物流一般指流通领域所发生的物流,是全社会物流的整体,所以有人称之为大物流或宏观物流。社会物流的一个标志是:它是伴随商业活动(贸易)发生的,也就是说物流过程和所有权的更迭是相关的。

就物流科学的整体而言,可以认为主要研究对象是社会物流。社会物资流通网络是国民经济的命脉,流通网络分布的合理性、渠道是否畅通至关重要。必须进行科学管理和有效控制,采用先进的技术手段,保证高效率、低成本运行,这样做可以带来巨大的经济效益和社会效益。物流科学对宏观国民经济的重大影响是物流科学受到高度重视的主要原因。

(2)行业物流。同一行业中的企业是市场上的竞争对手,但是在物流领域中常常互相协作,共同促进行业物流系统的合理化。

例如日本的建设机械行业,提出行业物流系统化的具体内容有:各种运输手段的有效利用;建设共同的零部件仓库,实行共同集配送;建立新旧设备及零部件的共同流通中心;建立技术中心,共同培训操作人员和维修人员;统一建设机械的规格等。

又如在大量消费品方面采用统一传票,统一商品规格,统一法规政策,统一托盘规格,陈列柜和包装模数化等。

行业物流系统化的结果使参与的各个企业都得到相应的利益。

(3)企业物流。企业是为社会提供产品或某些服务的一个经济实体。一个工厂,要购进原材料,经过若干工序的加工,形成产品销售出去。一个运输公司要按客户要求将货物输送到指定地点。在企业经营范围内由生产或服务活动所形成的物流系统称为企业物流。

第二节 物流的基本环节

就构成物流链的基本环节而言,无论何种物流,只要形成完整的物流链过程,一般都包括以下几项内容。

(1)运输。运输是物质资料或产品在空间长距离的位移,它是物流活动的核心业务。一切物流过程均离不开运输。但运输(包括多式联运)所涉及的更多是区域、全国和国际物流。

(2)仓储。仓库在物流网络组织体系中起节点的作用,一般的货运站(各类货运中转站等)都应具备一定的仓储环节和相应功能,并能产生商品的时间、空间效用。物流环节更为完备的仓库(货运站等)还可提供库存控制服务和物品配送服务。

(3)装卸搬运。运输、配送、仓储等过程在两端点的作业多离不开装卸,其内容包括物品的装上卸下、搬运、分类等作业内容、装卸搬运作业的机械化、电子化和自动化可以大大加快物流的中转和流动速度。

(4)包装。包装依其商品在流通中的作用不同,可以分为销售包装和运输包装。总起来讲,商品包装要满足消费者、运输商和消费商的要求。即要起到保护产品、方便使用、便于运输、促进销售的作用,同时还需降低包装成本。

(5)配送。配送是面向区域内进行的多品种、短距离、高频率的计划性商品送达服务。其本质也是物品的位移,但与运输环节相比,又具有自身的特点。配送中心到连锁店、用户等的物品搭配及相应空间位移均可称为配送。

(6)流通加工。它是指物料、物品、产品从供应者到生产者或生产者到消费者间移动的过程中,为保证产品质量、促进产品销售或实现物流高效化,而对物品进行的有关加工作业。

(7)物流信息服务。主要指通过建立物流信息网或利用公共信息网、企业内联网,有效地为用户提供有关物资的购、储、运、销一体化服务及其他有关信息的咨询服务,以沟通与协调各部门相关企业、各物流环节的物流作业。

下一章就分别对各个环节进行比较详细地介绍。

第二章 物流的各个环节

上一章对物流的各个基本环节进行了概述,物流活动或者说物流的功能,一般认为有运输、储存、装卸搬运、包装、流通加工和物流信息等内容。物流系统中各部分的环节是相互关联密不可分的、需要通过相关部门的协作取得协同效果。

第一节 运 输

一、运输的作用及意义

运输的任务是对物资进行较长距离的空间移动。物流部门通过运输解决物资在生产地点和需要地点之间的空间距离问题,从而创造商品的空间效益,实现其使用价值,以满足社会需要。运输是物流的中心环节之一,可以说是物流最重要的一个功能。运输在经济上的作用是扩大经济作用范围和在一定的经济范围内促进物价的平均化。现代化大生产的发展,社会分工越来越细,产品种类越来越多,无论是原材料的需求,还是产品的输出量,都大幅度上升,区域之间的物资交换更加频繁,这就促进了运输业的发展和运输能力的提高,所以产业的发展促进了运输技术的革新和运输水平的提高。反之,运输手段的发达也是产业发展的重要支柱。比如现代钢铁企业每日需万吨以上铁矿石原料,往往是从几千里甚至几万里之外用大吨位载货汽车运来,许多发达国家需要数万吨以至数十万吨级油轮从国外输送石油,没有这样强有力的输送手段,许多大工业企业就难以存在,甚至国民经济也难以正常运转。

二、运输方式及特点

陆地、海洋和天空都可以作为运输活动的空间,运输的主要方式有以下几种。

(1)铁道运输。它是陆地长距离运输的主要方式。由于其货车在固定轨道线路上行驶,可以自成系统,不受其他运输条件的影响,按时刻表运行。还有轨道行驶阻力小、不需频繁地启动制动、可重载高速运行及运输单位大等优点,从而使运费和劳务费降低。但由于在专用线路上行驶,而且车站之间距离比较远,缺乏机动性,此外,运输的起点和终点常常需要汽车进行转运,增加了搬运次数。

铁路及其附属设施的建设需要国家投资。除了少数大型工厂和矿山有自己的支线外,一般企业只能利用公有铁路。

铁道运输车辆主要有机车和货车车厢两种,用煤炭为动力的蒸汽机车已属淘汰产品,目前正由内燃机车向电汽机车发展。货车车箱随用途而异,也有不同种类,如油罐车、集装箱车等。

(2)汽车运输。它是最普及的一种运输方式。其最大优点是空间和时间方面具有充分的自由性,不受路线和停车站的约束。只要没有特别的障碍(如壕沟、过窄的通道等),汽车都可以到达。因此,可以实行从发货人到受货人之间门对门直达输送。由于减少了转运环节,货物包装可以简化,货物损伤、丢失和误送的可能性很小。

购置汽车费用有限,一般企业都可以实现。自行运输和委托运输可以同时进行,由于自备车有充分的机动性,使用非常方便。

汽车运输的运输单位小,运输量和汽车台数与操作人员数成正比,产生不了大批量输送的效果。动力费和劳务费较高,特别是长距离输送中缺点较为显著。此外,由于在运行中驾驶员自由意志起主要作用,容易发生交通事故,对人身、货物、汽车本身造成损失。由于汽车数量的增多,产生交通阻塞,使汽车运行困难,同时产生的废气、噪声也造成了环境污染。

高速公路和封闭式公路的建设为汽车的长途运输创造了有利条件。

运货汽车种类很多,有厢式载货汽车、拖车、冷藏车等专用载货汽车,虽然大型化是发展趋势,但是小吨位载货汽车的适用范围很广,今后仍然会保持大吨位载货汽车和小吨位载货汽车相结合的汽车运输体系。

(3)船舶运输、有海运和内河航运两种。利用水路运送货物,在大批量和远距离的运输中价格便宜,可以运送超大型和超重物。运输线路主要利用自然的海洋与河流,不受道路的限制,在隔海的区域之间是代替陆地运输的必要方式。

水上航行的速度比较慢,航行周期长,海上运输有时以几个月为周期。此外,易受天气影响,航期不能保证,建设港湾也要花费高额费用。

船舶按用途分类有专用船(如油轮、矿石船、冷冻船等),还有混装船、集装箱船;按装卸货物的方式有载货车辆可以直接开到船上的滚装船;还有无自行能力的船舶等。

(4)航空运输。主要优点是速度快。因为时间短,货物损坏少,特别适合一些保鲜物品的输送。

但是航空运输的费用高,离机场距离比较远的地方利用价值不大。

客运飞机可以利用下部货仓运送少部分货物。但是随着空运货物的增加,出现了专用货机,采用单元装载系统,缩短装卸时间,保证了"快"的特色。

(5)管道运输。自来水和城市的煤气的输配送是和人们生活最为密切相关的管道运输。它的主要优点是：基本没有运动部件，维修费便宜。管道一旦建成，可以连续不断地输送大量物资，不费人力，运输成本低。管道铺设可以不占用土地或占地较少。此外，具有安全、事故少、公害少等优点。

管道运输的缺点是在输送地点和输送对象方面具有局限性。一般适用于气体、液体，如天然气、石油等。但是也发展到粉粒体的近距离输送，如粮食、矿粉等，并且还研究了将轻便物体放在特定的密封容器内，在管道内利用空气压力进行输送，如书籍文件、实验样品的输送。随着技术的进步，输送对象的范围在不断扩大。

管道的铺设有地面、地下和架空安装等方式。必要时中途要采用保温、加热、加压的措施，以保证管道的畅通。

三、运输合理化

运费成本在物流成本中所占的百分比最大。据日本通产省对六大类货物物流成本的调查结果表明，其中运输成本占40%左右，如果将产品出厂包装费计入制造成本，则运输成本是物流成本的50%以上，因此，运输合理化有重要意义。合理化的途径有以下几方面：

(1) 运输网络的合理配置。应该区别储存型仓库和流通型仓库，合理配置各物流基地（或物流中心），基地的设置应有利于货物直送比率的提高。

(2) 选择最佳的运输方式。首先要决定使用水运、铁路、汽车或航空。如用汽车还要考虑车型（大型、轻小型、专用），用自有车还是委托运输公司。

图5-2-1表示公路、铁路和水运的运费比较，其中也包含在终端的装卸费用。纵轴上的C_1、C_2、C_3点表示相应的终端费用，当运距小于D_1时公路运输费用最低，D_1至D_3的距离内铁路运输最便宜，而长距离运输距离大于D_3时，则以水运为好。

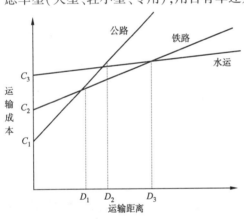

图5-2-1　不同运输方式的成本比较

(3) 提高运送效率。努力提高车辆的运行车、装载率，减少空车行驶，缩短等待时间或装载时间，提高有效的工作时间，降低燃料消耗。

(4) 推进共同运输。提倡部门、集团、行业间的合作和批发、零售、物流中心之间的配合，提高运输工作效率，降低运输成本。

当然，运输的合理化必须考虑包装、装卸等有关环节的配合及其制约因素。还必须依赖于有效的信息系统，才能实现其改善的目标。

运输合理化要考虑输送系统的基本特性。对城市之间、地区之间的长距离运输（干线输送），由于货物的批量大，对时间要求不很苛刻，因此，合理化的着眼点要考虑降低运输成本。对于地区内或城市内的短距离运输（端末输送），以向顾客配送为主要内容，批量小，应及时、正确地将货物运到，这种情况下的合理化目标应以提高物流的服务质量为主。

四、我国交通运输的现状

我国土地辽阔，资源配置和地区经济发展不平衡，同时交通运输基本设施落后，不能满足国民经济现代化发展的要求。从宏观物流来看，物流量大，流通距离较长；东南地区流通网络密度大,而西北地区稀疏;物的流向也不平衡,南向物流量大于北向物流量,东向大于西向的物流量。

到 2000 年末,铁路营业里程 6.8 万 km,其中复线里程 2.16 万 km,电气化里程 1.5 万 km;公路通车里程 140 万 km,其中高速公路 1.6 万 km,公路已通达 99% 的乡镇和 90% 的行政村;民航机场 129 个,航线 1120 条,航线里程 151 万 km;输油(气)管道 2.5 万 km;内河千吨级以上航道 7855km;沿海港口万吨级以上泊位 646 个基础设施的快速发展,使交通运输在满足运输需求、降低运输成本、节约运输时间、提高运输质量等方面发生了深刻的变化。目前,铁路运输紧张状况有所缓解;公路交通状况明显改善;港口压船压港减少;民航干线运输基本适应需求。2000 年全社会货运总量 135 亿 t,货物周转量 43359 亿 t·km,全社会旅客运输总量 146 亿人,比 1995 年增加 29 亿人,旅客周转量 12188 亿人 km。城市交通发展速度加快,目前全国 668 个设市城市中有 613 个城市有公交设施,公共交通车辆 21 万辆,地铁线路 120km,出租汽车 79.1 万辆,城市道路长度 15 万 km,道路面积 18 亿 m^2。总体上,运输紧张状况有较大程度的缓解。

由于国家对交通运输基本设施建设的高度重视,许多大型项目正在进行之中,到 21 世纪初一定会有更大的发展,为我国宏观物流的通畅提供强有力的保障手段。

第二节 仓 储

一、仓储的作用和意义

仓储(保管)在物流系统中起着缓冲、调节和平衡的作用,是物流的另一个中心环节。保管的目的是克服产品生产与消费在时间上的差异,使物资产生时间上的效果。它的内容包括储存、管理、保养、维护等活动。如大米一年收获 1~2 次,必须用仓库进行储存以保证平时的需要。又如水果或者鱼虾等水产品在丰收时需要在冷藏库进行保管,以保证市场的正常需要并防止价格大幅度起落。所以产品从生产领域进入消费领域之前,往往要在流通领域停留一定时间,这就形成了商品储存。在生产过程中原材料、燃料、备品备件和半成品也需要在相应的生产环节之间有一定的储备,作为生产环节之间的缓冲,以保证生产的连续进行。

二、储存的基本形态

按储存的性质与需要一般可分为三种基本形态:

(1)生产储存。生产企业为了自身生产而购进的各种物资,这些物资已进入生产领域但未投入生产过程,由此而产生的物资储存。

(2)流通储存。各类商业企业为了供应社会需要而准备的商品,这些商品已离开生产领域进入流通领域,但还未投入消费领域时发生的商品储存。

(3)国家储备。国家物资储备机构为防止侵略战争和应付自然灾害及其他意外事件而储备的各类物资,这是一种特殊的储存。

生产储存与流通储存涉及面广,是生产企业、商业企业必须认真研究、对待的问题,也是物流企业服务的重点范围。

三、仓库的机能

自从人类社会生产有剩余产品以来,就有储存活动,而储存物品的建筑物或场所,一般称为仓库。随着社会生产水平的提高,社会化生产方式的出现,产品空前丰富,商品经济占有重要地位,出现了为商品流通服务的仓库。社会化的大生产又需要有保证生产需要的原材料和零部件的仓库。仓库成为生产和消费领域中物资集散的中心环节,其功能已不单纯是保管、储存。从现代物流系统观点来看,仓库应具有以下的功能:

(1) 储存和保管的功能。这是仓库的最基本的传统功能,因此,仓库应具有必要的空间用于容纳物品。库容量是仓库的基本参数之一。保管过程中应保证物品不丢失、不损坏、不变质,要有完善的保管制度,合理使用搬运机具,有正确的操作方法,在搬运和堆放时不能碰坏或压坏物品。

根据所储存货物的特性,仓库里应配有相应的设备,以保持储存物品的完好性。例如对水果、鱼肉类仓库要控制其温度,使之成为冷藏仓库及冷冻仓库;储存精密仪器的仓库应防潮防尘,保持温度恒定,需要空气调节及恒温设备;一些储存挥发性溶剂的仓库必须有通风设备,以防止空气中挥发性物质含量过高而引起爆炸。

(2) 调节供需的功能。从生产和消费两方面来看,其连续性的规律都是因产品不同而异。因此,生产节奏和消费节奏不可能完全一致。有的产品生产是均衡的,而消费不是均衡的,如电风扇等季节性商品;相反,有的产品生产节奏有间隔而消费则是连续的,如粮食。这两种情况都产生了供需不平衡,这就要有仓库的储存作为平衡环节加以调控,使生产和消费协调起来,这也体现出物流系统创造物资时间效用的基本职能。

(3) 调节货物运输能力的功能。各种运输工具的运量相差很大,船舶的运量大,海运船一般是万吨以上,内河船也以百吨或千吨计。火车的运量较小,每节车箱能装 30~60t,一列火车的运量多达数千吨。汽车的运量最小,一般每车只有 4~10t。它们之间进行转运时,运输能力是很不匹配的,这种运力的差异也是通过仓库或货场进行调节和衔接的。

(4) 配送和流通加工的功能。现代仓库除以保管储存为主要任务之外,还向流通仓库的方向发展,仓库形成流通、销售、零部件供应的中心,其中一部分在所属物流系统中起着货物供应的组织协调作用,被称为物流中心。这一类仓库不仅具备储存保管货物的设施,而且增加了分拣、配送、捆包、流通加工信息处理等设置,这样既扩大了仓库的经营范围,提高了物资综合利用率,又促进了物流合理化,方便了消费者,提高了服务质量。

我国目前保管型仓库还是大多数,而具备流通中心作用的仓库还很少,但随着国民经济的发展和物流系统总体水平的提高,仓储业的现代化是指日可待的。

四、仓储合理化

(1) 实行 ABC 管理。由于在仓库中一般储存的物资品种非常繁多,在管理过程中必须根据具体情况实行重点管理,才能取得确实效果,一般采用 ABC 管理可以达到预期要求。ABC 管理就是把物品分为三类,例如把占总数 10% 左右的高价值的货物定为 A 类;占总数 70% 左右的价格低的物品定为 C 类;A、C 之间的 20% 则为 B 类。在库存管理中应区别对待各类物品,A 类物品应在不发生缺货条件下尽可能减少库存,实行小批量订货,每月盘点;C 类则可制定安全库存水平,进行一般管理,订货批量大,年终盘点;对 B 类则在两者之间,半年盘点一次。

除按价值分类外,还可以根据销售难易程度、缺货产生的后果(重要性)等因素进行ABC分类,或者综合几种因素进行分类。总之,要符合仓库管理的目标和仓库本身的具体情况。

有人说库存管理就是ABC管理,ABC管理如能充分发挥其效果,可以说库存管理的问题就已解决了一半。

(2)应用预测技术。销售额的估计和出库量的估计等需要正确的预测,这是库存管理的关键。由于库存量和缺货率是相互制约的因素,所以要在预测的基础上,制定正确的库存方针,使库存量和缺货率协调,取得最好效果。

但是对于预测的数据也不可过分依赖,因为预测总是以过去的数据为基础进行的,预测计算和实际情况有一定出入,为此,在预测时应尽可能依据最新的数据和信息。另外,订货周期和供货延迟期要尽量缩短,这样可以提高预测的可靠性。

(3)科学的库存管理控制。库存控制主要是对库存量进行控制的问题。众所周知,库存量过多将会招致许多问题,如:占压过多的流动资金,并为此付出相应的利息;存货过多则仓库的各种费用,如仓储费,保险金、劳务费也随之增加;此外,还会导致物资变质、过时、失效等损失,但是为了避免以上问题,降低库存又会出现缺货率上升的风险。因此,库存控制应综合考虑各种因素,满足以下三方面要求:

①考虑降低采购费和购入价等综合成本;
②减少流动资金、降低盘点资产;
③提高服务水平、防止缺货。

第三节 搬运装卸

一、搬运装卸的意义

搬运装卸是指在同一地域范围内进行的、以改变物的存放状态和空间位置为主要内容和目的的活动,具体说,包括装上、卸下、移送、拣选、分类、堆垛、入库、出库等活动。

搬运装卸是伴随输送和保管而产生的必要的物流活动,但是和运输产生空间效用以及保管产生时间效用不同,它本身不产生任何价值。但这并不说明搬运装卸在物流过程中不占有重要地位,物流的主要环节,如运输和存储等是靠装卸、搬运活动联结起来的,物流活动其他各个阶段的转换也要通过装卸搬运联结起来,由此可见在物流系统的合理化中,装卸和搬运环节占有重要地位。装卸、搬运不仅发生次数频繁,而且其作业内容复杂,又是劳动密集型、耗费人力的作业,它所消耗的费用在物流费用中也占有相当大的比重。据统计,俄罗斯经铁路运输的货物少则有6次,多则有几十次装卸搬运,其费用占运输总费用的20%~30%。装卸搬运活动频繁发生,作业繁多,这也是产品损坏的重要原因之一。

二、搬运装卸作业的构成

搬运装卸作业有对输送设备(如辊道、车辆)的装入、装上和取出、卸下作业,也有对固定设备(如保管货架等)的出库、入库作业。

(1)堆放拆垛作业。堆放(或装上、装入)作业是指把货物移动或举升到装运设备或固定设备的指定位置,再按所要求的状态放置的作业;而拆垛(卸下、卸出)作业则是其逆向作业。

(2) 分拣配发作业。分拣是在堆垛作业前后或配送作业之前把货物按品种、出入先后、货流进行分类,再放到指定地点的作业。而配货则是把货物从所定的位置按品种、下一步作业种类、发货对象进行分类的作业。

(3) 搬送、移送作业。它是为了进行装卸、分拣、配送活动而发生的移动物资的作业。包括水平、垂直、斜行搬送,以及几种组合的搬送。

(4) 其他。

三、搬运装卸作业合理化的原则

(1) 消除无效搬运。要提高搬运纯度,只搬运必要的物资,如有些物资要去除杂质之后再搬运比较合理;避免过度包装,减少无效负荷;提高装载效率,充分发挥搬运机器的能力和装载空间;中空的物件可以填装其他小物品再进行搬运;减少倒搬次数,作业次数增多不仅浪费了人力、物力,还增加物品损坏的可能性。

(2) 提高搬运活性。物品放置时要有利于下次搬运,如装于容器内并垫放的物品较散放于地面的物品易于搬运。在装上时要考虑便于卸下。在入库时要考虑便于出库。还要创造易于搬运的环境和使用易于搬运的包装。

(3) 注意重力的影响和作用。应减少人体的上下运动,避免反复从地面搬起重物;要避免人力抬运或搬送物品;应设法利用重力移动物品,如使物品在倾斜的辊道运输机上,在重力作用下移动。

(4) 合理利用机械。初期阶段,搬运机械大多在以下情况使用:超重物品;搬运量大、耗费人力多、人力难以操作的;粉体或液体的物料搬运;速度太快或距离太长,人力不能胜任时;装卸作业高度差太大,人力无法操作时。

今后的发展方向是,即使在人可以操作的场合,为了提高生产率、安全性、服务性和作业的适应性等,也应将人力操作转由机械来实现,而人可以在更高级的工作中发挥作用。

(5) 保持物流的均衡顺畅。物品的处理量波动大时会使搬运作业变得困难,但是搬运作业受运输等其他环节的制约,其节奏不能完全自主决定,必须综合各方面因素妥善安排,使物流量尽量均衡,避免忙闲不均的现象。

(6) 集装单元化原则。将零放物体归整为统一格式的集装单元称为集装单元化。这对搬运作业的改善是至关重要的原则,可以达到以下目的:由于搬运单位变大,可以发挥机械的效能,提高作业效率,搬运方便,灵活性好;负载的大小均匀,有利于实行作业标准化;在作业过程中避免物品损伤,对保护被搬运的物品有利。

(7) 提高综合效果。物流过程中运输、仓储、包装和装卸搬运各环节的改善,必须考虑综合效益,不能仅从单方面考虑。

四、装卸搬运作业方法

按作业对象特征,可以将装卸搬运方法划分为三类:单件作业法、集装作业法和散装作业法。

1. 单件作业法

装卸搬运单件货物,依作业环境和工作条件可以采用人工作业法、机械化或半机械化作业法。在特定场所,有些像包裹那样的货物也可采用半自动化作业法,如采用自动或半自动控制的分拣传输设备进行有关作业。一些零散货物、长大笨重货物、不宜集装的危险货物以及行包等多采用单件作业法。

2. 集装作业法

集装作业法是将货物集装化后再进行装卸搬运的方法,它包括托盘作业法、集装箱作业法、货捆作业法、网袋作业法、滑板作业法以及挂车作业法等。

(1)托盘作业法。托盘作业法是用托盘系列集装工具将货物组成货物单元,以便于采用叉车等设备实现装卸搬运作业机械化的装卸作业方法。一些不宜采用平托盘的散件货物可采用笼式托盘形成成组货物单元,一些批量不很大的散装货物,如粮食、食糖、啤酒等可采用专用箱式托盘构成成组货物单元,再辅之以相应的装载机械、泵压设备等的配套,实现托盘作业法。

(2)集装箱作业法。集装箱的装卸搬运作业通常采用垂直装卸法和水平装卸法进行,有的集装箱在货物堆场也可采用能力很大的集装箱叉车装卸搬运。

垂直装卸法。在港口可采用集装箱起重机,目前以跨运车应用为最广,但应用龙门起重机最有发展前途;在车站以轨行式龙门起重机为主,配以叉车较为经济合理,轮胎龙门起重机、跨运车方式、动臂起重机方式、侧面装卸机方式也采用较多。

水平装卸法。在港口是以拖车、挂车和叉车为主要装卸设备;在车站主要采用叉车或平移装卸机的方式,在车辆与挂车间或车辆与平移装卸机间进行换装。

集装箱装卸搬运的配套设施有:维修、清洗、动力、照明、监控、计量、信息和管理设施等。在工业发达国家集装箱堆场作业全自动化已付诸实施。

(3)框架作业法。管件等以及各种易碎建材,如玻璃产品等,一般适用于各种不同集装框架实现装卸机械化,以确保装卸质量、降低装卸搬运过程中的损耗,提高装卸搬运效率。框架通常采用木制或金属材料制作,要求有一定的刚度、韧性、质量较轻,以保护商品、方便装卸、有利于运输作业。

(4)货捆作业法。货捆作业法是用捆装工具将散件货物组成一个货物单元,使其在物流过程中保持不变,从而能与其他机械设备配合,实现装卸搬运作业机械化。木材、建材、金属之类货物最适于采用货捆作业法。带有与各种货捆配套的专用吊具的门式起重机和层壁式起重机是货捆作业法的主要装卸机械,叉车、侧叉车、跨车等是配套的搬运机械。

(5)滑板作业法。滑板是用纸板、纤维板、塑料板或金属板制成,与托盘尺寸一致的、带有翼板的平板,用以盛放货物组成的搬运单元。与其匹配的装卸搬运机械是带推拉器的叉车。叉货时推拉器的钳口夹住滑板的翼板又称勾舌或卷边,将货物拉上货叉,卸货时先对好位,然后叉车后退、推拉器前推,货物放置就位。滑板作业法虽具有托盘作业法的优点且占用作业场地少,但带推拉器的叉车较重、机动性较差,对货物包装与规格化的要求很高,否则,不易顺利作业。

(6)网袋作业法。将粉粒状货物装入多种合成纤维和人造纤维编织成的集装袋、将各种袋装货物装入多种合成纤维或人造纤维编织成的网络、将各种块状货物装入用钢丝绸编成的网,这种先集装再进行装卸搬运的方法,称为网袋作业法。适宜于粉粒状货物、各种袋装货物、块状货物、粗杂物品的装卸搬运作业。网袋集装工具体积小、自重轻,回送方便,可一次或多次使用。

(7)挂车作业法。挂车作业法是先将货物装到挂车里,然后将挂车拖上或用到铁路平板车上的装卸搬运方法。通常将此作业完成后形成的运输组织方式称背负式运输,是公铁联运的常用组织方式。

3.散装作业法

散装货物装卸方法通常可分为重力法、倾翻法、机械法、气力输送法。

(1)重力法。重力法是利用货物的位能来完成装卸作业的方法。它主要适用于铁路运输,汽车也可利用这种装卸作业法。重力法装车设备有筒仓、溜槽、隧洞等几类。重力法卸车主要指底门开车或漏斗车在高架线或卸车坑道上自动开启车门,煤或矿石依靠重力自行流出的卸车方法。

(2)倾翻法。倾翻法是将运载工具的载货部分倾翻,从而将货物卸出的方法。主要用于铁路敞车和自卸汽车的卸载方法,汽车一般依靠液压机械装置顶起货箱实现卸载的。

(3)机械法。机械法是采用各种机械,使其工作机构直接作用于货物,如通过舀、抓、铲等作业方式达到装卸目的方法。常用的机械有胶带输送机、堆取料机、装船机、链斗装车机、斗斗和多斗装载机、挖掘机各种抓斗等。

在以上三种装卸搬运法中,集装作业法和散装作业法都是随物流量增大而发展起来的,并与现代运输组织方式(如集装箱运输)、储存方式(如高层货架仓库)等相互联系,互为条件、互相促进、相互配合,加速了物流现代化进程。

五、装卸搬运的发展趋势

分析道路运输的装卸搬运技术和组织两方面,装卸搬运的发展趋势主要表现为:

(1)装卸搬运技术随着物流技术的提高而走向机械化、电子化和自动化。在实现了物流托盘化的系统中,装卸搬运可以托盘为单位进行,这样,可以大大提高物流过程的连续性,提高装卸搬运作业的效率和质量。在一定质量和体积范围内装卸货物的物流对象系统中,例如,货物一般不重于50kg,则可采用电子的传输带进行货物分类、搬运等作业。在高架仓库中可采用计算机控制的货物分类、取放作业的自动化仓库管理系统。

(2)装卸搬运组织随着物流过程运行与其形成一体化。为了削弱流通、消费领域中的装卸搬运组织的难度,在市场经济和专业化分工的条件下,国外一些运输经营者开始随物流业务的需要,把装卸搬运的触角同时伸向了生产、流通、消费等领域,逐步形成了一体化作业体系。

第四节 包 装

一、包装的含义及其分类

在国际标准 ISO 和我国国家标准对包装的定义是:包装(Package,Packing,Packaging)是指为在流通过程中保护产品,方便储运,促进销售,按一定技术方法而采用的容器、材料及辅助材料等的总体名称。包装也指为了达到上述目的而采用容器、材料和辅助材料的过程中施加一定技术方法的操作活动。包装的分类方法很多,欧共体规定将包装分为三:类运输包装、辅助包装和销售包装。我国常用包装分类方法主要有以下几种:

1.单个包装、内包装、外包装

(1)单个包装。它也称为小包装,是物品送到使用者手中的最小单位。用袋或其他容器对物体的一部分或全部包裹起来的状态,并且印有作为商品的标记或说明等信息资料。

这种包装一般属于商业包装,应注意美观,能起到促进销售的作用。

(2)内包装。它是将物品或单个包装,或一至数个归整包装,或置于中间容器中,为了对物品及单个包装起保护作用,中间容器内有时采用一定措施。

(3)外包装。基于物品输送的目的,要起到保护作用并且考虑输送搬运作业方便,一般置入箱、袋之中,根据需要对容器有缓冲防震、固定、防温、防水的技术措施要求。一般外包装有密封、增强功能,并且有相应的标识说明。

内包装和外包装属于工业包装,更着重于对物品的保护,其包装作业过程可以认为是物流领域内的活动。而单个包装作业一般属于生产领域活动。

2.销售包装和运输包装

按包装所起的主要作用通常可以划分为销售包装和运输包装。

(1)销售包装是以销售为主要目的,与内装物一起到达用户手中的包装。如上所述的单个包装。

(2)运输包装则是以运输储存为主要目的的包装。运输包装具有保障商品安全、方便储存、运输、装卸、加速交接、点验的作用。运输包装往往需要内包装和外包装的共同作用,而且其外部结构与尺寸要与储存、装卸、运输等作业所用设备、工具有很好的配合性;具有较强的抵御外界因素常见的侵蚀、侵害、碰撞、损坏等的能力;运输包装必须有按规定标准印刷的标志,指导包装物件的装卸搬运;运输包装还要注明商品名称、货号、规格、质量、数量、颜色、生产厂家、生产日期,以及发货单位与收货单位等标志。此外,运输包装还可进一步分为单件运输包装和集合运输包装。

①单件运输包装,是指采用箱、桶、袋、包、坛、罐、篓、筐等容器对商品进行的包装。按其使用的包装材料,可以分为纸、木、金属、塑料、化学纤维、棉麻织物制成的容器或绳索。

②集合运输包装,是指为适应现代化运输、装卸、搬运等作业方式要求,按集合包装货物装卸搬运等作业要求,将若干单件包装组合成一件集合包装。常用的集合运输包装有集装包(集装袋)以及适应托盘系列和集装箱系列的集合(运输)包装。

二、包装的主要作用

运输包装与销售包装的作用既有共同性,又有各自的侧重点。一般可概括为以下几方面。

(1)保护内装物品。保护内装物品是运输包装的最主要作用。

(2)便于搬运与销售。运输包装可以将商品集中为一个便于搬运、销售的单位。

(3)宣传商品、促进销售。宣传商品、促进销售、扩大销售量是销售包装所具有的主要作用。

(4)节约物流费用。精心设计包装,便于采用科学合理且成本低廉的方式实现物品的各项物流作业,有利于采用科学的物流作业设备、物流作业方式,有利于选择合理的物流链管理方法,有利于降低物流作业损耗,节约储存与运输费用。

三、包装材料

包装材料有容器材料、内包装材料、包装用辅助材料等,主要有以下类别:

(1)纸和纸板品。运输用大型纸袋可用3~6层牛皮纸多层叠合而成,也可用牛皮纸和塑料薄膜做成复合多层构造。

纸箱的原料是各种规格的白纸板和瓦楞纸板，但要求其强度和耐压能力必须达到一定指标，在选材和尺寸设计时应加以注意。

(2) 塑料制品。塑料包装制品的应用日益广泛，塑料袋及塑料交织袋已成为牛皮纸袋的代用品。塑料制品还用于酒、食油等液体运输容器的革新，开发了纸袋结合包装，其方法是将折叠塑料袋容器放入瓦楞纸箱中，以代替传统的玻璃瓶、金属罐、木桶等。塑料成型容器也得到广泛的应用，如聚乙烯容器，包括箱、罐等，特别是颜料和食品业等塑料通用箱发展很快。

(3) 木制容器。本制容器包括木箱、胶合板箱及木桶，为了节省木材，常使用框架箱，栅栏箱或木条胶合板箱，为了增加强度也有加铁箍的。对于重物包装，常在底部加木制垫货板。

(4) 金属容器。输送用的金属容器有罐和箱，材料有镀锌铁板等。罐用于食品、化学药品、牛奶、油质类物品，而桶则主要用于以石油为主的非腐蚀性的半流体及粉体、固体的包装。

(5) 包装用辅助材料。包装用的辅助材料主要有：

① 黏合剂。用于材料的制造、制袋、制箱及封口作业，黏合剂有水型、溶液型、热融型和压敏型的区分。近年来由于普遍采用高速制箱及封口的自动包装机，所以大量使用短时间内能够黏结的热融结合剂。

② 黏合带。它有橡胶带、热敏带、黏结带三种。橡胶带遇水可直接溶解，结合力强，黏结后完全固化，封口很结实；热敏带一经加热活化便产生黏结力。一旦结合，不好揭开且不易老化；黏结带是在带的一面涂上压敏性结合剂，如纸带、布带、玻璃纸带、乙烯树脂带等，也有两面涂胶的双面胶带，这种带子用手压便可结合，十分方便。

③ 捆扎材料。捆扎的作用是打捆、压缩、缠绕、保持形状、提高强度、封口防盗、便于处置和防止破损等。现代已很少用天然捆扎材料，而多用聚乙烯绳、聚丙烯绳、纸带、聚丙烯带、钢带、尼龙布等。按被捆扎材料的质量可由表 5-2-1 中选用。

各种捆扎材料的性能　　　　　　　　　　表 5-2-1

制品质量(kg)	捆扎材料种类	制品质量(kg)	捆扎材料种类
1~50	多股细绳、纸带、聚丙烯带、尼龙绳	200~500	尼龙带、钢带
50~200	尼龙带、钢带	500~2000	钢带

四、包装合理化

(1) 包装的轻薄化。由于包装只是起保护作用，对产品使用价值没有任何意义，因此，在强度、寿命、成本相同的条件下，更轻、更薄、更短、更小的包装，可以提高装卸搬运的效率。而且轻薄短小的包装一般价格比较便宜，如果是一次性包装也可以减少废弃包装材料的数量。

(2) 包装的单纯化。为了提高包装作业的效率，包装材料及规格应力求单纯化，包装规格还应标准化，包装形状和种类也应单纯化。

(3) 符合集装单元化和标准化的要求。包装的规格和托盘、集装箱关系密切，也应考虑到和运输车辆、搬运机械的匹配，从系统的观点制定包装的尺寸标准。

(4) 包装的机械化。为了提高作业效率和包装现代化水平，各种包装机械的开发和应用是很重要的。

第五节 配 送

配送在英语中的原词是 delivery,是交货送货的意思。在日本工业标准则 JIS 中,将配送定义为"将货物从物流结点送交收货人",也强调了送货的含义。

由于在市场竞争中,将货物送达收货人的活动需要逐步降低成本,提高效率,以达到占领和扩大市场、增加企业利润的目的。对运输车辆合理配置,科学地制订运输规划,确定运送路线,并且将运送的货物事先进行配货。配装的措施逐步完善,形成了现代的配送活动。

一、配送的特点

配送具有以下特点。

(1) 配送是从物流据点至用户的一种特殊送货形式。其特殊性表现为:从事送货的是专职流通企业,而不是生产企业;配送是"中转"型送货,而工厂送货一般是直达型送货(直接送到用户手中),而且是生产什么送什么,配送是用户需要什么送什么。

(2) 配送不是单纯的运输或输送,而是运输与其他活动共同构成的组合体。而且配送所包含的那一部分运输,在整个运送过程中是处于"二次运输""支线运输""终端运输"的位置。

(3) 配送不是广义概念的组织物资订货、签约、进货及对物资处理分配的供应,而是以供给者送货到户式的服务性供应,是一种"门到门"的服务。

(4) 配送是在全面配货基础上,完全按用户要求,包括种类、品种搭配、数量、时间等方面的要求所进行的运送,是"配"和"送"的有机结合形式。

二、配送的意义和作用

做好配送工作具有十分重要的意义和作用,概括说有以下几点。

(1) 完善了输送及整个物流系统。配送环节处于支线运输,灵活性、适应性、服务性都较强,能将支线运输与小搬运统一起来,使运输过程得以优化和完善。

(2) 提高了末端物流的经济效益。采取配送方式,可以做到经济地进货。它采取将各种商品配齐集中起来向用户发货和将多个用户小批量商品集中在一起进行发货等方式,以提高物流经济效益。

(3) 通过集中库存,可使企业实现低库存或零库存。生产企业可以解放出大量储备资金,改善财务状态,降低成本。

(4) 简化手续、方便用户。用户只需要向配送中心一处订购,就能达到向多处采购的目的,减少订货等一系列费用开支。

(5) 提高了供应保证程度。用户因缺货而影响生产的风险减少了。

由于配送在物流系统中占有重要的地位,在发达的国家中,目前很重视配送业务的发展。

我国目前在某些点上也正在尝试实行配送制。如物资部天津储运公司唐家口仓库的物资配送,河北石家庄市物资局"三定一送"(定时、定量、定点、送货上门)的物资配送,葫芦岛市木材公司的木材配送,北京市商业系统的食品配送等,均走在前列。

三、配送种类

配送有不同的分类方法:
(1)按配送组织者分类。
①商店配送:组织者是商业或物资企业的门市网点,它的规模一般不大;
②配送中心配送:组织者是专职从事配送工作的配送中心,它的规模大,配送能力强,是配送的主要形式。
(2)按配送商品种类及数量分类。
①单(少)品种,大批量配送;
②多品种,少批量配送。
(3)按配送时间及数量分类。
①定时配送:指按规定时间间隔进行配送;
②定量配送:指按规定的批量在一个指定的时间范围内进行配送;
③定时定量配送:指按规定配送时间和配送数量进行配送;
④定时、定路线配送:指在规定的运行路线上制定到达时间表,按运行时间表进行配送;
⑤即时配送:指完全按用户要求的时间和数量进行配送。

还有其他的配送方式,如共同配送,指几个配送中心联合起来,共同制定计划,共同对某一地区用户进行配送,共同使用配送车辆;加工配送,指在配送中心按用户的要求进行必要的加工后,再行配送。这种配送方法是将流通加工和配送一体化了。

四、配送方法

主要包括三个方面的内容:配货作业方法,车辆配装方法和送货线路的确定。

1. 配货作业方法

配货是配送工作的第一步,根据各个用户的需求情况,首先确定需要配送货物的种类和数量,然后在配送中心将所需货物挑选出来,即所谓的分拣。分拣工作可采用自动化的分拣设备,也可采用手工方法。这主要取决于配送中心的规模及其现代化的程度,配货作业有两种基本形式:

(1)分货方式(又叫播种方式)。分货方式是将需配送的同一种货物,从配送中心集中搬运到发货场地,然后再根据各用户对该种货物的需求量进行二次分配。这种方式适用于货物易于集中移动且对同一种货物需求量较大的情况。

(2)拣选方式(又叫摘果方式)。拣选方式是用分拣车在配送中心分别为每个用户拣选其所需货物,此方法的特点是配送中心的每种货物的位置是固定的,对于货物类型多、数量少的情况,这种配货方式便于管理和实现现代化。

2. 车载货物的配装

由于装配作业本身的特点,配装工作所需车辆一般为汽车,由于需配送的货物的比重、体积以及包装形式各异,在配装货物时,既要考虑车辆的载质量,又要考虑车辆的容积,使车辆的载质量和容积都能得到有效地利用,这样就可以节省运力,减少配送的 $t \cdot km$ 数,从而降低配送费用。

具体车辆配装则要根据需配送货物的具体情况以及车辆情况,主要是依靠经验或简单的计算公式来选择最优的装车方案。

3. 配送路线的确定原则

配送路线合理与否对配送速度、成本、效益影响很大，采用科学合理的方法来确定配送路线，是配送活动中非常重要的一项工作。

(1) 确定目标。目标的选择是根据配送的具体要求、配送中心的实力及客观条件来定的。可以有多种选择方法：

① 以效益最高为目标的选择。指计算时以利润的数值最大为目标值；

② 以成本最低为目标的选择。实际上也是选择了以效益为目标；

③ 以路程最短为目标的选择。指如果成本与路程相关性较强，而和其他因素是微相关时，可以选它；

④ 以 t·km 最小为目标的选择。在"节约里程法"的计算中，是采用这个目标的；

⑤ 以准确性最高为目标的选择。它是配送中心中重要的服务指标。

当然还可以选择运力利用最合理、劳动消耗最低作为目标。

(2) 确定配送路线的约束条件。一般配送的约束条件有以下几项。

① 满足所有收货人对货物品种、规格、数量的要求；

② 满足收货人对货物发到时间范围的要求；

③ 在允许通行的时间内进行配送；

④ 各配送路线的货物量不得超过车辆容积和载质量的限制；

⑤ 在配送中心现有运力允许的范围内。

五、配送中心的功能与分类

配送中心是物流中心的一种，专门从事配送工作。

1. 配送中心的业务流程

配送中心的业务流程包括：收货、验货、分类整理、储存、流通加工、配货、发货等。为了实现配送业务流程，在配送中心中应具有这些设施：收货场所、验货场所、分货场所、仓储面积、特殊商品存放场所、流通加工场所、配送场所、办公场所等；还应当有停车场、行车通道等设施。明确物流业务过程各项作业之间的关系，以及各作业与物流设施之间的关系，是较好地设计与组织配送作业的基本前提。在一般的配送中心，货场业务流程及业务量大致比例关系可用图 5-2-2 表示。

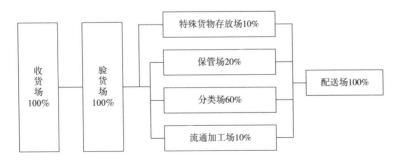

图 5-2-2　配送中心业务流程及业务量比例关系

根据上述配送业务流程及其业务量百分比、配送中心实际面积，结合实际需要就可进行整体规划和详细构思设计。

2. 配送中心的功能

配送中心的主要功能有：

(1) 集货。为了满足配送货物数量及品种的需求，必须通过物流运输系统从生产厂家或仓库向配送中心等地调运大量的货物，这就是集货过程。

(2) 储存。为了保证能按用户的要求，及时准确地配送货物，防止用户由于配送货物不及时而造成缺货停产，配送中心必须有一定水平的货物储存。配送中心的货物储存与仓库储存有相同的地方也有其特点。由于配送中心的主要工作是配送而不是储存，货物的储存量不宜过大，否则会使配送中心规模过大而造成浪费。另一方面，由于配送中心的货物流动性很大，在货物储存时必须考虑到这一特点，使货物存取简便，有利于机械化分货和配货。

3. 分货和配货

分货与配货使按照用户对货物数量和品种的需求，利用分拣运输设备，从配送中心的货物存储区降货物分拣并运到货物分放地。

第六节　流通加工

一、流通加工的概念和特点

1. 流通加工的概念

在流通过程中辅助性的加工活动称为流通加工。流通与加工的概念本属于不同范畴。加工是改变物质的形状和性质、形成一定产品的活动；而流通则是改变物质的空间状态与时间状态。流通加工则是为了弥补生产过程加工不足，更有效地满足用户或本企业的需要，使产需双方更好的衔接，将这些加工活动放在物流过程终完成，而成为物流的一个组成部分，流通加工是生产加工在流通领域中的延伸，也可以看成流通领域为了更好地服务，在职能方面的扩大。

2. 流通加工的特点

流通加工在加工方法、加工组织、作业管理过程中，与生产领域的加工有些相似。甚至可以说，有些流通加工就是生产领域作业过程的延伸或放到流通领域中完成的，以期解决生产过程中在生产面积、劳动力等方面的困难。多数流通加工在加工目的、加工对象、加工程度方面有较大差别。

(1) 流通加工的目的，主要是更好地满足用户的多样化需要，降低物流成本、提高物流质量和效率。

(2) 流通加工的对象，主要是进入流通领域中的商品，包括各种原材料和成品；一般不是生产过程中的半成品。

(3) 流通加工一般多是简单的加工或作业，是为更好地满足需求对生产加工的一种补充。流通加工更趋向于完善商品的使用价值，多数是在对商品不做大的改变下，提高商品价值。

(4) 流通加工，是由从事物流活动并能密切结合流通需要的物流经营者组织的加工活动。例如商品企业、物资企业、运输企业等所做的流通加工作业。

二、流通加工的主要作用和形式

1. 流通加工的主要作用

流通加工的主要作用体现在以下几个方面。

（1）流通加工有利于生产者提高生产效率、产品质量和经济效益。使生产集中于现代生产模式，以流通加工方式弥补大量生产的不足。

（2）流通加工可以方便用户需求，提高物流效率与服务质量，可以提高商品满足用户个性化、多样化需求，使物流动能得以完善和提高。

（3）流通加工可以提高加工设备利用率和劳动生产率。将对象集中起来进行流通加工，可以享用产量法则的低成本、高质量加工效果。

（4）通过流通加工可以提高各种运输手段的运用效率。流通加工使生产到流通中的运输和流通到消费中的运输，均能发挥相适应的运输工具、装卸设备作用，从而加快货物运输效率、节省运输费用。

（5）流通加工可以完善商品功能，提高经济效益。通过加工可以改变一些商品的功能，使其有更广的适应面，可以提高商品销售量和销售额。

2. 流通加工的形式

（1）为了运输方便，如铝制门窗框架、自行车、缝纫机等若在制造厂装配成完整的产品，在运输时将耗费很高的运输费用。一般都是把它们的零部件，如铝制门窗框架的杆材、自行车车架和车轮分别集中捆扎或装箱，到达销售地点或使用地点以后，再分别组装成成品，这样不仅使运输方便而且经济。而作为加工活动的组装环节是在流通过程中完成的。

（2）由于用户需要的多样化，必须在流通部门按照顾客的要求进行加工，如平板玻璃以及铁丝等，在商店根据顾客所需要的尺寸临时配置。

（3）为了综合利用，在流通中将货物分解，分类处理。猪肉和牛肉等在食品中心进行加工，将肉、骨分离，其中肉只占65%左右，向零售店输送时就能大大提高输送效率。骨头则送往饲料加工厂，制成骨粉加以利用。

因此，流通加工这一环节的发展，使流通与加工总体过程更加合理化。流通加工的内容一般包括袋装、定量化小包装、拴挂牌子、贴标签、配货、拣选、分类、混装、刷标记等。生产的外延流通加工包括剪断、打孔、折弯、拉拔、挑扣、组装、改装、配套以及混凝土搅拌等。

对流通加工的属性目前尚有不同看法。但是它既属于加工范畴，也属于物流活动一部分，这一点是可以承认的。它们的关系如图5-2-3所示。

图5-2-3　流通加工

第七节　物流信息

一、物流信息的概念和作用

物流活动进行中称必要的信息为物流信息。所谓信息是指能够反映事物内涵的知识、资料、信息、情报、图像、数据、文件、语言、声音等。信息是事物的内容、形式及其发展变化的反映。因此，物流信息和运输、仓储等各个环节都有密切关系，在物流活动中起着神经系统的作用。加强物流信息的研究才能使物流成为一个有机系统,而不是各个孤立的活动。在一些物流技术发达的国家都把物流信息工作作为改善物流状况的关键而给予充分的注意。

在物流中对各项活动进行计划预测、动态分析时,还要及时提供物流费用、生产情况、市场动态等有关信息。只有及时收集和传输有关信息,才能使物流通畅化、定量化。

二、信息流和物流的分离

物流信息已向系统化发展,信息流和物流分离是其发展的一个特征,如图 5-2-4 所示。

图 5-2-4a),发货票随货物发送,货物发出后无论发出单位或收货单位都可能对货物的中间状态不了解,而图 5-2-4b)通过统一的信息系统,货物的运送状况各站均可及时了解。

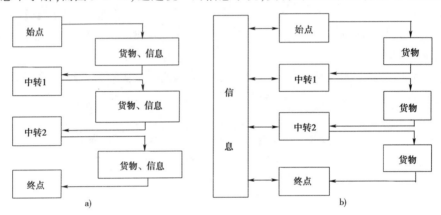

图 5-2-4 信息流和物流的分离
a)信息流和物流一致;b)信息流和物流分离

信息的传递必须通过一定的载体,并为其所接受,在此之后,还要经过传输处理、分析等,使其发挥应有作用。现代化物流信息系统广泛利用电子计算机技术,特别是为了充分发挥电子计算机信息量大、处理速度快等优点,已普遍采用电子计算机网络系统来管理物流信息。一些部门、公司、企业还设立了先进的物流信息中心,用以全面管理、传递和交换物流信息。

三、物流信息系统的结构

按垂直方向,物流信息系统可以划分为三个层次,即管理层、控制层和作业层;而从水平方面,信息系统贯穿供应物流、生产物流、销售物流、回收和废弃物流的运输、仓储、搬运装卸、包装、流通加工等各个环节,如图 5-2-5 所示,呈金字塔结构。可见物流信息系统是物流领域的神经网络,遍布物流系统的各个层次、各个方面。

综上所述,物流系统是由运输、仓储、搬运装卸、包装、流通加工、物流信息等环节组成的。物流系统的效益并不是它们各个局部环节效益的简单相加,因为各环节的效益之间存在相互影响、相互制约的关系,也就是交替损益的关系。如过分强调包装材料的节约,则因其易于破损可能给装卸搬运作业带来麻烦;片面追求装卸作业均衡化,会使运输环节产生困难。各个环节都是物流系统链条中的一个环节,如图 5-2-6 所示。任何一个环节过分削弱都会影响到物流系统链的整体强度。重视系统观念,追求综合效益最佳,这是物流学的最基本观点之一。

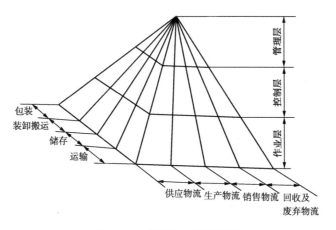

图 5-2-5　物流信息系统的结构

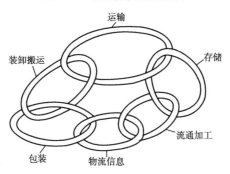

图 5-2-6　物流系统链

第六篇 现代汽车维修企业管理实务

第一章 现代汽车维修企业概述

一、20世纪90年代末汽车技术的新发展

汽车在今天已经不能简单地理解为"行"的手段。它已经成为当代物质文明的象征和代表。伴随着现代汽车的,也形成了一种新的当代文化。

1.汽车技术进入电脑智能化控制高级阶段

所谓"智能化",指电脑运作具有像人一样的思维修能力、判断能力、行为能力。

1)发动机动力性智能控制

(1)智能化控制凸轮轴驱动系统已在本田、奔驰、凌志等车型上运用。

(2)自动调整工作汽缸控制系统:奔驰 S 级、三菱"海市蜃楼"。

(3)缸内喷射控制系统:三菱、富豪。

(4)压缩比电子控制系统。

2)汽车安全性智能控制

(1)DIS 雷达智能控制制动系统:BENZ-9-99。

(2)BAS 智能制动助力系统(识别驾驶员紧急制动时加压踏板动作,迅速加压),制动能量储存系统。

(3)DAS 智能汽车钥匙(点火智能控制"特许"钥匙,用于1997年后奔驰 W202、W208、W210)。

(4)网络汽车防盗系统(全国、全球)。

(5)驾驶员疲劳检测控制系统、日产、三菱、丰田都有运用。

(6)轮胎自动监测、报警、充气系统。

(7)驾驶员酒精含量监测系统。

(8)自动对焦防炫灯光控制系统 BENZ-8-99。

(9)夜视灯停车系统:美洲豹。

(10)SRS 环形气袋系统。

3)舒适性智能控制系统

(1)ADS 自适应智能控制悬挂系统(可变阻尼避震系统)。

(2)空调智能控制悬挂系统。

(3)导航系统:解决汽车目的地的路径问题。

(4)声控指令系统:雪铁龙"XSARA AUTO PC"美洲豹 S 型。网络汽车出故障时向网络系统打电话,网络中心可在远离的异地查明故障,并作记录,告之用户到就近地维修;被盗时中心可立即测出并告之车的确切位置。

(5)网络汽车办公系统:上网、收发电子邮件、传真。

4)经济性、性能自诊功能智能控制

(1)动力性控制中多数包含经济性控制。

(2)尾气再循环电子监控系统:本田雅阁 3.0 V6-98 可以分别检测各缸尾气。

2.我国汽车生产技术发展方向

我国经济要适应国际环境,及经济全球一体化要求和信息时代要求,我国汽车产业政策的新内容标志着我国在向世界经济实体迈进,标志着我们走入汽车现代化的时代,这既是挑战也是机遇。

(1)环保性、经济性、舒适性。

(2)国产轿车电喷化推进政策。

2000 年 7 月 1 日我国实行新的严格的汽车排放规定政策显示的趋势:大力推进电控、电喷车的生产。高性能、高技术、多功能的新型汽车,特别是轿车的时代正向我国走来。

3.汽车维修业发展走向

(1)我国社会经济水平的提高,人们要求也在提高:质量要好,服务多样化、优质化。随着我国经济改革的发展,生产型汽车维修业逐渐演变为服务型产业,科技含量在提高,服务内容在急剧扩展。企业的作业结构发生巨大变化。

(2)市场由卖方走向买方已是全球性趋势。同行业竞争,日益激烈,迫使企业在经营上更高地关注社会,关注客户利益。

二、现代维修企业面临新时代的洗礼

(1)世界汽车技术带来时代性冲击

传统维修企业的传统维修技术退居次要地位,电子电控技术、微电脑技术、现代服务业经营技术逐步占据主导地位。这正是知识经济时代的重要特征。经验判断,根本无法独立诊断现代型汽车的故障。

(2)我国经济改革所带来的我国市场经济、汽车维修进入一个更新换代的时代。

①市场经济的基本规律迫使企业改变以往的经营体制,必须按照价值规律、竞争规律去运行。组织机构的设置、人员配备、企业内部管理机制的建立。资金运用都必须以市场为背景。机构简约化、人员精干化、服务程序简捷化,资金结构中科技信息投入在扩大比重;

②企业劳动力的素质要求发生的质的变化。这个变化,是静悄悄的、不露形迹的,但更是无情的、不可逆转、别无选择的。无怪乎一些人产生沉重的时代落伍感,感叹历史进步的无情。市场竞争引起汽车使用价值多元化发展。进而引起汽车工业技术高含量,多学科的发展,导致汽车维修高科技化的发展,最终导致劳动力的高素质化。

本质上讲,劳动力这一生产基本要素,已由过去传统的技术工人变为现代的多技术并用的生产工程技术人员。劳动者拥有的智力资本,无论涉及技术领域、技术门类、还是文化基础,都不可同日而语。已经是两个时代:前者是以机械技术为基础;后者以电子、电脑、生物工程、机械、化学现代工业美术等集成技术为内容。过去技术员、工程师与工人泾渭分明。今天,技术人员、生产人员一体化,高科技劳动趋势越来越明显。

(3)汽车维修生产基本条件发生根本改变。

传统汽车维修,有了技术人员、工人、简单的工具和简单技术资料就可以生产。现代汽车维修仅有上述条件则行不通。现代汽车维修必备条件:

①有相当素质的员工:工程师、技师、技工;

②有现代汽车检测、维修、养护的设备与工具:如解码器、示波器、AT专用油加注机、发动机功能测试仪、四轮定位仪、灯光测试仪、尾气分析仪等;

③有现代汽车维修技术资料或技术资讯来源和调动资源的手段如:电脑、上网等。

三、企业员工怎样迎接时代浪潮

市场经济,是竞争经济。

历史长河,在波涛汹涌时,总是大浪淘沙。无论是国家、民族、团体、企业和个人都不例外。

历史把我们领进了市场经济时代。我们别无选择,只有朝前走。只有走向市场、走向竞争,才能得来辉煌。

1. 知识经济时代的市场经济、企业方向的选择

21世纪知识经济将取代传统意义上的产业经济。世界的财富将从物质资源拥有者手中转移到智能资源拥有者手中。

中国企业面临着现代化的挑战。

知识经济要求现代企业从文化层面上进行企业定位。科学技术是生产力。企业的生死存亡,根本上取决于企业经营理念、企业哲学。当今世界,企业的竞争主要是智力竞争,企业活动的主要方面都需要有专门知识的人来推动,企业发展到今天。已不仅仅是传统意义上的经济单位,而是一个文化体系。

知识经济要求现代企业有"超越利润观"。现代社会,随知识经济到来,社会大系统内协调均衡发展要求更加重要,企业从属于社会大系统,它的发展受大系统制约。超越利润,不是不要利润。市场竞争,实质是争夺消费者。与企业职工的内部关系,是经营管理基础,与顾客的关系,是经营管理的出发点和归宿。

知识经济推动现代企业成为智力劳动者的集合体,现代经济中,生产率的提高,80%来源于科技开发。而人是科技的载体。企业之间竞争又表现为人才竞争,谁拥有人才,谁就拥有财富。现代企业是劳动者集聚的特殊时空形态。企业物质形态的生产与劳动者精神素质的发展相关并进。高智力劳动者已成为企业"创造性资源"。加强科技投入,以现代企业经营的理念与管理方式驾驭企业运作过程是明智的选择。

2. 每一个员工,应该考虑自己人生的选择

(1)认清时代潮流,认清今天的中国,认清竞争社会的含义,下决心跟上时代,加入竞争行列,做好奋斗人生的准备。

(2)今天社会已进入知识经济时代,知识的半衰期约为5年,过时期为10年。人们今天的竞争,是智力的竞争,知识竞争,已成为现实的主体。

(3)审视自己的综合素质,特别是文化结构,专业知识与能力的水平。找准差距和自身特长。

(4)下决心按时代要求改变自己,积极参与职业培训使自己赶上时代。

3. 现代汽车维修企业对员工素质的基本要求

(1)强烈的事业心和责任感。

(2)有奋斗精神、吃苦耐劳作风、好学上进的品格。

(3) 具有对口的中专以上文化基础和学习能力。具有培训中提高自己的能力。
(4) 具有相应的专业技术知识和运用知识的能力。

概括地讲,现代汽车维修企业对其员工素质的要求是:

有文化、懂原理、懂英语、会用仪器、会用电脑,不断学习、不断自我提高。

第二章　现代汽车维修企业的经营管理

"企业运作"是指企业经济的日常竞争性经营过程,是企业经济运动的形式之一;另一形式是投资过程。

一、市场经济作为环境对企业的意义是什么

从比较经济学角度讲,主要从计划经济条件下相比,见表6-2-1。

企业运作在市场经济和计划经济条件下的比较　　　　表6-2-1

比较项目	市场经济条件下的企业运作	计划经济条件下的企业运作
与国家关系	经济关系	行政关系
与企业之间关系	竞争关系	无竞争关系
受什么控制	经济规律、价值规律、竞争规律	受国家计划行政指令,既保护(落后遭淘汰)又限制(先进真发展)
发展结果	好的,发展、壮大;坏的,破产、淘汰	无真正意义的发展、无破产
内部机制	有完善体系的必然要求,激励机制可以产生生命力	企业机制无法真正完善,难以建立其激励机制,难以真正生命力

二、市场经济环境给汽车维修业的存在带来什么变化(表6-2-2、表6-2-3)

市场经济与计划经济比较　　　　表6-2-2

比较项目	市场经济	计划经济
企业所有制形式	国有、集体、民营、个体、外资、中外合资、有限公司	国有、私营、公有制
投资者	多元化	一元化
内在活力比较	竞争规律迫使企业改善经营	"计划"保护独家经营,无改善经营的外部迫力、内在动力
内部管理体制	主要受经济环境制约,因时因地制宜,多样性、切实际	受政府行为支配,一个模式、大而全、小而全

国有与其他所有制企业比较　　　　表6-2-3

比较项目	国有企业	中外合资、私营、民营、个体
产权关系	不明晰	明晰
利益机制	不强,与投资者并不直接相关	强烈,与投资者利益直接相关
内在经营机制建立	改造动力不足	建设机制动力强
企业文化特征	计划经济产物,有习惯势利	市场经济改革产物,易接受市场经济
竞争力,观念	观念转换艰难、竞争力弱	观念新、竞争力强
分配关系	平均主义、无激励性、负担重	分配动力机制强、负担相对少

三、现代汽车维修企业经营管理的基本要求

汽车维修企业的基本条件要符合《汽车维修业开业条件 第1部分:汽车整车维修企业》(GB/T 16739.1—2014)和《汽车维修业开业条件 第2部分:汽车综合小修及专项维修业户》(GB/T 16739.2—2014)。

一般从现代管理学角度看,企业有五大要素,即资金、技术、设备、人才和管理。五大要素之中,人才是核心,管理是各种要素发挥综合作用的关键,是必不可少的纽带。人才是首要资源,没有人才企业能"红一时",不能"红一世"。

1. 现代厂房、设备

(1) 现代厂房要求:

①选址位置适中、客户方便;

②布局:生产工艺流程要尽可能简化,要符合"快捷、方便、高效"要求,不要漏掉清洗车的环节工位;

③环境文明:厂区绿化、道路整洁、排水性良好、平整视线好;车间采光通风、色调柔和、灯光照度达标、工位安排合理、设备安放科学。

(2) 设备要求:与现代生产作业内容相适应。

①检测设备已不是可有可无,必须有针对性配备;

②部分传统设备要转移(有些工艺作业社会化);

③常规设备有,工具要有通用类,且必须根据生产配备。

2. 资金

要保证本企业正常运行。量上控制、结构上控制。不是越多越好,也不是结构上一成不变。市场经济条件下,学会利用"信用",合理科学调动资金,赊贷欠借都是调节企业资金的手段,一般要保证生产资金经营运作资金,企业要善于运用资金内部小周转,社会大周转。

3. 技术

主要指生产技术、现代汽车维修业运用的现代技术和信息(包括经济信息)。

(1) 现代汽车维修新工艺技术:如检测(检测仪器)、维修调校(故障诊断仪、四轮定位)、各类加油换油(机械化)、车身车架校正整形(激光制导)等。运用现代设备主要提高工效和工作质量(调校精度)、解决特别工艺(不用现代仪器无法解决,如高速发动机多缸功率比较、多缸供油点火状态检校、电控系统监测、喷嘴清洗修复等)。

(2) 各型车辆技术资料:参数、图表、维修工艺程序、专用工具等,如美国米切尔汽车技术资料,欧亚笛威中文专家系统,欧亚汽车技术互联网,各种车型的维修手册,都是现代汽车维修企业应备的生产资料。

4. 人才

人才,是企业最具活动最有价值的资源要素。垄断技术的途径是垄断人才。

美国电报公司1912年,有科研人员50人;1998年,有科研人员3万人,4千名博士。

(1) 技术人才:技术人员(包括技术管理人员)相当汽车医生,熟原理、精检测诊断,熟资料,善解难题。

维修人员:相当汽车护士,熟操作工艺,操作经验丰富。

(2) 经营人才:业务接待:公关学、心理学、常识、善待客户、责任感,了解现代汽车技术、

会驾驶,满足一般答询建议。

业务开发:市场营销学,懂维修市场开发。了解汽车市场、汽车技术发展经济情况、提前开发服务项目、客户,懂跟踪技术。

(3)综合管理人才:厂长、经理,懂得现代管理、科学管理与人本管理结合(建设企业文化,利用 CI 技术、转化增值企业无形资本、助进竞争力增强、调动员工的创造力、积极性)。

5.现代管理

现代经济生活的重要特点是快节奏、高效率。

汽车维修业是服务业,为车辆用户服务,是企业的产品。

服务的最高目的使客户满意(舒服愉快),为做到满意,就应使我们的客户时时处处感到方便;而方便,就需要我们的工作简洁、明了。修车质量好、速度快、价格合理、接待中要使客户真有宾至如归之感:亲人一样体贴关怀,朋友一般的真诚友好,专家型的技术服务。

管理现代化内容及特点。

(1)组织机构简化:业务部、生产车间办公室、经理办、配件部,其余均可简化。

(2)管理人员兼职化:实际针对过去计划经济而言,并非完全意义兼职(过去一个调度还配一个开票员,一个开票员一天工作实际时间不到 1.5h)。

(3)工作制度要细化:各种原则、规范、标准、工作要求要制度化,岗位责任制度考核制度、奖惩制度要成系统、要简明易行、不拘形式。

(4)把握人事管理精髓、建立新型人际交往关系、形成新的团队生存力。以人为本,而不是机器和经济。最关键的活动是激励人。

"五大需求":a.生理需求;b.安全、安定需求;c.社会需求;d.被尊重需求;e.梦想、希望、理想、自我实现需求。

(5)建立全新的引人向上的企业文化氛围:文明健康的工作环境、生活环境;良好的员工关系;良好的企业与客户的关系。

第三章　接待业务管理

一、业务接待对象的一般特点

接待对象分为两类:人—客户—终端服务对象;车—送修车—中间服务对象。

1.现代维修车辆(中间服务对象)的特征

(1)高科技的集成物:电控进气系统、电控点火、电控自动波、自动防盗、电控燃油供给、自动巡航、ABS、SRS、ESP、电控门、锁、后视镜、灯、天线、自动锁门等。

(2)高水平工业艺术结晶:优美外形设计、低风阻系数;外壳色彩艳丽,工艺上乘、内装饰高档化:音响(立体、多声道、防震)微电视、电动椅自由调节空间等。

(3)结构复杂化:由单一的几个以机械性能为主体的系统构成,变为几十个机电一体化,形成一个完美和谐的整体。如电控独立悬挂系统、巡航系统、车速控制系统、安全防撞系统、防抱死系统组合。包括几个乃至十几个电脑的组合。

2. 客户（终端服务对象）的特征

主要指中高档车的拥有者或驾车者。

随着我国经体制改革进程，市场经济逐步取代平均主义的计划经济、人们收入等级变化已经开始，级差在扩大，另外，外来经商人员多属高收入，因而高收入阶层形成势所必然。

高中档车的拥有者相当一部分是这类人，另一类为政府人员用车。

由于经济地位、政治地位特殊，其文化素养、个人品位、人生观念不同一般，导致其消费心理、消费行为的与众不同——要高质量、星级优良服务，追求舒适性；精神尊重——高雅处所、显示身份。

对提供的服务，这些人要求的往往是有专业人员为其诊断、维修保养、有形象优美的接待员为其办理手续、咨询等服务。

二、业务接待工作

1. 业务接待程序（图 6-3-1）
2. 业务接待日常工作内容

（1）客户的接待、维修项目的确定；价格、交车时间的确定，维修合同的签订，供应配件方式的确定；车况证件的交接登记；工具及物品的保管；综合作业单的填写。

（2）车开进工位，钥匙的传送、保管手续。

（3）车间反馈来的追加项目，零件的交换与车主联系。

（4）车辆交车前 1h，维修妥否的报告。

（5）车辆完工后的验收及通知车主。

（6）完工交接时用油情况，里程行驶情况对车主的交代。

（7）车不能按期交付，提前通知车主。

（8）为完工车开具保修证。

（9）业务接待验收车时认为不合格，退回车间的工作。

（10）车辆出厂后，2~3 天后的跟踪服务。

（11）客户电话的咨询解答。

（12）预约维修服务的登记。

（13）日、月、旬维修车辆的数量、级别、营业收入的登记。

（14）客户投诉的管理及解释。

（15）维修价格的修订建议。

（16）公关及其他有关工作。

（17）完工车的结账收银（通知仓库送单）。

（18）客户档案的整理、保管。

3. 业务接待扩展性工作

夜间服务、保险代办服务、实发拯救服务、客户联谊（生日礼物、婚嫁礼物）服务、阶段性品牌推介服务（包免费服务）、业务咨询、跟踪服务、会员服务。

三、业务接待主要工作内容及要求（表 6-3-1）

递一份报、送一杯茶，表示对顾客的关心、重视顾客时间宝贵。无法立即提供服务，但绝对不要忽视顾客的存在，一定不要让顾客久等。

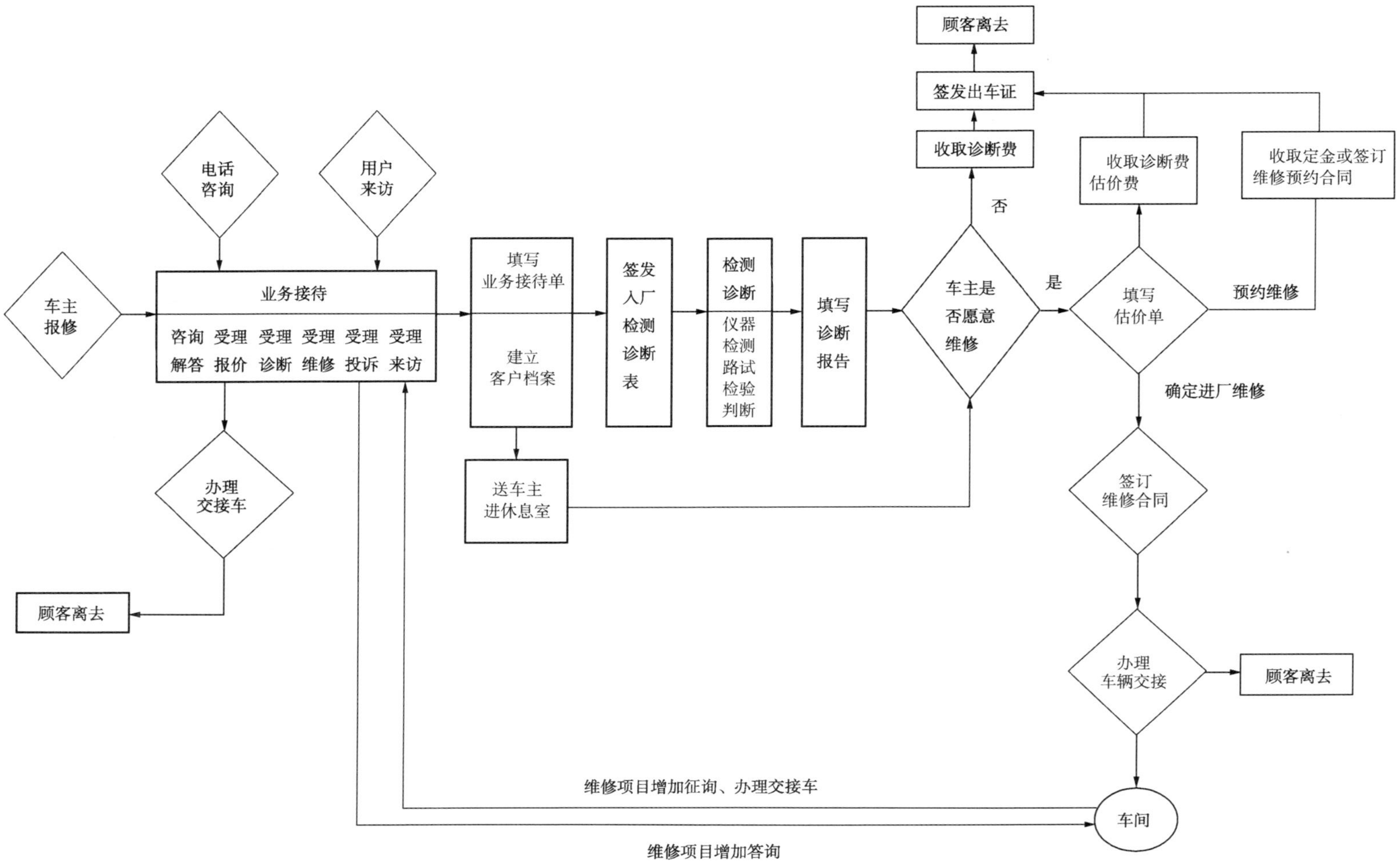

图 6-3-1 接车程序与交车程序

业务接待主要工作内容及要求　　　　　表6-3-1

	要　　求	一　般　工　作
进厅(进门)等待	文明礼貌、热情主动、注意第一印象、要使人有"宾至如归"的感觉	礼节性问候询问、笑迎、请坐、倒茶、修车主要程序介绍、准备好必要文件、坐套、纸地垫
业务征询与诊断	诚恳专注、认真负责、使人有最专业服务之享受	运作专业、测诊熟练、诊断明确、显示专家的权威性及技术上优越地位
业务洽谈	诚信、自信、为他人着想、不卑不亢、灵活性、宽容	专家建议、承修填表、接车、交代有关事项，让客户知道下一步怎么办，礼貌送客，不愿意在厂修客户，仍礼貌送出
维修估价、配件估价	专家姿态，语气沉着平和，厂内有常修项目定价标准	项目估价：二保、总成、零件更换；现象估价：相关性范围估价；事故估价：相关性范围估价；配件估价：正厂、付厂、自带、本公司定(全免)、(申明)，客户对价格有意见，尽可能说明本公司价格合理性
承诺质量交车时间	有信心、严肃严谨、遵守国家标准、企业标准	客户有要求，可以安排"特别修理"必要说明，非主观影响给以体谅，及时跟踪修理过程
结算收费	合理工时、稍留余地	及时通知客户
交接车辆要主动地"交车"，而不是"取回"送客；一定要给顾客留下积极、负责、有信心的印象。说"再见(最好呼其姓名)"	细致、熟练、一次到位。礼貌、合作、热忱留下最好印象	外观验收、附件验查收交、证件验收交、钥匙验收并及时办理存放手续取走手续，送客
跟踪服务(顾客评语是我们的镜子，也是我们的广告)	诚恳、关怀	询问车况近况如何？对本公司有无意见、建议？欢迎随时来厂检查，优惠对待，提醒下次保养、告诫用车常识(新手)
填写客户档案	认真细致、一丝不苟	当日事当日完成，录写工整，查对仔细，归档排放

四、业务接待工作责任制的内容

(1) 负责接、送客户。
(2) 负责办理接车手续。包括进厂从客户手里接和竣工从车间接车。
(3) 负责接车时业务洽谈,一般技术诊断和维修估价或定价,与技术部联合诊断。
(4) 负责维修中追加项目的处理,包括与车间、与客户的联络。
(5) 负责办理交车手续,包括交车到车间、交车给客户。
(6) 负责业务统计报表填制;客户档案填报、整理、保管。
(7) 负责业务部工作情况总结、报告。
(8) 负责业务接待人员工作的监督、查核与处理。

五、业务接待行为规范内容

1. 形象

仪容:整洁、大方、淡妆、佩戴证件;
面容:亲切热诚、情感印象、化妆因人而异;
形体:干练精明利索印象;
自我介绍:接、发、放置名片要求、自我介绍、介绍第三者。

2. 行为规范

(1) 见到客户车到,主动带上工作表、笔来到车门点头致意,客户出来时,礼貌寒暄,让入业务厅、让座、请茶。
(2) 顾客直接谈业务时,主随客便,注意倾听客户诉求。
(3) 应要求代检车辆提出专家建议,填表呈交客户。
(4) 办入车手续、接待手续、交车手续要礼貌、热情、主动;熟练、专业态度与行动迅速。
(5) 用语简明、直接。
(6) 迎接时要快步走上,主动招呼。
(7) 客户多时,要先遍打招呼,然后分先后轻重接待,决不可冷落一个客户,决不可让一个客户久等。这是一门艺术——待人的艺术。
(8) 检测、分析技术问题、建议技术性问题要专心致志、严肃认真、一丝不苟。表示对客户的高度责任感,体现本公司服务水平。
(9) 能一人完成,决不转两个人,不要让客户感到烦琐、不方便,尽力带客拿单拿表。

3. 用语规范

语音:适中;
语调:柔和、亲切、自然、关切;
语言类型:普通话、地方话。

(1) 见面语:"先生(小姐或当地尊称,本人爱听称呼,如老板、大姐,或问怎样称呼),您好!""欢迎光临"(初次),"好久未见"恭维礼貌话、体现热情、关心、不忘客户,年轻人可称活力方面,中年可称健康,女人可称外形美,请坐。
(2) 工作用语(寒暄之后):"您的车是保养,还是维修?""需要我们为您做些什么?"(国外用)熟客要记住保养期。"用语"上要用:"您的车到保养期了,及时保养对您的车有好处。"

(3)工作用语(检查前):"为您仔细地检查一下。""请您稍候,很快就好!"

(4)工作用语(检查后):"这是检查结果,请您过目。""您需估价的话,我们即刻就办,只需多等几分钟。"

(5)工作用语:"这是您的估价单,请过目。""这是维修单,请过目。"

(6)工作用语:"您的车我们已接下,请您放心,我们会按期把您的车维修(保养)好。"

(7)工作用语:"先生,请问车上物品需要我们代为保管吗?""好,一定妥善保管,麻烦您在物品单上签个名。"

(8)增项用语:"先生(小姐)对不起,关于您的车有点事向您请教。""请您决定","谢谢您,添麻烦了。"(对方答完话后)

(9)交车用语:"先生,您看还有哪些做的需要改进?不满意的请您直言批评。"

"先生,这是为您保管的物品,请您查验。"

"先生,请慢走,谢谢您的关照。祝您一路顺风。"

"先生,请走好,欢迎再来,祝您一路平安。"

"先生,请记住下次保养时间,祝您一路平安。"

"先生,我们会为您记住下次保养时间,祝您一路平安。"

再见时,尽可能用称呼!或人名、尊称、官名、戏称(朋友之间),万不可省略!

(10)电话用语要求:"您好!华星科力。""请问您需要哪方面服务?"(电话铃不得超过三声)。

问到修车时间:"我们尽可能尽快修好(保养好)您的车,时间在一天之内,不知满意不满意?"

"近两天很忙,很对不起,我们可预约您方便的一个时间。请您谅解!"

"您的要求我们记住了,我们会尽力按时完成的。请您放心!"

"先生,我们可以公开承诺我们的收费是本市最合理的。"

"先生,您问的价钱我们复查了一遍,没有多收的情况,请您放心,相信您一定会对本公司的价格感到满意的。"

"先生,关于折扣,我尽职为您做了,如果还有要求的话,请来接车时,与经理面谈,请您多多体谅!"

需要进一步谈,电话不便时:"请您方便时,到公司面谈,谢谢您!先生,再见!""欢迎您来公司面谈,谢谢您支持,先生再见!"

4. 业务人员职责

(1)从预约直到服务跟踪全过程服务。

(2)回答有关车辆保养维修与运用的有关问题。

(3)当好客户的维修保养运用的技术顾问。

(4)处理客户的投诉。

5. 业务人员必备的知识与技能

(1)与工作相关的知识——本岗职责、工作制度、保用规章等。

(2)关怀客户的技巧。

(3)产品与技术知识——汽车结构、功能、诊断前提问、使用新装备。

(4)车间生产工艺及过程。

(5)相关经济知识——工时价、常用配件价、规章费率等。

6. 业务接待管理常用表(见表6-3-2~表6-3-7)

维修更换旧配件交接清单　　　　　　　　表6-3-2

日期：　　　　车型：　　　　车牌：　　　　工单号码：

名　称	数　量	备　注	名　称	数　量	备　注

班组长：　　　　仓库：　　　　业务接待员：　　　　车主签字：

完工日期：

客户跟踪反馈信息表　　　　　表 6-3-3

序号	工号	跟踪时间	联系人、联系电话	车号	信息反馈具体内容											其他意见
					维修质量		维修工期		维修价格		服务管理水平					
					技术	设备	待工	待料	工价	料价	态度	卫生	秩序	手续	外交	
1																
2																
3																
4																
5																
6																
7																
8																
9																
10																
11																
12																
13																
14																
15																
16																
17																
18																
19																
20																

制表人：　　　　　　　　　　　　　　　　　　　　　　　　　　　　　制表时间：

客户反馈信息及处理情况汇总表　　　　　表 6-3-4

客户名称		车牌		车型	
维修情况					
进厂时间		退工次数		跟踪时间	
报修项目			配件项目		

客户意见：

技术部意见：

部门主管意见：

处理情况：

制单：　　　　　　　　　核准：　　　　　　　　　日期：

车辆维修施工单　　　　　　表 6-3-5

公司地址：

客户名称		工单号码			
送修日期		约定交车日期		VIN 码	
维修分类		车牌号		车型	
底盘号		发动机号		千米数	

序号	维修项目	数量	备注
1			
2			
3			
4			
5			
6			
7			
8			
9			
10			
11			
12			
13			
14			
15			
16			
17			
18			

配件说明：　　　　　　　　　　　　　　　完工检验：
(1) 配件属于自备/自购/委托授权厂方供应。　　班组检查：　　　　　接车员检查：
(2) 客户要求报价/不报价。　　　　　　　　　　车间检查：

业务部主管_____　　　　车间主管_____

拆 检 报 告 表6-3-6

单号

名 称		车 牌		车 型	

故障状况(客户指示)

维 修 项 目	工 时	更 换 零 件			
		零件名称	零件号码	数量	单价
1					
2					
3					
4					
5					
6					
7					
8					
9					
10					
其他:					

预计工时		工时费		材料费		其他费用	
费用总计				检查费用			

接待员		检查员		调度员		客户签名	

维 修 估 价 单　　　　　　　　　　表 6-3-7

估 价 员：

估价日期：＿＿＿年＿＿＿月＿＿日

工单号 NO.：＿＿＿＿＿＿＿＿

车主		厂牌形式		交修日期		车号		联系人	
发动机号码		底盘号码		年份		预定交车日期		联系电话		传真	

序号	配件项目	价　格	序号	配件项目	价　格
1			1		
2			2		
3			3		
4			4		
5			5		
6			6		
7			7		
8			8		
9			9		
10			10		
11			11		
12			12		
合计			合计		
总金额	(含税)人民币　　拾　　万　　千　　佰　　拾　　元整				

备注：(1)本估价单有效期＿＿＿＿＿天。

(2)如蒙惠顾请先付定金＿＿＿＿＿％。

(3)本估价单内未列项目,如需维修,另追加计费。

(4)车辆在本厂修理,若有非人力所能抗拒之事发生,本公司恕不负责。

(5)本估价单是根据客户要求进行估价,如该车未在本厂修理请支付估价费。计费方式总价在＿＿＿＿＿元以下者收取＿＿＿＿＿元。

(6)车上贵重物品请自行保管,本公司恕不负责保管。

(7)报价内容仅供参考,结算以实际维修费用为准。

客户签字：　　　　　　　　　　　　　　　公司盖章：

续上表

日期	零件名称	数量	价格	备注	日期	姓名/工号	人工产值	返工	质量事故
	合 计								

车主签名：

第七篇 二手车鉴定与交易

第一章 二手车鉴定评估概述

第一节 二手车鉴定评估的概念

二手车鉴定评估是指由专门的鉴定评估人员,按照特定的目的,遵循法定或公允的标准和程序,运用科学的方法,对二手车进行手续检查、技术鉴定和估算价格的过程。

二手车鉴定评估从实质上来说,是市场经济的产物,是适应生产资料市场流转的需要,由鉴定评估人员所掌握的市场资料,并在对市场进行预测的基础上,对二手车的现时价格作出预测估算。做好二手车鉴定评估工作,不仅有利于保障司法诉讼和行政执法等活动的顺利进行,有利于维护公民的合法权益,而且对维护正常的社会经济秩序,促进经济发展具有重要意义。因此,深入研究、探讨二手车鉴定评估问题,建立一套完整、科学、适用的二手车鉴定评估方法,以保证其鉴定评估客观、公正、合理,就显得更为重要。

在对二手车鉴定评估过程中,一般要设计以下基本的评估要素。

(1)鉴定评估的主体。即从事二手车评估的机构和人员,它是二手车鉴定评估工作中的主导者。

(2)鉴定评估的客体。即待评估的车辆,它是鉴定评估的具体对象。

(3)鉴定评估的依据。也就是鉴定评估工作所遵循的法律、法规、经济行为文件、合同协议以及收费标准和其他参考依据。

(4)鉴定评估的目的。即车辆鉴定评估所要服务的经济行为是什么。车辆鉴定评估的目的往往影响着车辆评估的方法选择。

(5)鉴定评估的原则。即车辆鉴定评估的行为规范,是调解车辆评估当事人各方关系、处理鉴定评估业务的行为准则。

(6)鉴定评估的程序。即鉴定评估工作从开始准备到最后结束的工作程序。

(7)鉴定评估的价值类型。即对车辆评估值的质的规定,它对评估方法的选择具有约束性。如要评估车辆的现行市价,则宜选择现行市价法进行评估;如要评估车辆的重置成本,则宜选择重置成本法;如要进行实际市场交易,则宜使用综合评估法。

(8)鉴定评估的方法。即二手车鉴定评估所用的特定技术,它是实现机动车价值评估的手段和途径。目前就5种评估方法的可操作性而言,最适宜使用综合评估法对车辆的价值进行评定和估算。

以上 8 种要素构成了二手车鉴定评估活动的有机整体。它们之间相互依托,是保证二手车鉴定评估工作正常进行和评估值科学性的重要因素。

第二节　二手车鉴定评估的特点

机动车作为一类资产,有别于其他类型的资产,有其自身的特点,其主要特点一是单位价值较大,使用时间较长;二是工程技术性强,使用范围广;三是使用强度、使用条件、维护水平差异很大;四是使用管理严,税费附加值高。由于机动车的这些本身特点决定了二手车鉴定评估的特点。

一、二手车鉴定评估以技术鉴定为基础

由于机动车辆本身具有较强的工程技术特点,其技术含量较高。机动车在长期使用过程中,由于机件的摩擦和自然力的作用,使其处于不断磨损的过程中。随着使用里程和使用年数的增加,车辆实体的有形损耗和无形损耗加剧;其损耗程度的大小,因使用强度、使用条件、维修等水平差异很大。因此,评定车辆实物和价值状况,往往需要通过静态、动态和仪器检测等技术手段来鉴定其损耗程度。

二、二手车鉴定评估都以单台为评估对象

由于二手车单位价值相差比较大、规格型号多、车辆结构差异很大。为了保证评估质量,对于单位价值大的车辆,一般都是分整车、分部件逐台、逐件地进行鉴定评估。为了简化鉴定评估的工作程序,节省时间,对于以产权转让为目的、单位价值小的车辆,也不排除采取"一揽子"的评估方式。

三、二手车鉴定评估要考虑其附加价值

由于汽车市场的变化,导致在用机动车实际价值的变动。还因为国家对车辆实行"户籍"管理,各种税费附加值也在变动。因此,对二手车进行鉴定评估时,除了估算其实体价值以外,还要考虑市场变化和各种使用税费构成的附加价值。

第三节　二手车鉴定评估的主体和客体

一、二手车鉴定评估的主体

二手车鉴定评估的主体是指二手车鉴定评估业务的承担者,即从事汽车鉴定评估的机构及专业鉴定评估人员。由于二手车鉴定评估直接涉及当事人双方的权益,是一项政策性、专业性都很强的工作。因此,无论是对专业评估机构,还是对专业评估人员都有较高的要求。

按照我国政府于 1991 年 11 月颁布的《国有资产评估管理办法》第九条规定,资产评估公司、会计师事务所、审计事务所、财务咨询公司,必须获有省级以上国有资产评估资格证书,才能从事国有资产评估业务。对其他所有制的资产评估,也要比照《国有资产评估管理办法》的规定执行。

鉴定评估机构是由专业汽车鉴定评估人员构成的。鉴定评估人员的素质,对评估工作

水平和评估结果的质量有至关重要的影响。二手车鉴定评估人员必须掌握一定的资产评估业务理论，熟悉并掌握资产评估的基本原理和方法。具有一定的专业水平，熟悉并掌握国家颁布的与汽车交易有关的政策、法规、行业管理制度及有关技术标准。具有一定的汽车专业知识和实际的检测技能，能够借助必要的检测工具，对汽车的技术状况进行准确的判断和鉴定。具有收集、分析和运用信息资料的能力及掌握一定的评估技巧。具备经济预测、财务会计、市场、金融、物价、法律等知识。具有良好的职业道德，遵纪守法、公正廉明，保证汽车评估质量。此外，二手车鉴定评估的从业人员还需经过严格的考试或考核，取得国家劳动和社会保障部颁发的《二手车鉴定评估师》证书。

二、二手车鉴定评估的客体

二手车鉴定评估的客体是指待评估的车辆。它是鉴定评估的具体对象。被评估车辆又可以按照不同标准分为汽车、电车、摩托车、农用运输车、拖拉机和挂车等几类；按照车辆的用途，可以将机动车辆分为营运车辆、非营运车辆和特种车辆。其中营运车辆又可以分为公路客运、公交客运、出租客运、旅游客运、货运和租赁几种类型。特种车辆可以分为警用、消防、救护和工程抢险等若干种车型。合理科学地对机动车进行分类，有利于我们在评估过程中进行信息资料地搜集和应用。如同一种车型，由于其使用用途不同，车辆在用状态所需要的税费可能就会有较大的差别，其重置成本的构成也往往差异较大。

二手车鉴定评估的一个主要目的，就是在二手车的交易过程中，准确地确定其评估价格，并以此作为买卖成交的参考底价。根据国内贸易部于1998年3月发布的《二手车交易管理办法》的规定，以下车辆不允许进行交易：

(1) 已经办理报废手续的各类机动车。
(2) 虽未办理报废手续，但已达到报废标准或在一年时间内(含一年)即将报废的各类机动车。
(3) 未经安全检测和质量检测的各类二手车。
(4) 没有办理必备证件和手续，或者证件手续不齐全的各类二手车。
(5) 各种盗窃车、走私车。
(6) 各种非法拼、组装车。
(7) 国产、进口和进口件组装的各类新机动车。
(8) 右转向盘的二手车。
(9) 国家法律、法规禁止进入经营的其他各种机动车。

此外，车辆上市交易前，必须先到公安交通管理机关申请临时检验，经检验合格，在其行驶证上签注检验合格记录后，方可进行交易。检验被交易车辆的车架号码和发动机号码的符号、数字及各种外文字母的全部拓印，若发现不一致或改动、凿痕、锉痕、重新打刻等人为改变或毁坏的，一律扣留车辆进行审查。

第四节　二手车鉴定评估的目的和任务

二手车鉴定评估的目的是为了正确反映机动车的价值量及其变动，为将要发生的经济行为提供公平的价格尺度。在二手车交易市场，二手车鉴定评估的主要目的如下。

一、确定二手车交易的成交价格

二手车在交易市场上进行买卖时,买卖双方对二手车交易价格的期望是不同的,甚至相差甚远。因此,需要鉴定评估人员站在公正、独立的立场对被交易的二手车辆进行鉴定评估,评估的价格作为买卖双方成交的参考底价。

二、车辆的转籍、过户

二手车辆的转籍、过户可以因为交易行为,也可能是因为其他经济行为而发生。如单位和个人以其所拥有的机动车辆来偿还其债务时,若债权债务双方对车辆的价值有异议时,也需要委托二手车鉴定评估师对有关车辆的价值进行评定估算。否则,车辆无法转籍和过户。

三、抵押贷款

银行为了确保放贷安全,要求贷款人以机动车辆作为贷款抵押物。放贷者为回收贷款安全起见,要对二手车辆进行鉴定评估。而这种贷款的安全性在一定程度上取决于对抵押评估的准确性。

四、法律诉讼咨询服务

当事人遇到机动车辆诉讼时,委托鉴定评估师对车辆进行评估,有助于把握事实真相;同时,法院判决时,可以依据鉴定评估师的结论为法院司法裁定提供现时价值依据。

五、车辆拍卖

对于公物车辆、执法机关罚没车辆、抵押车辆、企业清算车辆、海关获得的抵税和放弃车辆等,都需要对车辆进行鉴定评估,以在预期之日为拍卖车辆提供拍卖底价。

六、车辆置换

车辆置换业务情况,一种是以旧换新业务,另一种是以旧换旧业务。这两种情况都会涉及对置换车辆的鉴定评估。对机动车辆评估结果的公平与否,直接关系到置换双方的利益。车辆的置换业务尤其是以旧换新业务在我国的汽车交易市场是一个崭新的业务,有着广阔的市场前景。

七、车辆保险

在对车辆进行投保时,所缴纳的保费高低直接与车辆本身的价值大小有关。同样当保险车辆发生保险事故,保险公司需要对事故车辆进行查勘理赔。为了保障保险双方的利益,也需要对核保理赔的车辆进行公平的鉴定评估。

八、担保

担保是指车辆所有人,以其拥有的机动车辆为其他单位或个人的经济行为提供担保,并承担连带责任的行为。

九、典当

当典当双方对当物车辆的价值有较大的悬殊时,为了保障典当业务的正常进行,可以委托二手车鉴定评估师对当物车辆的价值进行评估,典当行以此可以作为放款的依据。在当物车辆发生绝当时,对绝当车辆的处理,同样也需要委托二手车鉴定评估师为其提供鉴定评估服务。

除此以外还有企业或个人的产权变动,如合资、合作和联营;企业分设,合并和兼并;企业出售、股份经营、企业清算或企业租赁等资产业务,必须要进行评估,也一定有二手车评估业务,只是这部分业务是局部或整体资产评估,且涉及国有资产,按国家有关规定,国有资产占用单位在委托评估之前须向国有资产管理部门办理评估立项申请,待批准后方可委托评估机构进行评估。

在接受车辆评估委托时,明确车辆评估的目的十分重要。我们对车辆的鉴定评估是一种市场价格的评估,所以对于客户提出不同的委托目的,我们有不同的评估方法。如对于交易类的评估,通常使用的计算公式为:评估值=综合成新率×重置成本×市场波动因素;拍卖类的评估计算公式通常为:评估值=综合成新率×重置成本×拍卖折现率,而委托、咨询类在它的换算公式中不考虑市场波动因素,是一种不变现而只对其价值进行评估的一种方式,按它的结算公式为:评估值=综合成新率×重置成本。综上所述,我们可以清晰地看出,对于同一辆车,由于不同的评估目的,可以使用不同的计算方法,评估出来的结果会有所不同。

二手车鉴定评估还有一个重要任务就是要识别走私车、盗抢车、非法拼装车、报废车、手续不全的车,严禁这些车辆在二手车交易市场上交易。

第五节 二手车鉴定评估的业务类型

二手车鉴定评估业务类型是指鉴定评估的业务性质。按鉴定评估服务对象不同,把鉴定评估的业务类型分为:交易类和咨询服务类业务。交易类业务是服务于二手车交易市场内部的交易业务,它是以收取交易管理费的一部分作为有偿服务;咨询服务类业务是服务于二手车交易市场外部的非交易业务,它是按各地方政府物价管理部门对二手车鉴定评估制定的有关规定实行有偿服务。如融资业务的抵押贷款评估,为法院提供的咨询服务等。

第六节 二手车鉴定评估的价值概念

二手车评估中的价值与价格,从现在应用状况上看,远不及经济学中定义的那样严格。二手车评估中的价值与价格概念经常处于混用状态,一般地讲,可以理解为交易价值或市场价格的概念。

1. 二手车评估的价值是交易价值

从某种意义上讲,二手车评估的价值是效用价值,是从"有用即值钱"的角度去探究值多少钱。二手车评估值从表面上看是鉴定评估从业人员判定、估算的价值,但车辆价值的真实体现是产权交易发生时的交易价值,而交易价值的最终判定者是交易双方当事人。成功和正确的价值估定是交易双方当事人都认为合理并被认同的价值,因而二手车鉴定评估人员也应从交易双方当事人角度考虑二手车的价值问题。

2. 二手车评估的价值是市场价值

从某种意义上说,被评估车辆价值的真正意义是其作为市场价值的货币表现。因为,二手车的评估依据来源于市场,具有现实的、接受市场检验的特征;二手车的价值是一个动态的概念,因而对其评估中的价值是指特定时间、地点和市场条件下的价值,具有很强的实效性,即二手车评估值是指评估基准日的市场价值。

第七节 二手车鉴定评估的程序

在二手车鉴定评估过程中,严格遵循二手车鉴定评估的程序是保证鉴定评估工作科学性的重要表现。这是因为规范的鉴定评估减少了鉴定评估人员在操作时的随意性和个性化问题,从而降低鉴定评估人员素质给鉴定工作所带来的影响。在二手车鉴定评估实践中,一般按照以下程序进行操作:

(1)接受委托,核查委托方提供资料。
(2)确定评估人员,制订评估实施方案,确定评估方法。
(3)对二手车进行现场查勘、技术鉴定,确定二手车的综合成新率。
(4)进行市场调查和询证,确定机动车的重置成本。
(5)确定机动车评估现值,或者确定二手车的收购、销售或拍卖价格。
(6)撰写并出具二手车评估报告书。

第八节 二手车鉴定评估的依据和原则

一、二手车鉴定评估的主要依据

二手车鉴定评估工作和其他工作一样,在评估时必须有正确的科学依据,这样才能得出较正确的结论。其主要依据包括。

1. 理论依据

二手车鉴定评估的理论依据是资产评估学,其操作方法按国家规定的方法操作。

2. 政策法规依据

二手车鉴定评估工作政策性强,依据的主要政策法规有:《国有资产评估管理办法》《国有资产评估管理办法实施细则》《二手车交易管理办法》《汽车报废标准》等,以及其他方面的政策法规。

3. 价格依据

一是历史依据,主要是二手车辆的账面原值、净值等资料,它具有一定的客观性,但不能作为评估的直接依据;二是现实依据,即在评估值时都要以基准日这一时点的现时条件为准,即现时的价格和现时的车辆功能状态。

二、二手车鉴定评估的原则

二手车鉴定评估的原则是对二手车鉴定评估行为的规范。为了保证鉴定评估结果的真实、准确,并做到公平合理,要被社会承认,就必须遵循一定的原则。

1. 公平性原则

公平、公正是二手车鉴定评估工作人员应遵守的一项最基本的道德规范。鉴定评估人员的思想作风、工作态度应当公正无私。对评估结果应该是公道、合理的，而绝对不能偏向任何一方。

2. 独立性原则

独立性原则是要求二手车鉴定评估工作人员应该依据国家的有关法规和规章制度及可靠的资料数据，对被评估的二手车价格独立地作出评定。坚持独立性原则，是保证评估结果具有客观性的基础。鉴定评估人员的工作不应受外界干扰和委托者意图的影响，公正客观地进行评估工作。

3. 客观性原则

客观性原则是指评估结果应以充分的事实为依据。它要求对二手车计算所依据的数据资料必须真实，对技术状况的鉴定分析应该是实事求是。

4. 科学性原则

科学性原则是指在二手车评估过程中，必须根据评估的特定目的，选择适用的评估标准和方法，使评估结果准确合理。

5. 专业性原则

专业性原则要求鉴定评估人员接受国家专门的职业培训，经职业技能鉴定合格后由国家统一颁发执业证书，持证上岗。

6. 可行性原则

可行性原则亦称有效性原则。要想使鉴定评估的结果真实可靠又简便易行，就要求鉴定评估人员是合格的、具有较高的素质；评估中利用的资料数据是真实可靠的；鉴定评估的程序与方法是合法的、科学的。

第二章 二手车评估的基本方法

二手车评估方法参照于国家规定的资产评估的方法。目前，有现行市价法、收益现值法、清算价格法、重置成本法和综合评估法五种方法。

第一节 现行市价法

现行市价法又称市场法、市场价格比较法。是指通过比较被评估车辆与最近售出类似车辆的异同，并将类似车辆的市场价格进行调整，从而确定被评估车辆价值的一种评估方法。现行市价法是最直接、最简单的一种评估方法。这种方法的基本思路是：通过市场调查，选择一个或几个与评估车辆相同或类似的车辆作为参照物，分析参照物的构造、功能、性能、新旧程度、地区差别、交易条件及成交价格等，并与评估车辆一一对照比较，找出两者的差别及差别所反映的在价格上的差额，经过调整，计算出二手车辆的价格。

一、现行市价法应用的前提条件

(1) 需要有一个充分发育、活跃的二手车交易市场，有充分的参照物可取，即要有二手车交易的公开市场。在这个市场上有众多的卖者和买者，交易充分平等，这样可以排除交易的偶然性和特殊性。市场成交的二手车价格可以准确反映市场行情,评估结果更公平公正,双方都易接受。

(2)参照物及其与被评估车辆可比较的指标、技术参数等资料是可收集到的,并且价值影响因素明确,可以量化。

运用现行市价法,重要的是要能够找到与被评估车辆相同或相类似的参照物,并且参照物是近期的、可比较的。所谓近期,即指参照物交易时间与车辆评估基准日相差时间相近,一般在一个季度之内。所谓可比,即指车辆在规格、型号、功能、性能、内部结构、新旧程度及交易条件等方面不相上下。还有选择参照物的数量,按照市价法的通常做法,参照物一般要在三个以上。因为运用市价法进行二手车价格评估,二手车的价位高低在很大程度上取决于参照物成交价格水平。而参照物成交价不仅仅是参照物功能自身市场价值体现,还要受买卖双方交易地位、交易动机、交易时限等因素影响。因此,在评估中除了要求参照物与评估对象在功能、交易条件和成交时间有可比性,还要考虑参照物的数量。

二、采用现行市价法评估的步骤

(1)收集资料。收集评估对象的资料,包括车辆的类别名称。车辆型号和性能,生产厂家及出厂年月,了解车辆目前使用情况,实际技术状况以及尚可使用的年限等。

(2)选定二手车交易市场上可进行类比的对象。所选定的类比车辆必须具有可比性,可比性因素包括:

①车辆型号;
②车辆制造厂家;
③车辆来源,是私用、公务、商务车辆,还是营运出租车辆;
④车辆使用年限,行驶里程数;
⑤车辆实际技术状况;
⑥市场状况,指的是市场处于衰退萧条或是复苏繁荣,供求关系是买方市场还是卖方市场;
⑦交易动机和目的,车辆出售是以清偿为目的或是以淘汰转让为目的,买方是获利转手倒卖或是购建自用,不同情况交易作价往往有较大的差别;
⑧车辆所处的地理位置,不同地区的交易市场,同样车辆的价格有较大的差别;
⑨成交数量,单台交易与成批交易的价格会有一定差别;
⑩成交时间,应尽量采用近期成交的车辆作类比对象。由于市场随时间的变化,往往受通货膨胀及市场供求关系变化的影响,价格有时波动很大。

按以上可比性因素选择参照对象,一般选择的与被评估对象相同或相似的三个以上的交易案例。某些情况找不到多辆可类比的车辆时,应按上述可比性因素,仔细分析选定的类比对象是否具有一定的代表性,要认定其成交价的合理性,才能作为参照物。

(3)分析、类比。综合上述可比性因素,对待评估的车辆与选定的类比对象进行认真的分析类比。

(4)计算评估值。分析调整差异,做出结论。

三、现行市价法的具体计算方法

1.两类主要方法

运用现行市价法确定单台车辆价值通常采用直接法和类比法这两类主要方法。

1) 直接法

直接法是指在市场上能找到与被评估车辆完全相同的车辆的现行市价，并依其价格直接作为被评估车辆评估价格的一种方法。

所谓完全相同是指车辆型号相同，但是在不同的时期，寻找同型号的车辆有时是比较困难的。我们认为，参照车辆与被评估车辆类别相同、主参数相同、结构性能相同，只是生产序号不同，并作局部改动的车辆，则还是认为完全相同。

2) 类比法

类比法是指评估车辆时，在公开市场上找不到与之完全相同的车辆，但在公开市场上能找到与之相类似的车辆，以此为参照物，并依其价格再做相应的差异调整，从而确定被评估车辆价格的一种方法。所选参照物与评估基准日在时间上越近越好，实在无近期的参照物，也可以选择远期的，再作日期修正。其基本计算公式为：

评估价格 = 市场交易参照物价格 + ∑评估对象比交易参照物优异的价格差额
　　　　　－ ∑交易参照物比评估对象优异的价格差额

或者

评估价格 = 参照物价格 × (1 ± 调整系数)

用市价法进行评估，了解市场情况是很重要的，并且要全面了解，了解的情况越多，评估的准确性越高，这是市价法评估的关键。

2. 几项具体方法

在具体的二手车价格评估中，运用市价法进行评估的具体评估方法有以下几种。

(1) 市场售价类比法。以参照二手车的市场成交价为基础，考虑参照物二手车与被评估二手车在功能、市场条件及交易条件等方面的差异，通过对比分析量化差异调整估算出二手车价值方法。其数学公式表达为：

二手车评估值 = 参照物二手车成交价 + 功能性条件差异 +
　　　　　　　市场性条件差异 + 交易性条件差异

(2) 功能价值法。以参照物二手车的成交价格为基础，考虑参照物与评估对象之间的功能差异进行调整来估算被评估二手车价值方法。如同为奥迪牌二手车，被评估二手车是奥迪自动挡，而参照物二手车是手动挡，而其他条件完全相同，只是在功能上有差异，这时就可以用功能价值法进行评估。数学公式表达为：

被评估二手车价值 = 参照物二手车成交价格 × 功能价值系数

功能价值系数 = 被评估二手车功能 ÷ 参照物二手车功能

(3) 价格指数法。以参照物二手车成交价为基础，考虑参照物二手车成交时间与被评估二手车价格评估基准日之间间隔对二手车价值影响，利用价格指数调整估算二手车方法。其数学公式表达为：

二手车评估值 = 参照物二手车成交价格 × 物价变动指数

价格指数法是一种简单方法，在二手车价格评估中不常用。但有时遇特定目的和特殊情况，也会用到此法。

(4) 成新率价格法。以参照物二手车的成交价格为基础，考虑参照物二手车与被评估二手车在新旧程度上差异，通过成新率调整估算出被评估二手车的价值。其数学公式表达为：

二手车评估值 = 参照物二手车成交价 × 成新率系数

成新率系数 = 被评估二手车成新率 ÷ 参照物二手车成新率

对成新率的定义在学术上有争议,一般情况下成新率指二手车新旧程度比率,其计算公式为:

$$成新率 = 二手车的尚可使用年限 \div (已使用年限 + 尚可使用年限) \times 100\%$$

(5)市价折扣法。以参照物二手车为基础,考虑到被评估二手车交易条件方面的因素,依据评估人执业经验或有关规定,设定一个价格折扣率来估算二手车价值。其数学公式表达为:

$$被评估二手车价值 = 参照物二手车成交价格 \times (1 - 折扣率)$$

(6)成本市价法。以被评估二手车的现行合理成本为基础,利用参照物的成本市价比率来估算被评估二手车价值方法,有些人把该方法归类为成本法范畴。成本市价法在二手车的评估实践中很少用,一般是遇到特种改装车、定制专用车等才用。

四、采用现行市价法的优缺点

1. 现行市价法的优点

(1)能够客观反映二手车辆目前的市场情况,其评估的参数、指标,直接从市场获得,评估值能反映市场现实价格。

(2)评估结果易于被各方面理解和接受。

2. 现行市价法的缺点

(1)需要公开及活跃的市场作为基础。然而我国二手车市场还只是刚刚建立,发育不完全、不完善,寻找参照物有一定的困难。

(2)可比因素多而复杂,即使是同一个生产厂家生产的同一型号的产品,同一天登记,由不同的车主使用,其使用强度、使用条件、维护水平等多种因素作用,其实体损耗、新旧程度都各不相同。

第二节 收益现值法

一、收益现值法及其原理

收益现值法是将被评估的车辆在剩余寿命期内预期收益用适用的折现率折现为评估基准日的现值,并以此确定评估价格的一种方法。

采用收益现值法对二手车辆进行评估所确定的价值,是指为获得该机动车辆以取得预期收益的权利所支付的货币总额。

二手车购买者购买该车时所支付的价格不会超过该车在未来预期收益折合成的现值。二手车买主在完成这项交易前必须考虑买车的几种经济风险:①买车,失去买股票、房地产、开商店等投资机会;②买车为了未来获利,但未来变化未知,可能获利,也可能损失;③由于货币有时间价值,获得一定收益是肯定的,如存银行、买国债等。如果将钱用于买二手车,虽然有比存银行、买国债获取更大效益的可能性,但同时承担着失去获得固定收益的风险。二手车购买者存在风险正是用收益现值法进行价格评估的意义所在。价格评估人员可以根据未来现金流入量(收益)来判断是否有必要花费如此代价。

从原理上讲,收益现值法是基于这样的事实,即人们之所以占有某车辆,主要是考虑这辆车能为自己带来一定的收益。如果某车辆的预期收益小,车辆的价格就不可能高;反之车辆的价格肯定就高。投资者投资购买车辆时,一般要进行可行性分析,其预计的内部回报率只有在超过评估时的折现率时才肯支付货币额来购买车辆。应该注意的是,运用收益现值法进行评估时,是以车辆投入使用后连续获利为基础的。在机动车的交易中,人们购买的目的往往不是在于车辆本身,而是车辆获利的能力。因此,该方法较适用投资营运的车辆。

二、收益现值法运用的前提条件

(1)被评估的二手车必须是经营性车,具有继续经营能力,并不断获得收益。消防车、救护车和自用轿车等非经营性的二手车不能用收益法评估。

(2)被评估的二手车继续经营收益能够而且必须用货币金额来表示。

(3)影响被评估未来经营风险的各种因素能够转化为数据加以计算,体现在折现率中。

三、收益现值法评估值的计算

收益现值法的评估值的计算,实际上就是对被评估车辆未来预期收益进行折现的过程。被评估车辆的评估值等于剩余寿命期内各期的收益现值之和,其基本计算公式为:

$$P = \sum_{t=1}^{n} \frac{A_t}{(1+i)^t}$$
$$= \frac{A_1}{(1+i)^1} + \frac{A_2}{(1+i)^2} + \cdots\cdots + \frac{A_n}{(1+i)^n} \tag{7-2-1}$$

当 $A_1 = A_2 = \cdots\cdots = A_n = A$ 时,即 t 从 $1 \sim n$ 未来收益分别相同为 A 时,则有:

$$P = A \cdot \left[\frac{1}{1+i} + \frac{1}{(1+i)^2} + \cdots\cdots + \frac{1}{(1+i)^n} \right]$$
$$= A \cdot \frac{(1+i)^n - 1}{i \cdot (1+i)^n} \tag{7-2-2}$$

当未来预期收益不等值时,应用公式(7-2-1);当未来预期收益等值时,应用公式(7-2-2)。

式中:P——评估值;

A_t——未来第 t 个收益期的预期收益额,收益期有限时(机动车的收益期是有限的),A_t 中还包括期末车辆的残值,一般估算时残值忽略不计;

n——收益年期(剩余经济寿命的年限);

i——折现率;

t——收益期,一般以年计。

其中 $\frac{1}{(1+i)^t}$ 称为现值系数;$\frac{(1+i)^n - 1}{i \cdot (1+i)^n}$ 称年金现值系数。

例如:某企业拟将一辆万山牌10座旅行客车转让,某个体工商户准备将该车用作载客营运。按国家规定,该车辆剩余年限为3年,经预测得出3年内各年预期收益的数据如表7-2-1所示。

表7-2-1

	收益额(元)	折现率	折现系数	收益折现值(元)
第一年	10000	8%	0.9259	9259
第二年	8000	8%	0.8573	6854
第三年	7000	8%	0.7938	5557

由此可以确定评估值为:

$$评估值 = 9259 + 6854 + 5557 = 21670(元)$$

四、收益现值法中各评估参数的确定

1. 剩余经济寿命期的确定

剩余经济寿命期指从评估基准日到车辆到达报废的年限。如果剩余经济寿命期估计过长,就会高估车辆价格;反之,则会低估价格。因此,必须根据车辆的实际状况对剩余寿命作出正确的评定。对于各类汽车来说,该参数按《汽车报废标准》确定是很方便的。

2. 预期收益额的确定

收益法运用中,收益额的确定是关键。收益额是指由被评估对象在使用过程中产生的超出其自身价值的溢余额。对于收益额的确定应把握两点:

(1)收益额指的是车辆使用带来的未来收益期望值,是通过预测分析获得的。无论对于所有者还是购买者,判断某车辆是否有价值,首先应判断该车辆是否会带来收益。对其收益的判断,不仅仅是看现在的收益能力,更重要的是预测未来的收益能力。

(2)收益额的构成,以企业为例,目前有几种观点:第一,企业所得税后利润;第二,企业所得税后利润与提取折旧额之和扣除投资额;第三,利润总额。

关于选择哪一种作为收益额,针对二手车的评估特点与评估目的,为估算方便,推荐选择第一种观点,目的是准确反映预期收益额。为了避免计算错误,一般应列出车辆在剩余寿命期内的现金流量表。

3. 折现率的确定

确定折现率,首先应该明确折现的内涵。折现作为一个时间优先的概念,认为将来的收益或利益低于现在的同样收益或利益,并且,随着收益时间向将来推迟的程度而有系统地降低价值。同时,折现作为一个算术过程,是把一个特定比率应用于一个预期的将来收益流,从而得出当前的价值。从折现率本身来说,它是一种特定条件下的收益率,说明车辆取得该项收益的收益率水平。收益率越高,车辆评估值越低。因为在收益一定的情况下,收益率越高,意味着单位资产增值率高,所有者拥有资产价值就低。折现率的确定是运用收益现值法评估车辆时比较棘手的问题。折现率必须谨慎确定,折现率的微小差异,会带来评估值很大的差异。确定折现率,不仅应有定性分析,还应寻求定量方法。折现率与利率不完全相同,利率是资金的报酬,折现率是管理的报酬。利率只表示资产(资金)本身的获利能力,而与使用条件、占用者和使用用途没有直接联系,折现率则与车辆以及所有者使用效果有关。一般来说,折现率应包含无风险利率、风险报酬率和通货膨胀率。无风险利率是指资产在一般条件下的获利水平,风险报酬率则是指冒风险取得报酬与车辆投资中为承担风险所付代价的比率。风险收益能够计算,而为承担风险所付出的代价为多少却难以确定。因此,风险收益率不容易计算出来,只要求选择的收益率中包含这一因素即可。

每个行业、每个企业都有具体的资金收益率。因此,在利用收益法对机动车评估选择折现率时,应该进行本企业、本行业历年收益率指标的对比分析。但是,最后选择的折现率应该起码不低于国家债券或银行存款的利率。

此外还应注意,在使用资金收益率这一指标时,要充分考虑年收益率的计算口径与资金收益率的口径是否一致。若不一致,将会影响评估值的正确性。

五、收益现值法评估的程序

(1)调查、了解营运车辆的经营行情,营运车辆的消费结构。

（2）充分调查了解被评估车辆的情况和技术状况。

（3）确定评估参数，即预测预期收益，确定折现率。

（4）将预期收益折现处理，确定二手车评估值。

六、收益现值法评估应用举例

某人拟购置一台较新的桑塔纳3000车用作个体出租车经营使用，经调查得到以下各数据和情况：车辆登记之日是2010年4月，已行驶公里数18.3万km，目前车况良好，能正常运行。如出租使用，全年可出勤300天，每天平均毛收入625元。评估基准日是2012年4月。

分析：从车辆登记之日起至评估基准日止，车辆投入运行已两年。根据行驶公里数、车辆外观和发动机等技术状况来看，该车辆原投入出租营运，属正常维护之列。根据国家有关规定和车辆状况，车辆剩余经济寿命为6年。预期收益额的确定思路是：将一年的毛收入减去车辆使用的各种税费，包括驾驶人员的劳务费等，以计算其税后纯利润。根据目前银行储蓄年利率、国家债券、行业收益等情况，确定资金预期收益率为15%，风险报酬率5%，具体计算如下：

预计年收入：625元/天×300天=18.75万元

预计年支出：

每天耗油量200元，年耗油量为200元/天×300天=6.0万元

日常维修费	1.2万元
平均大修费用	0.8万元
牌照、保险、桥隧费及各种规费、杂费	3.0万元
人员劳务费	3.0万元
出租车标付费	1.85万元

故年毛收入为：18.75-6.0-1.2-0.8-3.0-3.0-1.85=2.9（万元）

按个人所得税条例规定年收入在3万~5万元之间，应缴纳所得税率为0%。故年纯收入：

$$2.9 \times (1 - 0\%) = 2.9（万元）$$

该车剩余使用寿命为6年，预计资金收益率为15%，再加上风险率5%，故折现率为20%，假设每年的纯收入相同，则由收益现值法公式求得收益现值，即评估值为：

$$P = A \cdot \frac{(1+i)^n - 1}{i \cdot (1+i)^n} = 2.9 \times \frac{(1+0.2)^6 - 1}{0.2 \times (1+0.2)^6} \approx 9.6（万元）$$

七、采用收益现值法的优缺点

（1）采用收益现值法的优点是：①与投资决策相结合，容易被交易双方接受；②能真实和较准确地反映车辆本金化的价格。

（2）采用收益现值法的缺点是：预期收益额预测难度大，受较强的主观判断和未来不可预见因素的影响。

第三节 清算价格法

一、基本概念

清算价格法是以清算价格为标准，对二手车辆进行的价格评估。所谓清算价格，指企业

由于破产或其他原因,要求在一定的期限内将车辆变现,在企业清算之日预期出卖车辆可收回的快速变现价格。

清算价格法在原理上基本与现行市价法相同,所不同的是迫于停业或破产,清算价格往往大大低于现行市场价格。这是由于企业被迫停业或破产,急于将车辆拍卖、出售。

二、清算价格法的适用范围和前提条件

清算价格法适用于企业破产、抵押、停业清理时要售出的车辆。

(1)企业破产。当企业或个人因经营不善造成的严重亏损,不能清偿到期债务时,企业应依法宣告破产,法院以其全部财产依法清偿其所欠的债务,不足部分不再清偿。

(2)抵押。是以所有者资产作抵押物进行融资的一种经济行为,是合同当事人一方用自己特定的财产向对方保证履行合同义务的担保形式。提供财产的一方为抵押人,接受抵押财产的一方为抵押权人。抵押人不履行合同时,抵押权人有权利将抵押财产在法律允许的范围内变卖,从变卖抵押物价款中优先受偿。

(3)清理。是指企业由于经营不善导致严重亏损,已濒临破产的边缘或因其他原因将无法继续经营下去,为弄清企业财物现状,对全部财产进行清点、整理和查核,为经营决策(破产清算或继续经营)提供依据,以及因资产损毁、报废而进行清理、拆除等的经济行为。

在上述三种经济行为中,若有机动车辆进行评估,可以清算价格为标准。

以清算价格法评估车辆价格的前提条件有以下三点:①具有法律效力的破产处理文件或抵押合同及其他有效文件为依据;②车辆在市场上可以快速出售变现;③所卖收入足以补偿因出售车辆的附加支出总额。

三、决定清算价格的主要因素

在二手车评估中决定清算价格的有以下几项主要因素:

(1)破产形式。如果企业丧失车辆处置权,出售的一方无讨价还价的可能,那么以买方出价决定车辆售价;如果企业未丧失处置权,出售车辆一方尚有讨价还价余地,那么以双方议价决定售价。

(2)债权人处置车辆的方式。按抵押时的合同契约规定执行,如公开拍卖或收回已有。

(3)清理费用。在破产等评估车辆价格时应对清理费用及其他费用给予充分的考虑。

(4)拍卖时限。一般说时限长售价会高些,时限短售价会低些,这是快速变现原则的作用所决定的。

(5)公平市价。指车辆交易成交双方都满意的价格。在清算价格中卖方满意的价格一般不易求得。

(6)参照物价格。在市场上出售相同或类似车辆的价格。一般来说,市场参照物价格高,车辆出售的价格就会高,反之则低。

四、评估清算价格的方法

二手车评估清算价格的方法主要有如下三种:

(1)现行市价折扣法:指对清理车辆,首先在二手车市场上寻找一个相适应的参照物;然后根据快速变现原则估定一个折扣率并据以确定其清算价格。

例如,一辆旧桑塔纳轿车,经调查在二手车市场上成交价为4万,根据销售情况调查,折价20%可以当即出售。则该车辆清算价格为 $4 \times (1-20\%) = 3.2$(万元)。

(2)模拟拍卖法(也称意向询价法):这种方法是根据向被评估车辆的潜在购买者询价的办法取得市场信息,最后经评估人员分析确定其清算价格的一种方法。用这种方法确定的清算价格受供需关系影响很大,要充分考虑其影响的程度。

例如,有大型拖拉机一台,拟评估其拍卖清算价格,评估人员经过对两个农场主、两个农机公司经理和两个农机销售员征询,其评估价格分别为:6万元、7.3万元、4.8万元、5万元、6.5万元和7万元,平均价为6.1万元。考虑目前年关将至和其他因素,评估人员确定清算价格为5.8万元。

(3)竞价法:是由法院按照法定程序(破产清算)或由卖方根据评估结果提出一个拍卖的底价,在公开市场上由买方竞争出价,谁出的价格高就卖给谁。

清算价格法的应用在我国还是一个新课题,还缺少这方面的实践,关于清算价格的理论与实际操作,都有待进一步总结和完善。

第四节　重置成本法

一、重置成本法及其理论依据

重置成本法是指在现时条件下重新购置一辆全新状态的被评估车辆所需的全部成本(即完全重置成本,简称重置全价),减去该被评估车辆的各种陈旧贬值后的差额作为被评估车辆现时价格的一种评估方法。其基本计算公式可表述为:

被评估车辆的评估值 = 重置成本 - 实体性贬值 - 功能性贬值 - 经济性贬值

或

被评估车辆的评估值 = 重置成本 × 成新率

上式可看出,被评估车辆的各种陈旧贬值包括实体性贬值、功能性贬值、经济性贬值。重置成本法的理论依据是:任何一个精明的投资者在购买某项资产时,它所愿意支付的价钱,绝对不会超过具有同等效用的全新资产的最低成本。如果该项资产的价格比重新建造,或购置一全新状态的同等效用的资产的最低成本高,投资者肯定不会购买这项资产,而会去新建或购置全新的资产。这也就是说,待评估资产的重置成本是其价格的最大可能值。

重置成本是购买一项全新的与被评估车辆相同的车辆所支付的最低金额。按重新购置车辆所用的材料、技术的不同,可把重置成本区分为复原重置成本(简称复原成本)和更新重置成本(简称更新成本)。复原成本指用与被评估车辆相同的材料、制造标准、设计结构和技术条件等,以现时价格复原购置相同的全新车辆所需的全部成本。更新成本指利用新型材料,新技术标准、新设计等,以现时价格购置相同或相似功能的全新车辆所支付的全部成本。一般情况下,在进行重置成本计算时,如果同时可以取得复原成本和更新成本,应选用更新成本;如果不存在更新成本,则再考虑用复原成本。

和其他机器设备一样,机动车辆价值也是一个变量,它随其本身的运动和其他因素变化而相应变化。影响车辆价值量变化的因素,除了市场价格以外,还有如下因素。

1. 机动车辆的实体性贬值

实体性贬值也叫有形损耗,是指机动车在存放和使用过程中,由于物理和化学原因而导致的车辆实体发生的价值损耗,即由于自然力的作用而发生的损耗。二手车一般都不是全新状态的,因而大都存在实体性贬值,确定实体性贬值,通过依据新旧程度,包括表体及内部构件、部件的损耗程度。假如用损耗率来衡量,一项全新的车辆,其实体性贬值为百分之零,而一项完全报废的车辆,其实体性贬值为百分之百,处于其他状态下的车辆,其实体性贬值率则位于这两个数字之间。

2. 机动车辆的功能性贬值

功能性贬值是由于科学技术的发展导致的车辆贬值,即无形损耗。这类贬值又可细分为一次性功能贬值和营运性功能贬值。一次性功能贬值是由于技术进步引起劳动生产率的提高,现在再生产制造与原功能相同的车辆的社会必要劳动时间减少,成本降低而造成原车辆的价值贬值。具体表现为原车辆价值中有一个超额投资成本将不被社会承认。营运性功能贬值是由于技术进步,出现了新的、性能更优的车辆,致使原有车辆的功能相对新车型已经落后而引起其价值贬值。具体表现为原有车辆在完成相同工作任务的前提下,在燃润料、人力、配件材料等方面的消耗增加,形成了一部分超额运营成本。

3. 机动车辆的经济性贬值

经济性贬值是指由于外部经济环境变化所造成的车辆贬值。所谓外部经济环境,包括宏观经济政策、市场需求、通货膨胀、环境保护等。经济性贬值是由于外部环境而不是车辆本身或内部因素所引起的达不到原有设计的获利能力而造成的贬值。外界因素对车辆价值的影响不仅是客观存在的,而且对车辆价值影响还相当大,所以在二手车的评估中不可忽视。重置成本法的计算公式为正确运用重置成本法评估二手车辆提供了思路,评估操作中,重要的是依此思路,确定各项评估技术、经济指标。

二、重置成本及其估算

前面讲述重置成本分复原重置成本和更新重置成本。一般来说,复原重置成本大于更新重置成本,但由此导致的功能性损耗也大。在选择重置成本时,在获得复原重置成本和更新重置成本的情况下,应选择更新重置成本。之所以要选择更新重置成本,一方面随着科学技术的进步,劳动生产率的提高,新工艺、新设计的采用被社会所普遍接受。另一方面,新型设计、工艺制造的车辆无论从其使用性能,还是成本耗用方面都会优于旧的机动车辆。

更新重置成本和复原重置成本的相同方面在于采用的都是车辆现时价格,不同在于技术、设计、标准方面的差异。对于某些车辆,其设计、耗费、格式几十年一贯制,更新重置成本与复原重置成本是一样的。应该注意的是,无论更新重置成本还是复原重置成本,车的功能、型号等要与被评估的二手车一致,如评估一辆"普桑"二手车,不能用"桑塔纳2000"来作为更新重置成本,也不能用其他型号的轿车来作为复原重置成本或更新重置成本。

重置成本的估算在资产评估中,其估算的方法很多,对于二手车评估定价,一般采用如下两种方法。

1. 直接法

直接法也称重置核算法,它是按照评估车辆的成本构成,以现行市价为标准,计算被评估车辆重置全价的一种方法。也就是将车辆按成本构成分成若干组成部分,先确定各组成部分的现时价格,然后加总得出待评估车辆的重置全价。

重置成本的构成可分为直接成本和间接成本两部分。直接成本是指直接可以构成车辆成本的支出部分。具体来说是按现行市价的买价,加上运输费、购置附加费、消费税、人工费等。间接成本是指购置车辆发生的管理费、专项贷款发生的利息、注册登记手续费等。

以直接法取得的重置成本,无论国产或进口车辆,尽可能采用国内现行市场价作为车辆评估的重置成本全价。市场价可通过市场信息资料(如报纸、专业杂志和专业价格资料汇编等)和车辆制造商、经销商询价取得。在重置成本全价中,二手车价格评估人员应该注意区别合理收费和无依据收费。有的为了地方经济利益,越权制订了一些有关机动车收费项目,是违背国家收费政策的,这些费用不能计入二手车重置成本全价。

根据不同评估目的,二手车重置成本全价的构成一般分下述两种情况考虑:

(1)属于所有权转让的经济行为或为司法、执法部门提供证据的鉴定行为,可按被评估车辆的现行市场成交价格作为被评估车辆的重置全价,其他费用略去不计;

(2)属于企业产权变动的经济行为(如企业合资、合作和联营、企业分设、合并和兼并等),其重置成本构成除了考虑被评估车辆的现行市场购置价格以外,还应考虑国家和地方政府对车辆加收的其他税费(如车辆购置附加费、教育费附加、社控定编费、车船使用税等)一并计入重置成本全价。

2. 物价指数法

物价指数法是在二手车辆原始成本基础上,通过现时物价指数确定其重置成本。计算公式为:

$$车辆重置成本 = 车辆原始成本 \times \frac{车辆评估时物价指数}{车辆购买时物价指数} \quad (7\text{-}2\text{-}3)$$

或

$$车辆重置成本 = 车辆原始成本 \times (1 + 物价变动指数)$$

如果被评估车辆是淘汰产品,或是进口车辆,当询不到现时市场价格时,这是一种很有用的方法,用物价指数法时注意的问题是:

(1)一定要先检查被评估车辆的账面购买原价。如果购买原价不准确,则不能用物价指数法。

(2)用物价指数法计算出的值,即为车辆重置成本值。

(3)运用物价指数法时,现在选用的指数往往与评估对象规定的评估基准日之间有一段时间差。这一时间差内的价格指数可由评估人员依据近期内的指数变化趋势结合市场情况确定。

(4)物价指数要尽可能选用有法律依据的国家统计部门或物价管理部门以及政府机关发布和提供的数据。有的可取自有权威性的国家政策部门所辖单位提供的数据。不能选用无依据、不明来源的数据。

三、实体性贬值及其估算

机动车的实体性贬值是由于使用和自然力损耗形成的贬值。实体性贬值的估算,一般可以采取以下两种方法:

(1)观察法:观察法也称成新率法,是指对评估车辆,由具有专业知识和丰富经验的工程技术人员对车辆的实体各主要总成、部件进行技术鉴定,并综合分析车辆的设计、制造、使用、磨损、维护、修理、大修、改装情况和经济寿命等因素,将评估对象与其全新状态相比较,考察由于使用磨损和自然损耗对车辆的功能、技术状况带来的影响,判断被评估车辆的有形损耗率,从而估算实体性贬值的一种方法,计算公式为:

$$车辆实体性贬值 = 重置成本 \times 有形损耗率 \qquad (7\text{-}2\text{-}4)$$

(2) 使用年限法：通过确定被评估二手车已使用年限与该车辆预期可使用年限的比率来确定二手车有形损耗。其计算公式为：

$$车辆实体性贬值 = (重置成本 - 残值) \times \frac{已使用年限}{规定使用年限} \qquad (7\text{-}2\text{-}5)$$

式中残值，是指二手车辆在报废时净回收的金额，在鉴定评估中一般略去残值不计。

(3) 修复费用法。也叫功能补偿法。通过确定被评估二手车恢复原有的技术状态和功能所需要的费用补偿，来直接确定二手车的有形损耗。这种方法是对交通事故车辆进行评估的常用法。其计算公式为：

$$二手车有形损耗 = 修复后的重置成本 - 修复补偿费用 \qquad (7\text{-}2\text{-}6)$$

四、功能性贬值及其估算

1. 一次性功能贬值的测定

功能性贬值属无形损耗范畴。指由于技术陈旧、功能落后导致二手车相对贬值。对目前在市场上能购买到的且有制造厂家继续生产的全新车辆，一般采用市场价即可认为该车辆的功能性贬值已包含在市场价中了。这是最常用的方法。从理论上讲，同样的车辆其复原重置成本与更新重置成本之差即是该车辆的一次性功能性贬值。但在实际评估工作中，具体计算某车辆的复原重置成本是比较困难的，一般就用更新重置成本（即市场价）作为已考虑其一次性功能贬值。

在实际评估时经常遇到的情况是：待评估的车辆其型号是现已停产或是国内自然淘汰的车型，这样就没有实际的市场价，只有采用参照物的价格用类比法来估算。参照物一般采用替代型号的车辆。这些替代型号的车辆其功能通常比原车型有所改进和增加，故其价格通常会比原车型的高（功能性贬值大时，也有价格更降低的）。故在与参照物比较，用类比法对原车型进行价值评估时，一定要了解参照物在功能方面改进或提高的情况，再按其功能变化情况测定原车辆的价值，总的原则是被替代的旧型号车辆其价格应低于新型号的价格。这种价格有时是相差很大的。评估这类车辆的主要方法是设法取得该车型的市场现价或类似车型的市场现价。

2. 营运性功能贬值的估算

测定营运性功能贬值的步骤为：

(1) 选定参照物，并与参照物对比，找出营运成本有差别的内容和差别的量值。

(2) 确定原车辆尚可继续使用的年限。

(3) 查明应上缴的所得税率及当前的折现率。

(4) 通过计算超额收益或成本降低额，最后计算出营运性陈旧贬值。

现举例说明如下：

A、B 两台 8t 载货汽车，重置全价基本相同，其营运成本差别如表 7-2-2 所示。

表 7-2-2

项　　目	A　车	B　车
每百千米耗油量(L)	25	22
每年维修费用(万元)	3.5	2.8

求 A 车的功能性贬值。

按每日营运 150km，每年平均出车日为 250 天计算，每升油价 2 元。则 A 车每年超额耗油费用为：

$$(25-22) \times 2 \times \frac{150}{100} \times 250 = 2250(元)$$

A 车每年超额维修费用为：35000 - 28000 = 7000(元)

A 车总超额营运成本为：2250 + 7000 = 9250(元)

取所得税率 33%，则税后超额营运成本为：9250 × (1 - 33%) ≈ 6197(元)

取折现率为 11%，并假设 A 车将继续运行 5 年，查表 11% 折现率 5 年的折现系数为 3.696

A 车的营运性贬值为：6197 × 3.696 = 22904.112(元) ≈ 23000(元)

也可以利用年金现值公式(7-2-2)：$P = A \frac{(1+i)^n - 1}{(1+i)^n \cdot i}$ 计算。

五、经济性贬值估算的思考方法

经济性贬值是由机动车辆外部因素引起的，外部因素不论多少，对车辆价值的影响不外乎两类：一是造成营运成本上升；二是导致车辆闲置。二手车的经济性贬值通常与所有者或经营者有关，一般对单个二手车而言没有意义，因外部原因导致的营运成本上升和车辆闲置，对二手车本身价值影响不大。因此，对单个二手车进行评估时，不考虑经济性贬值。因为二手车是否充分使用，在有形损耗的实际使用年限上给予了考虑。由于造成车辆经济性贬值的外部因素很多，并且造成贬值的程度也不尽相同。所以在评估时只能统筹考虑这些因素，而无法单独计算所造成的贬值。其评估的思考方法如下：

(1) 估算前提。车辆经济性贬值的估算主要以评估基准日以后是否停用、闲置或半闲置作为估算依据。

(2) 已封存或较长时间停用，且在近期内仍将闲置，但今后肯定要继续使用的车辆最简单的估算方法是按其可能闲置时间的长短及其资金成本估算其经济贬值。

(3) 根据市场供求关系估算其贬值。

六、采用重置成本法的优缺点

采用重置成本法的优点：①比较充分地考虑了车辆的损耗，评估结果更趋于公平合理；②有利于二手车辆的评估；③在不易计算车辆未来收益或难以取得二手车交易市场参照物条件下可广泛应用。

运用重置成本法的缺点是工作量较大，且经济性贬值也不易准确计算。

第五节 综合评估法

综合评估法综合了目前流行的各种评估方法，充分考虑到各种影响因素，可操作性强，是一个目前最科学、最全面、最实用的评估方法。

一、综合评估法的评估流程

综合评估法的评估流程按照图 7-2-1 进行。

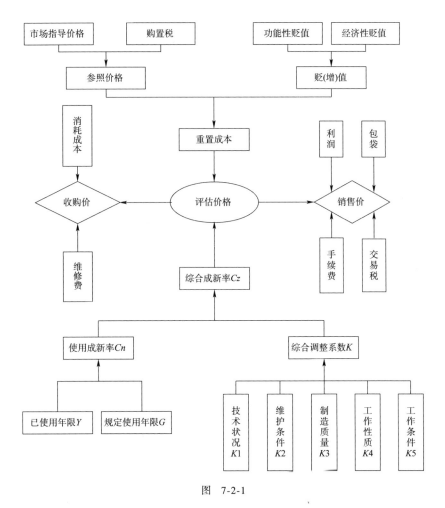

图 7-2-1

二、综合评估法的主要概念和参数

1. 重置成本

原值：一辆被评估车辆原来购买时的全部价格（含购置税）。

残值：一辆被评估车辆现时报废时应返还的金额。

参照价格：指购买现行市场与被评估车辆相同或相类似的一辆全新状态的车辆的全部价格，需要进行市场调查确定。

$$参照价格 = 市场指导价 + 购置税$$

贬（增）值：一辆全新状态的被评估车辆现时与原来购买时的全部价格差异。

$$贬值 = 功能性贬值（技术、配置）+ 经济性贬值（增值税、物价指数、政策）$$

重置成本：现时条件下购买一辆全新状态的与被估车辆相同的车辆所需的金额。

$$重置成本 = 参照价格 - 贬值$$

2. 成新率（折旧率）

有形损耗（实体性贬值）：使用损耗（使用年限、里程）和意外损耗（大修、水淹、事故等）。

使用成新率 C_n：被评估车辆由于使用年限原因造成损耗的贬值率。

$$C_n = (1 - 已使用年限\ Y / 可使用年限\ G) \times 100\%$$

综合调整系数 K（表 7-2-3）：被评估车辆考虑各种有形损耗后的折旧调整系数。

成新率综合调整系数 K 表 7-2-3

影响因素	因素分级	调整系数	权重(%)
技术状况 K_1	好	1.0	30
	较好	0.9	
	一般	0.8	
	较差	0.7	
	差	0.6	
维护 K_2	好	1.0	25
	一般	0.9	
	较差	0.8	
制造质量 K_3	大贸进口车	1.0	20
	国产名牌车	0.9	
	走私罚没车、国产非名牌车	0.7	
工作性质 K_4	私用	1.0	15
	公务、商务	0.9	
	营运	0.7	
工作条件 K_5	较好	1.0	10
	一般	0.9	
	较差	0.8	

$K = (K_1\ 技术状况 \times 30\%) + (K_2\ 维护 \times 25\%) + (K_3\ 制造质量 \times 20\%) +$
$(K_4\ 工作性质 \times 15\%) + (K_5\ 工作条件 \times 10\%)$

综合成新率 C_z：被评估车辆考虑各种损耗后的总折旧率。

$$C_z = 使用成新率\ C_n \times 综合调整系数\ K$$

3. 评估价格

评估价格：中介评估机构对被评估车辆做出的现时评估价格。

$$评估价格 = 重置成本 \times 综合成新率\ C_z$$
$$= (参照价格 - 贬值) \times 使用成新率\ C_n \times 综合调整系数\ K$$
$$= (参照价格 - 贬值) \times (1 - Y/G)\% \times K$$

4. 收购与销售

消耗成本：收购方收购过程中所消耗的成本。
维修费：收购方对所收购的车辆进行维修支付的费用。
收购价：收购方对某二手车提出的收购价格。

$$收购价 = 评估价格 - (消耗成本 + 维修费)$$

利润：销售方获取的目标利润。
包装：销售方对某二手车进行重新包装的费用。
手续费：销售方办理某二手车的过户等手续时应支付的费用。
交易税：二手车交易时向国家缴纳的税额。
销售价：销售方对某二手车提出的销售价格。

$$销售价 = 评估价格 + (利润 + 手续费 + 交易税 + 包装)$$

三、综合评估法的鉴定评估作业表

作业表(表7-2-4)可供实际鉴定评估时使用(收购价与销售价的计算,请参看本篇第5章内容)。

二手车鉴定评估作业表　　　　　　　　　表7-2-4

车主		所有权性质	公/私	联系电话	
车辆名称		型号		生产厂家	
车籍		发动机号		车架号	
载质量/座位数/排量				燃料	
初次登记日期		牌照号		行驶证号	
结构特点	EFI　AT　ABS　ESP　PPS　SRS　CCS　VVT-i　4WS				
识伪检查	走私　　拼装　　盗抢　　　正常				
事故情况	碰撞　　水淹　　火灾				
工作条件	道路　　气候地理				
工作性质	私人　　公务　　营运				
维护条件	好　　　一般　　较差				
制造质量	原装进口　　国产名牌　　国产一般				
技术状况鉴定	发动机		发动机性能		
	客舱		制动性能		
	车身		变速器性能		
	底盘		操纵稳定性		
原值(元)			残值(元)		
现值(元)	已使用年限			总行驶里程	
	规定使用年限			规定总里程	50万公里
	综合调整系数 $k=$ 使用成新率 $Cn=$		因数分级	调整系数	权重(%)	综合成新率 $Cz=$
		技术状况 $k1$			30	
		维护条件 $k2$			25	
		制造质量 $k3$			20	
		工作性质 $k4$			15	
		工作条件 $k5$			10	
	市场指导价格			购置税		
	参照价格			贬值		
	重置成本					
	评估价格					
消耗成本		维修费		收购价(元)		
利润		包装	手续费	交易税	销售价(元)	

鉴定估价师(签名):　　　　　　　　　　　　　　　评估日期:　　年　月　日

四、综合评估法的评估计算实例

例题一

某先生于2007年4月共花11万元购得捷达1.6L 08款CiF-P伙伴轿车一辆,作为出租车挂靠营运使用,并于当月登记注册,2012年4月在广州交易。经汽车评估师了解,现该型号的车已不生产,替代产品为捷达1.6L 2010款伙伴轿车,车价9.1万元,两车的主要区别一是改进了排放控制系统和制动系统,增加了倒车雷达等配置;二是将空调系统改为了环保空调系统。两项差别约使原车价贬值0.45万元。该车技术等级评定为二级车,未发现有重大事故痕迹,该车外表有多处轻微事故痕迹,需修理与做漆,约需0.1万元。维护保养一般,路试车况一般。行驶里程30万公里。广州市1.6L轿车,2007年征收的购置税为5%,2012年为10%。请用综合评估法分别计算该车的评估价格、收购价格和销售价格。

根据题意计算出以下结果。

参照价格:参照价格 = 市场指导价 + 购置税
　　　　　　　　　= 9.1万元 + 0.9万元
　　　　　　　　　= 10万元

重置成本:重置成本 = 参照价格 – 贬值
　　　　　　　　　= 10万元 – (0.45万元 – 0.45万元)
　　　　　　　　　= 10万元

使用成新率 C_n:C_n = (1 – 已使用年限 Y/可使用年限 G) × 100%
　　　　　　　　　　　= (1 – 5/8) × 100%
　　　　　　　　　　　= 37.5%

综合调整系数 K:K = ($K1$ 技术状况 × 30%) + ($K2$ 维护 × 25%) + ($K3$ 制造质量 × 20%) + ($K4$ 工作性质 × 15%) + ($K5$ 工作条件 × 10%)
　　　　　　　　　= (0.8 × 30%) + (0.9 × 25%) + (0.7 × 20%) + (0.7 × 15%) + (0.9 × 10%)
　　　　　　　　　= 80%

评估价格:评估价格 = 重置成本 × 综合成新率 C_z
　　　　　　　　　= (参照价格 – 贬值) × 使用成新率 C_n × 综合调整系数 K
　　　　　　　　　= (参照价格 – 贬值) × (1 – Y/G)% × K
　　　　　　　　　= 10万元 × 37.5% × 80%
　　　　　　　　　= 3万元

收购价:收购价 = 评估价格 – (消耗成本 + 维修费)
　　　　　　　= 3万元 – (0.05万元 + 0.1万元)
　　　　　　　= 2.85万元

销售价:销售价 = 评估价格 + (利润 + 手续费 + 交易税 + 包装)
　　　　　　　= 3万元 + (0.2万元 + 0.1万元 + 3万元 × 0.5% + 0.2万元)
　　　　　　　= 3.515万元

根据已知条件,填写出以下评估作业表(表7-2-5)。

二手车鉴定评估作业表　　　　　　　　　　　表7-2-5

车主	—	所有权性质	私	联系电话	—
住址	—		经办人	—	
车辆名称	捷达 伙伴	型号	08 款 CiF-P	生产厂家	一汽
车籍	广州市	发动机号	E331669	车架号	LFBAA21GX21082995
载质量/座位数/排量		5/1.6		燃料	汽油
初次登记日期	2007.4	牌照号	粤 A 12345	行驶证号	44010006706
结构特点	EFI　　AT　　SRS　　空调				
识伪检查	正常				
事故情况	无				
工作条件	道路——中等　　　气候地理——一般				
工作性质	营运				
维护条件	一般				
制造质量	国产一般				

技术状况鉴定	发动机	正常	发动机性能	正常
	客舱	正常	制动性能	正常
	车身	油漆脱落,需全车喷漆	变速器性能	正常
	底盘	正常	操纵稳定性	正常

原值(元)			11 万		残值(元)		0.5 万
净值(元)	已使用年限		5		总行驶里程	30 万公里	
	规定使用年限		8		规定总里程	50 万公里	
	综合调整系数 $k=80\%$ 使用成新率 $Cn=37.5\%$		因数分级	调整系数	加权系数	综合成新率 $Cz=30\%$	
		技术状况 k_1	一般	0.8	30		
		维护条件 k_2	一般	0.9	25		
		制造质量 k_3	国产一般	0.7	20		
		工作性质 k_4	营运	0.7	15		
		工作条件 k_5	一般	0.9	10		
	参照价格(元)		10 万		贬值(元)	0.45 万	
	重置成本(元)		10 万				
	评估价格(元)		3 万				
消耗成本(元)	0.05 万	维修费(元)	0.1 万		收购价(元)	2.85 万	
利润(元)	0.2 万	包装	0.2 万	手续费	0.1 万	销售价(元)	3.515 万

鉴定估价师(签名):　　　　　　　　　　　　　　评估日期:2012 年 4 月 30 日

例题二

某机关 2006 年 4 月以 44 万价格,购得一汽大众奥迪 A6 型(排量 2.4L)轿车一辆作为公务使用。2012 年 4 月在北京交易。2012 年 4 月该车的市场指导价是 40 万元,车型无大的变化,主要区别是增加了导航系统等高档配置,约使原车价贬值 4 万元。该车技术等级评定为二级车,无重大事故痕迹,该车外表有少数划痕无需进行修理。维护保养一般,路试车况好。行驶里程 16 万公里。请用综合评估法计算评估价格、收购价格和销售价格。

根据题意计算出以下结果。

参照价格:参照价格 = 市场指导价 + 购置税
$$= 40 \text{ 万元} + 4 \text{ 万元}$$
$$= 44 \text{ 万元}$$

重置成本:重置成本 = 参照价格 – 贬值
$$= 44 \text{ 万元} - 4 \text{ 万元}$$
$$= 40 \text{ 万元}$$

使用成新率 C_n:$C_n = (1 - \text{已使用年限 } Y / \text{可使用年限 } G) \times 100\%$
$$= (1 - 6/10) \times 100\%$$
$$= 40\%$$

综合调整系数 K:$K = (K_1 \text{ 技术状况} \times 30\%) + (K_2 \text{ 维护} \times 25\%) + (K_3 \text{ 制造质量} \times 20\%) + (K_4 \text{ 工作性质} \times 15\%) + (K_5 \text{ 工作条件} \times 10\%)$
$$= (0.8 \times 30\%) + (0.9 \times 25\%) + (1.0 \times 20\%) + (0.9 \times 15\%) + (0.9 \times 10\%)$$
$$= 89\%$$

评估价格:评估价格 = 重置成本 × 综合成新率 C_z
$$= (\text{参照价格} - \text{贬值}) \times \text{使用成新率 } C_n \times \text{综合调整系数 } K$$
$$= (\text{参照价格} - \text{贬值}) \times (1 - Y/G)\% \times K$$
$$= 40 \text{ 万元} \times 40\% \times 89\%$$
$$= 14.24 \text{ 万元}$$

收购价:收购价 = 评估价格 – (消耗成本 + 维修费)
$$= 14.24 \text{ 万元} - (0.05 \text{ 万元} + 0 \text{ 万元})$$
$$= 14.19 \text{ 万元}$$

销售价:销售价 = 评估价格 + (利润 + 手续费 + 交易税 + 包装)
$$= 14.24 \text{ 万元} + (0.5 \text{ 万元} + 0.1 \text{ 万元} + 14.24 \text{ 万元} \times 0.5\% + 0.2 \text{ 万元})$$
$$= 15.825 \text{ 万元}$$

根据已知条件,填写出以下评估作业表(表 7-2-6)。

二手车鉴定评估作业表　　　　　表 7-2-6

车主	—	所有权性质	公	联系电话	—
住址	—			经办人	—
车辆名称	奥迪	型号	A6	生产厂家	一汽大众
车籍	北京市	发动机号	X123456	车架号	XFBAA21GX123456
载质量/座位数/排量		5/2.4		燃料	汽油
初次登记日期	2006.4	牌照号	京 A 12345	行驶证号	12310006706
结构特点	EFI　AT　SRS　ABS　CCS　自动空调				
识伪检查	正常				

续上表

事故情况	无				
工作条件	道路——中等　　　　气候地理——一般				
工作性质	公务				
维护条件	一般				
制造质量	合资名牌				
技术状况鉴定	发动机	正常	发动机性能	正常	
	客舱	正常	制动性能	正常	
	车身	少数划痕	变速器性能	正常	
	底盘	正常	操纵稳定性	正常	
原值(元)	44万		残值(元)	1万	
净值(元)	已使用年限	6		总行驶里程	16万公里
	规定使用年限	15		规定总里程	50万公里
	综合调整系数 $k=89\%$ 使用成新率 $Cn=40\%$		因数分级	调整系数	加权系数
		技术状况 $k1$	一般	0.8	30
		维护条件 $k2$	一般	0.9	25
		制造质量 $k3$	合资名牌	1.0	20
		工作性质 $k4$	公务	0.9	15
		工作条件 $k5$	一般	0.9	10
	参照价格(元)	44万		贬值	4万
	重置成本(元)	40万			
	评估价格(元)	14.24万			
消耗成本(元)	0.05万	维修费(元)	0万	收购价(元)	14.19万
利润(元)	0.5万	包装 0.2万	手续费 0.1万	销售价(元)	15.825万

注：综合成新率 $Cz=35.6\%$

鉴定估价师(签名)：　　　　　　　　　　　　　评估日期：2012年4月30日

五、综合评估法的特点

(1) 准确地反映活跃的汽车市场行情的变化，在确定相同车辆参考价格和贬(增)值的基础上，对被评估车辆进行重置成本，容易为交易各方面所接受。

(2) 充分考虑到被评估车辆在使用中的各种影响因素，在确定被评估车辆的有形损耗和无形损耗基础上，计算出被评估车辆的综合成新率，即总折旧率。

(3) 评估价格是站在中立的立场上得出来的，符合公平公正的原则，具有说服力。评估价格还可以作为实行其他类型交易(动机和目的)时的基本依据。

(4) 收购价格和销售价格，是根据目前二手车交易市场的真实情况得出，与目前二手车交易市场的实际运作方式完全符合。

(5) 综合评估法避免了清算价格法和收益现值法的局限性，所以具有应用的广泛性。同时综合评估法既吸取了现行市价法与活跃市场紧密结合的优点，又吸取了重置成本法具备可靠折旧率的长处，因而是目前最全面的评估方法。

第三章　二手车技术状况鉴定

二手车技术状况的鉴定是二手车鉴定评估的基础与关键。其常规鉴定方法有静态检查、动态检查和仪器检查三种，加上具有特殊性的汽车碰撞损坏检查，共四种方法。

其中静态检查和动态检查是依据评估人员的技能和经验对被评估车辆进行直观、定性判断，即初步判断评估车辆的运行情况是否基本正常、车辆各部分有无故障及故障的可能原因、车辆各总成及部件的新旧程度等，是评价过程不可缺少的。而仪器检查是对评估车辆的各项技术性能及各总成部件技术状况进行定量、客观的评价，是进行二手车技术等级划分的依据，在实际工作中往往视评估目的和实际情况而定。汽车碰撞损坏检查主要是针对事故车来使用。

第一节　静　态　检　查

一、静态检查所需的工具和用品

为了二手车检查时得心应手，在检查之前，应该先准备一些工具和用品。需要准备的工具和用品包括有：

(1) 笔记本和钢笔。
(2) 手电筒。
(3) 棉丝头或纸巾。
(4) 旧毛毯或帆布。
(5) 橡胶管或塑料管。
(6) 卷尺。
(7) 盒式录音带。
(8) 小型工具箱。
(9) 小磁铁。
(10) 万用表。

二、静态检查的主要内容

二手车静态检查是指在静态情况下，根据评估人员的经验和技能，辅之以简单的量具，对二手车的技术状况进行静态直观检查。

静态检查的目的是快速、全面地了解二手车的大概技术状况。通过全面检查，发现一些较大的缺陷，如严重碰撞、车身或车架锈蚀或有结构性损坏、发动机或传动系严重磨损、车厢内部设施不良、损坏维修费用较大等，为其价值评估提供依据。

二手车的静态检查主要包括识伪检查和外观检查两大部分。其中识伪检查主要包括鉴别走私车辆、拼装车辆和盗抢车辆等工作，外观检查包括鉴别事故车辆、检查发动机舱、检查车舱、检查行李舱和检查车底等内容，具体如下：

汽车外观的检查项目很多，目前有比较规范的格式，如机动车综合性能检测中心制订的汽车外观检视记录表，二手车鉴定评估人员可参考使用。

```
            ┌ 识伪检查 ┌ 鉴别走私车辆
            │         │ 鉴别拼装车辆
            │         └ 鉴别盗抢车辆
静态检查 ┤         ┌ 鉴别事故车辆：包括碰撞、水淹、火灾等事故
            │         │ 检查发动机舱：包括机体外观、冷却系统、润滑系统、点火系统、供油系统、进气系统等
            └ 外观检查┤ 检查车舱：包括驾驶操作机构、开关、仪表、报警灯、内饰件、座椅、电器部件等
                      │ 检查行李舱：行李舱锁、气压减振器、防水密封条、备用轮胎、随车工具、门控开关等
                      └ 检查车身底部：包括泄漏、排气系统、转向机构、悬架、传动轴、车舱等
```

三、鉴别走私和拼装车辆

在二手车交易市场不可避免会出现一些走私车辆、拼装车辆、盗抢车辆以及事故车辆，如何界定这部分车辆，在二手车鉴定评估过程中是一项十分重要而又艰难的工作。它必须凭借技术人员所掌握的专业知识和丰富经验，结合有关部门的信息材料，对评估车型进行全面细致的鉴别，将这部分车辆与其他正常车辆区分开，从而使二手车交易规范、有序地进行。

走私车辆是指没有通过国家正常进口渠道进口的，并未完税的进口车辆。拼装车辆是指一些不法厂商和不法商人为了牟取暴利，非法组织生产、拼装，无产品合格证的假冒、低劣汽车。这些汽车有些是境外整车切割，境内焊接拼装车辆；有些是进口汽车散件国内拼装的国外品牌汽车；有些是国内零配件拼装的国内品牌汽车；有些是二手车拼装车辆，即两台或者几台拼装成一台汽车；甚至也有的是国产或进口零配件拼装的杂牌汽车。

对走私车辆、拼装车辆，在二手车交易鉴定评估中，首先确定这些车辆的合法性。因为，一种是车辆技术状况较好的，符合国家有关机动车行驶标准和要求，经国家有关执法部门处理，通过拍卖等其他方式，在公安车管部门已注册登记上牌，并取得合法地位的车辆。这些二手车在评估价格上要低于正常状态的车辆。另一种是无牌、无证的非法车辆。对走私车辆、拼装车辆的鉴别方法如下。

（1）运用公安车管部门的车辆档案资料，查找车辆来源信息，确定车辆的合法及来源情况。这是一种最直接有效的判别方法。

（2）查验二手车的汽车产品合格证、维护保养手册。对进口车必须查验进口产品商验证明书和商验标志。

（3）检查二手车外观。查看车身全部是否有重新做油漆的痕迹，特别是顶部下沿部位。车身的曲线部位线条是否流畅，尤其是小曲线部位。根据目前技术条件没有专门的设备不可能处理的十分完美，留下再加工痕迹特别明显。检查门柱和车架部分是否有焊接的痕迹，很多走私车辆是在境外把车身切割后，所谓"两刀车""三刀车"，包装运入国内再进行焊接拼凑起来的。查看车门、发动机罩、行李舱盖与车身的接合缝隙是否整齐、均衡。

（4）查看二手车内饰。检查内装饰材料是否平整，内装饰压条边沿部分是否有明显的手指印或有其他工具碾压后留下的痕迹，车顶部装饰材料上或多或少都会留下被弄脏后的痕迹印。

（5）打开发动机罩，检查发动机和其他零部件是否有拆卸后重新安装的痕迹，是否有旧的零部件或缺少零部件。查看电线、管路布置是否有条理，安装是否平整、有无接驳口。核对发动机号码和车辆识别代码（车架号码）字体和部位。

四、鉴别盗抢车辆

盗抢车辆一般是指公安车管部门已登记上牌的，在使用期内丢失的或被不法分子盗窃

的,并在公安部门已报案的车辆。由于这类车辆被盗窃方式多种多样,它们被盗窃后所遗留下来的痕迹会不同。如撬开门锁、砸车窗玻璃、撬转向盘锁等,它们都会留下痕迹。同时,这些被盗赃车大部分经过一定修饰后,再将脏车卖出。这些车辆很可能会流入二手车交易。这类的鉴别方法一般有:

(1)根据公安车辆管理部门的档案资料,及时掌握车辆状态情况,防止盗抢车辆进入市场交易。这些车辆从车辆主人报案起到追寻找到止这段时期内,公安车管部门将这部分车辆档案材料锁定,不允许进行车辆过户、转籍等一切交易活动。

(2)根据盗窃一般手段,主要检查汽车门锁是否过于新,锁芯有无被更换过的痕迹,门窗玻璃是否为原配正品,窗框四周的防水胶是否有插入玻璃升降器开门的痕迹,转向盘锁或点火开关是否有破坏或调换的痕迹。

(3)不法分子急于对有些车辆销赃,它们会对车辆、有关证件进行篡改和伪造,使被盗赃车面目全非。检查重点是核对发动机号码和车辆识别代码,钢印周围是否存在变形或褶皱现象,钢印正反面是否有焊接的痕迹。

(4)查看车辆外观是否全身重新做过油漆,或者改变原车辆颜色。

打开发动机罩察看线、管或布置是否有条理、发动机和其他零部件是否正常、有无杂音。空调是否制冷、有无暖风、发动机及其他相关部件有无漏油现象。

内装饰材料是否平整,表面是否干净。尤其是压条边沿部分要特别仔细检查,经过再装配过的车辆内装饰压条边沿部分有明显手指印或其他工具碾压过后留下的痕迹印。车顶部装饰材料或多或少要留下弄脏过的迹印。

五、鉴别事故车辆

机动车发生事故无疑会极大地损害车辆的技术性能,但由于车辆在交易以前往往会进行整修、修复,因此,正确判别车辆是否发生过事故对于准确判断车辆技术状况、合理评定车辆交易价格具有重要意义。车辆事故状况判断一般从以下几个方面进行。

1. 检查车辆的周正情况

在汽车制造厂,汽车车身及各部件的装配位置是由生产线上经过严格调试的装、夹具保证的,装配出的车辆各部分对称、周正。而维修企业对车身的修复则是靠维修人员目测和手工操作,装配难以精确保证。因此,检查车身是否发生过碰撞,可站在车的前部观察车身各部的周正、对称状况,特别注意观察车身各接缝,如出现不直、缝隙大小不一、线条弯曲、装饰条有脱落或新旧不一,说明该车可能出现事故或修理过。

2. 检查油漆脱落情况

查看排气管、镶条、窗户四周和轮胎等处是否有多余油漆。如果有,说明该车已做过油漆或翻新。用一块磁铁(最好选用冰箱柔性磁铁,不会损伤汽车漆面,且磁性足以承担此项工作)车身周围移动,如遇到突然减少磁力的地方,说明该局部补了灰,做了油漆。当用手敲击车身时,如敲击声发脆,说明车身没有补灰做漆;如敲击声沉闷,则说明车身曾补过灰做漆。

如果发现了新漆的迹象,查找车身制造不良或金属抛光的痕迹。沿车身看,并查找是否有像波状或非线性翼子板或后顶盖侧板那样的不规则板材。如果发现车身制造或面板、车门、发动机罩、行李舱盖等配合不好,汽车可能已经遭受碰撞,以至于这些板面对准很困难。换句话说,车架可能已经弯曲。

3. 检查底盘线束及其连接情况

未发生事故的车辆正常情况下,其连接部件应配合良好,车身没有多余焊缝,线束、仪表部件等应安装整齐、新旧程度接近。因此,在检查车辆底盘时,应认真观察车底是否漏水、漏油、漏气,锈蚀程度与车体上部检查的是否相符,是否有焊接痕迹,车辆转向节臂转向横直拉杆及球销有无裂纹和损伤,球销是否松旷,连接是否牢固可靠,车辆车架是否弯、扭、裂、断、锈蚀等损伤,螺栓、铆钉是否齐全、紧固,车辆前后是否有变形、裂纹。固定在车身上的线束是否整齐,新旧程度是否一致,这些都可以作为判断车辆是否发生过事故的线索。

六、检查发动机舱

1. 检查发动机舱清洁情况
2. 检查发动机铭牌和排放信息标牌
(1)检查发动机铭牌。
(2)查看排放信息标牌。
3. 检查发动机冷却系统
发动机冷却系统对发动机有很大影响,应仔细检查发动机冷却系统相关零部件。
(1)检查冷却液。
(2)检查散热器。
(3)检查水管。
(4)检查散热器风扇传动带。
(5)检查冷却风扇。
4. 检查发动机润滑系统
发动机润滑系统是对发动机各个运动部件进行润滑,使其发挥出最大的性能,若发动机润滑系统不良将严重影响发动机的使用寿命和价值,应仔细检查。
(1)检查机油。
第一步:找出机油口盖。
第二步:打开机油口盖。
第三步:检查机油质量。
第四步:检查机油气味。
第五步:检查机油油位。
(2)检查机油滤清器。
(3)检查 PCV 阀。
(4)检查机油泄漏。
5. 检查点火系统
点火系统工作性能的好坏直接影响发动机的动力性和经济性,对点火系统的外观检查主要是检查蓄电池、点火线圈、高压线、分电器、火花塞等零件的外观性能。
(1)检查蓄电池。
(2)检查高压线。
(3)检查分电器。
(4)检查火花塞。
(5)检查点火线圈。

6. 检查发动机的供油系统
(1) 检查燃油泄漏。
(2) 检查汽油管路。
(3) 检查燃油滤清器。

7. 检查发动机进气系统
发动机进气系统性能的好坏,对发动机工作性能有很大影响,尤其是混合气浓度的控制,因此应仔细检查发动机进气系统。
(1) 检查进气软管(波纹管)。
(2) 检查真空软管。
(3) 检查空气滤清器。
(4) 检查节气门拉索。

8. 检查机体附件
(1) 检查发动机支脚。
(2) 检查正时带。
(3) 检查发动机各种皮带传动附件的支架和调节装置。

9. 检查发动机舱内其他部件
(1) 检查制动主缸及制动液。
(2) 检查离合器液压操纵机构。
(3) 检查继电器盒。
(4) 检查发动机线束。

七、检查车舱

1. 检查驾驶操纵机构
(1) 检查转向盘。
(2) 检查加速踏板。
(3) 检查制动踏板。
(4) 检查离合器踏板。
(5) 检查手制动操纵杆。
(6) 检查变速器操纵杆。

2. 检查开关
车上一般有点火开关、转向灯开关、车灯总开关、变光开关、刮水器开关、电喇叭开关等。分别依次开启这些开关,检查这些开关是否完好,能否正常工作。

3. 检查仪表
一般汽车设有气压表、车速里程表、燃油表、机油压力表(或机油压力指示器)、冷却液温度表、电流表等仪表。应分别检查这些仪表是否能正常工作,有无缺失损坏。

4. 检查指示灯或警报灯
汽车上有很多指示灯或警报灯,如制动警报灯、机油压力警报灯、充电指示灯、远光指示灯、转向指示灯、燃油残量指示灯、驻车制动指示灯等,应分别观察检查这些指示灯或警报灯是否能正常工作。

新型轿车上采用了大量的电子控制设备,这些电子控制设备均设有故障警示灯,当这些灯亮时,表明此电子控制系统有故障,需要维修。因此,应特别注意观察。汽车上电子控制设备主要故障灯有发动机故障灯、自动变速器故障灯、ABS 故障灯、SRS 故障灯、电控悬架故障灯等。

5. 检查座椅
6. 检查地毯和地板
7. 检查杂物箱和托架
8. 检查电器设备
(1)检查刮水器和前窗玻璃洗涤器。
(2)检查电动车窗。
(3)检查电动外后视镜。
(4)检查电动门锁。
(5)检查点烟器。
(6)检查收音机和音响。
(7)检查电动天线。
(8)检查电动天窗。
(9)检查活顶。
(10)检查除雾器。
(11)检查防盗报警器。
(12)检查空调鼓风机。
(13)检查电动座椅。

八、检查行李舱

1. 检查行李舱锁
2. 检查气压减振器
3. 检查行李舱开关拉索或电动开关
4. 检查防水密封条
5. 检查内部的油漆与外部油漆是否一致
6. 检查行李舱地板
7. 查备用轮胎
8. 检查随车工具
9. 检查门控灯
10. 检查行李舱盖的对中性和闭合质量

九、检查车底

检查完发动机舱、车舱、行李舱、车身表面等车上工作后,就要进行下步工作,即检查汽车底下。将汽车用举升机举起后,就可对底下各部件进行检查,而车主在买车之前,一般不会对车底下各部件进行保养,所以,车底下各部件的技术状况更能真实地反映出汽车整体的技术状况。

1. 检查泄漏
(1)检查冷却液泄漏。
(2)检查机油泄漏。

(3)检查动力转向油泄漏。

(4)检查变速器油泄漏。

(5)检查制动液泄漏。

(6)检查排气泄漏。

2. 检查排气系统

3. 检查前、后悬架

(1)检查减振弹簧。

(2)检查减振器。

(3)检查稳定杆。

4. 检查转向机构

(1)检查转向盘与转向轴的连接部位是否松旷;转向器垂臂轴与垂臂连接部位是否松旷;纵、横拉杆球头连接部位是否松旷;纵、横拉杆臂与转向节的连接部位是否松旷;转向节与主销之间是否松旷。

(2)检查转向节与主销之间是否配合过紧或缺润滑油;纵、横拉杆球头连接部位是否调整过紧或缺润滑油;转向器是否无润滑油或缺润滑油。

(3)检查转向轴是否弯曲,其套管是否凹瘪。

(4)对于动力转向系统,还应该检查动力转向泵驱动带是否松动;转向油泵安装螺栓是否松动;动力转向系统油管及管接头处是否存在损伤或松动等。

5. 检查传动轴

对于后轮驱动的汽车,检查传动轴、中间轴及万向节等处有无裂纹和松动;传动轴是否弯曲、传动轴轴管是否凹陷;万向节轴承是否因磨损而松旷,万向节凸缘盘连接螺栓是否松动等。

对于前轮驱动的汽车,要密切注意等速万向节上的橡胶套。绝大多数汽车在汽车的每一侧(左驱动桥和右驱动桥)具有内、外万向节,每一个万向节都是由橡胶套罩住的。更换万向节很费钱,而且它里面填满润滑脂,橡胶套保护万向节避免污物、锈蚀和潮气。用手弯曲或挤压橡胶套,查找是否有裂纹或擦伤。

6. 检查车轮

(1)检查车轮轮毂轴承是否松旷。

(2)检查轮胎磨损情况。

(3)检查轮胎花纹磨损深度。

第二节 动态检查

机动车的动态检查是指车辆路试检查。路试的主要目的在于一定条件下,通过机动车各种工况,如发动机起动、怠速、起步、加速、匀速、滑行、强制减速、紧急制动,从低速挡到高速挡,从高速挡到低速挡的行驶,检查汽车的操纵性能、制动性能、滑行性能、加速性能、噪声和废气排放情况,以鉴定二手车的技术状况。

一、动态检查的主要内容

在对汽车进行静态检查之后,再进行动态检查,其目的是进一步检查发动机、底盘、电器电子设备的工作状况,及汽车的使用性能。其检查的主要内容如下:

```
                            ┌ 路试前的准备工作
                            │              ┌ 起动性能
                            │              │ 怠速运转情况
                            │              │ 动力性能
                            │ 发动机工作检查┤ 汽缸密封性能
                            │              │ 废气排放性能
                            │              └ 发动机异响
                            │         ┌ 起步性能
                            │         │ 换挡性能
                            │         │ 加速性能
                            │         │ 滑行性能
汽车的动态检查 ┤ 路试检查┤ 操纵稳定性能
                            │         │ 舒适性能
                            │         │ 制动性能
                            │         └ 噪声
                            │                  ┌ 升挡检查
                            │                  │ 升挡车速检查
                            │                  │ 升挡发动机速度检查
                            │ 自动变速器路试检查┤ 换挡质量检查
                            │                  │ 锁止功能检查
                            │                  │ 发动机制动功能检查
                            │                  └ 强制降挡功能检查
                            └ 路试后的检查
```

二、路试前的准备

1. 检查机油油位
2. 检查冷却液液位
3. 检查制动液液位
4. 检查离合器液压油液位
5. 动力转向液压油的油量
6. 检查燃油箱的油量
7. 检查冷却风扇传动带
8. 检查制动踏板行程并确保制动灯工作
9. 检查轮胎气压

三、发动机工作性能检查

检查发动机工作性能,主要检查发动机的起动性、怠速、异响、急加速性、曲轴箱窜气量、排气颜色等项目。

1. 检查发动机起动性

正常情况下,用起动机起动发动机时,应在三次内起动成功。起动时,每次时间不超过

5 s,再次起动时间要间隔 15 s 以上。若发动机不能正常起动,说明发动机的起动性能不好。

影响发动机起动性的原因有很多,主要有油路、电路、气路和机械四个方面。如,供油不畅、电动汽油泵没有保压功能、点火系统漏电、蓄电池桩极锈蚀、空气滤清器堵塞、汽缸磨损致使汽缸压力过低、气门关闭不严等。发动机起动困难应综合分析各种原因,虽然有很多原因引起发动机起动困难,但对车价影响相差很大。

2. 检查发动机怠速

发动机起动后使其怠速运转,打开发动机罩,观察怠速运转情况,怠速应平稳,发动机振动很小。观察仪表盘上的发动机转速表,此时,发动机的怠速应在(800±50)r/mim 左右,不同发动机的怠速转速可能有一定的差别。若开空调,发动机转速应上升,其转速应在 1000r/mim 左右。

发动机怠速时,若出现转速过高、过低、发动机抖动严重等现象,均表明发动机怠速不良。引起发动机怠速不良的原因多达几十种,如点火正时、气门间隙、进气系统、怠速阀、曲轴箱通风系统、废气再循环系统、活性炭罐系统、点火系统、供油系统、线束等均可能引起怠速不良,这也是困扰汽车维修检测人员的一个大难题,有时候为了找到怠速不良的故障原因,可能要花很多的工时,甚至有的汽车怠速不良是顽症,可能一直都无法解决,鉴定评估人员应引起重视。

3. 检查发动机异响

让发动机怠速运转,听发动机有无异响、响声大小。然后,用手拨动节气门,适当增加发动机转速,倾听发动机的异响是否加大,或是否有新的异响出现。

正常情况下,发动机各部件配合间隙适当、润滑良好、工作温度正常、燃油供给充分、点火正时准确等条件下运转,无论转速和负荷怎样变化,都是一种平稳而有节奏、协调而又圆滑的轰鸣声。

在额定转速内,除正时齿轮、机油泵齿轮、喷油泵齿轮、喷油泵传动齿轮及气门有轻微均匀的响声以外,若发动机发出敲击声、咔哒声、爆燃声、咯咯声、尖叫声等均是不正常的响声。如果有来自发动机底部的低频隆隆声或爆燃声,则说明发动机严重损坏,需要对发动机进行大修。

发动机异响是很难排除的,尤其是发生在发动机内部,鉴定评估人员应高度引起重视。

4. 检查发动机急加速性

待发动机运转正常后,发动机温度达到 80℃ 以上,用手拨动节气门,从怠速到急加速,观察发动机的急加速性能,然后迅速松开节气门,注意发动机怠速是否熄火或工作不稳。通常急加速时,发动机发出强进且有节奏的轰鸣声。

5. 检查发动机曲轴箱窜气量

打开发动机曲轴箱通风出口,用手拨动节气门,逐渐加大发动机转速,观察曲轴箱的窜气量。正常发动机曲轴箱的窜气较少,无明显油气味,四缸发动机一般在 10~20L/min。

若曲轴箱窜气量较高,油气味重,说明汽缸与活塞磨损严重,汽车行驶里程长,发动机需要大修,而发动机大修的费用是很高的。

若曲轴箱窜气量大于 600L/min,则曲轴箱通风系统不能保证曲轴箱的气体完全被排出,通风系统可能结胶堵塞,曲轴箱气体压力将增大,曲轴箱前后油封可能漏油,表明此发动机已需要大修。

6. 检查排气颜色

正常的汽油发动机排出气体是无色的,在严寒的冬季可见白色的水汽;柴油发动机带负荷运转时,发动机排出气体一般是灰色的,负荷加重时,排气颜色会深一些。汽车排气常有三种不正常的烟雾。

1) 冒黑烟

黑烟意味着燃油系统输出的燃油太多。换句话说,空气和燃油混合气太浓,发动机不能将它们完全燃烧。当混合气过浓时,排气中的燃油使催化转换器变成一个催化反应炉。混合气过浓情况是由于几个火花塞不点火,还是由于几个喷油器漏油引起,很难区分。无论哪种情况,燃油已被直接泵进催化转换器中。这样就把转换器的工作温度升高到了一个危险程度。经过一段时间后,更高的工作温度可能导致催化转换器破裂或融化。

2) 冒蓝烟

蓝烟意味着发动机烧机油,机油窜入燃烧室。若机油油面不高,最常见的原因是汽缸与活塞密封出现问题,即活塞、活塞环因磨损与汽缸的间隙过大。这表明此发动机需要大修。

3) 冒白烟

白烟意味着发动机烧自身冷却系统中的冷却液(防冻液和水)。这可能是汽缸垫烧坏,使冷却液从冷却液通道渗漏到燃烧室中。也可能是缸体有裂纹,冷却液进入汽缸内,这种发动机的价值就要大打折扣。白烟的另一个解释是非常冷和潮湿的外界空气(低露点)引起。这种现象类似于在非常寒冷的天气中呼吸时的凝结,当呼出的气体比外界空气热得多,而与外界冷空气混杂在一起时热气凝结,产生水蒸汽。以同样的方式,热排气与又冷又湿的大气混杂在一起产生白色烟雾(蒸汽),但是当汽车热起来后,因为热排气湿度含量低,蒸汽应当消失。当然,如果在非常非常寒冷的气候条件下检查一辆汽车,即使在发动机热起来后,它的排气可能继续冷凝,此时就要靠鉴定评估人员的判断力。如果在暖和的天气里看到冒白烟,可能表明有某种机械问题。

如果是自动挡汽车,汽车行驶时排出大量白烟可能是自动变速器有问题,而不是冷却液引起。许多自动变速器有一根通向发动机的真空管。如果这根变速器真空末端的密封垫或薄膜泄漏,自动变速器油液可能被吸入发动机中,造成排气冒烟。

7. 检查排气气流

将手放在距排气管排气口10cm左右处,感觉发动机怠速时排气气流的冲击。正常排气气流有很小的脉冲感。若排气气流有周期性的打嗝或不平稳的喷溅,表明气门、点火或燃油系统有问题,引起间断性失火。

将一张白纸悬挂靠近排气口10cm左右,如果纸不断地被排气气流吹开,则表明发动机运转正常。如果纸偶尔地被吸向排气口,则发动机配气机构可能有很大问题。

四、汽车路试检查

汽车路试一般行驶20km左右。通过一定里程的路试检查汽车的工况。

1. 检查离合器的工作状况

按正常汽车起步方法操纵汽车,使汽车挂挡平稳起步,检查离合器工作情况。

正常情况下,离合器应该是接合平稳,分离彻底,工作时无异响、抖动和不正常打滑等现象。踏板自由行程符合汽车技术条件的有关规定,一般为30~45mm。自由行程太小,说明离合器摩擦片磨损严重。离合器踏板力应与该型号汽车的踏板力相适应,各种汽车的离合器踏板力不应大于30kg。

如果离合器发抖或有异响,说明离合器内部有零件损坏现象,应立即结束路试。

2. 检查变速器的工作状况

从起步加速到高速挡，再由高速挡减至低速挡，检查变速器换挡是否轻便灵活；是否有异响、互锁和自锁装置有效、是否有乱挡现象，加快车速是否有掉挡现象；换挡时变速杆不得与其他部件干涉。

在换挡时，变速器齿轮发响表明变速器换挡困难，这是变速器常见的故障现象。一般是由于换挡联动机构失调，换挡叉轨变形或锈蚀，或同步器损坏所致。对于变速传动机构工作不畅或锈蚀，尤其是远程换挡机构，只需重新调整即可。对于同步器损坏，则需要更换同步器，费用较高。

在汽车行驶过程中，急速踩下加速踏板或汽车受到冲击时，变速杆自行回到空挡，即为掉挡。当变速器出现掉挡时，说明变速器内部磨损严重，需要更换磨损的零件，才能恢复正常的性能。

在路试中，换挡后出现变速杆发抖现象，表明汽车变速器使用时间很长，变速器的操纵机构的各个铰链处磨损松旷，使变速杆处的间隙过大。

3. 检查汽车动力性

汽车动力性能最常见的指标是从静态加速至 100km/h 的所需时间和最高车速，其中前者是最具意义的动力性能指标和国际流行的小客车动力性能指标。

汽车起步后，加速行驶，猛踩加速踏板，检查汽车的加速性能。通常急加速时，发动机发出强劲的轰鸣声，车速迅速提升。各种汽车设计时的加速性能不尽相同就轿车而言，一般发动机排量越大，加速性能就越好，有经验的汽车评估人员，能够了解各种常见车型的加速性能，通过路试能够检查出被检汽车的加速性能与正常的该型号汽车加速性能的差距。

检查汽车的爬坡性能，检查汽车在相应的坡道上，使用相应挡位时的动力性能，是否与经验值相近，感觉是否正常。

检查汽车是否能够达到原设计车速，如果达不到，估计一下差距大小。

如果汽车提速慢，最高车速与原车设计值差距较大，上坡无力，则说明车辆动力性能差。

4. 检查汽车制动性能

汽车起步后，先轻踩一下制动踏板检查是否有制动；将车加速至 20km/h 作一次紧急制动，检查制动是否可靠，有无跑偏、甩尾现象；再将车加速至 50km/h，先用点刹的方法检查汽车是否立即减速、是否跑偏，再用紧急制动的方法检查制动距离和跑偏量。机动车在规定的初速度下的制动距离和制动稳定性应符合表 7-3-1 的要求。

制动距离和制动稳定性要求　　　　　　　　　　表 7-3-1

机动车类型		制动初速度（km/h）	制动距离（m）		试车道宽度（m）
			满载	空载	
三轮汽车		20	≤5.0		2.5
乘用车		50	≤20.0	≤19.0	2.5
总质量≤3500kg	低速汽车	30	≤9.0	≤8.0	2.5
	一般汽车	50	≤22.0	≤21.0	2.5
其他汽车、汽车列车		30	≤10.0	≤9.0	3.0
轮式拖拉机运输机组		20	≤6.5	≤6.0	3.0
手扶变型运输机		20	≤6.5		2.3

当踩下制动踏板时,若制动踏板或制动鼓发出冲击或尖叫声,则表明制动摩擦片可能磨损,路试结束后应检查制动摩擦片的厚度。

若踩下制动踏板有海绵感,则说明制动管路进入空气,或制动系统某处有泄漏,应立即停止路试。

5. 检查汽车行驶稳定性

车速以50km/h左右中速直线行驶,双手松开转向盘,观察汽车行驶状况。此时,汽车应该仍然直线行驶并且不会明显地转到另一边。无论汽车转向哪一边,都说明汽车的转向轮定位不准,或车身、悬架变形。

车速以90km/h以上高速行驶,观察转向盘有无摆动现象,即所谓的"汽车摆头"。若汽车有高速摆头现象,通常意味着存在着严重的车轮不平衡或不对中问题。"汽车摆头"时,前轮左右摇摆沿波形前进,严重地破坏了汽车的平顺性,直接影响汽车的行驶安全,增大了轮胎的磨损,使汽车只能以较低的速度前进。

选择宽敞的路面,左右转动转向盘,检查转向是否灵活、轻便。若方向沉重,说明汽车转向机构各球头缺油或轮胎气压过低。对于带助力转向的汽车,方向沉重可能是动力转向泵和齿轮齿条磨损严重,要修理或更换转向齿条相当贵。动力转向问题有时还靠转向盘转动时的嘎吱声来识别,发出这种声音可能仅仅是转向油液面过低。

转向盘最大自由转动量不允许大于20°(最高设计车速不小于100km/h的机动车)。若转向盘的自由转动量过大,意味着转向机构磨损严重,使转向盘的游动间隙过大,使转向不灵。

6. 检查汽车行驶平顺性

将汽车开到粗糙、有凸起路面行驶,或通过铁轨,或通过公路有伸缩接缝,感觉汽车的平顺性和乘坐舒适性。通常汽车排量越大,行驶越平顺,但燃油消耗也越多。

当汽车转弯或能通过不平的路面时,倾听是否有从汽车前端发出忽大或忽小的嘎吱声或低沉噪声,可能是滑柱或减振器坚固装置松了,或轴衬磨损严重。汽车转弯时,若车身侧倾过大,则可能横向稳定杆衬套或减振器磨损严重。

在前轮驱动汽车上前面发出咯哒声、沉闷金属声、滴哒等声,可能是等速万向节已磨损需要维修,等速万向节维修费用昂贵,和变速器大修费用差不多。

7. 检查汽车传动效率

在平坦的路面上,作汽车滑行试验。将汽车加速至30km/h左右,踏下离合器踏板,将变速器挂入空挡滑行,其滑行距离应不小于220m。否则汽车传动系的传动阻力大、传动效率低、油耗增大、动力不足。汽车越重,其滑行距离越远。初始车速越高,其滑行距离亦越远。

将汽车加速至40~60km/h迅速抬起加速踏板,检查有无明显的金属撞击声,如果有说明传动系统间隙过大。

8. 检查风噪声

逐渐提高车速,使汽车高速行驶,倾听车外风噪声。风噪声过大,说明车门或车窗密封条变质损坏,或车门变形密封不严,尤其是整形后的事故车。

通常车速越高,风噪声越大。对于空气动力学设计较好的汽车,其密封和隔音性能好,风噪声较小。而对于空气动力学设计较差的汽车,或整形后的事故车,风噪声一般较大。

9. 检查驻车制动

选一坡路,将车停在坡中,拉起驻车制动杆,观察汽车是否停稳,有无滑溜现象。通常驻车制动力不应小于整车重量的20%。

五、自动变速器的路试检查

1. 自动变速器路试前的准备工作

在道路试验之前，应先让汽车以中低速行驶 5～10min，让发动机和自动变速器都达到正常工作温度。

2. 检查自动变速器升挡

将操纵手柄拨至前进挡（D）位置，踩下加速踏板，使节气门保持在 1/2 开度左右，让汽车起步加速，检查自动变速器的升挡情况。自动变速器在升挡时发动机会有瞬时的转速下降，同时车身有轻微的闯动感。正常情况下，随着车速的升高，试车者应能感觉到自动变速器能顺利地由 1 挡升入 2 挡，随后再由 2 挡升入 3 挡，最后升入超速挡。若自动变速器不能升入高挡（3 挡或超速挡），说明控制系统或换挡执行元件有故障。

3. 检查自动变速器升挡车速

将操纵手柄拨至前进挡（D）位置，踩下加速踏板，并使节气门保持在某一固定开度，让汽车加速。当察觉到自动变速器升挡时，记下升挡车速。一般 4 挡自动变速器在节气门开度保持在 1/2 时由 1 挡升至 2 挡的升挡车速为 25～35km/h，由 2 挡升至 3 挡的升挡车速为 55～70km/h，由 3 挡升至 4 挡（超速挡）的升挡车速为 90～120km/h。由于升挡车速和节气门开度有很大的关系，即节气门开度不同时，升挡车速也不同，而且不同车型的自动变速器各挡位传动比的大小都不相同，其升挡车速也不完全一样。因此，只要升挡车速基本保持在上述范围内，而且汽车行驶中加速良好，无明显的换挡冲击，都可认为其升挡车速基本正常。若汽车行驶中加速无力，升挡车速明显低于上述范围，说明升挡车速过低（即过早升挡）；若汽车行驶中有明显的换挡冲击，升挡车速明显高于上述范围，说明升挡车速过高（即太迟升挡）。

由于降挡时刻在行驶中不易察觉，因此在道路试验中一般无法检查自动变速器的降挡车速，只能通过检查升挡车速来判断自动变速器有无故障。如有必要，还可检查其他模式下或操纵手柄位于前进低挡位置时的换挡车速，并与标准值进行比较，作为判断故障的参考依据。

升挡车速太低一般是控制系统故障所致；换挡车速太高则可能是控制系统的故障所致，也可能是换挡执行元件的故障所致。

4. 检查自动变速器升挡时发动机转速

有发动机转速表的汽车在作自动变速器道路试验时，应注意观察汽车行驶中发动机转速变化的情况。它是判断自动变速器工作是否正常的重要依据之一。在正常情况下，若自动变速器处于经济模式或普通模式，节气门保持在低于 1/2 开度范围内，则在汽车由起步加速直至升入高速挡的整个行驶过程中，发动机转速都低于 3000r/min。通常在加速至即将升挡时发动机转速可达到 2500～3000r/min，在刚刚升挡后的短时间内发动机转速下降至 2000r/min 左右，如果在整个行驶过程中发动机转速始终过低，加速至升挡时仍低于 2000r/min，说明升挡时间过早或发动机动力不足；如果在行驶过程中发动机转速始终偏高，升挡前后的转速在 2500～3500r/min 之间，而且换挡冲击明显，说明升挡时间过迟；如果在行驶过程中发动机转速过高，经常高于 3000r/min，在加速时达到 4000～5000r/min，甚至更高，则说明自动变速器的换挡执行元件（离合器或制动器）打滑，需要自动变速器拆修。

5. 检查自动变速器换挡质量

换挡质量的检查内容主要是检查有无换挡冲击。正常的自动变速器只能有不太明显的换挡冲击，特别是电子控制自动变速器的换挡冲击十分微弱。若换挡冲击太大，说明自动变速器的控制系统或换挡执行元件有故障,其原因可能是油路油压过高或换挡执行元件打滑,自动变速器有故障需要维修。

6.检查自动变速器的锁止离合器工作状况

自动变速器变矩器中的锁止离合器工作是否正常也可以采用道路试验的方法进行检查。试验中让汽车加速至超速挡,以高于80km/h的车速行驶,并让节气门开度保持在低于1/2的位置,使变矩器进入锁止状态。此时,快速将加速踏板踩下使节气门至2/3开度,同时检查发动机转速的变化情况。若发动机转速没有太大变化,说明锁止离合器处于接合状态;反之,若发动机转速升高很多,则表明锁止离合器没有接合,其原因通常是锁止控制系统有故障。

7.检查发动机制动功能

检查自动变速器有无发动机制动作用时,应将操纵手柄拨至前进低挡(L或2、1)位置,在汽车以2挡或1挡行驶时,突然松开加速踏板,检查是否有发动机制动作用。若松开加速踏板后车速立即随之下降,说明有发动机制动作用;否则说明控制系统或前进强制离合器有故障。

8.检查自动变速器强制降挡功能

检查自动变速器强制降挡功能时,应将操纵手柄拨至前进挡(D)位置,保持节气门开度为1/3左右,以2挡、3挡或超速挡行驶时突然将加速踏板完全踩到底,检查自动变速器是否被强制降低一个挡位。在强制降挡时,发动机转速会突然上升至4000r/min左右,并随着加速升挡,转速逐渐下降。若踩下加速踏板后没有出现强制降挡,说明强制降挡功能失效。若在强制降挡时发动机转速上升过高,达5000~6000 r/min,并在升挡时出现换挡冲击,则说明换挡执行元件打滑,自动变速器需要拆修。

六、路试后的检查

1.检查各部件温度

(1)检查油、冷却液温度。检查冷却液温度、机油温度、齿轮油温度(正常不应超过90℃,机油温度不应高于90℃,齿轮油温不应高于85℃)。

(2)检查运动机件过热情况。查看制动鼓、轮毂、变速器壳、传动轴、中间轴轴承、驱动桥壳(特别是减速器壳)等,不应有过热现象。

2.检查"四漏"现象

(1)在发动机运转及停车时散热器、水泵、汽缸、缸盖、暖风装置及所有连接部位均无明显渗漏水现象。

(2)机动车连续行驶距离不小于10km,停车5min后观察不得有明显渗漏油现象。检查机油、变速器、主减速器油、转向液压油、制动液、离合器油、液压悬架油等相关处有无泄漏。

(3)检查汽车的进气系统、排气系统有无漏气现象。

(4)检查发动机点火系统有无漏电现象。

第三节 仪器检查

利用静态检查和动态检查,可以对汽车的技术状况进行定性的判断,即初步判定车辆的运行情况是否基本正常、车辆各部分有无故障及故障的可能原因、车辆各总成及部件的新旧程度等。当对车辆各项技术性能及各总成、部件的技术状况进行定量、客观的评价时,通常需借助一些专用仪器、设备进行。

对二手车进行综合检测，需要检测车辆的动力性、燃料经济性、转向操作性、排放污染、噪声等整车性能指标，以及发动机、底盘、电器电子等各部件的技术状况，汽车主要检测内容及对应采用的仪器设备如表7-3-2所示。

车辆性能检测指标与检测设备　　　　　表7-3-2

检　测　项　目			检　测　仪　器　设　备
整车性能	动力性	底盘输出功率	底盘测功机
		汽车直接加速时间	底盘测功机（装有模拟质量）
		滑性性能	底盘测功机
	燃料经济性	等速百公里油耗	底盘测功机、油耗仪
	制动性	制动力	制动检测台、轮重仪
		制动力平衡	制动检测台、轮重仪
		制动协调时间	制动检测台、轮重仪
		车轮阻滞力	制动检测台、轮重仪
		驻车制动力	制动检测台、轮重仪
	转向操作性	转向轮横向侧滑量	侧滑检验台
		转向盘最大自由转动量	转向力—角仪
		转向操纵力	转向力—角仪
		悬架特性	底盘测功机
	前照灯	发光强度	前照明灯检测仪
		光束照射位置	前照明灯检测仪
	排放污染物	汽油车急速污染物排放	废气分析仪
		汽油车双急速污染物排放	废气分析仪
		柴油车排气可污染物	不透光仪
		柴油车排气自由加速烟度	烟度计
	喇叭声级		声级仪
	车辆防雨密封性		淋雨试验台
	车辆表示值误差		车速表试验台
发动机部分	发动机功率		1. 无负荷测功仪 2. 发动机综合测试仪
	汽缸密封性	汽缸压力	汽缸压力表
		曲轴箱窜气量	曲轴箱窜气量检测仪
		汽缸漏气率	汽缸漏气量检测仪
		进气管真空度	真空表
	起动系	起动电流 蓄电池起动电压 起动转速	1. 发动机综合测试仪 2. 汽车电器万能试验台

续上表

检测项目			检测仪器设备
发动机部分	点火系	点火波形 点火提前角	1. 专用示波器 2. 发动机综合测试仪
	燃油系	燃油压力	燃油压力表
	润滑系	机油压力润滑油品质	机油压力表 机油品质检测仪
底盘部分	异响		发动机异响诊断仪
	离合器打滑		离合器打滑测定仪
	传动系游动角度		游动角度检验仪
行驶系	车轮定位		四轮定位仪
	车轮不平衡		车轮平衡仪
空调系统	系统压力		空调压力表
	空调密封性		卤素检漏灯
电子设备			微机故障检测仪

检测汽车性能指标需要的设备有很多。其中最主要有底盘测功机、制动检验台、油耗仪、侧滑试验台、前照灯检测仪、车速表试验台、发动机综合测试仪、示波器、四轮定位仪、车胎平衡仪等设备,这些设备一般在汽车的综合性能检测中心(站)或汽车修理厂采用,操作难度较大,二手车鉴定评估人员不需要掌握这些设备的使用。但对于一些常规的、小型检测设备应能掌握,以迅速快捷地判断汽车常见故障,这些设备仪器主要有:汽缸压力表、真空表、万用表、正时枪、燃油压力表、废气分析仪、烟度计、声级计、电脑故障诊断仪(俗称解码器)等。

第四节 汽车碰撞损坏检查

一、汽车碰撞损坏的特点

汽车碰撞事故可分为单车事故和多车事故,其中单车事故又可细分为翻车事故和与障碍物碰撞事故。翻车事故一般是驶离路面或高速转弯造成的,其严重程度主要与事故车辆的车速和翻车路况有关,图 7-3-1 列举了翻车的几种典型状态。与障碍物碰撞事故主要可分为前撞、尾撞和侧撞,其中前撞和尾撞较常见,而侧撞较少发生。与障碍物碰撞的前撞和尾撞又可根据障碍物的特征和碰撞方向的不同再分类,图 7-3-2 为几种典型的汽车与障碍物碰撞案例。尽管在单车事故中,侧撞较少发生,但当障碍物具有一定速度时也可能发生,如图 7-3-3 所示。

单车事故中汽车可受到前、后、左、右、上、下的冲击载荷,且对汽车施加冲击载荷的障碍物可以是有生命的人体或动物体,也可以是无生命的物体。显然障碍物的特性和运动状态对汽车事故的后果影响较大。这些特性包括质量、形状、尺寸和刚性等。这些特性参数的实际变化范围很大,如人体的质量远比牛这类动物体的质量小,而路面和混凝土墙的刚性远比护栏和松土的刚性大。障碍物特性和状态的千变万化导致的结果是对事故车辆及乘员造成不同类型和不同程度的伤害。

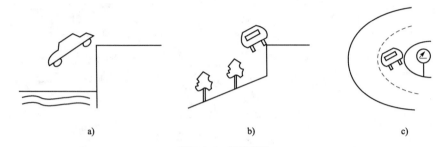

图 7-3-1　翻车情形
a) 正向坠崖翻车；b) 侧向坠崖翻车；c) 高速转弯翻车

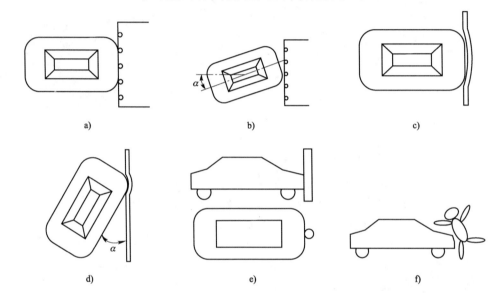

图 7-3-2　汽车与障碍物碰撞情形
a) 与刚性墙正碰；b) 与刚性墙斜碰；c) 与护栏正碰；d) 与护栏斜碰；e) 与刚性柱碰撞；f) 与行人碰撞

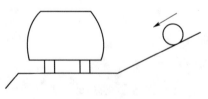

图 7-3-3　单车侧碰事故

多车事故为两辆以上的汽车在同一事故中发生碰撞，与单车事故比，有两个明显的特征：

（1）在多车事故中一般没有来自上、下方向的冲击载荷；

（2）给事故汽车施加冲击力的均为其他车辆，尽管不同车辆的刚性不一样，但没有单车事故中障碍物的刚性变化大。

二、汽车碰撞损坏的检验

在进行车辆碰撞区损伤诊断时，可将车辆分成多个区域，逐一检验诊断，不同的区域应采用不同的诊断方法。通常将汽车分为 5 个区域，分别是：

区域 1：直接碰撞损伤区，又称为一次损伤区，如图 7-3-4a) 所示。

区域 2：间接碰撞损伤区，又称为二次损伤区，如图 7-3-4b) 所示。

区域 3：机械损伤区，即汽车机械零件、动力传动系统零件、附件等损伤区，如图 7-3-4c)

所示。

区域4:乘员舱区,即车厢的各种损坏,包括内饰件、灯、附件、控制装置、操纵装置和饰层等,如图7-3-4d)所示。

区域5:外饰和漆面区,即车身外饰件及外部各种零部件的损伤,如图7-3-4e)所示。

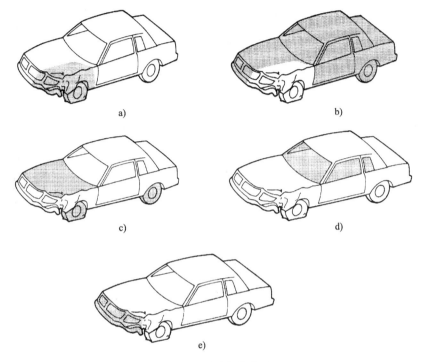

图7-3-4 汽车损伤分区

a)区域1(一次损伤区);b)区域2(二次损伤区);c)区域3(机械损伤区);d)区域4(乘员舱区);e)区域5(外饰和漆面区)

当使用检验区概念时,应遵从下列原则:

(1)检查应从车前到车后(在追尾碰撞的情况下,从车后到车前)。

(2)检查应从车外到车里。首先列出外板、装饰板,然后列出车下结构嵌钣和附件的损坏。

(3)首先列出主要总成,然后列出比较小的部件以及未包含在总成里的附件。

第四章 二手车价值评估

第一节 二手车评估方法的选择

一、评估方法的区别与联系

1. 重置成本法与收益现值法

重置成本法与收益现值法的区别在于:前者是历史过程,后者是预期过程。重置成本法比较侧重对车辆过去使用状况的分析。尽管重置成本法中的更新重置成本是现时价格,但重置成本法中的其他许多因素都是基于对历史的分析,再加上对现时的比较后得出结论。如有形损耗就是基于被评估车辆的已使用年限和使用强度等来确定的。由此可见，如果没有对被评估车辆的历史判断和记录，那么运用重置成本法评估车辆的价值是不可能的。

与重置成本法比较，收益现值法的评估要素完全是基于对未来的分析。收益现值法不必考虑被评估车辆过去的情况怎样，也就是说，收益现值法从不把被评估车辆已使用年限和使用程度作为评估基础。收益现值法所考虑和侧重的是被评估对象未来能给投资者带来多少收益。预期收益的测定，是收益现值法的基础。一般而言，预期收益越大，车辆的价值越大。

2. 重置成本法与现行市价法

理论上讲，重置成本法也是一种比较方法。它是将被评估车辆与全新车辆进行比较的过程，而且这里的比较更侧重于性能方面。比如，评估一辆旧汽车时，首先要考虑重新购置一台全新的车辆时需花多少成本，同时还需进一步考虑旧汽车的陈旧状况和功能、技术情况。只有当这一系列因素充分考虑周到后，才可能给旧汽车定价。而上述过程都涉及与全新车辆的比较，否则就无法确定旧汽车的价格。

与重置成本法比较，现行市价法的出发点更多地表现在价格上。由于现行市价法比较侧重价格分析，因此对现行市价法的运用便十分强调市场化程度。如果市场很活跃，参照物很容易取得，那么运用现行市价法所取得的结论就会更可靠。现行市价法的这种比较性，相对于重置成本法而言，其条件更为广泛。

运用重置成本法时，也许只需有一个或几个类似的参照物即可。但是运用现行市价法时，必须有更多的市场数据。如果只取某一数据作比较，那么现行市价法所作的结论将肯定受到怀疑。

3. 收益现值法与现行市价法

如果说收益现值法与现行市价法存在某种联系，那么这一联系就是现行市价法与收益现值法的结合。通过把现行市价法和收益现值法结合起来评估车辆的价值，在市场发达国家应用得相当普遍。

从评估观点看，收益现值法中任何参数的确定，都具有人的主观性。因为预期收益、折现率等都是不可知的参数，也容易引起争议。但是这些参数在运用收益现值法评估车辆价值时必须明确，否则收益现值法就不能使用。然而，一旦从估计上来考虑收益现值法中的参数，那么这就涉及估计依据问题。对这样的问题，在市场发达的地方，解决的方式便是寻求参照物，通过选择参照物，进一步计量其收益折现率及预期年限，然后将这些参照物数据比较有效地运用到被评估车辆上，以确定车辆的价值。

把收益现值法和现行市价法结合起来使用，其目的在于降低评估过程中的人为因素，更好地反映客观实际，从而使车辆的评估更能体现市场观点。

4. 清算价格法与现行市价法

清算价格法与现行市价法，都是基于现行市场价格确定车辆价格法的方法。所不同的是，利用现行市价法确定的车辆价格，如果被出售者接受，而不被购买者接受，出售者有权拒绝交易。但利用清算价格法确定的清算价格，若不能被购买者接受，清算价格就失去意义。这就使得利用清算价格进行的评估，完全是一种站在购买方立场上的评估。在某种程度上，这可以被认为是一种取悦于购买方的评估。

5. 综合评估法与现行市价法和重置成本法

综合评估法既吸取了现行市价法与活跃市场紧密结合的优点,也吸取了重置成本法具有可靠的折旧率的长处,因而是目前最全面、操作性最佳的评估方法。

二、评估方法的选用

1. 重置成本法的适用范围

重置成本法是汽车评估中一种常用方法,它适用于继续使用前提下的汽车评估。对在用车辆,可直接运用重置成本法进行评估,无须作较大的调整。在目前,我国汽车交易市场尚需进一步规范和完善,运用现行市价法和收益现值法的客观条件受到一定的制约;而清算价格法仅在特定的条件下才能使用。因此,重置成本法在汽车评估中得到了广泛地应用。

2. 收益现值法的适用范围

汽车的评估多数情况下采用重置成本法,但在某些情况下,也可运用收益现值法。运用收益现值法进行汽车评估的前提是被评估车辆具有独立的、能连续用货币计量的可预期收益。由于在车辆的交易中,人们购买的目的往往不在于车辆本身,而是车辆的获利能力。因此,该方法较适于从事营运的车辆。

3. 现行市价法的适用范围

现行市价法的运用首先必须以市场为前提,它是借助于参照物的市场成交价或变现价运作的(该参照物与被评估车辆相同或相似)。因此,一个发达活跃的车辆交易市场是现行市价法得以广泛运用的前提。

此外,现行市价法的运用还必须以可比性为前提。运用该方法评估车辆市场价值的合理性与公允性,在很大程度上取决于所选取的参照物的可比性如何。可比性包括两方面内容:

(1)被评估车辆与参照物之间在规格、型号、用途、性能、新旧程度等方面应具有可比性。

(2)参照物的交易情况(诸如交易目的、交易条件、交易数量、交易时间、交易结算方式等)与被评估车辆将要发生的情况具有可比性。

以上所述的市场前提和可比前提,既是运用现行市价法进行汽车评估的前提条件,同时也是对运用现行市价法进行汽车评估的范围界定。对于车辆的买卖,以车辆作为投资参股、合作经营,均适用现行市价法。

4. 清算价格法的适用范围

清算价格法适用于企业破产、抵押、停业清理时要售出的车辆。这类车辆必须同时满足以下三个条件,方可利用清算价格法进行出售:

(1)具有法律效力的破产处理文件、抵押合同及其他有效文件为依据。

(2)车辆在市场上可以快速出售变现。

(3)清算价格足以补偿因出售车辆所付出的附加支出总额。

5. 综合评估法的使用范围

综合评估法是目前可以广泛使用的评估方法,对一般的二手车价值评估有良好的效果和操作性。该方法充分考虑到现行市场的行情变化,又考虑到二手车在使用中的各种影响因素,计算出易为交易双方接受的二手车的价值。

第二节 二手车成新率的估算

二手车成新率的估算是二手车价值评估中的一个重要环节,一般采用使用年限法、综合分析法。

一、使用年限法估算成新率

1. 估算方法

根据二手车折旧方法不同,使用年限法估算二手车成新率有两种方法,即等速折旧法和加速折旧法。

1)等速折旧法

采用等速折旧法估计二手车成新率的计算公式为:

$$Cn = \left(1 - \frac{Y}{G}\right) \times 100\% \tag{7-4-1}$$

式中:Cn——使用年限成新率;
G——规定使用年限;
Y——已使用年限。

2)加速折旧法

加速折旧法又分为年份数求和法和双倍余额递减法两种。采用加速折旧法估算二手车成新率的计算公式为:

(1)年份数求和法。

$$Cn = \left[1 - \frac{2}{G(G+1)}\sum_{n=1}^{Y}(G+1-n)\right] \times 100\% \tag{7-4-2}$$

(2)双倍余额递减法。

$$Cn = \left[1 - \frac{2}{G}\sum_{n=1}^{Y}\left(1 - \frac{2}{G}\right)^{n-1}\right] \times 100\% \tag{7-4-3}$$

2. 规定使用年限与已使用年限

1)规定使用年限

我国1997年出台了《汽车报废标准》,1998年7月7日发布了国经贸经〔1998〕407号文《关于调整轻型载货汽车报废标准的通知》,2000年国家经济贸易委员会、国家发展计划委员会、公安部、国家环境保护总局联合发布了国经贸资源〔2000〕1202号文《关于调整汽车报废标准若干规定的通知》。上述报废标准是我国现行汽车使用年限规定的法规。汽车有三种使用年限规定,即8年(出租车)、10年(租赁汽车)和15年(9座,含9座以下非营运载客汽车,包括轿车、含越野型)。

对于大中型拖拉机来说,按照1992年9月19日物机字191号文颁布的《关于制定大中型拖拉机报废标准的通知》的规定:大中型拖拉机是指功率在14.7kW及以上的拖拉机,凡属下列情况之一的大中型拖拉机都应报废。

(1)大中型拖拉机使用年限超过15年(或累计工作1.8万小时),经检查调整后,耗油率上升幅度仍超过出厂额定标准20%的,功率降低值超过出厂额标准15%的。

(2)由于各种原因造成机车严重损坏,无法修复或一次性修理费超过新车价格的

1/2 的。

（3）使用多年且无配件来源，车型老旧的进口拖拉机，国产非定型和淘汰的拖拉机。

对于国内尚无规定使用年限的其他车辆，其规定使用年限参照《汽车报废标准》和该类产品的会计折旧年限或根据鉴定评估人员的经验加以确定。

2）已使用年限

使用年限是代表汽车运行量和工作量的一种计量，这种计量是以汽车正常使用为前提的，包括正常的使用时间和使用强度。对于汽车这种商品来说，它的经济使用寿命指标有规定使用年限，同时也以行驶里程数作为运行量的计量单位。从理论上讲，综合考虑已使用年限和行驶里程数要符合实际一些，汽车的已使用年限应采用折算年限，即：

$$折算年限 = \frac{总的累计行驶里程}{年平均行驶里程}$$

这种使用年限的表示方法既反映了汽车的使用情况（即管理水平、使用水平、维护水平）、使用强度，又包括了运行条件和某些停驶时间较长的汽车的自然损耗。但在实践操作中，很难找到总的累计行驶里程和年平均行驶里程这一组数据，所以已使用年限只能取汽车从新车在公安交通管理机关注册登记之日起至评估基准日的年数，在估算成新率时，一定要有使用年限的概念。在汽车评估实务和实际计算中，通常在使用等速折旧时，将已使用年限和规定使用年限换算成月数，在使用加速折旧时，已使用年限和规定使用年限按年数计算，不足一年部分按 1/12 的倍数折算。如 3 年 9 个月，前三年按年计算，后 9 个月按第四年折旧的 9/12 计算。汽车评估实务中通常不计算不足 1 个月的天数折旧。最近几年我国各类汽车年平均行驶里程见表 7-4-1。

我国各类汽车年平均行驶里程　　　　　　表 7-4-1

汽车类别	年平均行驶里程（万公里）	汽车类别	年平均行驶里程（万公里）
微型、轻型载货汽车	3～5	租赁车	5～8
中型、重型载货汽车	6～10	旅游车	6～10
私家车	1～3	中、低档长途客运车	8～12
行政、商务用车	3～6	高档长途客运车	15～25
出租车	10～15		

汽车按年限折旧只能采取加速折旧的方法，而不能采取等速折旧的方法。旧汽车的市场上其市场价格也呈加速折旧的态势。通常，25 万元以上的汽车采用年份数求和法较好，25 万元以下的汽车采用双倍余额递减法较好。

3. 计算实例

事例 1　某家庭用普通型桑塔纳轿车，初次登记年月是 2000 年 2 月，评估基准时是 2005 年 2 月，请分别用等速折旧法、加速折旧法中的年份数求和法与双倍余额递减法计算成新率。

解：该车已使用年限刚好为 5 年，由于是私家车，则其规定使用年限为 15 年。

（1）等速折旧法

$$C_d = \left(1 - \frac{Y}{G}\right) \times 100\% = \left(1 - \frac{5}{15}\right) \times 100\% \approx 66.7\%$$

(2)年份数求和法

$$C_f = \left[1 - \frac{2}{G(G+1)}\sum_{n=1}^{Y}(G+1-n)\right] \times 100\%$$

$$= \left[1 - \frac{2}{15(15+1)}\sum_{n=1}^{Y}(15+1-n)\right] \times 100\%$$

$$= \left\{1 - \frac{2}{15(15+1)}\left[(15+1-1)+(15+1-2)+(15+1-3)+\right.\right.$$
$$\left.\left.(15+1-4)+(15+1-5)\right]\right\} \times 100\%$$

$$\approx 45.8\%$$

(3)双倍余额递减法

$$C_s = \left[1 - \frac{2}{G}\sum_{n=1}^{Y}\left(1-\frac{2}{G}\right)^{n-1}\right] \times 100\%$$

$$= \left[1 - \frac{2}{15}\sum_{n=1}^{5}\left(1-\frac{2}{15}\right)^{n-1}\right] \times 100\%$$

$$= \left\{1 - \frac{2}{15}\left[\left(1-\frac{2}{15}\right)^{1-1}+\left(1-\frac{2}{15}\right)^{2-1}+\left(1-\frac{2}{15}\right)^{3-1}+\left(1-\frac{2}{15}\right)^{4-1}+\right.\right.$$
$$\left.\left.\left(1-\frac{2}{15}\right)^{5-1}\right]\right\} \times 100\%$$

$$\approx 48.9\%$$

事例2 某租赁公司欲转让一台捷达轿车,该车初次登记日期为1999年3月,评估基准时是2004年3月。请分别用等速折旧法、年份数求和法和双倍余额递减法计算成新率。

解:该车已使用年限 Y 为5年,由于是租赁车,则其规定使用年限为10年。

(1)等速折旧法

$$Cn = \left(1 - \frac{Y}{G}\right) \times 100\%$$
$$= \left(1 - \frac{5}{10}\right) \times 100\%$$
$$= 50\%$$

(2)年份数求和法

$$Cn = \left[1 - \frac{2}{G(G+1)}\sum_{n=1}^{Y}(G+1-n)\right] \times 100\%$$

$$= \left[1 - \frac{2}{10(10+1)}\sum_{n=1}^{5}(10+1-n)\right] \times 100\%$$

$$= \left\{1 - \frac{2}{10 \times 11}\left[(10+1-1)+(10+1-2)+(10+1-3)+\right.\right.$$
$$\left.\left.(10+1-4)+(10+1-5)\right]\right\} \times 100\%$$

$$\approx 27.3\%$$

(3)双倍余额递减法

$$Cn = \left[1 - \frac{2}{G}\sum_{n=1}^{Y}\left(1-\frac{2}{G}\right)^{n-1}\right] \times 100\%$$

$$= \left[1 - \frac{2}{10}\sum_{n=1}^{5}\left(1-\frac{2}{10}\right)^{n-1}\right] \times 100\%$$

$$= \left\{1 - \frac{1}{5}\left[\left(1-\frac{1}{5}\right)^1 + \left(1-\frac{1}{5}\right)^2 + \left(1-\frac{1}{5}\right)^3 + \left(1-\frac{1}{5}\right)^4\right]\right\} \times 100\%$$

$$\approx 32.8\%$$

二、综合分析法估算成新率

1. 估算方法

综合分析法是以使用年限法为基础,再综合考虑到影响二手车价值的多种因素,以系数调整确定成新率的一种方法,其计算公式为:

$$Cz = Cn \times K \times 100\% \tag{7-4-4}$$

式中:Cz——综合成新率;

Cn——使用年限成新率;

K——综合调整系数。

2. 综合调整系数

综合调整系数采用下述两种方法确定:

(1)车辆无须进行项目修理或换件的,可采用表7-4-2所示推荐的综合调整系数,用加权平均的方法进行微调。

二手车成新率综合调整系数　　　　表7-4-2

影响因素	因素分级	调整系数	权重(%)
技术状况	好	1.0	30
	较好	0.9	
	一般	0.8	
	较差	0.7	
	差	0.6	
维护	好	1.0	25
	一般	0.9	
	较差	0.8	
制造质量	大贸进口车	1.0	20
	国产名牌车	0.9	
	走私罚没车、国产非名牌车	0.7	
工作性质	私用	1.0	15
	公务、商务	0.9	
	营运	0.7	
工作条件	较好	1.0	10
	一般	0.9	
	较差	0.8	

(2)车辆需要进行项目修理或换件的,或需进行大修理的,综合考虑表7-4-2列出的影响因素,可采用"一揽子"评估方法确定一个综合调整系数。

影响二手车成新率的主要因素有车辆技术状况、车辆使用和维修状态、车辆原始制造质

量、车辆工作性质、车辆工作条件等 5 个方面。为此,综合调整系数由 5 个方面构成,即
$$K = K_1 \times 30\% + K_2 \times 25\% + K_3 \times 20\% + K_4 \times 15\% + K_5 \times 10\% \qquad (7\text{-}4\text{-}5)$$
式中:K_1——车辆技术状况调整系数;

K_2——车辆使用和维修状态调整系数;

K_3——车辆原始制造质量调整系数;

K_4——车辆工作性质调整系数;

K_5——车辆工作条件调整系数。

3. 各调整系数的选取

1)车辆技术状况调整系数 K_1

车辆技术状况调整系数是基于对车辆技术状况鉴定的基础上对车辆进行的分级,然后取调整系数来修正车辆的成新率,技术状况系数取值范围为 0.6~1.0,技术状况好的取上限;反之取下限。

2)车辆使用和维护状态调整系数 K_2

它是反映使用者对车辆使用、维护的水平,不同的使用者,对车辆使用、维护的实际执行情况差别较大,因而直接影响到车辆的使用寿命和成新率,使用和维护状态调整系数取值范围为 0.8~1.0。

3)车辆原始制造质量调整系数 K_3

确定该系数时,应了解车辆是国产还是进口以及进口国别,是国产车辆的应了解是名牌产品还是一般产品。一般来说,国家正规手续进口的车辆质量优于国产车辆,名牌产品优于一般产品,但又有较多例外,故在确定此系数时应较慎重。对依法没收领取牌证的走私车辆,其原始制造质量调整系数建议视为同国产名牌产品考虑。原始制造质量调整系数取值范围在 0.8~1.0。

4)车辆工作性质调整系数 K_4

车辆工作性质不同,其繁忙程度不同,使用强度亦不同。把车辆工作性质分为私人工作和生活用车,机关企事业单位的公务和商务用车,从事旅客、货运、城市出租的营运用车。以普通小轿车为例,一般来说,私人工作和生活用车每年最多行驶约 2.5 万公里;公务、商务用车每年不超过 4 万公里;而营运出租车每年行驶有些高达 12 万公里。可见工作性质不同,其使用强度差异之大,车辆工作性质调整系数取值范围为 0.7~1.0。

5)车辆工作条件调整系数 K_5

我国地域辽阔,各地自然条件差别很大,车辆的工作条件对其成新率影响也很大。把工作条件分道路条件和特殊使用条件。

(1)道路条件可分为好路、中等路和差路三类。好路指国家道路等级中的高速公路,一、二、三级道路,好路率在 50% 以上;中等路指符合国家道路等级的四级道路,好路率在 30%~50%;差路指国家等级以外的路,好路率在 30% 以上。

(2)特殊使用条件。特殊使用条件主要指特殊自然条件,包括寒冷、沿海、风沙、山区等地区。

根据上述工作条件可适当取值,车辆长期在道路条件为好路和中等路行驶时,车辆工作条件调整系数分别取 1 和 0.9;车辆长期在差路或特殊使用条件下工作,其车辆工作条件调整系数取 0.8。

从上述影响因素中可以看出,各影响因素关联性较大。一般来说,其中某一影响因素加

强时,其他项影响因素也随之加强;反之则减弱。影响因素作用加强时,对其综合调整系数不要随影响作用加强而随之无限加大。一般综合调整系数取值不要超过 1。

4. 其他因素对成新率的影响

1) 车辆大修

一辆机动车经过一段时间的使用后(或停用受自然力的影响)会产生磨损,磨损的补偿就是修理,当某零部件完全丧失功能而又无法修理时,必须换件以恢复其功能作用。当车辆主要总成的技术状况下降到一定程度时,需要用修理或更换车辆任何零部件的大修方法,以恢复车辆的动力性、经济性、工作可靠性和外观的完整美观性,这样对车辆的追加投入从理论上讲,无疑是增加了车辆的使用寿命,对成新率的估算值可适当增加。但是在实际使用和维修中又不尽人意:一是使用者对车辆的技术管理水平低,不清楚自己车辆的实际技术状况,而不能做到合理送修、适时大修;二是社会上有些维修企业,维修设备落后,维修安装技术水平差;三是有些配件质量差。因此,经过大修的车辆不一定都能很好地恢复车辆使用性能。对于老旧的国产车辆刚完成大修,即使很好地恢复使用性能,其耐久性也差。更重要的是有些高档进口车辆经过大修以后,不仅难以恢复原始状况,而且有扩大故障的可能性。

鉴于上述分析,对于重置成本在 7 万元以下的二手车,一般不考虑其大修对成新率的增加问题;对于重置成本在 7 万~25 万之间的车辆,凭车主提供的车辆大修结算单等资料可适当考虑增加成新率的估算值;对于 25 万元以上的进口车或国产高档车,凭车主提供的车辆大修或一般维修换件的结算单等资料,分析车辆受托维修厂家的维修设备、维修技术水平、配件来源等情况,或者对车辆进行实体鉴定,考查维修给车辆带来的正面作用或者可能出现的负面影响,从而酌情决定是否增加成新率的估算值。

2) 重大事故

重大事故通常是指汽车因碰撞、倾覆造成汽车主要结构件的严重损伤,尤其以承载式汽车的车身件为代表,汽车发生过重大事故后,往往存在严重的质量缺陷,并且不易修复。在汽车交易实务中,往往对汽车的交易价格形成重大影响,必须非常重视。因此,出现重大事故的汽车应给予一定的折扣率。

5. 计算实例

事例 3 某同志于 1997 年花 13.5 万元购置了一辆普桑作为个人使用,于 2001 年 2 月在某省二手车交易市场交易。评估人员检查发现,该发动机排量 1.8 升,初次登记为 1997 年 8 月,基本作为个人市内交通使用,累计行驶里程 7 万多公里。维护一般,路试车况较好。2000 年 12 月,该车市场新车价 11.0 万元,请用综合分析法,计算成新率,其综合调整系数采用加权平均的方法确定,计算综合评估值。

解:已使用年限为 3 年 6 个月 = 42 个月,即 $Y = 42$;

规定使用年限为 15 年,即 180 个月,则 $G = 180$;

该车路试车况较好,取车辆技术状况调整系数为 $K_1 = 1.0$;

维护一般,取车辆使用与维护状态调整系数为 $K_2 = 0.9$;

桑塔纳轿车为国产名牌车,取车辆原始制造质量调整系数为 $K_3 = 0.9$;

该车为私人用车,且累计行驶里程 7 万多公里,则取车辆工作性质调整系数为 $K_4 = 1.0$;

该车为个人市内交通使用,取车辆工作条件调整系数为 $K_5 = 0.9$。

则综合调整系数为:

$$K = K_1 \times 30\% + K_2 \times 25\% + K_3 \times 20\% + K_4 \times 15\% + K_5 \times 10\%$$
$$= 1.0 \times 30\% + 0.9 \times 25\% + 0.9 \times 20\% + 1.0 \times 15\% + 0.9 \times 10\%$$
$$= 0.945$$

该车把成新率为：

$$C = \left(1 - \frac{Y}{G}\right) \times K \times 100\%$$
$$= \left(1 - \frac{42}{180}\right) \times 0.945 \times 100\%$$
$$= 72.45\%$$

三、技术鉴定法

技术鉴定法是评估人员用技术鉴定的方法测定二手车的成新率的一种方法。这种方法首先是评估人员对二手车辆进行技术观察和技术检测来鉴定二手车的技术状况，再以评分的方法或分等级的方法来确定成新率，此方法是以技术鉴定为基础的。技术鉴定法分为部件鉴定法和整车观测法。

1. 部件鉴定法

部件鉴定法是对二手车辆按其组成部分对整车的重要性和价值量的大小来加权评分，最后确定成新率的一种方法。其做法是：将车辆分成若干个主要部分，根据各部分的建造费用占车辆建造成本的比重，按一定百分比例确定权重，各部分功能与全新车辆对应的功能相同，则该部分成新率为100%，其功能完全丧失，则成新率为0。再根据这若干部分的技术状况给出各部分成新率，分别与权重相乘即得各部分的权分成新率，最后将各部分的成新率加权即得二手车的成新率。

这种方法费时费力，车辆各组成部分权重难以掌握，但评估值更接近客观实际，可信度高。它既考虑了二手车实体性损耗，同时也考虑了二手车维修换件会增大对车辆的价值。这种方法一般用于价值较高的机动车辆评估。

2. 整车观测法

整车观测法主要是采用人工观察的方法，辅之以简单的仪器检测，对二手车技术状况进行鉴定、分级以确定成新率的一种方法。对二手车技术状况分级的办法是先确定两头，即先确定刚投入使用不久的车辆和将报废处理的车辆，然后再根据车辆评估的精细程度要求在刚投入使用不久与报废车辆之间分若干等级。其技术状况分级参见表7-4-3。

二手车成新率评估参考表   表7-4-3

车况等级	新旧程度	有形损耗率（%）	技术状况描述	成新率（%）
1	使用不久	0~10	刚使用不久，行驶里程一般在3~5万km，在用状态良好，能按设计要求正常使用	100~90
2	较新车	11~35	使用一年以上，行驶15万km左右，一般没有经过大修，在用状态良好，故障率低，可随时出车使用	89~65
3	旧车	36~60	使用4~5年，发动机或整车经过大修较好地恢复原设计性能，在用状态良好，外观中度受损，恢复情况良好	64~40

续上表

车况等级	新旧程度	有形损耗率（%）	技 术 状 况 描 述	成新率（%）
4	老旧车	61～85	使用5～8年,发动机或整车经过二次大修,动力性能、经济性能、工作可靠性能都有所下降,外观油漆脱落受损,金属件锈蚀程度明显。故障率上升,维修费用、使用费用明显上升。但车辆符合《机动车安全技术条件》,在用状态一般或较差	39～15
5	待报废处理车	86～100	基本到达或到达使用年限,通过《机动车安全技术条件》检查,能使用但不能正常使用,动力性、经济性、可靠性下降,燃油费、维修费、大修费用增长速度快,车辆收益与支出基本持平,排放污染和噪声污染到达极限	15以下

二手车成新率评估参考表是就一般车辆成新率判定的经验数据,仅供参考。整车观测分析法对车辆技术状况的评判,大多数是由人工观察的方法进行的,成新率的估值是否客观、实际,取决于评估人员的专业水准和评估经验。这种方法简单易行,但评估值没有部件鉴定法准确,一般用于中、低等价值的二手车的初步估算,或作为综合分析法鉴定评估要考虑的主要因素之一。

第三节　二手车鉴定评估的价值计算

一、二手车的计价形式

一般来说,二手车有以下几种计价的形式,这些形式在二手车的鉴定评估中都有可能出现。

1. 二手车的原值

二手车的原始价值也叫原价或原值。是指车主在购置以及其他方式取得某类新车当时所发生的全部货币支出,包括买价、运杂费、汽车购置附加费、消费税、新车登记注册等所发生的费用。为了简化计算,二手车的原值除了购置车辆的买价以外,只考虑车辆购置附加费和消费税,而将其他费用略去不计。

2. 二手车的净值

二手车随着使用的过程逐渐磨损,其原始价值也随之减少而转入企业成本。企业提取的机械折旧额为折旧基金,用于车辆磨损的补偿。提取折旧后剩余的机械净值,反映车辆的现有价值。

3. 二手车的残值

二手车报废清理时回收的那些材料、废料的价值称残值,它体现二手车丧失生产能力以后的残体价值。

4. 二手车的重置完全价值

二手车的重置完全价值是指估算在某段时间内重新生产或购置同样的机动车所需要的全部支出,包括购置价及其他费用,当企业取得无法确定原价的车辆(如接受捐赠车辆)以及经济发生重大变化,要求企业对车辆按重置完全价值计价。

5. 二手车评估值

它是遵循一定的计价标准和评估方法，重新确定的二手车现值。

二、二手车价格评估

可以计算出二手车的评估值，或者说计算出二手车的重置净价。这个评估值的价值即对二手车评估的价值。一是指车辆产权交易发生时的交易价值；二是指评估基准日的市场价值的货币表现，即评估基准目的市场价格。对于二手车成新率的确定，通常采用使用年限法、综合分析法和部件鉴定法三种方法。实际使用时，根据被评估的对象不同选择不同的方法。一般说来，对于重置成本不高的老旧车辆，可采用使用年限法估算其成新率；对于重置成本价值中等的车辆，可采用综合分析法；对于重置成本价值高的车辆，可采用部件鉴定法。

在二手车鉴定评估的工作中，根据各阶段的工作步骤应该及时填写二手车鉴定评估作业表。此表可供鉴定评估人员参考选用。对于二手车交易市场中发生的交易类评估业务，可以以此为资料和二手车鉴定评估登记表一同存档备查，从而可略去二手车鉴定评估报告；对发生的咨询服务类评估业务，除了上述存档备查资料外，还应向委托单位出具二手车鉴定评估报告书。

应当说明的是，被评估二手车的价格，客观存在的是一个量，而鉴定评估人员对它评估的又是一个量，二手车的鉴定评估就是要通过对车辆的全面认识和判断来反映其客观价格。但是一般说来，要使评估值与二手车的客观价格完全一致，那是很难的；鉴定评估人员的目的或任务应该是努力缩小这个差距。

三、二手车评估案例

例题一

某机电设备公司有一辆桑塔纳2000出租车，2012年5月1日来广东深圳市二手车交易中心交易，试对车辆鉴定评估。经与客户洽谈，了解车辆情况，填写二手车鉴定评估登记表。对该出租车鉴定评估分析如下。

桑塔纳2000轿车属国产名牌车，其工作性质属城市出租营运车辆，常年工作在市区或市郊，工作条件较好。从车辆使用年数（4年）和累计行驶公里数看来，年平均行驶近8万公里，使用强度偏大；车辆日常维护较差；再则，发现发动机排气管冒蓝烟，车身前左侧撞击受损，故应该着重检查车辆动力性能和检测前轮定位是否正确。

经外观检查，油漆有局部脱落现象；车厢内饰有二处烟头烧伤痕迹。经路试作紧急制动检查，方向稍向左跑偏，但属正常情况之列。用力踩加速踏板，车辆提速困难，发动机排气管冒蓝烟。经发动机功率检测，发现发动机功率比原设计功率下降20%，判定活塞、活塞环、缸套磨损严重，导致燃烧室窜机油。车辆前左侧受撞击，经前轮定位仪检测，前轮定位正常，不影响转向。其他情况均与使用4年的新旧程度基本相符。从总体感觉看来，车辆技术状况较差。

通过上述技术鉴定认为：购买者购买该车辆，需要进行一些项目维修和换件（如换活塞、活塞环、缸套组件，表面做漆等）后，才能正常投入使用。鉴于这种情况，采用综合评估法先估算出车辆正常情况下的重置成本，再综合考虑影响成新率的各项因素，确定车辆的评估价格。确定时，需注意到1.8L的轿车的购置税为10%无变化。最后定出收购价和销售价。

根据题意计算出以下结果。

参照价格：参照价格 = 市场指导价 + 购置税
= 9.5 万元 + 0.9 万元
= 10.4 万元

重置成本：考虑到桑塔纳 2000 在 4 年后中控门锁、倒车雷达等配置的增加，贬值约 0.4 万元。

重置成本 = 参照价格 – 贬值
= 10.4 万元 – 0.4 万元
= 10 万元

使用成新率 Cn：$Cn = (1 - 已使用年限 Y/可使用年限 G) \times 100\%$
$= (1 - 4/8) \times 100\%$
$= 50\%$

综合调整系数 K：经过对车辆的技术鉴定和全面了解，各影响因素调整系数取值如下。
（1）技术状况差 K_1 取 0.6；
（2）维护情况较差 K_2 取 0.7；
（3）制造质量属国产名牌 K_3 取 0.9；
（4）工作性质属营运车辆 K_4 取 0.7；
（5）工作条件较好 K_5 取 1.0；

$K = (K_1 技术状况 \times 30\%) + (K_2 维护 \times 25\%) + (K_3 制造质量 \times 20\%) +$
$(K_4 \times 工作性质 \times 15\%) + (K_5 工作条件 \times 10\%)$
$= (0.6 \times 30\%) + (0.7 \times 25\%) + (0.9 \times 20\%) + (0.7 \times 15\%) + (1.0 \times 10\%)$
$= 74\%$

评估价格：评估价格 = 重置成本 × 综合成新率 Cz
= (参照价格 – 贬值) × 使用成新率 Cn × 综合调整系数 K
= (参照价格 – 贬值) × $(1 - Y/G)\% \times K$
= 10 万元 × 50% × 74%
= 3.7 万元

收购价：收购价 = 评估价格 – (消耗成本 + 维修费)
= 3.7 万元 – (0.05 万元 + 0.8 万元)
= 2.85 万元

销售价：销售价 = 评估价格 + (利润 + 手续费 + 交易税 + 包装)
= 3 万元 + (0.2 万元 + 0.1 万元 + 3.7 万元 × 0.5% + 0.2 万元)
= 3.685 万元

根据已知条件，填写出以下评估作业表（表 7-4-4）。

二手车鉴定评估作业表　　　　　　表 7-4-4

车主	某机电设备公司	所有权性质	私	联系电话	××××××
住址	××××××		经办人		×××
车辆名称	桑塔纳 2000	型号	07 款	生产厂家	一汽
车籍	深圳市	发动机号	E333333	车架号	GX999999999

续上表

载质量/座位数/排量		5/1.8		燃料		汽油
初次登记日期		2008.4	牌照号	粤 B 12345	行驶证号	4444444444
结构特点		EFI MT SRS ABS 空调				
识伪检查		正常				
事故情况		无				
工作条件		道路——中等 气候地理——一般				
工作性质		营运				
维护条件		一般				
制造质量		国产名牌				
技术状况鉴定	发动机	功率下降,冒蓝烟		发动机性能		一般
	客舱	正常		制动性能		正常
	车身	油漆脱落,需全车喷漆		变速器性能		正常
	底盘	左侧碰撞		操纵稳定性		正常
原值(元)		11.5 万		残值(元)		0.5 万
净值(元)	已使用年限	4		总行驶里程		32 万公里
	规定使用年限	8		规定总里程		50 万公里
	综合调整系数 $k=74\%$ 使用成新率 $Cn=50\%$		因数分级	调整系数	加权系数	综合成新率 $Cz=37\%$
		技术状况 k_1	一般	0.6	30	
		维护条件 k_2	一般	0.7	25	
		制造质量 k_3	国产一般	0.9	20	
		工作性质 k_4	营运	0.7	15	
		工作条件 k_5	一般	1.0	10	
	参照价格(元)	10.4 万		贬值(元)		0.4 万
	重置成本(元)	10 万				
	评估价格(元)	3.7 万				
消耗成本(元)	0.05 万	维修费(元)	0.8 万	收购价(元)		2.85 万
利润(元)	0.2 万	包装	0.2 万	手续费	0.1 万	销售价(元)	3.685 万

鉴定估价师(签名):×××   评估日期:2012年5月1日

例题二

某先生于1998年7月共花13万元购得捷达FV7160CL一辆,用于家庭自备,并于当月登记注册,2004年1月在广州交易,请汽车评估师对其进行鉴定评估。经评估师了解,现该型号的车已不生产,替代产品为捷达 FV7160Ci,车价10万元,捷达 FV7160Ci 与捷达 FV7160CL 的主要区别一是:将化油器式发动机改为了电喷发动机;二是将空调系统改为了环保空调系统。两项差别约使车价上升0.4万元。该车技术等级评定为二级车,未发现有重大事故痕迹,该车外表有多处轻微事故痕迹,需修理与做漆,约需0.1万元。维护一般,路试车况较好。行驶里程6万公里。请用重置成本、双倍余额折旧、鉴定调整系数法计算评估值。

根据题意计算出以下结果。
(1) 重置成本
$$B = 10 - 0.4 + \frac{10 - 0.4}{1.17} \times 10\% \approx 10.42(万元)$$

(2) 使用年限为15年,采用年限法双倍余额折旧率

$$第一年折旧率 = \frac{2}{15}\left(1 - \frac{2}{15}\right)^{1-1} \approx 0.1333$$

$$第二年折旧率 = \frac{2}{15}\left(1 - \frac{2}{15}\right)^{2-1} \approx 0.1156$$

$$第三年折旧率 = \frac{2}{15}\left(1 - \frac{2}{15}\right)^{3-1} \approx 0.1002$$

$$第四年折旧率 = \frac{2}{15}\left(1 - \frac{2}{15}\right)^{4-1} \approx 0.0868$$

$$第五年折旧率 = \frac{2}{15}\left(1 - \frac{2}{15}\right)^{5-1} \approx 0.0752$$

$$第六年折旧率 = \frac{6}{12} \times \frac{2}{15}\left(1 - \frac{2}{15}\right)^{6-1} \approx 0.0326$$

(3) 采用年限法双倍余额折旧后的年限成新率
$Cn = (1 - 0.1333 - 0.1156 - 0.1002 - 0.0868 - 0.0752 - 0.0326) \times 100\% = 45.63\%$

(4) 综合调整系数
因为是二级车,车况较好,车辆技术状况调整系数取 $K_1 = 0.9$;
维护一般,取车辆使用与维护状态调整系数 $K_2 = 0.9$;
捷达车为合资名牌车,考虑地域因素,车辆原始制造质量调整系数取 $K_3 = 0.9$;
工作性质为私用,年平均行驶里程为1.1万公里,取车辆工作性质调整系数 $K_4 = 1.0$;
该车主要在市内使用,取车辆工作条件调整系数 $K_5 = 0.9$。
则综合调整系数为

$$\begin{aligned}K &= K_1 \times 30\% + K_2 \times 25\% + K_3 \times 20\% + K_4 \times 15\% + K_5 \times 10\% \\ &= 0.9 \times 30\% + 0.9 \times 25\% + 0.9 \times 20\% + 1.0 \times 15\% + 0.9 \times 10\% \\ &= 0.915\end{aligned}$$

(5) 评估值
$$\begin{aligned}A &= B \times Cn \times K \\ &= 10.42 \times 45.63\% \times 0.915 \\ &\approx 4.35(万元)\end{aligned}$$

(6) 填写二手车鉴定评估登记表(略)

例题三

某公司2006年6月购得一汽大众奥迪A6型(排量2.4升)轿车一辆作为公务使用,2010年6月在北京交易,2010年6月北京市场上该型号车纯车价是40万元,该车技术等级评定为二级车,无重大事故痕迹,该车外表有少数划痕无需进行修理。维护好,路试车况好。行驶里程15万公里。重置成本、年份数求和、鉴定调整系数法计算评估值。

根据题意计算出以下结果。
(1) 重置成本
$$B = 40 + \frac{40}{1.17} \times 10\% \approx 43.42(万元)$$

(2) 使用年限为15年，采用年份数求和法计算成新率

$$C_n = \left[1 - \frac{2}{G(G+1)}\sum_{n=1}^{Y}(G+1-n)\right] \times 100\%$$

$$= \left[1 - \frac{2}{15(15+1)}\sum_{n=1}^{4}(15+1-n)\right] \times 100\%$$

$$= 55\%$$

(3) 综合调整系数

该车为二级车，车况好，车辆技术状况调整系数 $K_1 = 1.0$；

维护好，取车辆使用与维护状态调整系数 $K_2 = 1.0$；

一汽大众奥迪车为合资名牌车，车辆原始制造质量调整系数 $K_3 = 1.0$；

该车为公务用车，车辆工作性质调整系数为 $K_4 = 0.9$；

该车主要在市内行驶，工作条件好，取车辆工作条件调整系数 $K_5 = 1.0$。

则综合调整系数

$$K = K_1 \times 30\% + K_2 \times 25\% + K_3 \times 20\% + K_4 \times 15\% + K_5 \times 10\%$$

$$= 1.0 \times 30\% + 1.0 \times 25\% + 1.0 \times 20\% + 0.9 \times 15\% + 1.0 \times 10\%$$

$$= 0.985$$

(4) 评估值

$$A = B \times C_n \times K$$

$$= 43.42 \times 55\% \times 0.985$$

$$\approx 23.52(万元)$$

(5) 填写二手车鉴定评估登记表（略）

第四节 二手车鉴定评估报告书的撰写

二手车鉴定评估报告书是二手车交易市场完成某一鉴定评估工作后，向委托方提供说明鉴定评估的依据、范围、目的、基准时间、评估方法、评估前提和评估结论等基本情况的公正性的工作报告，是二手车交易市场履行评估委托协议的总结。报告不仅反映出二手车交易市场对被评估车辆作价的意见，而且也确认了二手车交易市场对所鉴定评估的结果应负的法律责任。

一、撰写鉴定评估报告的基本要求

国家国有资产管理局以国资办发[1993]55号文发布了《关于资产评估报告书的规范意见》，对资产评估报告书的撰写提出了比较系统的规范要求，结合二手车鉴定评估的实际情况，主要要求如下：

(1) 鉴定评估报告必须客观、公正，本着实事求是的原则由二手车交易市场独立撰写，如实反映鉴定评估的工作情况。

(2) 鉴定评估报告应有委托单位（或个人）的名称、二手车交易市场的名称和印章，二手车交易市场法人代表或其委托人和二手车鉴定评估师的签字，以及提供报告的日期。

(3) 鉴定评估报告要写明评估基准日，并且不得随意更改。所有在评估中采用的税率、费率、利率和其他价格标准，均应采用基准日的标准。

(4)鉴定评估报告中应写明评估的目的、范围、二手车的状态和产权归属。

(5)鉴定评估报告应说明评估工作遵循的原则和依据的法律法规,简述鉴定评估过程,写明评估的方法。

(6)鉴定评估报告应有明确的鉴定估算价值的结果,鉴定结果应有二手车的成新率。评估结果应有二手车原值、重置价值、评估值等。

(7)鉴定评估报告还应有齐全的附件。

二、二手车鉴定评估报告书正文的基本内容和编写步骤

1. 评估的依据

(1)国务院1991年91号令发布的《国有资产评估管理办法》。

(2)国家国有资产管理局国资办发[1992]36号文发布的《国有资产评估管理办法施行细则》。

(3)评估立项批文。

(4)《汽车报废标准》《关于制定大中型拖拉机报废标准的通知》《二手车流通管理办法》。

(5)客户提供的原始购车发票,有关合同、协议,人民法院出具的发生法律效力的判决书、裁定书、调解书。

(6)产权证明材料。

(7)当地政府的有关规定。

2. 鉴定评估目的

对鉴定评估目的相关内容应有一定叙述。

3. 评估范围和评估基准时间

对评估范围的描述主要是明确评估了哪些类型的二手车辆,是汽车或是拖拉机,还是叉车。而评估基准时间是表明评估结论相对于那一天发表的价值意见。由于车辆是在不断运动的,它的价值随着自身的运动和外部环境而发生变化,因而鉴定评估的结论也只是反映某天的静态价值意见。

4. 评估前提

主要说明前提性条件,如采用的评估标准、评估方法等。

5. 鉴定评估结论

一般应说明在完成了哪些鉴定评估程序后发表鉴定评估的结论意见。

三、二手车鉴定评估报告附件的内容

鉴定评估报告的有关附件是对鉴定评估报告正文的有关重要部分的具体说明和必要补充,其内容一般包括:

(1)产权证明文件。

(2)评估立项批文。

(3)二手车鉴定评估登记表、作业表。

(4)鉴定评估的计算说明。它主要叙述采用的具体方法和评估的计算过程,对某些参数、系数的取定,以及对某些情况的考虑说明。

四、二手车鉴定评估报告书的格式

二手车鉴定评估报告书的具体内容参见表7-4-5。

二手车鉴定评估报告书　　　　　　　表 7-4-5

项目		内容
1	绪言	_____（鉴定评估机构）接受_____的委托，根据国家有关资产评估的规定，本着客观、独立、公正、科学的原则，按照公认的资产评估方法，对_____（车辆）进行了鉴定评估。本机构鉴定评估人员按照必要的程序，对委托鉴定车辆进行了实地查勘与市场调查，并对其在___年_月_日所表现的市场价值作出了公允反映。现将车辆评估情况及鉴定评估结果报告如下
2	委托方与车辆所有方简介	1) 委托方_____，委托方联系人_____，联系电话_____。 2) 根据机动车行驶证所示，委托车辆车主_____
3	评估目的	根据委托方的要求，本项目评估目的地 □交易　□转籍　□拍卖　□置换　□抵押　□担保　□咨询　□司法裁决
4	评估对象	评估车辆的厂牌型号_____；号牌号码_____；发动机号_____；车辆识别代号/车架号_____；登记日期_____；年审检验合格至___年_月；公路规费交至___年_月；购置附加税（费证）_____；车船使用税_____
5	鉴定评估基准日	鉴定评估基准日___年_月_日
6	评估原则	严格遵循"_____"原则
7	评估依据	1) 行为依据 二手车评估委托书第_____号 2) 法律、法规依据 3) 产权依据 委托鉴定评估车辆的机动车登记证书编号_____ 4) 评定及取价依据 技术标准资料：_____ 技术参数资料：_____ 技术鉴定资料：_____ 其他资料：_____
8	评估方法	□重置成本法　□现行市价法　□收益现值法　□其他 计算过程如下：
9	评估过程	按照接受委托、验证、现声查勘、评定估算、提交报告的程序进行
10	评估结论	车辆评估价格_____元，金额大写：_____
11	特别事项说明	

		续上表
12	评估报告法律效力	1)本项评估报告结论有效期为90天,自评估基准日至____年__月__日止。 2)当评估目的在有效期内实现时,本评估结果可以作为作价参考依据。超过90天,需重新评估。另外在评估有效期内若被评估车辆的市场价格或因交通事故等原因导致车辆的价值发生变化,对车辆评估结果产生明显影响时,委托方也需重新委托评估机构重新评估。 3)鉴定评估报告书的使用权归委托方所有,其评估结论仅供委托方为本项目评估目的使用和送交二手车鉴定评估主管机关审查使用,不适用于其他目的;因使用本报告书不当而产生的任何后果与签署本报告书的鉴定评估师无关;未经委托方许可,本鉴定评估机构承诺不将本报告书的内容向他人提供或公开
13	附件	1)二手车鉴定评估委托书 2)二手车鉴定评估作业表 3)车辆行驶证、购置附加税(费)证复印件 4)鉴定评估师职业资格证书复印件 5)鉴定评估机构营业执照复印件 6)二手车照片(要求外观清晰,车辆牌照能够辨认,加盖钢印)

注册二手车鉴定评估师(签字、盖章)　　　　　　复核人(签字、盖章)

(二手车鉴定评估机构盖章)

年　月　日

五、二手车鉴定评估报告书范例

关于万里牌WL5020XLD厢式汽车的鉴定评估报告
×××二手车中心评字[1999]第002号

×××人民法院:

受贵院委托,我中心于一九九九年三月二十日至三月二十二日对贵院依法扣押的一辆万里5020厢式汽车进行了鉴定评估,现将鉴定评估情况和结果报告如下。

1. 委托单位名称

×××人民法院

2. 受托单位名称及鉴定评估类型

×××二手车交易中心是经国内贸易部批准,由国内贸易部和湖北省人民政府共同举办的国家级二手车交易中心。本中心接受国家国内贸易局和劳动与社会保障部有关部门组织的职业技能培训和鉴定,中心鉴定评估人员取得二手车鉴定评估师职业资格证书,资格证书编号0723。

3. 鉴定评估目的

为法院司法裁定提供现时价值依据。

4. 鉴定评估基准日

一九九九年三月二十一日

5. 鉴定评估的原则

严格遵循"客观、公正、科学、可行性"的原则。

6. 鉴定评估的依据

(1)《国有资产评估管理办法》。

(2)《国有资产评估管理办法实施细则》。
(3)×××法院鉴定评估委托书。
(4)《汽车报废标准》《二手车流通管理办法》。
(5)其他相关法律法规、资料。

7. 鉴定评估对象简介

本次鉴定评估对象为一辆白色万里厢式汽车,型号为:WL5020XLD,发动机号:123456,车架号:12345678,发动机排量2000CC,牌照号×××,该车初次登记日为1996年12月,累计行驶里程为72000km。经现场勘察鉴定,车身有擦伤痕迹,前悬架总成出现局部故障,制冷不良,发电机工作不正常,其他均与新旧程度大致相符。

8. 鉴定评估过程及评估方法

1) 鉴定评估起止时间

一九九九年三月二十日至三月二十二日

2) 鉴定评估工作主要操作程序

(1) 听取贵院法官或相关人员介绍情况,明确鉴定评估目的,了解被评估车辆的基本情况和现状。
(2) 现场勘察、核实手续证件。
(3) 技术鉴定车辆技术状况。
(4) 收集相关资料,咨询现行汽车市场价值。
(5) 评定估算价格,提出价值意见。

3) 评估方法

根据评估目的及对象的实际情况,采用清算价格标准,运用清算价格的评估方法评估车辆,该方法是将被评估的车辆与市场相同或类似的车辆市场价格进行比较,以衡量和确定被评估车辆与拍卖时可能得到的快速变现价格。这种变现价格即为该车辆的估算价格。

9. 评估结论

综上所述,本次对评估万里WL5020XLD厢式汽车于一九九九年三月二十一日的评估总值为人民币壹拾陆万贰仟元整。

10. 评估说明

(1) 本报告所称评估价格,是指我中心对评估车辆在现有情况不变以及在评估基准日的外部经济环境不变的前提下,根据车辆鉴定评估目的而提出的公允价值意见。
(2) 收集现行市场价格资料时,在二手车交易市场找到了一宗类似于被评估车辆的交易案例,这一宗交易的类比对象不一定具有代表性。为了取得被评估车辆价格的合理性,对车辆进行了认真仔细的技术鉴定,采用部件鉴定法估算车辆的成新率,运用重置成本法估算车辆的评估价格。最后综合收集的市场价格和重置成本法估算的价格,按清算价格法,即法院在清算之日预期出卖车辆的快速变现价格的方法,估算该车辆的现时价格。

11. 评估结果有效期

按现行规定,根据二手车的商品特点,评估值有效期为六个月,即在鉴定评估基准日后的六个月内实施时,可以将鉴定评估结果作为价值参考依据,超过六个月需重新进行评估。

12. 鉴定评估报告书的使用范围

本鉴定评估报告书仅供×××人民法院司法裁定之用,未经本中心同意,不得向委托方和鉴定评估报告审查部门之外的单位和个人提供,报告的全部或部分内容不得发表于任何公开媒体之上。

××××二手车交易中心　　　　　　　　　鉴定评估师:×××
　　　　　　　　　　　　　　　　　　　　报告复核人:×××
　　　　　　　　　　　　　　　　　　　　中心负责人:×××
　　　　　　　　　　　　　　　　　　　一九九九年三月二十五日

第五章　二手车收购评估与销售定价

第一节　二手车营销与市场分析

一、二手车营销内容

二手车市场营销可理解为与市场有关的企业经营活动,即以满足人们的某种需要和欲望为目的,通过市场变潜在交换为现实交换的活动。二手车市场营销活动内容十分丰富,它包括市场营销研究、市场需求预测,车辆信息收集与发布,二手车的鉴定评估、收购与销售、代购代销,寄售租赁、检测维修、配件供应、车辆美容等多功能服务。

1. 二手车收购

即对社会上的二手车进行统一的收购,以免二手车的浪费。要开展二手车的收购,首先就要建立起一个二手车的质量认证和价格评估体系。通过该体系对每一辆欲收购的二手车进行统一的质量认证和价格评估,从而以统一的价格标准收购符合质量要求的二手车。

能否成功发挥二手车收购功能的关键在于是否能建立起一个二手车的收购网络。这个网络可以有散点的二手车社会回收站和固定的大批量二手车的收购点两部分组成。前者主要是针对私车用户的待更新的二手车而设。而后者则是针对成批定期的二手车单位收购而设,如据调查上海的出租车公司,会平均两至三年左右对其出租车进行一次大更新,这些开了两年左右的出租车在性能等方面尚还良好,但行驶公里数很高,出租车每日的高行驶公里数使这些车的维修和保养费用太高,而私人用户则不存在24小时的开车问题,因而已存在了出租车淘汰成二手私家车的可能性。由此可以随出租公司的出租车更新期定期、大批量地对这些车加以收购。

2. 二手车整修翻新

通过对二手车的整修翻新,可以大大地提升二手车的价值以及二手车贸易公司在客户中的影响。目前,这项业务已在欧美国家广泛开展,德国的二手车贸易公司几乎全部在销售的同时加上整修翻新业务,以提高收益率,创造公司整体形象。通常来说,开展二手车的整修翻新工作可以有以下几个途径:

(1)建立二手车整修翻新工厂,对所有收购来的二手车进行规模化的统一整修翻新。

(2)建立二手车整修翻新站,为需要对自己的二手车进行美容的二手车用户提供其所需的整修翻新服务。

3. 二手车配送

根据各地区二手车保有量和消费量的不同,以及各地不同的环境,在各地区间开展二手车的配送业务,平衡各地区的二手车供需关系,推动二手车贸易市场的发展,建立一个国际二手车配送网络,为开展国际二手车贸易建立基础。

配送功能的开展要分为国内和国际两部分来进行。

1)国内的配送

一方面,根据保有量的不同,可以在我国经济发达地区和外地一些经济欠发达地区之间开展二手车的配送业务;另一方面,根据消费观念的不同,可以在我国经济发达地区和外地的一些消费观念较落后,一般车主不愿将自己的车折价或低价卖出而造成廉价二手车车源不足的地区之间开展二手车的配送业务。此外,由于上海的环保要求较高,对汽车排气量等指标要求都较严,而外地有些城市的要求则相对低一点,故上海的一些不符合上海环保要求的二手车也可以配送到内地,而不造成二手车资源的浪费。

2)国际的配送

根据各国经济水平和汽车工业发展的不平衡,可以在各国间开展二手车的配送业务,以平衡国际二手车的资源分配。同时也可为上海的二手车消费者积极引进国外的二手车,开拓国际二手车资源。

以上两部分都要求建立其二手车的物流系统,以对国内外的二手车资源进行统一的配送。

4. 二手车销售

在开展二手车的销售之前,首先要对二手车销售区域进行统一的规划,在此基础上,以各个销售区域为单位进行二手车的销售。主要有以下几种销售方式:

(1)"二手车超市"销售。以某二手车贸易公司的总体品牌为出发点,建立二手车超市,对各种不同品牌的二手车进行统一销售。

(2)特许经营销售。这就需要建立二手车贸易特许经营体系,建立二手车销售网点,通过二手车贸易公司的特许经销商对各种品牌的二手车进行统一销售。

(3)与新车同地销售。即借用新车经销商的车辆展示厅的一部分来展示与该新车经销商所经销的新车同一品牌的二手车,以借新车的销售来促进二手车的销售。

(4)互联网销售。在网上建立二手车贸易平台,通过户联网进行二手车销售。

5. 二手车置换

即通过"以旧换新"来开展二手车贸易,简化更新程序,并使二手车市场和新车市场互相带动,共同发展。客户即可通过支付新旧车之间的差价来一次性完成车辆的更新,也可选择通过其原有二手车的再销售来抵扣购买新车的分期付款。

发挥二手车贸易的置换功能的关键在于对物流、资金流进行控制与协调以及与汽车维修,车辆流通等相关领域以及车辆管理所、客管处、工商、税务等政府机关进行横向沟通和纵向疏导工作。

6. 二手车租赁

该功能可分为用户个人租车、公司租车和长期租赁等三个部分,适应了我国法定假日的调整和上海假日经济的发展。开展二手车租赁服务规范化很重要,实行统一的租赁价格,可以避免二手车租赁公司各自为营而使竞争加剧、价格下降、利润减少的情况,是保证租赁利润的重要条件。

另外,目前在国外还兴起一股叫作租售的二手车租赁贸易新方式。即在客户购买二手车之前可以先租赁二手车一段时期并按例支付租金,租赁期满后用户可根据租赁期中对该车的满意程度,依照租售合同中的相应条款决定是否购买该车。

7. 二手车售后服务

现今,在贸易领域,售后服务的地位越来越重要的。因此,要成功开展二手车贸易,就要充分发挥其售后服务功能。可以通过形成一个统一的二手车售后服务体系,来提高用户对该二手车贸易的信任度和满意程度。开展二手车的售后服务既可以由二手车贸易公司独立开展,也可采取与各地维修商相联合的方式来开展。如可与目前国内维修站设点最多的大众公司合作,向客户推出购买二手车后半年免维修费的售后服务,即客户购二手车后半年内车辆发生非事故性故障,均可凭注明购买日期的贸易公司售后服务卡,前往任何一个该品牌维修站进行免费维修,其维修费用由贸易公司与维修站协商后定期统一支付。

二手车贸易与二手车交易的一个最大的不同点就是要综合上面提到的七大功能,以贸易网络为基础,开展全过程、全方位的二手车贸易。

全过程:对于个人客户来说,二手车贸易应渗入到二手车售前、售中到售后服务全过程中;而对于汽车厂商,二手车贸易又应提供从零配件购入,到整车出售的一条龙服务。可以说是要从二手车的收购到售后服务全过程地开展二手车贸易。

二、二手车交易市场分析

1. 影响二手车交易市场营销的环境

二手车流通企业的市场营销过程中,许多因素对其发生影响,这些因素有的是企业内部的,有些是企业外部的,所谓"市场营销环境"是指作用于企业营销活动的一切外界因素和力量的总和。

1)影响二手车交易市场营销的微观环境

微观环境包括企业本身及其二手车交易市场的经纪人、顾客、竞争者和各种公众,这些都会影响其企业的营销活动。

(1)企业本身。它包括市场营销管理部门、其他职能部门和最高管理层。如董事会、经理、职工、物资厅(局)、公安、工商、税务、物价等行业主管部门和市场监督管理部门。

(2)经纪人。经纪人是指在二手车流通企业的组织下,为买卖双方撮合成交,以取得一定佣金的人。

(3)顾客。顾客是指二手车交易的买主、卖主和二手车流通企业的服务对象。

(4)竞争者。竞争者主要指本地区从事二手车交易的流通企业和开展以旧换新业务活动的生产企业和经销商。

(5)公众。公众是指对二手车流通企业实现目标的能力具有实际或潜在利害关系和影响力的一切团体和个人,它包括金融公众、媒介公众、政府公众、群众团体、当地公众、一般公众、内部公众。

2)影响二手车交易市场的宏观环境

宏观环境是指那些给市场造成机会和环境威胁的主要社会力量,它包括人口环境、经济环境、自然环境、政治和法律环境以及社会和文化环境。

(1)人口环境。由构成市场的三个主要因素,即:有某种需要的人,为满足这种需要的购买能力和购买欲望。由此可知,二手车交易市场主要是由那些想买二手车,并且有购买力的人构成,而且这种人越多,市场的规模就越大。

(2)经济环境。由市场因素可知,购买力是构成市场和影响市场规模大小的一个重要因素。一个地区社会购买力越强,这个地区社会车辆保有量越多,二手车交易市场规模可能越大。而社会购买力又直接或间接受消费者收入、价格水平、储蓄、信贷等经济因素的影响。

(3) 自然环境。目前这个方面的主要动向:一是机动车的燃料短缺或即将短缺;二是环境污染日益增加;三是政府对自然资源的管理和环境污染的干预日益加强。

(4) 政治和法律的环境。国家的法令、条例,特别是经济立法,对市场消费需求的形成和实现,对机动车的交易、交易价格等都起着至关重要的作用。

(5) 社会和文化环境。人们在社会生活,久而久之必然会形成某种特定的文化,包括一定的态度和看法,价值观念、道德规范以及世代相传的风俗习惯等。

对上述影响二手车交易市场营销环境进行了解和分析之后,市场营销学认为:企业必须建立适当的系统,指定一些专业人员,采取适当的措施,经常监视和预测其周围的市场营销环境的发展变化,并善于分析和鉴别由于环境变化而造成的主要机会和威胁,及时采取适当的对策,使其经营管理与其市场营销环境的发展变化相适应。

2. 二手车交易动机

1) 顾客买卖二手车是一种需要

机动车辆具有生产资料和生活资料双重属性,随着市场经济体制的建立和发展,各经济组织、各行政事业单位根据自己的需要将机动车辆使用于市场经济的各个领域,在变化的市场经济环境中,人们根据自己再生产、工作和生活的需要,不断地调整和配置车辆的使用用途,使得这些车辆的流动和转让成为一种必然,成为一种经济现象。

为了满足人们的这些需要,而引起的买或卖的愿望和意念,即产生所谓的买卖心理动机。

2) 顾客买卖二手车的心理动机

顾客买卖双方交易二手车辆,因为每个人的需要不同,经济条件、购买能力不同,再加上社会的、周围的各种环境的影响作用,使得他们在买卖时的心理活动也就因人而异,形成各式各样的具体的交易动机。从各自表现特点,粗略归纳为如下三类:

(1) 求实心理动机。这种动机以注重车辆的使用价值为主要特征,他们使用购买或转让车辆时,重视车辆的实际效用,经济实惠、省钱省事。

(2) 求新心理动机。以这种动机为主要特征的购买者,大多数经济条件较好,购买能力较强。他们使用、购买车辆时追求"时髦、新颖",喜欢尝新。

(3) 求名心理动机。这种动机以追求名牌、优质车辆为主要特征。他们重视车辆的牌号和品质,他们以车牌象征自己的名誉、地位、购买能力,满足自己优越感的心理需要。

上述心理动机中,以求实心理动机为主要特征的顾客多数是二手车的购买者,当然也有许多是车辆的转让者;他们根据自己的实际需要,通过交易都获得了更多的使用价值。他们从中得到了许多实惠。以上两种心理动机为特征的顾客基本上是二手车的转让者,受这些心理动机的驱使,他们不断卖旧车、换新车、换名牌车。

3. 二手车消费者购买决策过程

1) 参与购买的角色

人们在购买决策过程中可能扮演不同的角度,包括:发起者,即首先提出或有意想购买二手车的人;影响者,即其看法或建议对最终决策具有一定影响的人;决策者,即对是否买、为何买、如何买、何处买等方面的购买决策作出完全或部分最后决定的人;购买者,即实际采购人;使用者,即实际使用车辆的人。

2）购买行为

当消费者购买一辆价值高，又不常买的，有风险的，而且又非常有意义的车辆时，由于车辆品牌差异大，车辆的新旧程度与价格是否相当，购买者需要有一个学习过程，广泛了解产品性能、特点、反复调查和了解、权衡车辆新旧程度与价格的关系，从而对车辆产生某种看法，最后决定是否购买。

3）购买决策过程

对于二手车的复杂购买行为中，购买者的购买决策过程由引起需要、产生动机、收集信息、比较挑选、决定购买和购买后的感受等阶段构成。

购买者引起的需要和产生的动机不是马上就能满足的，他们要寻找某些相关信息。购买者信息来源主要有个人来源（家庭、朋友、邻居、熟人），市场来源（广告、车辆展示、销售人员、二手车市场），经验来源（实际使用、联想、推断）。在这一阶段购买者要寻求的中心问题是该买什么样的车和到哪里去买。

比较挑选阶段，是购买者决定购买的前奏，他们根据得来的信息，知道市场上有可能销售的二手车品牌，可以决定考虑选择。这些往往需要进行比较、评价、衡量。他们往往根据购买目的设想出一种"理想"的品牌和车辆，然后在市场上，找到实际品牌车辆，通过比较，衡量车辆的效用大小、新旧程度与价格的关系、乃至今后收益的大小等，找到接近理想的品牌车辆，就是购买者选中的对象。

决定购买阶段，顾客选定购买对象后，还没有最后采取购买行为，他们还要根据选定对象的过户手续的繁简、费用大小、资金的筹措等，最后作出具体决定，购买决定一经确定，随即采取购买行为。

购买后的感受。顾客购买后，一般通过维护后试用，通常对自己的选择进行检验和反省。如购买这辆车是否明智，效用是否理想，价格与新旧程度是否相当，是否实惠或吃亏，服务是否周到等这些感受。如得出满意的结论，购买者自觉不自觉地成为义务宣传员。

第二节 二手车收购评估

一、二手车收购评估的思路与方法

二手车收购评估有其特定的目的，其评估的方法是在二手车鉴定评估的基础上充分考虑市场的供求关系，对评估的价格作快速变现的特殊处理。

1. 以清算价格的思想方法估算收购价格

清算价格的特点是企业（或个人）由于破产或其他原因（如急于转向投资、急还贷款等），要求在一定的期限内将车辆快速转卖变现。顾客要求快速转卖变现，因此其收购评估大大低于二手车市场成交的同类型车辆的公平市价，一般来说也低于车辆现时状态客观存在的价格。

2. 以评估价格为基准的思想方法估算收购价格

这种方法是先以重置成本法、现行市价法或综合评估法对二手车进行鉴定估算出现时的客观评估价格，再根据快速变现原则，以此为基准估算收购价格。如运用重置成本法估算某机动车辆价值为 3 万元；根据市场销售情况调查，估定折扣率为 20% 可当即出售，则该车辆收购价格为 2.4 万元。

3. 以梯形快速折旧的思想方法估算收购价格

机动车辆的折旧,是根据车辆的价值采用使用年限法计算折旧额,在所有折旧方法中,使用年限法是应用最广泛的方法。但是使用年限法不能反映当代科学技术进步的客观要求,不能准确反映机动车辆价值损耗的客观实际。因此,推荐引用梯形快速折旧的思想方法来估算收购价格。

二、二手车收购价格的计算

1. 二手车收购应该注意考虑的问题

在二手车的收购评估中,应该着重注意考虑如下几个问题。

(1)二手车收购要充分考虑车辆的完全价值,即车辆实体的产品价值和车辆牌证、税费等各项手续的价值。如果收购车辆的证件和规费凭证不全,不但会造成经济损失,而且可能造成转籍过户中意想不到的麻烦和带来许多难以解决的后续问题。

(2)二手车收购要密切注视市场的微观环境,也要关注宏观环境,即注意国家宏观政策、国家和地方法规的因素变化和影响导致的车辆经济性贬值。如某车辆燃油消耗量较高,在实行公路养路费的环境中收购车辆不会引起足够的注意。刚刚收购后不久,国家实施以公路养路费改征燃油附加税,则这辆车因为油耗量高、附加费用高而难以销售出手。所以,收购这辆车不能给公司带来经济效益。

(3)二手车收购后应支出的费用。二手车收购除了支付车辆产品的货币以外,从收购到售出时限内,还要支出的费用有:公路养路费、保险费、日常维修费、停车费、收购支出的货币利息和其他管理费等。

(4)二手车的收购要防止收购偷盗车、伪劣拼装车,要预防收购那些伪造手续凭证、伪造车辆档案的车辆。一旦有所失误,不仅给公司造成直接经济损失,更重要的是造成社会的不良影响从而损害公司的公众形象。

2. 二手车收购价格的确定

二手车收购价格的确定是指被收购车辆手续齐全的前提下对车辆实体价格的确定。如果所缺失的手续能以货币支出补办,则收购价格应扣除补办手续的货币支出、时间和精力的成本支出。

1)运用重置成本法或现行市价法

对二手车进行鉴定评估,然后根据快速变现的原则,估定一个折扣率,将被收购车辆的估算价格乘以折扣率,即得二手车的收购价格,用数学式表示为:

$$收购价格 = 评估价格 \times 折扣率$$

2)运用综合评估法

对二手车确定重置成本,再根据折旧率计算出评估价格,最后计算出收购价格。

折扣率是指车辆能够当即出售的清算价格与现行市场价格之比值。它的确定是经营者对市场销售情况充分调查和了解后,凭经验而估算的。

收购价格可以用以下公式计算:

$$收购价格 = 评估价格 - (消耗成本 + 维修保养费)$$

3)运用快速折旧法

首先计算出机动车已使用年数累计折旧额,然后,将重置成本全价减去累计折旧额,再减去车辆需要维修换件的总费用,即得二手车收购价格。用数学式表达为:

$$\text{收购价格} = \text{重置成本全价} - \text{累计折旧额} - \text{维修费用}$$

重置成本全价一律采用国内现行市场价格作为被收购车辆的重置成本全价。一般采用年份数求和法和余额递减折旧法两种快速折旧求年折旧额,即:

(1) 年份数求和法。

$$Dt = (Ko - Sv) \times \frac{N+1-t}{\frac{N(N+1)}{2}} \quad (7\text{-}5\text{-}1)$$

式中: Dt——机动车年折旧额;

Ko——机动车原值;

Sv——机动车残值,一般忽略不计;

N——机动车规定的折旧年限;

t——机动车在使用期限内某一确定年度;

$\frac{N+1-t}{\frac{N(N+1)}{2}}$——递减系数(或年折旧率)。

(2) 余额递减折旧法。

$$Dt = Ko \times a(1-a)^{t-1} \quad (7\text{-}5\text{-}2)$$

式中:a——折旧率,$a = b/N$。当 $b = 1$ 时,其折旧率 $a = 1/N$ 为直线法的折旧率;当 $b = 2$ 时,其折旧率 $a = 2/N$ 称为双倍余额递减法。一般来说,b 的取值范围在 $1 \sim 2$ 之间,b 取上限时,其折旧速度变快,反之,折旧速度变慢。

累计折旧额的计算方法是:先由上面二式计算出年折旧额后,再将已使用年限内各年的折旧额汇总累加,即得累计折旧额。

维修费用是指车辆现时状态下,某功能完全丧失,需要维修和换件的费用总支出。

注意:在快速折旧计算时,一般 K 值取机动车的重置成本全价,而不取机动车原值。

三、二手车收购评估与二手车鉴定评估的区别

二手车的收购是二手车交易市场的经营业务之一,二手车的收购评估与二手车鉴定评估的实质都是对二手车作现时价格评估,但两者相比较有明显的区别,主要表现在:

1. 二者评估的主体不同

二手车收购评估的主体是买卖当事人,它是以购买者的身份与卖方进行的价格估算与洽谈,根据供求价格规律可以讨价还价,自由定价;而二手车的鉴定评估是公正性、服务性的买卖中间人,它是以遵循独立为原则,通过对评估车辆的技术鉴定的全面判断来反映其客观价格,不可以随意变动。

2. 二者评估的目的不同

二手车收购评估是购买者当事人估算车辆价格,以把握事实真相,心中有数地与卖主讨价还价,它是以经营为目的;二手车鉴定评估是受委托人委托,为被评估对象将要发生的经济行为提供价值依据,它是以服务为目的。

3. 二者评估的思想和方法不同

二手车鉴定评估,它要求严格遵守国家颁布的有关评估法规,按特定的目的选择与之相匹配的评估标准和方法,具有约束性;二手车收购评估接受国家有关评估法规的指导,根据评估目的,参照评估的标准和方法进行,具有灵活性。

4. 二者评估的价值概念不同

虽然鉴定评估与收购评估其价值概念都具有交易价值和市场价值,而收购价格受快速变现原则的影响,其价格大大低于"市场价格"。

四、二手车收购评估案例

事例1 陈先生欲转让一辆桑塔纳99新秀轿车,经与二手车交易中心洽谈,由中心收购该车辆。该车的初次登记日期为2001年2月。转让日期为2004年8月,已使用了3年6个月。该型号的现行市场购置价为8万元,规定使用年限为15年,残值忽略不计。试用快速折旧法计算收购价格。

解: (1) 采用年份数求和法计算其累计折旧

根据年份数求和法计算公式(7-5-1),其计算结果见表7-5-1。这里 $Ko = 8$ 万元, $Sv = 0$, $N = 15$ 年, t 从2001年6月到2004年12月共4个年度。

用年份数求和法计算折旧额　　　　表7-5-1

时间	重置价格(元)	递减系数	年折旧额(元)	累计折旧额(元)
2001.7~2002.1	80000	15/120	10000	10000
2002.2~2003.1		14/120	9333	19333
2003.2~2004.1		13/120	8667	28000
2004.2~2005.1		12/120	8000	36000

由于车辆已使用3年6个月,则累计折旧额为: $\dfrac{28000+36000}{2}=32000$ (元)

(2) 采用余额递减折旧法计算其累计折旧

根据余额递减折旧法计算公式(7-5-2),其计算结果见表7-5-2。这里折旧率 a 按直线折旧率 $\dfrac{1}{N}$ 的2倍取值,即有 $a=\dfrac{2}{N}=\dfrac{2}{15}=13.3\%$。

用余额递减法计算累计折旧额　　　　表7-5-2

时间	重置价格(元)	折旧率(%)	年折旧额(元)	累计折旧额(元)
2001.2~2002.1	80000	13.3	10640	10640
2002.2~2003.1	69360	13.3	7998	18638
2003.2~2004.1	61362	13.3	6135	24773
2004.2~2005.1	55227	13.3	4787	29560

由于车辆使用3年6个月,则累计折旧额为: $\dfrac{24773+29560}{2}\approx 27167$ (元)

(3) 其他费用

根据技术状况鉴定,左前轮行驶偏位,右前轮的轴承失效换件,需维修费700元,变速器漏油失效换件,需维修费1200元。上述费用合计为:700 + 1200 = 1900(元)。

(4) 收购评估

用年份数求和法计算收购评估为:80000 − 32000 − 1900 = 46100(元)

用余额递减计算收购评估为:80000 − 27167 − 1900 = 50933(元)

第三节　二手车销售定价

二手车流通企业在二手车收购与销售经营活动中,二手车的销售价格是决定收入和利润的唯一因素。因此,企业必须根据成本、需求、竞争及国家方针、政策、法规,并运用一定的定价方法、技巧和艺术来对其产品制订切实可行的价格政策。为了使定价工作有效、顺利地进行,保证定价工作的规范化,按以下五个步骤进行。即:

分析定价因素→确定定价目标→选择定价方法→制定定价策略→确定最终价格

一、二手车销售定价应考虑的因素

1. 成本因素

企业在二手车的销售定价时,成本是首先必须考虑的基本因素。二手车的销售价格如果不能补偿成本,企业的经营活动就难以维持继续。二手车销售定价时应考虑收购车辆的总成本费用,总成本费用是由固定成本费用和变动成本费用之和构成。

1) 固定成本费用

固定成本费用是指在既定的经营目标内,不随收购车辆的变化而变动的成本费用。如分摊在这一经营项目的固定资产的折旧、管理人员的工资等项支出。

2) 固定成本费用摊销率

固定成本费用摊销率是指单位收购价值所包含的固定成本费用,即固定成本费用与收购车辆总价值之比。如某企业根据经营目标,预计某年度收购100万元的车辆价值,分摊固定成本费用1万元,则单位固定成本费用摊销率为1%。如花费4万元收购一辆旧桑塔纳,则应该将400元计入固定成本费用。

3) 变动成本费用

变动成本费用指收购车辆随收购价格和其他费用而相应变动的费用。主要包括车辆实体的价格、运输费、公路养路费、保险费、日常保养费、维修费、资金占用的利息等。

由上面成本分析可知,一辆二手车收购的总成本费用是这辆车应分摊的固定成本费用与变动成本费用之和,用数学式表达为:

二手车的总成本费用 = 收购价格 × 固定成本费用摊销率 + 变动成本费用

2. 供求关系

在市场经济体系下,供求状态也是制订销售价格时所依据的基本因素之一,二手车的销售定价,一方面必须补偿所耗的成本费用并保证一定利润的获得;另一方面也必须适应市场对该产品的供求变化,能够被购买者接受。否则,二手车的销售价格,便陷于一厢情愿的境地而难于出手。二手车的销售同其他商品一样同样遵守供求价格规律。

1) 需求与价格规律

所谓需求,是指在一定价格条件下,消费者对商品和劳务具有货币支付能力的需要。经济学上的"需求"和"需要"是两个不同的概念。"需要"指消费者购买商品的愿望和欲望,而"需求"不仅要求消费者具有主观愿望,而且还必须有购买力。这样,一种商品的需求量,就是指在一定条件下,消费者想购买的数量,消费者有支付能力的需要量,一定时期、一定地点的需求量。

从某商品的需求量与价格看来,在其他因素不变的情况下,价格上升,需求量就会减少;

价格下降,需求量就会增加。需求量与价格呈反比例关系变化。这通常被称为需求-价格规律,如图7-5-1所示。

2)供给与价格规律

所谓供给,是指在一定时期一定价格条件下,经营者愿意并可能出售的商品数量。关于供给量,应理解为:它是经营者愿意向消费者提供的商品数量,而不是实际销量;它是能够提供销售的数量,即是一种有效供应量;它是一定价格条件下的供给量;它只是反映一定时期的供给量。

从某商品供给量与价格看来,在其他因素不变的情况下,价格上升,刺激供应量增加;价格下降,供应量就减少。价格与供应量呈正比例变化。这就是供给-价格规律。如图7-5-2所示。

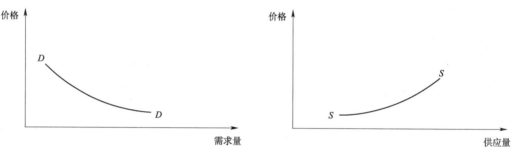

图7-5-1 需求-价格规律曲线　　　图7-5-2 供给-价格规律曲线

3)供求与均衡价格

上面讲的需求规律和供给规律只侧重了一个方面,而没有综合考虑供求两个方面。实际上,在竞争市场中,供求同时决定价格的形成。假定其他条件不变,供不应求会导致价格

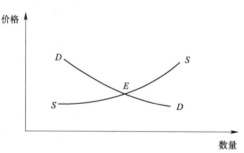

图7-5-3 供求曲线

上升,供过于求会导致价格下降。或者说,价格上升导致供给增加、需求减少;价格下降,导致供给减少,需求增加。价格变化使供求呈反向运动,运动的结果使市场趋于均衡点。这时,供给量等于需求量,供给价格等于需求价格。因此,均衡价格是市场上某种商品供给量和需求量相等时的价格,也是需求价格和供给价格相一致时的价格。如图7-5-3所示,需求曲线和供给曲线的交叉点E为均衡点。

根据以上分析,可以得出这样一个结论:需求大于供给,价格就会上升;需求小于供给,价格就会下降,市场的一切交易活动和价格的变动都受这一定律的支配。这就是供求规律或称供求法则。它是市场变化的基本规律。

价格受供求影响而有规律性的变动过程中,不同商品的变动幅度是不一样的。因此,在销售定价时还要考虑需求价格弹性。所谓需求价格弹性,是指因价格变动而引起的需求相应的变动率,它反映需求变动对价格变动的敏感程度。对于二手车来说,其需求弹性较强,即二手车价格的上升(或下降)会引起需求量较大幅度的减少(增加)。因此,在二手车的销售定价时,应该把价格定得低一些,应该以薄利多销增加盈利和服务顾客的目的。

3.竞争状况

二手车的销售定价要考虑本地区同行业竞争对手的价格状况,根据自己的市场地位和

定价的目标,确定自己的价格水准。

二、二手车销售定价的目标

二手车销售定价的目标是指企业通过制订价格水平,凭借价格产生的效用来达到预期目的要求。企业在定价以前,必须根据企业的内部和外部环境,制订出既不违背国家的方针政策,又能协调企业的其他经营目标的价格。企业定价目标类型较多,见表7-5-3。二手车流通企业要根据自己树立的市场观念、市场微观和宏观环境,确立自己的销售定价目标。

企业定价目标分类　　　　表7-5-3

利润目标	最大利润目标 适度利润目标 预期投资收益目标
销量目标	最大销量目标 保持和扩大市场占有率目标 保持与分销渠道的良好关系目标
竞争目标	维持企业生存目标 保持和稳定价格目标 应付和避免价格竞争目标 取得市场领先地位目标

1. 追求利润最大化的定价目标

这种定价目标指的是企业希望获得最大限度的销售利润或投资收益,这几乎是所有企业的共同愿望和追求的目标。这种定价目标是对需求和成本的充分了解,从而制订确保当期利润最大化的价格。

2. 以获取适度利润的定价目标

适度利润目标又称"满意利润目标",是一种使企业经营者和股东(所有者)都感到比较满意,比较适当的利润目标,利润既不能太高,也不能太低。采用这种定价目标,企业通常在市场竞争中,为保全自己,减少风险,抛弃高利企图,维持平均利润;根据企业自身的实力,追求适度的利润水平,比较合情、合理、合法;其他的定价目标,难以保证相应利润水平和营销目的的实现。

3. 以取得预期投资收益为定价目标

预期投资收益目标又称"目标投资利润目标",这种定价目标是指企业确定一定的投资收益率或资金利润率,使产品定价在成本的基础上加入企业预期收益。企业预期销售实现了,预期收益也就实现了。

4. 以保持或扩大市场占有率的定价目标

对于二手车流通企业来说,市场占有率即某企业二手车的销售量或销售额在同行业市场销售总量中的比例。市场占有率是企业经营状况和企业竞争力的直接反映。一个企业只有在市场份额逐渐扩大,销售逐渐增加,竞争力逐渐增强的情况下,才有可能得到正常发展。

这种定价目标,以较长时间的低价策略来保持和扩大市场占有率,增强企业竞争实力,最终获得最优利润。

三、二手车销售定价的方法

定价方法是企业为实现其定价目的所采用的具体方法,根据企业的定价目标,价格的计算方法有成本导向定价,需求导向定价和竞争导向定价三大类,每一大类中又有许多种具体方法。根据二手车销售的实际,选择性地介绍如下。

1. 成本加成定价法

成本加成定价法是成本导向定价法大类中的一种方法,它是按照单位成本加上一定百分比的加成来制订产品的销售价格,其公式为:

$$二手车销售价格 = 单位完全成本 \times (1 + 成本加成率)$$

采用成本加成法的关键在于确定成本加成率,前面讲过二手车的需求弹性较大,应该把价格定得低一些,加成率宜低,由此薄利多销。用进货成本来衡量,其加成率为:

$$加成率 = \frac{毛利(加成)}{进货成本}$$

单位完全成本是指一辆二手车的总成本费用,它包括这辆车应摊销的固定成本和变动成本之和。

销售价格也可以用以下公式直接算出:

$$销售价格 = 评估价格 + (利润 + 手续费 + 交易税 + 包装费)$$

2. 需求导向定价法

这种定价方法又称"顾客导向定价法""市场导向定价法"。它不是根据产品成本状况来定价,而是根据市场需求状况和消费者对产品的感觉差异来确定价格。其特点是,产品的销售价格随需求的变动而变化。

3. 竞争导向定价法

这种定价方法是企业根据自身的竞争力,参考成本和供求情况,将价格定得高于、等于或低于竞争者价格,以实现企业定价目标和总体经营战略目标,谋求企业的生存和发展的一种方法。

上述定价方法中,成本加成定价法深受企业界欢迎,主要是由于:

(1)成本的不确定性一般比需求少,将价格盯住单位成本,可以大大简化企业定价程序,而不必根据需求情况的瞬息万变而作调整。

(2)只要行业中所有企业都采取这种定价方法,则价格在成本与加成相似的情况下也大致相似,价格竞争也会因此减至最低限度。

(3)许多感到成本加成法对买方和卖方来讲都比较公平,当买方需求强烈时,卖方不利用这一有利条件谋取额外利益而仍能获得公平的投资报酬。因此,应采用成本加成法来对二手车销售进行定价。

四、二手车销售定价的策略

定价方法为定价人员或价格决策者指出了通过何种方法计算二手车销售的基本价格,而定价策略则考虑市场环境的各种要素,对基本价格进行权衡、调整和修改,使之更加适于市场条件。企业价格策略常用的有心理定价策略、阶段性定价策略等。

五、二手车销售最终价格的确定

经过以上分析、判断、比较、计算、调整和修饰,价格制订者或价格决策者最终得到实际执行的销售价格。

第六章　二手车交易

第一节　二手车销售实务

二手车销售过程和新车销售过程区别不大。但由于二手车的独特性以及二手车的展示方式,因此销售过程要做一些小的调整。二手车销售的步骤大致有以下几个方面。

一、招呼顾客

初步接触二手车的潜在顾客的与接触新车顾客不同,因为和二手车顾客接触通常发生在当他或她检查展示中的某一辆二手车时。大部分有经验的营销人员都会延迟打招呼直到他们觉得顾客已经看过了存货中的一些产品。招呼顾客过于匆忙只会让顾客感到烦躁,一旦招呼顾客,就应像招呼新朋友一样。欢迎、介绍以及出示自己的业务卡这些工作都必须和招呼新车顾客一样。谈论天气或者顾客选出的车辆是打破僵局的好办法,问顾客姓名的最好时间是在打招呼时。当销售员介绍完自己时,就应询问顾客的姓名并找机会把名字写下来。温暖、诚挚的招呼正是销售过程的开始。

二、询问和面谈

询问顾客对二手车的有关需要、期望是整个销售过程必不可少的一部分,但也不一定是整个销售过程所分出的完全独立的一部分。营销人员首先要了解知道顾客是否想购买二手车,顾客想要哪种型号,车辆将被用作何种用途,顾客想要开多少公里里程数,二手车的哪些性能特点较重要,顾客能承受的预算价格范围或每月支付额是多少,顾客多久就要用车等。

随着销售过程的深入,营销人员在了解顾客特定需求、欲望基础上还要问一些其他重要问题。每一个问题及其回答都是顾客购买或不购买的因素的提示。

三、推销自己、经销企业还有产品

在销售过程中,营销人员还要积极提供顾客感兴趣的关于经销商、销售人员和产品的有关情况。这些情况应包括销售人员自己的经历背景和个人成就。此外,销售人员还应谈到经销商的成熟性以及价值观。整个销售过程都应设计好并反复练习,以确保顾客对营销人员和经销商的信心。

四、推荐产品

一旦顾客选定车辆,销售人员就应发动这辆车驶出展台停泊的位置,以便顾客和销售人员有足够的空间绕车走动,全面检查车辆。就像营销人员为新车作六点走动介绍一样,以同样的步骤为二手车作介绍。

五、演示

观察完后,下一步很自然是邀请顾客坐进车子进行演示性驾驶。销售人员应确保顾客愿意驾车试试看。当然,驾驶还得由销售人员先进行,并且在驾驶途中要不断变换使用车辆主要的零部件。事先应有设计好的演示路线,包含有各种路况,但为安全起见,不宜有左手拐弯的道路。

六、服务部之行

演示驾驶返回经销商后,应引导顾客去服务部门。这也可以在演示驾驶返回途中将示范车停在服务部附近。顾客走访服务部非常重要,这样他们才会相信经销商会在售后提供服务。

七、检验步骤

此时,销售人员需要暂时中断一下销售过程,有两个原因。销售人员需要回顾一下他(她)现在处在销售过程中的哪一步,有没有选出正确的车辆,价格顾客是否接受,顾客是否会立即购买。换句话说,就是销售人员是否正在向成功达成交易前进;如果不是,应立即采取哪些措施。顾客也需要时间来讨论一下他们的决定。这个中断正是顾客作出决定所需要的。

如果所有为完成交易的各项上述情况都正常,销售人员可以继续以下的步骤。如果情况是不适合立即达成交易,营销人员和经理就应决定该采取哪些措施使顾客考虑在将来再与经销商达成交易。

八、签约

签约是销售过程自然的延续。它将关于车辆交易的所有的口头协议都变成书面的。这一步当中销售人员还要报价。很多情况下,高级销售员和一般销售员的区别主要就在于报价能力的高低。价格和付款方式写在文件上,通常都称之为"买方报价"。保质期以及顾客的其他权利和要求都将被讨论。

九、交货

这对销售人员和顾客来说是"黄金时刻"。交付的车辆对销售人员来说可能是旧的,但对顾客来说却是新的。在完成所有必要的手续后,车辆应再提供给顾客看一看。检查车辆的所有性能以及演示各个零部件将使整笔交易变得更为具体、实在。就像交付新车一样,顾客应被介绍给服务部经理或他的助手(一个专门的服务助手),并约好第一次售后服务的时间。这不仅使交货成为顾客印象深刻的仪式,而且还在顾客和服务部之间建立了良好的关系。

十、售后追踪

交货后五天内,销售人员应和顾客联系一次。现在的技术手段已使售后追踪提醒变得非常简单和有条理。经理人员应确保售后追踪被执行。汽车零售行业一直提倡这样的早期售后追踪,但目前很少这样做。销售人员应非常关注顾客的满意度。售后追踪不仅使顾客对自己的购买决定更加满意,还会吸引其他顾客。车辆买主购车后很自然会向他的朋友和邻居展示他的"新"车。如果顾客对交易印象深刻,他们自然向大家推荐这家经销商和营销人员。

追踪某一特定的销售会产生较高的签约率,导致更高的销售量。成熟的营销人员会把握这一销售过程所提供的机会。对于缺乏经验的营销人员必须有一个经理来掌握销售过程以实现交易。

第二节 二手车交易的证件

一、二手车交易的手续

二手车的手续是指机动车上路行驶,按照国家法规和地方法规应该办理的各项有效证件和应该交纳的各项税费凭证。二手车属特殊商品,它的价值包括车辆实体本身的有形价值和以各项手续构成的无形价值,只有这些手续齐全,才能发挥机动车辆的实际效用,才能构成车辆的全价值。如果某汽车购买使用一段时间以后,一直不按规定年检、交纳各种规费,那么这辆车只能闲置库房,不能发挥效用,这样的车技术状况再好,其价值几乎是等于零。

二、二手车交易的证件

1. 车主身份证

我国已经使用第二代居民身份证。第二代居民身份证在一般的光线上,平视证件表面时,表面上的物理防伪膜是无色透明的;适当上下倾斜,便会观察到证件的左上方有一个变色的长城图案,呈橙绿色;用左眼和用右眼分别观察,身份证上的长城图案的颜色将呈不同颜色;将身份证旋转90度(垂直方向),观察到的长城图案呈蓝紫色。除此之外通过放大镜可以看到成曲线排列的多个"JMSFZ"字样。

2. 机动车行驶证

机动车行驶证是由公安局车辆管理部门依法对汽车进行注册登记核发的证件,它是机动车取得合法行驶权的凭证。《中华人民共和国道路交通管理条例》第十七条规定,机动车行驶证是汽车上路行驶必需的证件,《中华人民共和国机动车登记管理办法》规定机动车行驶证是旧汽车过户、转籍必不可少的证件。

《中华人民共和国机动车行驶证证件》规定,为了防止伪造行驶证,塑料封套上有不规则的与行驶证卡片上图形相同的暗记,暗记可用紫光灯识别,并且行驶证上按要求粘贴了车辆的彩色照片。机动车行驶证识伪办法有:一是查看识伪标记;二是查看汽车彩照与实物是否相符;三是查看行驶证纸质、印刷质量、字体、字号与车辆管理机关核发的行驶证进行对比。对有疑问的行驶证可去发证的公安车辆管理机关核实。

最常见的伪造是行驶证副页上的检验合格章,车辆没有按规定时间到车辆管理机关去办理检验手续,却私自加盖私刻的检验合格章。现在许多地方采用电脑打印"检验合格至某年某月"并加盖检验合格章的办法来增加防伪能力。车辆管理机关规定超过两年未检验的汽车按报废处理。二手车交易从业人员要特别重视副页上的检验合格章即行驶证的有效期,并在二手车交易过程中要查看行驶证注册登记日期与牌照规律是否一致,以及注册登记日期与发证日期是否一致。机动车办理了合法的行驶证并且从没有被买卖过,则行驶证上的注册登记日期与发证日期是一样的;如果注册登记日期与发证日期不一致,则说明该车可能被过户。

行驶证上车辆照片背景一般为白色,从车辆右边45度角拍摄,能较为清楚地看到车内座位,被拍摄车辆无任何加装件(包括车膜、空气导流件、挡泥板等)。

3. 机动车登记证书

根据 2001 年 10 月 1 日起实施的《中华人民共和国机动车登记办法》，在我国境内道路上行驶的机动车应当按规定经机动车登记机构办理登记，核发机动车号牌、机动车行驶证和机动车登记证书。

机动车所有人申请办理机动车各项登记业务时均应出具机动车登记证书；当登记信息发生变动时，机动车所有人应当及时到车辆管理所办理相关手续；当机动车所有权转移时，原机动车所有人应当将机动车登记证书随车交给现机动车所有人。机动车登记证书还可以作为有效资产证明，到银行办理抵押贷款。

机动车登记证书上面也是机动车的"户口本"，所有机动车的详细信息及机动车所有人的资料都记载在上面。证书上所记载的原始信息发生变化时，机动车所有人应携证到车管所作变更登记。二手车交易需要过户，过户记录就会登记在"过户、转入登记摘要信息栏"里。

公安局车辆管理部门是机动车登记证书的核发单位。凡 2001 年 10 月 1 日之后新购的机动车都随车办好了证书，凡 2001 年 10 月 1 日之前购车未办理机动车登记证书的机动车所有者，必须补办机动车登记证书。2002 年 8 月以后过户的二手车也都必须补办机动车登记证书。机动车登记证书应该保管好，不要随车携带。

检查机动车登记证书是汽车保险人员必须认真查验的手续，机动车登记证书与机动车行驶证相比，它的内容更详细，一些风险参数也必须从机动车登记证书获取，如使用性质的确定等。

4. 养路费（桥梁隧道年票）单据

公路养路费是交通管理部门规定车辆所有者在使用车辆所占道路应交纳的费用。它是国家按照"以路养路，专款专用"的原则，规定由交通部门向有车单位或个人征收的用于养路和改善公路的专项事业费。拥有车辆的单位和个人，必须按照国家规定向公路管理部门按时缴纳养路费。对于二手车交易应重点检查养路费单据是否处于有效期，否则交通部门会对拖欠养路费的车辆实行较重的经济处罚。

随着燃油税的开征，此项费用已取消，而有些省市采用桥梁隧道年票来取代。

5. 车辆购置税

车辆购置税是由车辆购置附加费演变而来的，国务院于 1985 年 4 月 2 日发文，决定对所有购置车辆的单位和个人，包括国家机关和单位一律征收车辆购置附加费，其目的是切实解决发展公路运输事业与国家财力紧张的突出矛盾，将车辆购置附加费作为我国公路建设的一项长期稳定的资金来源。车辆购置附加费由交通部门负责征收工作。2000 年 10 月 22 日，中华人民共和国国务院令（第 294 号）《中华人民共和国车辆购置税暂行条例》规定，自 2001 年 1 月 1 日起，车辆购置附加费改成车辆购置税，由国家税务局征收，资金的使用由交通部门按照国家有关规定统一安排使用，车辆购置税的征收标准，是按车辆计税价的 10% 计征。在取消消费税后，它是购买汽车后最大的一项费用。

6. 汽车来历凭证

根据《机动车登记规定》第三十八条，汽车来历凭证有以下几种。

(1) 在国内购买的机动车，其来历凭证是全国统一的机动车销售发票或者二手车交易发票。在国外购买的机动车，其来历凭证是该车销售单位开具的销售发票及其翻译文本。

（2）人民法院调解、裁定或者判决转移的机动车,其来历凭证是人民法院出具的已经生效的调解书,以及相应的协助执行通知书。

（3）仲裁机构仲裁决转移的机动车,其来历凭证是仲裁裁决书和人民法院出具的协助执行通知书。

（4）继承、赠予、中奖和协议抵偿债务的机动车,其来历凭证是继承、赠予、中奖和协议抵偿债务的相关文书和公证机关出具的相关证明。

（5）资产重组或者资产整体买卖中包含的机动车,其来历证明是资产主管部门的批准文件。

（6）国家机关统一采购并调拨到下属单位未注册登记的机动车,其来历凭证是全国统一的机动车销售发票和该部门出具的调拨证明。

（7）国家机关已注册登记并调拨到下属单位的机动车,其来历凭证是该部门出具的调拨证明。

（8）经公安机关破案发还的被盗抢且已向原机动车所有人理赔完毕的机动车,其来历凭证是保险公司出具的权益转让证明书。

（9）二手车来历证明,是指经国家工商行政管理机关验证（加盖工商验证章）的二手车交易发票。二手车交易发票反映了交易的车辆曾是一辆已经交易过的合法使用的二手车。2005年10月,《二手车流通管理办法》颁布施行,全国统一了二手车销售发票,目前国内大部分地区都使用了新版的二手车销售统一发票。而在统一发票之前,各地的二手车交易发票样式繁多,也造成了管理上的难度。

7. 车船税和机动车交通事故责任强制保险

车船税是指对在我国境内应依法到公安、交通、农业、渔业等管理部门办理登记的车辆、船舶,根据其种类,按照规定的计税依据和年税额标准计算征收的一种财产税。

机动车交通事故责任强制保险（简称"交强险"）是我国首个由国家法律规定实行的强制保险制度。《机动车交通事故责任强制保险条例》规定:交强险是由保险公司对被保险机动车发生道路交通事故造成受害人（不包括本车人员和被保险人）的人身伤亡、财产损失,在责任限额内予以赔偿的强制性责任保险。

从2007年7月1日开始,在投保交强险时缴纳车船税。对于二手车交易,要检查交强险是否处于有效期内。

8. 汽车号牌

汽车号牌主要分为民用号牌和专用号牌。

民用号牌分大型民用汽车号牌和小型民用汽车号牌。大型民用汽车号牌为黄底黑字号牌,小型民用汽车号牌为蓝底白字号牌。

专用号牌又可分为军车号牌、武警车号牌、使领馆外籍汽车号牌和其他外籍汽车号牌。使领馆外籍汽车号牌为黑底白字及空心"使"字标志号牌;其他外籍汽车号牌为黑底白字号牌。

三、二手车交易中证件的识伪

机动车是高价商品,一方面违法者总是试图从这里寻找突破口,从中获取暴利;另一方面用户利益一旦受到损失,不仅金额巨大,而且往往带来许多难以解决的后续问题。因此,提醒大家要防止假冒欺骗行为。

二手车交易的手续证件和税费凭证,违法者都可能伪造,他们伪造的主要目的有三个:一是将非法车辆挂上伪造牌号,携带伪造行驶证非法上路行使,以蒙骗公安交通管理部门的检查;二是伪造各种税费凭证,企图拖、欠、漏、逃应交纳的各种规费。三是在交易中以伪造证件,蒙骗用户从中获取暴利。常见的伪造证件和凭证有:机动车号牌、机动车行驶证、车辆购置附加费、公路养路费票证、准运证。

1. 机动车号牌的识伪

非法者常以非法加工,偷牌拼装等手段伪造机动车号牌。国家规定,机动车号牌生产实行准产管理制度,凡生产号牌的企业,必须申请号牌准产证,经省级公安交通管理部门综合评审,对符合条件的企业发给《机动车号牌准产证》,其号牌质量必须达到公安行业标准。号牌上加有防伪合格标记。因此,机动车号牌的识伪方法:一是看号牌的识伪标记;二是看号牌底漆颜色深浅;三是看白底色或白字体是否涂以反光材料;四是查看号牌是否按规格冲压边框,字体是否模糊等。从事二手车交易的工作人员必须要能分辨号牌的真伪,尤其是对民用车牌的识别。下面将介绍一种简便而直观的鉴别方法。

真车牌的字体立体感很强,而且最大的区别在字体边缘突出部分,由于真车牌是一次冲压成型,其边缘整齐;假车牌手工敲打而成,边缘会有凹凸不平。字体颜色与背景颜色的过渡区,真车牌是机器喷涂,边缘线条整齐,两色交接清晰,而假车牌就难以做到这一点。

按照新《机动车登记规定》(公安部第102号令),从2008年10月1日起,二手车在办理过户手续时,必须先交回旧的车牌号,由买主再申请新的车牌号。此规定的出台,改变了过去买一辆二手车,只要还继续在原来的上牌城市使用,办了过户手续就可以继续使用原来的车牌号的情况;至从规定之日起购买的二手车,无论是否还在原来的上牌城市使用,都必须更换车牌号码,即实行"车牌分离"。二手车上牌的手续与给新车上牌一样,可以选择自编号牌,也可以选择"10选1"的方式选择新车牌。被收回后的车牌号码将被重新放入车管所的数据库内。同时,按照相关规定,如果一名车主拥有原机动车3年以上,车辆在办理过户或者注销登记手续后的6个月内,他也可以向车管部门重新申请使用原来的车牌号码。此规定有利于二手车市场的公平交易,杜绝了恶意炒作车牌。利用改变车牌管理的契机,将车牌的防伪提高了一个档次。

2. 机动车行驶证的识伪

国家对行驶证制作,也有统一规定,为了防止伪造行驶证,行驶证塑封套上有用紫光灯可识别的不规则的与行驶证卡片上图形相同的暗记,并且行驶证上按要求粘贴车辆彩色照片,因此机动车行驶证最好的识伪方法,就是查看识伪标记;再则查看车辆彩照与实物是否相符;再次将被查行驶证上的印刷字体字号、纸质、印刷质量与车辆管理机关核发的行驶证式样进行比较认定。一般来说,伪造行驶证纸质差,印刷质量模糊。

3. 车辆购置附加费和公路养路费(桥梁隧道年票)凭证的识伪

车辆购置附加费单位价值大,曾经有一段时间,有些单位和个人千方百计逃避附加费的征收,造成漏征现象;有些地方少数不法分子伪造、倒卖车辆购置附加费凭证。他们对那些漏征或来历不明的车辆,对欠缴、漏缴养路费的车辆在交易市场上以伪造凭证蒙骗坑害用户,从中获取暴利。车辆购置附加费和公路养路费凭证真伪的识别一是以对比法进行认定;二是到征收机关查验。

4. 准运证的识伪

一段时期以来,伪造准运证的现象十分突出,有时这些假证还会在路途检查中蒙混过关。因此,内地购买这类车辆时要注意这些证件的真伪和有效性。鉴别方法:一是请当地市以上的工商行政管理机关、内贸管理部门或公安车辆管理部门帮助认定;二是自己寻找现行的由国家内贸部门会同有关部门下发的准运证式样进行对比认定。国家内贸部门发放的"准运证"式样是不定期更换的,要注意准运证的时效性。

第三节 二手车交易的运作

一、二手车的交易流程

在本节前面的内容已经提到,二手车的交易类型有很多种,本教材的编写目的旨在指导学生掌握二手车是如何在市场中进行交易的过程。因此,下面将重点介绍这种最常见的二手车交易过程,即二手车商先收购原车主的车辆,然后经过车辆整备包括检测、修复、翻新、美容等工序以后进行展示销售,再将其卖给新车主的过程。再交易过程中有一些涉及车辆管理部门的手续办理工作,因地区不同,程序和标准也会有所不同,具体内容和流程在本章第五节中予以详细介绍。

对于卖主来说,首先了解市场行情,初步了解自己的车能卖多少钱,然后确定一家有营业执照二手车商进行交易谈判。一旦和二手车商达成买卖的意向之后,就要将自己和车辆的各种证件带上,去政府认可的车辆检测点进行刑侦检测,主要是核对车辆发动机和车架上的钢印号,目的是确定车辆的合法性以及卖主对车辆所有权的真实性,防止一些不法分子将一些黑车在二手车市场上销账。许多地区在车辆检验无误后进入车辆交接付款阶段,一旦车辆交接付款,双方对该车辆的使用责任将以交接的一刻为界,各自承担责任。例如,该车的违章发生在车辆交接以后,该违章与原车主无关,若违章发生在车辆交接之前,即使公告在双方交接之后该违章也应该由原车主负责承担处罚责任。

车辆交接完毕,将进行到整备阶段环节,即进行、修复、翻新、美容等工序。负责任的二手车商首先会对收购的车辆进行全面检测并维修,如上海通用的"诚新二手车"就要经过106项检测并修复;但绝大多数二手车商仅仅进行简单的检测和维修,其目的是不影响其销售即可。因此,检测和维修的重点放在起动及低速时的各种异响消除、怠速的基本稳定等表面状态,有的甚至通过清洗来掩饰某些部位的油、水渗漏问题。

规模较大的二手车商会收购的车辆检测并维修完毕之后,将对有伤痕的地方重新进行喷漆处理,俗称翻新,翻新完毕以后进行打蜡抛光,对内饰、发动机舱进行清洗,其目的也是为了使车辆在销售时有一个漂亮的外观,在这项工作完毕以后进入到销售展示环节。整备环节并非每一个二手车商都会去做,许多小规模的二手车商并不经过整备环节,简单洗洗就直接上市销售,当然也就买不了什么好价钱。

二手车商将整备好的车辆放在二手车市场里或自己的销售公司里展示销售,较为规范的经销商会明确标注该车辆的主要信息,如品牌、首次入户时间、行驶里程、保险税费、牌照等情况的信息,也会明确标注该车辆的销售报价,也有的只标注该车辆的主要信息,不标注销售报价,这就需要消费者自己去询问了。

消费者在自由、公开的环境下就其关注的二手车与二手车商洽谈,了解车辆信息,测试和试驾车辆。我国的二手车市场基本没有真实的试车场地,试驾车辆一般不允许上市政道路,仅在卖场周边附近,即不超过 2km 的范围。因此,车辆速度并不会太快,测试的单位也不会很高,高速状态下的故障以及运行一段时间以后才出现的故障往往不容易被发现。消费者若对车况基本满意就进行价格谈判,双方成交价格以及双方关注的问题均取得一致以后,签订协议交钱提车。值得注意的是,车辆过户手续一般是由二手车商代为办理。因此,本着对原车主负责的态度,二手车商往往会要求在车辆过户以后才将车辆交付给新车主。当然,新车主也可以先只支付定金,提车时再支付余下车款。一旦车辆交接付款,双方对该车的使用责任将以交接的一刻为界,各自承担责任。整个车辆过户完毕将标志着该车辆的二手车交易过程完毕。

二、收购二手车

二手车收购的基本流程如图 7-6-1 所示。

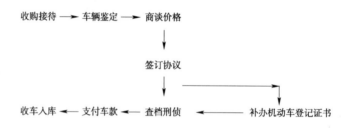

图 7-6-1 二手车收购基本流程

二手车收购的基本流程可以分七个步骤,其内容如下。

1. 收购接待

无论是车主带车主动到店里评估还是评估师上门看车,都需要进行评估收购前的接触,对评估师而言,也就是收购接待工作。这个环节主要是对车主身份以及相关证件进行初步的核对,同时双方也可以通过这个环节使彼此间有个初步的了解,判断交易是否可靠。

2. 车辆鉴定

这个环节主要是对车辆进行交易合法性初步判定及车况的技术鉴定。首先,初步判定该车是否具备交易的合法性。主要是对车主及车辆的各项手续判断,然后客观判断这辆车各项功能的技术状态。经验不足的评估师或者不够细心的评估师一旦在这个环节出现失误,将会给企业带来直接的损失。因此,对二手车经营者而言,这是一个控制技术风险的重要环节。

3. 商谈价格

这是一个非常重要的环节,是否能达成一致,直接决定交易是否成功。在这个过程中,不一定是完全按照车辆的客观评估价格成交,而是通过双方的商谈决定最终的成交价。可以由评估师通过对车辆进行技术鉴定以后提出收购价格给车主,也可以由车主提出销售期望价格给评估师,经双方协商,确定最终都认可的成交价格。

4. 签订协议

双方一旦对成交价格达成一致以后,就进入签订协议阶段,作为保障双方权益的法律文件,许多地区已经采用了政府提供的参考文本。

5. 查档刑侦

查档刑侦是由车辆管理部门对车辆的身份进行核对，未能通过的车辆不允许进行交易，这是保证收购方收购合法车辆最有效的保证。如果交易车辆尚未办理机动车登记证书，则需要立即补办，否则将不可以过户，甚至有可能会影响到正常销售。

6. 支付车款

支付车款可以一次性支付，也可以分多次支付。

一般情况下车款是分多次支付的。在签订协议时支付收购定金，查档刑侦完毕以后支付主要车款，但是为了保障原车主在车辆销售出去过户时能及时提供配合（我国许多地区规定，在车辆过户时还需原车主提供身份证明，否则不予过户），收购方往往会留扣部分押金。同时，由于原车主将车辆交付收购方之前，可能该车辆有交通违章尚未处理，因此，这部分押金还可以用于支付该由原车主承担的交通违章等费用。

一次性支付出款风险较大，对于经营者来说必须要有足够的把握才行。有些经营者为了争取客户，防止客户流失，尤其是防止性价比较高的车辆落入竞争对手的手中，也会采取这种较为冒险的方式。

7. 收车入库

收车入库就是双方对车辆进行交接，收购方验收车辆、验收车辆证件、建档的过程。

三、置换二手车

品牌二手车的置换业务往往是通过二手车置换授权经销商完成的。

二手车置换的服务程序包括二手车出手和新车购买两个环节。不同的二手车置换授权经销商对汽车置换流程的规定不完全一样。国内一般汽车置换程序有两种。

1. 以二手车交易为主导

（1）顾客通过电话或者接到二手车置换授权经销商处（一般是4S店或二级经销网点）进行咨询，也可以在二手车置换授权经销商的网站进行置换登记。

（2）二手车鉴定评估定价。

（3）二手车置换授权经销商的新车销售顾问陪同选订新车。

（4）签订二手车购销协议以及置换协议。

（5）置换二手车的钱款直接冲抵新车的车款，顾客补足新车差价后，办理提车手续，或由二手车置换授权经销商的销售顾问协助在指定的经销商处提取所订车辆，二手车置换授权经销商提供一条龙服务。

（6）顾客如需贷款购新车，则置换二手车的钱款作为新车的首付款，二手车置换授权经销商为顾客办理购车贷款手续，建立提供因汽车消费信贷所产生的资信管理服务，并建立个人资信数据库。

（7）二手车置换授权经销商办理二手车过户手续，顾客提供必要的协助和资料。

（8）二手车置换授权经销商为顾客提供全程后续服务。

2. 以新车销售为主导

（1）顾客通过电话或者直接到新车销售店中，由新车销售顾问接待，在介绍新车之后，由新车销售顾问提示客户是否有二手车需要置换。如果有，将邀请本公司的二手车评估师进行二手车鉴定评估定价。

（2）新车销售顾问、二手车评估师与客户共同议定价格，确定差价，陪同选订新车。

(3)签订二手车购销协议以及置换协议。

(4)置换二手车的钱款直接冲抵新车的车款,顾客补足新车差价后,办理提车手续,或由二手车置换授权经销商的销售顾问协助在制订的经销商处提取所订车辆,二手车置换授权经销商提供一条龙服务。

(5)顾客如需贷款购新车,则置换二手车的钱款作为新车的首付款,二手车置换授权经销商为顾客办理购车贷款手续,建立提供因汽车消费信贷所产生的资信管理服务,并建立个人资信数据库。

(6)二手车置换授权经销商办理二手车过户手续,顾客提供必要的协助和资料。

(7)二手车置换授权经销商为顾客提供全程后续服务。

无论是哪一种操作模式,在开展二手车置换业务时仍须注意以下事项:

(1)车辆牌照。新车仍使用原二手车牌照的,经销商代办退牌手续和新车上牌手续;新车上新牌照的,经销商可代办手续。

(2)新车需交钱款 = 新车价格 – 二手车评估价格。

(3)贷款置换。如果二手车贷款尚未还清,可由经销商垫付还清贷款,款项计入新车需交钱款,或由贷款人自行还清贷款后交易。

(4)为降低收购风险,定价签约与交车之间间隔不可太久,一旦车辆在此期间发生事故或故障,新车价格、二手车的市场价格发生变动,都将影响最终的置换业务完成。

【案例】

上海通用"诚新二手车"置换步骤

一、可换车辆、置换方法与形式

二、置换业务流程如图 7-6-2 所示

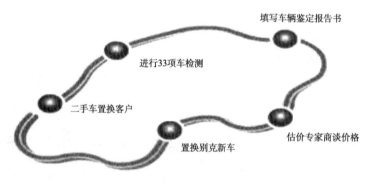

图 7-6-2　二手车置换业务流程图

(1)顾客通过电话或直接到二手车置换授权经销商处(一般是4S店或二级销售网点)进行咨询,也可以在二手车置换授权经销商的网站进行置换登记。

(2)专业二手车鉴定评估师对车辆进行 33 项免费车辆检测。

(3)专业二手车鉴定评估师如实填写车辆鉴定报告书。

(4)评估师提出评估价格,双方协商一致后签订置换协议。

(5)置换二手车的钱款直接冲抵新车的车款,顾客补足新车差价后,办理提车手续。

(6)填写估价表(表 7-6-1)。

上海通用"诚新二手车"33 项鉴定估价表　　　表 7-6-1

33 项鉴定估价表 □			□	□	□	□	
客户名：			电话：		日期：		
VIN：			发动机号：		车型：		
出厂年月：			排量：　　L	颜色：	变速：手/自		里程：　　km
鉴定结果及预估维修费用							
车身外部油漆和钣金件检查	发动机罩/散热器护罩、前围板			车厢内部及静态检查	安全带、安全气囊、驻车制动系统		
	前后翼子板				空调系统、温度效果		
	车门				油箱、行李舱、前盖锁		
	前后保险杠				点火起动状况及风窗玻璃雨刮器		
	后围板、后盖箱				离合器、制动器、加速踏板正确的行程		
	车顶、顶边、ABC 柱			发动机罩下侧检查	前圈、前纵梁及翼子板内侧		
	前后全车灯罩				发动机怠速状况、点火正时		
	全车风窗玻璃				变速器状况、离合器换挡、油面		
	全车门密封条及装饰条				转向盘助力系统、液压管路		
	发动机和车架号码、铭牌、标牌				冷却及空调管路系统		
车厢内部及静态检查	车内饰顶、内饰板、遮阳板、储物箱				点火系统、蓄电池、熔断丝盒		
	座椅及其功能				四轮制动性能及制动辅助系统		
	仪表装置及指示灯、车内外照明				四轮避振系统/驱动半轴、横拉杆		
	门锁、拉手及儿童锁止装置			其他检查	轮胎、钢圈、轮罩帽		
	收音机及音响喇叭系统				底盘大梁、消声器、三元催化反应器		
	电动窗及天窗开关				后盖箱、备胎、随车工具		
加装配置检查：　　碟 CD　　　　功放　　　　VCD　　　低音炮　　　GPS							
路试检查：起动—离合器分离能力—加速—手/自动换挡质量—转向—制动—怠速—驻车—喇叭—速度表—空调暖气—轮胎振动—发动机运转温度							
新车市场价：			车辆年限折旧：		里程折旧：		车况折旧：
价格波动：			其他因素：		当地牌照费用：		
评估价格：					此估价　　　　　天内有效		
估价员签名：					车辆出售者签名：		
备注：							

三、置换优惠的对象及相应置换的申请文件

如果置换客户符合上海通用的条件，后续的工作将还包括置换优惠申请操作。

上海通用为了推广"诚新二手车"品牌，促进置换业务的发展，鼓励车主积极参与置换，提供了独有的优惠方案，即对不同条件的客户提供延长其所置换的新车保修期的优惠政策。具体操作如下：

1. 私车置换

二手车车主与置换后新车车主必须是同一个人或是直系亲属（即包括父子、母子、父

母、母女、夫妻、爷孙/孙女等法律规定的直系关系);如果旁系亲属(亲兄弟、亲姐妹)为置换双方的,要提供户口簿或当地派出所(警署)出示的证明原件扫描。

申请文件:车辆置换表。

2. 公车置换

二手车车主与置换后新车车主必须是同一单位(子公司和母公司、分公司和总公司,法律上具有不相同的法定代表人,不能享有上海汽车的置换优惠政策)。

申请文件:

(1)车辆置换表。

(2)33项鉴定估价表。

(3)置换车辆的公司的营业执照或组织机构代码证。

(4)如置换车辆的公司已更名,应提供官方的合法证明文件。

(5)置换新车购车发票或行驶证。

(6)原机动车登记证或行驶证。

(7)二手车过户证明。

3. 私人和单位

若置换双方为私人和单位(国营和民营),则私人必须是该公司(国营或民营)的法定代表人才能享有上海通用汽车的置换优惠政策。

申请文件:

(1)车辆置换表。

(2)33项鉴定估价表。

(3)置换一方的营业执照或组织机构代码证。

(4)置换一方的身份证或户口簿。

(5)置换新车购车发票或新车登记证。

(6)原机动车登记证或行驶证。

(7)二手车过户证明。

4. 标准流程及说明

(1)客户提出置换需求申请。

(2)客户二手车评估及收购。

(3)二手车部协助置换客户完成新车购买,客户如果符合SGM(上海通用)置换优惠方案的条件,业务助理为客户向SGM(上海通用)提出申请,并提供准确的最终用户联系电话和邮寄地址。

(4)SGM(上海通用)将审批结果通知授权经销商。

四、销售二手车

图7-6-3为二手车销售的基本流程。

二手车销售的基本流程共分八个步骤,其具体内容如下。

1. 车辆建档

当车辆收购回来以后,需要立即建立管理档案,建立车辆管理档案有助于对车辆进行有效管理以及日后分析提供准确资料。档案的主要内容包括车辆的基本信息、车辆存放位置、车辆费用、销售报价、销售底价、成交价格、新旧车主基本资料等。在这个阶段,销售顾问即可初步介入,开展手机和邀约客户等准备工作。

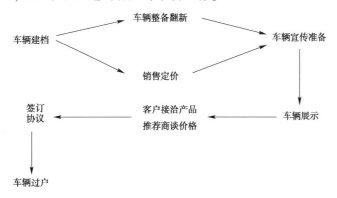

图 7-6-3　二手车销售基本流程

2. 车辆翻新

对于任何一个买二手车的客户而言,均希望买到一部漂亮的二手车,因此,二手车的整备翻新对于提升二手车销售价格非常重要。本环节主要包括两部分:

(1)主要故障的诊断及修复。(2)车身外观的翻新美容,本节后面将详细介绍。

3. 销售定价

销售定价环节非常重要,根据当前二手车销售行规,一般销售定价包括销售报价、销售底价两个价格,本节后面将详细介绍。

4. 车辆宣传

在车辆翻新以及确定销售报价以后就进入到车辆宣传环节,这个环节包括各媒体展示(主要是图片宣传)、车体包装等。

5. 车辆展示

车辆在一切准备工作就绪以后,进入到现场展示环节,根据车辆特点确定展示场地及位置。

6. 客户接洽、产品推荐、商谈价格

车辆推销过程包括客户接洽、产品推荐、商谈价格三个小环节,主要是销售顾问进行现场推销的过程。

7. 签订协议、收取车款

双方一旦对成交价格达成一致以后,就进入签订协阶段,作为保障双方权益的法律文件,许多地区已经采用了政府提供的参考文件。

8. 车辆过户

车辆过户是进行车辆产权变更的过程,在办理完过户以后,进行车辆交接,至此,二手车的销售结束。

五、拍卖二手车

(一)二手车拍卖的相关政策介绍

二手车拍卖所涉及的主要法律法规有《二手车流通管理办法》《二生车交易规范》《中华人民共和国拍卖法》和《拍卖管理办法》等。二手车拍卖应在符合上述一系列法律法规的前提下进行。

1. 二手车流通管理办法

(1)《二手车流通管理办法》第二十三条规定下列车辆禁止经销、买卖、拍卖和经纪:已报废或者达到国家强制报废标准的车辆;在抵押期间或者未经海关批准交易的海关监管车辆;在人民法院、人民检察院、行政执法部门依法查封扣押期间的车辆;通过盗窃、抢劫、诈骗等违法犯罪手段获得的车辆;发动机号码、车辆识别代号或车架号码与登记号码不相符,或有凿改迹象的车辆;走私、非法拼(组)装的车辆;在本行政辖区以外的公安机关交通管理部门注册登记的车辆;国家法律、行政法规禁止经营的车辆。

(2)《二手车流通管理办法》第二十四条规定,二手车经销企业销售、拍卖二手车时,应当按规定向买方开具税务机关监制的统一发票。

2. 二手车交易规范

依据《二手车流通管理办法》,为便于操作,《二手车交易规范》中对拍卖的操作规程作了细化。规定要求从事二手车拍卖及相关中介服务活动应按照《拍卖法》及《拍卖管理办法》的有关规定进行。《二手车交易规范》第四章对二手车拍卖有具体规定。

(二)二手车拍卖规则

对于二手车拍卖没有统一的标准,但是为了规范拍卖行为,维护拍卖秩序,保护在拍卖活动中各方当事人的合法权益,使拍卖顺利进行,二手车拍卖要严格按照《拍卖法》及国家的相关政策法律法规的指导进行。在拍卖规则中应包含下列内容:

(1)拍卖人、拍卖日期与场所。
(2)拍卖标的及底价。
(3)拍卖标的展示的时间及场所。
(4)竞买人权利和义务。
(5)保证金交纳约定。
(6)拍卖方式。
(7)买受人的权利和义务。
(8)拍卖标的清点移交。
(9)违约责任。
(10)其他。

(三)二手车拍卖所需资料

《二手车交易规范》第二十九条规定委托拍卖时,委托人应提供身份证明、车辆所有权或处置权证明及其他相关材料。具体材料如下:

(1)二手车委托拍卖所需材料。车辆行驶证、购置证、养路费通行缴费凭证、车船税证、车辆所有人证件(个人为身份证、户口本;企事业单位为企事业单位代码证)。

(2)二手车参加竞买所需材料。竞买人身份证明(个人为身份证;企事业单位为企事业单位代码证书)和保证金(按每次拍卖会规定的标准交付)。拍卖人接受委托的,应与委托人签订委托拍卖合同。

《二手车交易规范》第十条规定委托人应提供车辆真实的技术状况即《车辆信息表》,拍卖人应如实填写《拍卖车辆信息》。若对车辆技术状况存有异议,拍卖委托双方经商定可委托二手车鉴定评估机构对车辆进行鉴定评估。

(四)二手车拍卖业务流程

图 7-6-4 与图 7-6-5 分别是车主的委托拍卖流程以及参加竞拍的流程:

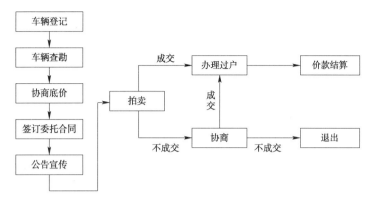

图 7-6-4 二手车拍卖委托流程

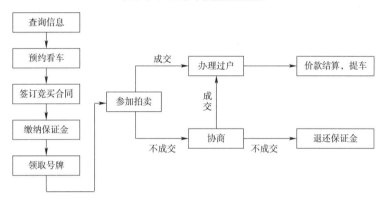

图 7-6-5 二手车拍卖竞买流程

下面介绍二手车拍卖公司的操作流程。

1. 接受委托

(1) 审查车辆来源的合法性。对委托拍卖车辆的行驶证、产权证、销售发票、企业代码或身份证等有关证件资料进行真伪鉴别,并对这些证件资料逐一登记,填写拍卖车辆信息表。

(2) 审查车辆的处置权。在接受委托拍卖前,必须对车辆的处置权进行审核,审查委托人是否对委托拍卖的机动车具有处置权。

(3) 审查车辆的手续、证照及缴纳的各种税费是否齐全。对委托拍卖车辆的各种手续要审查是否齐备,特别是进口车和罚没车要审查是否带有海关进口证明书、商检局检验证书、罚没证明、法院的有关裁决书及有关批文等;另外还要检查车辆的附加费、养路费、保险等是否齐全;还要落实取得行驶权需要办理哪些手续、缴纳哪些税费以及税费数额。

(4) 对车辆进行静态和动态检查。对委托拍卖的车辆要进行详细的静态和动态检查,并对每项检查做好登记记录,填写车辆情况表,主管人员要签字审核。

(5) 确定委托底价(即拍卖底价)。在对车辆手续和车辆检查完毕和确定符合拍卖条件后,由评估师、拍卖师和委托人三方根据当前市场行情确定拍卖底价,但是底价不作为成交价。

2. 签订机动车委托拍卖合同

检查工作完成后,拍卖人如果决定接受委托人的拍卖委托,应与委托人签订机动车委托拍卖合同,一式两份。

3. 公示

《二手车交易规范》第三十一条规定拍卖人应于拍卖日7日前发布公告。拍卖公告应通过报纸或者其他新闻媒体发布,并载明下列事项:

(1) 拍卖的时间、地点。
(2) 拍卖的车型及数量。
(3) 车辆的展示时间、地点。
(4) 参加拍卖会办理竞买的手续。
(5) 需要公告的其他事项,如号牌号码、初次登记时间、拍卖咨询电话和联系人等。

4. 车辆展示

在机动车拍卖前必须进行至少2日的公告展示,并在车辆显著位置张贴拍卖车辆信息。在展示期间必须要有专业人员在现场进行解答,并做好宣传工作。

如有意参加拍卖会竞买,经审核符合竞买人要求,则必须提前办理入场手续,如交验竞买人的个人资料、填写竞买登记表、缴纳买押金、领取拍卖手册和入场号牌等。

5. 拍卖实施

在拍卖实施当天,竞买人经工作人员审查确认后,方可提前半个小时进入会场。拍卖方法可根据车辆情况及竞买人到场情况,以有声增价拍卖的方式进行,但最后的成交价不得低于委托人的底价。拍卖成交后,以拍卖人的"成交确认书"作为交易市场开具交易发票的价格依据。

6. 收费

拍卖成交后,收取委托方和买受方一定的佣金(收费标准按成交价的百分比确定,一般为双方各5%)并开具拍卖发票。拍卖车辆在整个拍卖活动中发生的相关费用由委托人和买受人双方分别承担(以成交确认作为界定,成交前由委托人承担,成交后由买受人承担)。

7. 过户手续办理以及车辆移交

机动车拍卖成交后,买受人和拍卖人应签署二手车拍卖成交确认书,办理车辆过户手续,在买受人付清全部车款后,方可填写机动车拍卖车辆移交清单,办理车辆移交手续。移交方式(含办理过户、转出、转入等相关手续)由委托人、买受人和拍卖人具体商议决定。

六、办理二手车过户

如图7-6-6所示为二手车过户基本流程。

二手车过户过程实际上分为两个步骤,即车辆交易过户和转移登记过户,两个步骤缺一不可。交易过户业务在二手车交易市场处理,获取二手车销售统一发票,转移登记过户业务在车管所办理,主要完成机动车登记证书的变更登记、核发机动车行驶证及机动车号牌。有的城市二者分开办理,如北京;但也有的城市二者合并办理,如广东地区在车辆管理所设立二手车交易开票大厅,将二手车市场的开票功能引进到车管所内,或者车管所派驻的分支机构设在二手车市场内,方便消费者办理过户手续。

办理二手车交易时,如果原车主不来,可以授权委托其他人来办理交易及过户手续,但必须持有原车主签署的授权委托书(图7-6-7)。

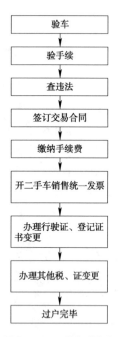

图7-6-6 二手车过户基本流程

此委托书在办理交易过户业务时使用,而办理转移登记过户业务不用。

授权办理二手车交易、过户委托书

本委托书现有二手车一辆,车辆号牌为:_____。
车辆型号为:_____需出售。现委托_____,以委托人的名义办理上述二手车的交易、过户事宜。

委托人(签章)_____
年 月 日

注:1. 此原件(或复印件)应由委托人主动向购买二手车的当事人提供,并作为北京市东方二手车买卖合同的附件、经办人身份证复印件。
　　2. 以下手续由本委托人提供:①车辆登记证书原件;②本人身份证或单位法人代码证书;③车辆行驶证原件;④购车发票。

图 7-6-7　二手车交易、过户委托书

下面介绍二手车过户的具体流程:

(一) 验车

验车是买卖双方到二手车交易市场办理过户业务的第一道程序,由市场主办方委派负责过户的业务人员办理;验车的目的主要是检查车辆和行驶证上的内容是否一致,对车辆的合法性进行验证。检查的内容包括:车主姓名、车辆名称、车辆的号牌号码、车辆类型、车辆识别代码、发动机号、排气量、初次登记日期等,经检查无误后,填写车辆检验单,进入查验手续阶段。

由于车辆车架号码以及发动机号是车辆身份的识别代码,其打刻在车架上以及发动上的图形是不允许擅自改变的,字形大小均不可改变。因此,是否改过仅凭核对数字是不行的,一定要核对车辆管理所内档案,此项核实工作可以申请车辆管理所协助刑侦查档校实。

许多地区的验车工作由车管所或机动车办证大厅的工作人员完成。除了拓印发动机号码车身(或车架)号码,鉴定这两个号码是否有凿改的痕迹,并核对与各证件上的号码是否吻合外,还要在全国盗抢车辆检索网络检索判断是否为盗抢车,并由工作人员填写《刑侦部门验收通知书》。

(二) 检验手续

检验手续主要查验车辆手续和机动车所有人身份证明,目的是检验买卖双方所提供的所有手续是否具备办理过户的条件,检查有无缺失以及是否有不符合规定的手续。

1. 车辆手续检查

车辆手续是指能够满足机动车上路行驶所需要的各种手续,主要包括按照国家有关律法规以及地方法规要求应该办理的各项有效证件和应该交纳的税、费凭证。在对车辆使用价值评估时,除了车辆本身的实体价值以外,车辆合法证件和税费等均属于无形价值,是构成车辆具有使用价值的重要组成部分。只有手续合法,所应交纳的税费及其凭证无缺失,才能使车辆在交易环节具有完全的价值。如果车辆出现在使用中拖欠养路费、未缴车船使用税、欠缴购置附加税、不按时年检等情况,即使车辆状况很好,也不具有可使用条件,在补齐之前,是不具备过户条件的。

(1)查验证件。查验证件的目的是查验交易车辆的合法性:每辆合法注册登记的机动车都有车辆管理所校发的机动车登记证书和机动车行驶证、机动车号牌,号牌必须悬挂在车体指定位置。二手车交易时主要查验的证件有机动车来历证明、机动车登记证书和机动行驶证。

①机动车来历证明(一般为该车销售发票,许多城市过户时并不需要)。

②机动车登记证书。机动车登记证书是机动车的"户口本",二手车交易前后车辆和车主的变更信息都详细记载在登记证书里,确保交易双方和车辆管理部门了解车辆产权变更情况,它由车主持有,平时不需要随车携带。

③机动车行驶证。机动车行驶证是车辆上路行驶时必须随车携带的证件,也是二手车合法性的凭证之一,是二手车过户、转籍必不可少的证件。它的重要性仅次于机动车登记证书的重要文件。消费者在办理二手车所有权转移登记的时候,机动车行驶证必须变更。需要注意的是,机动车行驶证的车辆照片必须与车辆相符,车辆要按照规定年检合格才允许办理。

(2) 查验税费证明。根据《二手车流通管理办法》规定,二手车交易必须提供车辆购置税、养路费、车船使用税和车辆保险单等税费缴付凭证。

2. 机动车所有人身份证明

机动车所有人身份证明是证实车主身份的证明,目的是查验机动车所有人是否合法拥有该车的处置权。车主的身份证明有如下几种情况:

(1) 如果车主为自然人,则身份证为个人身份证。个人身份又有本地户籍和外地户籍之分。本市户籍个人,只需身份证原件;外地户籍个人,需身份证原件和暂住证原件。需注意的是,身份证必须是该车辆最初注册登记时使用的身份证,或者是其以后办理的新身份证。

(2) 如果车主为企事业单位,则身份证件为企事业的法人代码证书,该证书必须在有效期内,并及时年审合格。

(3) 如果车主为外籍公民,则身份证件为其护照及工作(居留)证。

根据《二手交易规范》规定,二手车交易市场经营者和二手车经营主体应按下列项目确认卖方的身份及车辆的合法性:

(1) 卖方身份证明或者机构代码证书原价合法有效。

(2) 车辆号牌、机动车登记证书、机动车行驶证、机动车安全技术检验合格标准真实、合法、有效。

(3) 交易车辆不属于《二手车流通管理办法》第二十三条规定禁止交易的车辆。

同时,二手车交易市场经营者和二手经营主体应核实卖方的所有权或处置权证明。车辆所有权或处置权证明应符合下列条件:

(1) 机动车登记证书、行驶证与卖方身份证明名称一致;国家机关、国有企事业单位出售的车辆,应附有资产处理证明。

(2) 委托出售的车辆,卖方应提供车主授权委托书和身份证明。

(3) 二手车经销企业销售的车辆,应具有车辆收购合同等能够证明经销企业拥有该车所有权或处置权的材料。

此项核实工作可以申请车辆管理所协助查验该车档案进行核实。

(三) 查违法

查违法就是查询交易的二手是否有违法行为记录。具体方法主要是登陆车辆管理部门的信息数据库或查询网站进行查询,国内主要城市基本都设立了这样的网站。例如,北京市机动车违法行为的查询可登录北京市公安局公安交通管理局网站(http://www.bjjtgl.gov.

cn），输入车牌号和发动机号（图7-6-8）即可查询该车是否有违法记录。

图7-6-8 北京公安局公安交通管理局网站

（四）签订交易合同

根据《二手车流通管理办法》规定，二手车交易双方应该签订交易合同，要在合同中对二手车的状况、来源的合法性、费用负担以及出现问题的解决方法等各方面进行约定，以便分清各自的责任和义务。

二手车经过查验和评估后，其车辆的真实性和基本价格已经确定。如果车主不同意评估价格，可以和二手车销售企业协商达成最终交易的价格，同时，需要原车主对其车辆的一些其他事宜（使用年限、行驶里程数、安全隐患、有无违章记录等）作出一个书面承诺，这些都是以签订交易合同的形式来确定的。交易合同是确立买卖双方交易关系和履行责任的法律合约，是办理交易手续和过户手续的必要凭证之一。目前全国还没有统一的二手车交易合同格式，有关二手车交易合同的详细介绍参见本章第2节至第4节。

（五）交纳手续费

手续费，俗称过户费，是指在二手车交易市场中办理交易过户业务相关手续的服务费用。2005年10月颁布实施《二手车流通管理办法》之前，二手车过户费的收取，是按照车辆评估价值的一定比例征收的，也是二手车交易市场的主要利润来源。以北京为例，过户费是按照车辆评估价2.5%的比例来收取的。例如，某二手车评估值为10万元，按照2.5%的比例，即过户费为2500元。如果交易一辆为50万元的二手车，过户费就是12500元；而一辆评估值为5万元的车辆，过户费为1250元。但就过户业务本身而言，两辆车的过户手续步骤是一致的，所需的时间及人工成本也是一样的，但过户费却相差10倍，显然有失公平。这实际上抬高了交易成本，并转嫁给消费者。

2005年10月1日实施《二手车流通管理办法》以后，取消了强制评估，也就意味着，按照车辆评估价一定比例征收过户费的情况已被取消，以收取服务费代之。对于服务费的收取标准,国家没有统一规定,由各个市场根据服务项目和内容自己决定。

目前,很多二手车交易市场的服务费是按照汽车的排量来进行定额收取的,小排量少收,大排量多收。如北京市二手车交易市场收取标准按排量、年份、价格来划分,并设有起始价和最低价。微型轿车的过户费为200元起。1.0L排量的轿车300元起。两者的过户费均高为600元。然后随着排量的增大,过户费也随着增加,3.0L排量的轿车最高过户费用为4000元,最低为500元。相应的相同排量的客车与货车的过户费用低于轿车,最低的微型车和农用车的过户费用只需100元。北京中联二手车交易市场服务费采用定额收取的方式,统一标准为每辆车800元。对于1.3~3.0L排量的车型实行减半,即400元的优惠征收标准;对于1.3L排量以下的,执行200元的优惠征收标准。

广东省目前的做法是定价在5万元以下的二手车一律收取250元交易费(过户费),定价在5万元以上的二手车按1%收取。

不管怎样,这比起之前的动辄上千元的过户费相比,消费者负担已经减轻不少。

(六)开具二手车销售统一发票

二手车销售发票是办理转移登记变更的重要文件,因此它又被称为"过户发票"。过户发票的有效期为一个月,买卖双方应在此期间内到车辆管理部门办理机动车行驶证、机动车登记证的相关变更手续。

二手车销售统一发票由从事二手车交易的市场、有开票资格的二手车经销企业或拍卖企业开具;二手车经纪公司和消费者个人之间二手车交易发票,由二手车交易市场统一开具。二手车销售统一发票是采用压感纸印制的计算机票。一式5联,其中存根联、记账联、入库联由开票方留存;发票联交购车方、转移登记联交公安车辆管理部门办理过户手续。二手车销售发票的价款中不包括过户手续费和评估费。

开具的发票必须经驻场工商部门审验合格后,在已经开具的"二手车销售统一发票"上加盖"工商行政管理局二手车市场管理专用章"发票才能生效,这一步骤称为"工商验证"。但如果买方是二手车经营者,此发票暂时不开,因为尚未确定最后的购买使用者是谁。

(七)办理行驶证、登记证书变更

此项工作在车辆管理所办理,行政流程上称为"二手车转移登记手续的办理",由于此项变更比较复杂,将在本节后面单独详细介绍。

(八)办理其他税、证变更

由于此项变更比较复杂,将在本节后面单独详细介绍。

(九)过户完毕的后续工作

过户完毕后,双方款项结清,卖方应向买方交付车辆及相关手续,主要包括:

(1)机动车登记证书。
(2)机动车行驶证。
(3)有效的机动车安全技术检验合格标志。
(4)车辆购置税完税证明。
(5)养路费缴付凭证。
(6)车船使用税缴付凭证。
(7)车辆保险单。
(8)二手车销售统一发票。

第四节　二手车过户的基本流程

二手车相关手续的办理主要是指二手车所有权变更手续的办理,也就是过户手续的办理。二手车交易不像一般商品交易那么简单,其手续的办理需要遵守相关的政策规定,按照一定的流程进行,这样才能保障买卖双方的利益,有助于国家对车辆的有序管理。

不论是哪一种交易类型,都必须办理过户等相关手续,实现车辆所有权变更。目前我国没有统一的二手车过户程序标准,各地二手交易在办理过户手续时间的程序均会有差异,但主要程序是基本相同的。

无论是私人间直接交易还是通过二手车市场交易,基本流程是一致的。因为,二手车是个人直接交易和通过二手车经纪机构进行的二手车交易,卖方并不具备给买方开具二手车销售统一发票的能力和权力。根据《二手车流通管理办法》规定,买卖双方达成交易意向后,应当到二手车交易市场办理过户业务,由二手车交易市场经营者按规定向买方开具税务机关监制的统一发票——二手车销售统一发票(发票上必须盖有工商验证章才有效),以便办理车辆相关证件及手续的变更。不仅如此,《二手车流通管理办法》允许二手车在私人之间转让,不需要二手车经营者介入人交易过程,但必须到指定的二手车办证大厅办理手续,否则不能办理过户手续。

一、二手车转移登记手续的办理

二手车交易像买房子一样属于交易产权交易范畴,涉及相关的证明文件和必要手续。二手车交易后必须办理这些证明文件的转移登记手续,以完成手续完备的、合法的交易。机动车产权证明为机动车登记证书、机动车行驶证和机动车号牌。根据买卖双方的住所是否在同一车辆管理所管辖区内,机动车产权转移登记手续可分为统一车辆管理所管辖区内的所有权转移登记(同城转移登记)和不同车辆管理所管辖区的所有权转移登记(异地转移登记)两种登记方式。

二手车同城转移登记手续应当在远车辆注册登记所在地公安交通管理部门办理。需要进行异地转移登记的,由车辆远属地公安交通管理部门办理车辆迁出手续,在接受地公安交通管理部门办理车辆迁入手续。办理二手车转移登记手续的程序如图7-6-9所示。

(一)二手车办理转移登记所需的手续及证件

二手车在同城交易和所有权转移登记时,根据买卖双方身份不同,二手车过户有四种类型,办理转移登记时所需的手续和证件也相应不同。

(1)二手车所有权由个人转移给个人。

①卖方个人身份证原件及复印件;

②买方个人身份证原件及复印件;

③车辆原始购置发票或上次交易过户发票原件及复印件;

④过户车辆的机动车登记证书原件及复印件;

⑤过户车辆的机动车行驶证原件及复印件;

⑥二手车买卖合同;

⑦外地户口需持暂住证;

⑧二手车销售统一发票;
⑨过户车辆到场。

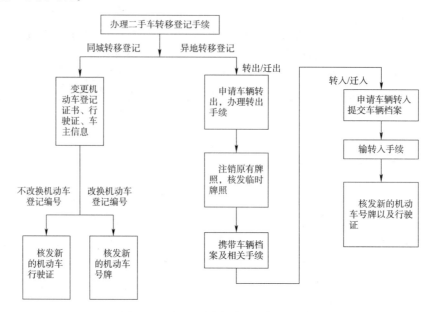

图 7-6-9　办理二手车转移登记手续的程序

(2) 二手车所有权由个人转移给单位。
①卖方个人身份证原件及复印件;
②买方单位法人代码证原件及复印件(需在年检有效期之内);
③车辆原始购置发票或上次交易过户发票原件及复印件;
④过户车辆的机动车登记证书原件及复印件;
⑤过户车辆的机动车行驶证原件及复印件;
⑥二手车买卖合同;
⑦二手车销售统一发票;
⑧过户车辆到场。

(3) 二手车所有权由单位转移给个人。
①卖方单位法人代码证原件及复印件(需在年检有效期之内);
②买方个人身份证原件及复印件;
③车辆原始购置发票或上次交易过户发票原件及复印件(发票丢失需本单位财务证明信);
④卖方单位须按实际成交价格给买方个人开具成交发票(需复印);
⑤过户车辆的机动车登记证书原件及复印件;
⑥过户车辆的机动车行驶证原件及复印件;
⑦二手车买卖合同;
⑧二手车销售统一发票;
⑨过户车辆到场。

(4) 二手车所有权由单位转移给单位。
①卖方单位法人代码证原件及复印件(需在年检有效期之内);
②买方单位法人代码证原件及复印件(需在年检有效期之内);

③车辆原始购置发票或上次交易过户发票原件及复印件(发票丢失需本单位财务证明信);
④卖方单位须按实际成交价格给买方单位开具成交发票(需复印);
⑤过户车辆的机动车登记证书原件及复印件;
⑥过户车辆的机动车行驶证原件及复印件;
⑦二手车买卖合同;
⑧二手车销售统一发票;
⑨过户车辆到场。

(二)同城车辆所有权转移登记

办理已注册登记的机动车在同城(同一车辆管理所管辖区内)发生所有权转移时,只需要更改车主姓名(单位名称)和住所等资料,机动车及机动车号牌可以不变更。这种变更情形习惯上称为办理过户手续,即把机动车原车主的登记信息变更为新车主的登记信息。

1)过户登记的程序

现车主提出申请,机动车检测站查验车辆(同时对超过检验周期的机动车进行安全检测)车辆管理所受理审核资料,在机动车登记证书上记载过户登记事项(对需要改变机动车登记编号的,确定机动车登记编号),收回原机动车号牌和机动车行驶证,重新校发机动车号牌和机动车行驶证(对不需要改变机动车登记编号的,只需重新核发机动车行驶证)。其登记程序各环节内容如下。

(1)提出申请:现车主向车辆管理所提出机动车产权转移申请,填写机动车转移登记申请表。有的地方也称机动车过户、转出和转入登记申请表。

(2)交验车辆:现车主将机动车送到机动车检测站检测,查验车辆识别代码(车架号码)。

(3)受理审核资料:受理转移登记申请,检测并收存相关资料,向现车主出具受理凭证。审批相关手续,符合规定的在计算机登记系统中确认;不符合规定的说明理由并开具退办单,将资料退回车主。

(4)办理新旧车主信息资料的转移登记手续:如果需要改变机动车登记编号的,则进行机动车号牌选号、照相,重新确定机动车登记编号。最后,在机动车登记证书上记载转移登记事项。

(5)收回原机动车行驶证,核发新的机动车行驶证。

(6)需要改变机动车登记编号的,收回原机动车号牌、机动车行驶证,确定新的机动车登记编号,重新核发机动车号牌、机动车行驶证和检验合格标志。

2)过户登记需要的材料

(1)机动车转移登记申请表。

(2)现车主的身份证明。身份证明是指:

①行政机关、事业、企业单位和社会团体的身份证明,是组织机构代码证书。上述单位已注销、撤销,其机动车需要办理变更登记、转移登记、注销登记和补领机动车登记证书、号牌、行驶证的,已注销的企业单位的身份证明是工商行政管理部门出具的注销证明,已撤销的机关、事业单位身份证明是其上级主管机关出具的有关证明,已破产的企业单位的身份证明是依法成立的财产清算机构出具的有关规定;

②外国驻华使馆、领事馆和外国驻华办事机构、国际组织驻华代表机构的身份证明,是该使馆、领馆或者该办事机构、代表机构出具的证明;

③居民的身份证明,是居民身份证或者居民户口簿;在暂住地居住的内地居民,其身份

是居民身份证和公安机关核发的居住、暂住证明；

④军人(含武警)的身份证明,是居民身份证；

⑤香港、澳门特别行政区和台湾地区居民的身份证明,是其入境的身份证明和居留证明；

⑥外国人的身份证明,是其入境的身份证明和拘留证明；

⑦外国驻华使馆、领馆人员,国际组织驻华代表机构人员的身份证明,是外交部核发的有效身份证件。

(3)机动车登记证书(原件)。

(4)机动车行驶证(原件)。

(5)解除海关监督的机动车,应当提交海关出具的中华人民共和国海关监督车辆解除监督证明书。

(6)机动车来历凭证(二手车交易的机动车来历凭证就是二手车销售统一发票)。

(7)车辆购置税完税证明。

(8)所购买的二手车。

3)过户登记的事项

(1)现车主的姓名或者单位名称、身份证明名称、身份证明号码、住所地址、邮政编号和联系电话。

住所地址是指：

单位住所的地址为组织机构代码证书记载的地址；

居民住所的地址为其居民户口簿或者居民身份证或者暂住证记载的地址；

军人住所的地址为其团以上单位出具的本人住所地址证明记载的地址；

香港、澳门、台湾地区的居民和外国人的地址为其居留证件记载的地址。

(2)机动车获得方式：机动车获得方式是指,人民法院调解、裁定、判决、仲裁机构仲裁裁决、购置、继承、赠予、中奖、协议抵偿债务、资产重组、资产整体买卖和挑拨等。

(3)机动车来历凭证的名称、编号。

(4)转移登记的日期。

(5)海关解除监督的机动车,登记海关出具的中华人民共和国海关监管车辆解除监督证明书的名称、编号。

(6)改变机动车登记编号的,登记机动车登记编号。

4)不能办理过户登记的情形

有下列情形之一的,不能办理过户登记：

(1)车主提交的证明、凭证无效的。

(2)机动车来历凭证涂改的,或者机动车来历凭证记载的车主与身份证明不符的。

(3)车主提交的证明、凭证与机动车不符的。

(4)机动车未经国家机动车产品主管部门许可生产、销售或者未经国家进口机动车主管部门许可进口的。

(5)机动车的有关技术数据与国家机动车产品主管部门公告的数据不符的。

(6)机动车达到国家规定的强制报废标准的。

(7)机动车属于被盗抢的。

(8)机动车与该车的档案记载的内容不一致的。

(9)机动车未被海关解除监管的。
(10)机动车在抵押期间的。
(11)机动车或者机动车档案被人民法院、人民检察院、行政执法部门依法查封、扣押的。
(12)机动车涉及未处理完毕的道路交通安全违法行为或者交通事故的。

同城车辆所有权转移登记的流程如图 7-6-10、图 7-6-11 所示。

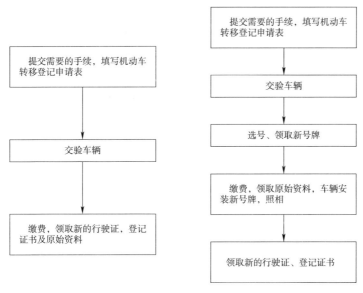

图 7-6-10 不换号牌的转移登记流程　　图 7-6-11 换号牌的转移登记流程

(三)异地车辆所有权转移登记

二手车交易后,如果新车主和原车主的住所不在同一城市里,不能直接办理机动车登记证书和机动车行驶证的变更,需要到新车主住所所属的车辆管理所管辖区内办理。这就牵涉二手车转出和转入登记问题,也称为迁入和迁出登记。

1)转出登记

车辆转出登记是指在现车辆管理所管辖区内已注册登记的车辆,办理车辆档案转出的手续,一般是由于现车主的住所或工作地址变动等原因需要将车辆转出本地。

(1)转出登记程序。

现车主提出申请(填写机动车转移登记申请表),车辆管理所受理审核资料,确认车辆在机动车登记证书上记载转出登记事项,收回机动车号牌和机动车行驶证,校发临时行驶车号牌,密封机动车档案交机动车所有人。

(2)转出登记的规定。

根据《机动车登记规定》,二手车交易后,但现车主的住所不在原车辆管理所管辖区的,现车主应当于机动车交付之日(以二手车销售发票上登记日期为准)起 30 日内,向原二手车管辖地车辆管理所提出转移登记申请,填写机动车转移登记申请表,有些地方还要求车主签订外迁保证书。

(3)转出登记需要的资料。

现车主在规定的时间内,持下列资料向原二手车管辖地车辆管理所申请转出登记,并交验车辆：

①机动车转移登记申请表；

②现车主的身份证明；

③机动车登记证书(原件)；

④机动车来历凭证(二手车销售发票注册登记联原件)；

⑤如果属于解除海关监管的机动车,应当提交监管海关出具的中华人民共和国海关监管车辆解除监管证明书；

⑥交回机动车号牌和机动车行驶证。

(4)转出登记事项。

车辆管理所办理转出登记时,要在机动车登记证书上记载下列转出登记事项：

①现车主的姓名或者单位名称、身份证明名称、身份证明号码、住所地址、邮政编码和联系电话；

②机动车获得方式。机动车获得方式是指,人民法院调解、裁定、判决、仲裁机构仲裁裁决、购买、继承、赠予、中奖、协议抵偿债务、资产重组、资产整体买卖和调拨等；

③机动车来历凭证的名称、编号；

④转移登记的日期；

⑤海关解除监管的机动车,登记海关出具的中华人民共和国海关监管车辆解除监管证明书的名称、编号；

⑥改变机动车登记编号的,登记机动车登记编号；

⑦登记转入地车辆管理所名称。

完成转出登记的办理后,收回机动车号牌和机动车行驶证,核发临时行驶车号牌,密封机动车档案,交给车主到转入地办理转入登记手续。

2)转入登记

(1)机动车转入登记的条件。

①现车主的依据属于本地车管所登记规定范围的；

②转入机动车符合国家机动车登记规定的。

(2)转入登记规定。

根据机动车登记规定,机动车档案转出原车辆管理所后,机动所有人必须在90日内携带车辆及档案资料到依据地车辆管理所申请机动车转入登记。

(3)转入登记程序。

车主提出申请,车辆管理所受理申请审核资料,在机动车登记证书上记载转入登记事项,核发机动车号牌、机动车行驶证和检验合格标志。

①提出申请:车主向转入地车辆管理所提出转入申请,填写机动车注册登记/转入申请表；

②交验车辆:车主将机动车送到机动车检测站检测,车辆所民警确认机动车的唯一性,查验车辆识别代号(车架号码)有无凿改嫌疑；

③车辆管理所受理申请:受理转入登记申请,查验并收存机动车档案,向车主出具受理凭证；

④审核资料:审批相关手续,符合规定的在计算机登记系统中确认,不符合规定的说明理由并开具退办单,将资料退回车主；

⑤办理转入登记手续:审验合格后,进行机动车号牌选号、照相,确定机动车登记编号,并在机动车登记证书记载转入登记事项;

⑥核发新的机动车号牌和机动车行驶证。

(4)转入登记需要的资料。

①机动车注册登记/转入申请表;

②车主的身份证明;

③机动车登记证书;

④机动车密封档案(原封条无断裂、破损);

⑤申请办理转入登记的机动车的标准照片;

⑥海关监管的机动车,还应提交监管海关出具的中华人民共和国海关监管车辆进(出)境领(销)牌照通知书。

由于各地区对车辆环保要求执行不同的标准,例如北京市执行"国Ⅲ"标准,并要求所有机动车办理注册登记,以及申请转入本市的车辆,须加装 OBD(On-Board Diagnostic 车载自动诊断系统)。满足上述条件的,允许机动车注册登记,以及接受转入登记的申请。所以,车主在将车辆转入"转入地"前,应向转入地的车辆管理部门征询该车辆是否符合转入条件,尤其是尾气排放条件。

(5)转入登记事项。

车辆管理所办理转入登记时,要在机动车登记证书上记载下列登记事项:

①车主的姓名或者单位名称、身份证号码或者单位代码、住所的地址、邮政编码和联系电话;

②机动车的使用性质;

③转入登记的日期;

属于机动车所有权发生转移的,还应当登记下列事项:

①机动车的获得方式;

②机动车来历凭证的名称、编码和进口机动车的进口凭证的名称、编号;

③机动车办理保险的种类、保险的日期和保险公司的名称;

④机动车销售单位或者交易市场的名称和机动车销售价格。

(6)不能办理转入登记的情形。

有下列情形之一的,不予办理转入登记:

①车主提交的证明、凭证无效的;

②机动车来历凭证涂改的,或者机动车来历凭证记载的车主与身份证明不符的;

③车主提交的证明、凭证与机动车不符的;

④机动车未经国家机动车产品主管部门许可生产、销售或者未经国家进口机动车主管部门许可进口的;

⑤机动车的有关技术数据与国家机动车产品主管部门公告的数据不符的;

⑥机动车达到国家规定的强制报废标准的;

⑦机动车属于被盗抢的;

⑧机动车与该车档案记载的内容不一致的;

⑨机动车未被海关解除监管的;

⑩机动车在抵押期间的;

⑪机动车或者机动车文档被人民法院、人民检察院、行政执法部门依法查封、扣押的；
⑫机动车涉及未处理完毕的道路交通安全违法行为或者交通事故的；
⑬机动车所有人擅自改动、更换机动车或者机动车档案的。

二、二手车其他税、证变更办理

在二手车交易中,买方在变更车辆产权之后还需要进行车辆购置税、养路费、保险合同等文件的变更。各地在变更时对文件的要求不同,可以先到规定办理的单位窗口咨询。

(一)车辆税费的变更

1. 车辆购置税同城过户业务办理

(1)办理车辆购置税同城过户业务提供的资料。
①新、旧车主的身份证明；
②二手车交易发票；
③机动车行驶证；
④车辆购置税完税证明(正本)。
上述资料均需提供原件及复印件。

(2)办理车辆购置税同城过户业务流程。
填写车辆变动情况登记表——报送资料——办理过户——换领车辆购置税完税证明。

2. 车辆购置税转籍(转出)业务办理

(1)办理转籍(转出)业务提供的资料。
①车主身份证明；
②车辆交易有效凭证原件(二手车交易发票)；
③车辆购置税完税证明(正本)；
④公安车管部门出具的车辆转出证明材料。
上述资料均需提供原件和复印件。

(2)办理转籍(转出)业务流程。
填写《车辆变动情况登记表》——报送资料——领取档案资料袋。

3. 车辆购置税转籍(转入)业务办理

(1)办理转籍(转入)业务提供资料。
①车主身份证明；
②本地公安车管部门核发的机动车行驶证；
③车辆交易有效凭证原件(二手车交易发票)；
④车辆购置税完税证明；
⑤档案转移通知书；
⑥转出地车辆购置税办封签的档案袋。

(2)办理转籍(转入)业务流程。
填写《车辆变动情况登记表》——报送资料——换领车辆购置税完税证明(正本)。

(二)车辆保险合同的变更

在二手车买卖的过程中,办理车辆保险过户是非常重要的一个环节,因为车辆所有权的转移并不意味着车辆保险合同也转移。一般情况下,保险利益随着保险标的所有权的转让而灭失,只有经保险公司同意批改后,保险合同方才重新生效。所以,保险车辆依法过户转让后应到保险公司办理保险合同主体的变更手续,否则车辆受损时保险公司是有权拒赔的。保险公司和车主签订的保险合同一般也约定,在保险合同的有效期限内,保险车辆转卖、转让、赠送他人、变更用途或增加危险程度,被保险人应当事先书面通知保险人并申请办理批改。否则,保险人有权解除保险合同或者有权拒绝赔偿。

如今,随着二手车交易的增多,一个新问题也随之产生。很多人在买卖二手车时,以为只要向当地车管所提出机动车转籍更新申请即可,却忘记同时还应通知车辆的保险公司,给车辆保险办理相关的批改手续。实际上,在二手车买卖的过程的过程中,办理车险过户是非常重要的一个环节,因为车辆所有权的转移并不意味着车辆保险合同也跟着转移了。

保险合同的变更是指在保险合同的有效期内,当事人根据主、客观情况的变化,依据法律规定的条件和程序,在协商一致的基础上,对保险合同的某些条款进行修改或补充。

1. 变更事项

机动车辆保险合同的变更事项主要包括如下内容:

(1) 保险人变更。一般情况下,保险人变更是不可能的。但是,当出现保险人破产、被责令停业、被撤销保险业经营许可等情况时,会导致保险人变更;保险公司的合并或分立,也可能导致保险人变更。

(2) 被保险人变更。当保险车辆发生转卖、转让、赠送他人时,被保险人需要变更。

(3) 保险车辆变更使用性质,增加保险标的危险程度。《保险法》第三十七条规定:"在合同有效期内,保险标的危险程度增加的,被保险人按照合同约定应当及时通知保险人,保险人有权要求增加保险费或者解除合同。"

(4) 增、减投保车辆。

(5) 增、减或变更约定驾驶人员。

(6) 调整保险金额或责任限额。

(7) 保险责任变更。

(8) 保险期限的变更。

(9) 变更其他事项。

2. 保险合同变更的办理

保险车辆在保险期限内,发生上述变更事项时,应办理保险合同变更手续。保险合同变更一般不采取将原保险合同作废的方式,而是通过保险公司另行出具批单进行修正或补充说明的方式。批单是车险实务中保险合同变更时必须使用的书面凭证。在合同中被变更的内容,与原合同中未变更的内容一起,构成了一个完整的合同。保险双方应以变更后的合同履行各自的义务。保险合同的变更没有溯及既往的效力,即对合同变更前已经履行的部分没有约束力,任何一方都不能因为保险合同的变更而单方面要求一方按照变更后的内容改变已经做出的履行。

在实际操作中可能出现一份保险单多次变更的情况,在这种情况下就会有变更效力的问题,即在多次变更,或者多份批单的情况下,出现优先适用的问题。通常,在合同进行多次变更时,对于适用顺序或者效力,采用两种标准:一是时间标准,即最近一次批改的效力优先之前的批改;二是批改方式标准,即手写批改的效力优于打字的批改。

3. 保险合同变更流程

保险车辆在保险期限内,发生变更事项,投保人应提出书面申请,办理变更手续。

在办理保险变更的程序中,有些保险公司目前设定的具体程序也有不尽完善的地方,还需要不断的改进。以因车辆过户而变更被保险人为例,目前在车辆办理过户手续时,车辆管理部门先出具车辆行驶代理证,经过一段时间以后,才出具正式行驶证,而有些保险公司在办理车辆保险过户批单时,却要求车主出具正式的行驶证才予以办理。因此,在车主已经将车辆过户单尚未取得车辆正式行驶证的期间将会出现保险责任真空区,对保险人而言这是不合理的。

4. 保险合同变更的书面凭证

对于保险合同变更时的书面凭证,即批单,其主要内容包括:

(1) 保险单号。用原保险单号。
(2) 批单号。以年度按顺序连贯编号。
(3) 被保险人。填写被保险人称谓,应与原保险单相符。
(4) 批文。

批文按规定的格式填写。其内容通常包括:变更的要求、变更前的内容、变更后的内容、是否增收(退还)保险费、增收(退还)保险费的计算公式、增收(退还)保险费的金额、变更起始时间以及明确除本变更外原保险合同的其他内容不变。

【案例】

2003年11月,张先生向某机械厂购买了一辆二手车丰田小型栏板货车,并办理了相关的转籍入户手续。此前,该车已投保车辆损失险和附加险,保险金额为人民币20万元,保险期限为2003年1月1日零时至12月31日24时。但张先生买下此车后,并未及时将车主、车牌号变更情况通知保险公司。

11月底,该车发生重大交通事故,保险公司接到报案后,才发现车主及车牌已经变更。由于"被保险人未及时履行如实告知义务",保险公司拒绝了保险车辆的赔偿要求。

对此,张先生难以接受,一纸诉状将保险公司告上法庭。他认为保险合同约定的是对车辆的保险,在此案中,虽然车主与车牌变了,但车辆本身并未变更,保险公司理应承担此次事故的赔偿责任。

法院开庭审理后,法院判决张先生的诉讼请求不予支持。因为,保险合同是一种基于最大诚信原则订立的合同,双方的诚信义务高于一般合同,法律要求保险人对保险标的陈述必须真实。一般情况下,保险利益随着保险标的所有权的转让而灭失,只有经保险公司同意批改后,保险合同方才重新生效。

同时,机动车辆保险各款中均有规定,在保险有效期内,保险车辆转卖、装让、赠送他人、变更用途或增加危险程度,被保险人应当书面通知保险公司并申请办理批改,否则保险公司有权拒绝赔偿。

由此可见,在行驶证、登记证过户后,一定要办理完保险过户,新车主才能开车上路。有些人认为原车主已买了全年保险,而自己开车是在保鲜期内出了事故,保险公司理当赔偿,并不急着办理保险过户,这是错误的。在行驶证过户后至保险过户之前出事故,保险公司绝对不会赔付。现在不少二手车过户办证大厅就有保险公司的办事点,在办过户手续的当天就能领到代理行驶证,然后立即到保险公司的办事点办理被保险人的变更手续,当天就能完成行驶证、登记证过户和保险过户,十分方便。

参 考 文 献

[1] 李维谔等.汽车市场营销理论与实践[M].北京:人民交通出版社,1995.
[2] 罗瑞韧,曾繁正.市场营销管理[M].北京:红旗出版社,1997.
[3] 郭国庆等.市场营销理论[M].北京:中国人民大学出版社,1999.
[4] 李弘,董大海.市场营销学[M].大连:大连理工大学出版社,1998.
[5] 温孝卿等.消费心理学[M].天津:天津大学出版社,1995.
[6] 刘浩学.现代汽车工业市场营销[M].北京:人民交通出版社,1998.
[7] 韩亮,吴龙泗,杜建.现代汽车工业市场营销[M].北京:人民交通出版社,1998.
[8] 吴龙泗,韩亮.现代汽车工业贸易谈判[M].北京:人民交通出版社,1998.
[9] 《汽车工业"十五"规划研究资料汇编》编辑部.汽车工业"十五"规划研究资料汇编.国家经贸委行业规划司,2001.
[10] 程振彪.WTO与中国汽车工业发展对策研究[M].北京:机械工业出版社,2002.
[11] 威文等.第一流的汽车营销[M].北京:机械工业出版社,2002.
[12] 肖国普.现代汽车营销[M].上海:同济大学出版社,2002.
[13] 张国方等.汽车配件销售员培训教材[M].北京:人民交通出版社,2000.
[14] 劳动和社会保障教材办公室.汽车配件营销知识[M].北京:中国劳动和社会保障出版社,2000.
[15] 张克明.汽车评估[M].北京:机械工业出版社,2002.
[16] 中国机动车安全鉴定检测中心.如何选购二手车[M].北京:机械工业出版社,2003.
[17] 查先进.物流与供应链管理[M].武汉:武汉大学出版社,2003.
[18] 丁立言,张铎.物流基础[M].北京:清华大学出版社,2000.
[19] 杨江河.汽车美容[M].北京:机械工业出版社,2002.
[20] 姚时俊.汽车美容与装饰[M].沈阳:辽宁科学技术出版社,2002.
[21] 周延礼.机动车辆保险理论与实务[M].北京:中国金融出版社,2001.
[22] 杨立旺.机动车辆保险投保与索赔[M].成都:西南财经大学出版社,1999.
[23] 张俊才.机动车辆保险操作手册[M].上海:上海财经大学出版社,2000.
[24] 黄国相.现代汽车维修企业管理实务手册[M].广州:广东科技出版社,2001.
[25] 刘仲国.二手车交易与评估[M].2版.北京:机械工业出版社,2013.
[26] 刘仲国.汽车维修工职业技能鉴定考试复习指导书[M].广州:中国出版集团,2014.